RIAN MO CHOS AR GHAINEAMH AN TSAOIL

Tony Bromell

Cló Iar-Chonnachta
Indreabhán
Conamara

An Chéad Chló 2006
© Cló Iar-Chonnachta 2006

ISBN 1 905560 04 4
978-1-9005560-04-2

Dearadh clúdaigh: Clifford Hayes
Pictiúr clúdaigh: Egleston Brothers, Luimneach
Dearadh: Foireann CIC

Bord na
Leabhar
Gaeilge

Tugann Bord na Leabhar Gaeilge
tacaíocht airgid do Chló Iar-Chonnachta

the arts
council
schomhairle
ealaíon

Faigheann Cló Iar-Chonnachta cabhair airgid
ón gComhairle Ealaíon

Gabhann na foilsitheoirí buíochas le An Clóchomhar Tta as cead a thabhairt na línte as an dán 'Deireadh Ré', as an leabhar *Máirtín Ó Direáin: Dánta 1939-1970,* a atáirgeadh ar lch 342.

Clóchur: Cló Iar-Chonnachta, Indreabhán, Conamara
Teil: 091-593307   **Facs:** 091-593362   **r-phost:** cic@iol.ie
Priontáil: Betaprint, Baile Átha Cliath 12.
Teil: 01-4299440

LIMERICK CITY LIBRARY

ـاـ   ٱ   AR

ـ ٱAINEAM   ـ SAOIL

dár gclann agus do chlanna ár gclainne

CLÁR

I

M'ÓIGE

Ba bhliain an-stairiúil í 1932 in Éirinn: tháinig Éamon de Valera agus Fianna Fáil i gcumhacht; tionóladh an Chomhdháil Eocairisteach i mBaile Átha Cliath; agus rugadh mise! Cé go n-aithnítear i gcónaí mé mar *'soda cake'* .i. duine de mhuintir Gheata Tuamhumhan, rugadh mé i dteach ar Shráid an Teampaill, i bparóiste Naomh Eoin, ar an 15 Samhain. Bhí an t-árasán a bhí ag mo thuismitheoirí taobh le bean seolta darbh ainm Cullen agus ba í a thug ar an saol mé. D'athraíomar ina dhiaidh sin go Sráid Uí Chonaill agus ina dhiaidh sin arís go Sráid Phádraig. Ní cuimhneach liom ach an t-árasán i Sráid Phádraig. Dhá sheomra mhóra a bhí ann. Inniu, déarfaí go raibh leagan amach oscailte ar cheann de na seomraí: cistin, seomra bia agus seomra suí. Seomra codlata a bhí sa cheann eile.

Rugadh m'athair, Criostóir, ar Shráid Phroinsias, díreach os comhair Theach an tSáirséalaigh inniu. Rugadh mo mháthair, Máire Nic Philib, i nGeata Tuamhumhan, ar an mBóthar Ard, timpeall an choirnéil ó Fhearann Seoin, ach is ar gCuarbhóthar Thuaidh a bhí cónaí uirthi nuair a pósadh iad. Pláistéir ab ea m'athair, díreach cosúil lena cheathrar deartháireacha agus lena athair féin.

Ag obair i siopa ar Shráid Chaitríona a bhí mo mháthair. Deartháir amháin agus deirfiúr amháin a bhí aici, ach fuair deartháir eile léi bás nuair a bhí sé óg. Garraíodóir ab ea a hathair, agus chónaigh seisean agus mo sheanmháthair sa Lóiste ag Tivoli (an áit a bhfuil Villiers anois). Is suimiúil gur as Tiobraid Árann dom bheirt sheanmháithreacha: máthair mo mháthar (Margaret Madden) ó Chnoc an Éin Fhinn, agus máthair m'athar (Anne Moloney) ó Thuaim Uí Mheára. Cé nach bhfuil ach tuairim is fiche míle idir an dá áit, níor dhócha go mbuailfidís riamh le chéile ag deireadh na fichiú aoise, ach mar sin féin dheineadar a mbealach isteach go Luimneach, agus murach san ní bheinnse ann!

Cé gur chónaigh muintir m'athar timpeall an choirnéil uainn, ba mhó an bhaint agus an caidreamh a bhí againn le tuismitheoirí mo mháthar: Nana agus Pop. Théadh mo mháthair amach chucu gach lá, agus nuair a d'fhásas suas, d'fhanainn leo ar feadh deireadh seachtaine agus ina dhiaidh sin ar feadh cuid mhaith de laethanta saoire an tsamhraidh. Bhí saol iontach agam ann. Teach an-mhór ab ea Tivoli, le geataí móra bána (atá ann fós) ag dul isteach chuige, bealach mór fada ón mbóthar aníos, dhá chosán fhada ar theorainn an eastáit, plásóg fhairsing ag síneadh ón teach síos go dtí an chúirt leadóige, dhá theach gloine a raibh trátaí agus plandaí i gceann acu, agus finiúna agus plandaí sa cheann eile. Ar thaobh an tí, bhí clós duirleoige agus stáblaí. Ar chúl an tí, bhí gairdín beag agus ansin gairdín ollmhór a raibh crainn úll agus piorraí agus torthaí de gach sórt – sú craobh, sú talún, lóganchaora, spíonáin – ann. Chomh maith leis sin, bhí prátaí agus glasraí de chuile shórt ag fás ann. Lasmuigh d'fhalla an ghairdín mhóir, bhí móinéar ag síneadh síos go dtí an Lóiste. Gach samhradh, thagadh fear le speal agus bhaineadh sé an féar, agus i rith an lae thugadh mo sheanmháthair tae agus ceapairí agus giotaí móra de cháca cuiríní chuige. Ní shamhlófá riamh nach raibh tú ach cúpla nóiméad ó lár na cathrach; bhí sé níos cosúla le bheith i lár na tuaithe. Nuair a bhíodh an féar bainte, thugainn lámh chúnta dom sheanathair ag iompú an fhéir agus ag déanamh cocaí. B'iontach an spórt a bheith ag léimt ar na cocaí céanna, ach níor chabhraigh sé leis an bhféar! Nuair a bhí na cocaí crochta leo, bhí faiche imeartha ar fáil le haghaidh iománaíochta agus peile, a bhí chomh maith le Páirc an Chrócaigh.

Nuair a smaoiním siar anois air, b'uafásach an obair dhian arbh éigean dom sheanathair a dhéanamh, é ag saothrú leis sé lá sa tseachtain ar fhíorbheagán airgid, ag sileadh allais ar phinginí suaracha. Fiú amháin ar an Domhnach, bhíodh air na plandaí a uisciú sna tithe gloine agus na fuinneoga a oscailt leis an aer a scaoileadh isteach. Bhí an Lóiste inar chónaíodar go breá fairsing: seomra amháin, a bhí mar chistin, mar sheomra bia agus mar sheomra suí, ag rith ó thaobh taobh an tí, agus dhá sheomra codlata.

Ní rabhas ach ceithre bliana d'aois nuair a bhuail an fiabhras tíofóideach mé. Leathnaigh an galar ar fud na cathrach. Dúradh gur dhrochbhainne ba chúis leis. Chaitheas sé seachtaine in Ospidéal na Cathrach (Naomh Camillus anois), agus ní raibh cead ag éinne teacht isteach chugam, cé gur tháinig mo mháthair go dtí an t-ospidéal dhá uair sa ló. Chuir sí an-aithne ar an tSiúr Rita agus d'fhágfadh sí siúd an doras beagáinín ar oscailt di ionas go bhféadfadh sí breathnú isteach orm. Ach ar ór na cruinne ní fhéadfadh sí ligint domsa í a fheiscint. Fuaireas bréagán i ndiaidh bréagáin – aon ní a bhí le fáil i Woolworths ag an am. Nuair a bhíos ag teacht amach, b'éigean na bréagáin go léir a fhágaint im dhiaidh. Bhí sé an-dhian ar mo thuismitheoirí agus ar mo ghaolta ar fad. Buíochas le Dia, níl aon chuimhne agam air. Nárbh uafásach an rud é páiste óg in aois a cheithre bliana a thógaint isteach in ospidéal agus gan ligint dá ghaolta bualadh isteach chuige ar feadh sé seachtaine. Ach b'in nós imeachta an ama sin. Faoi láthair, tá an-chuid cainte faoin mbealach ar caitheadh le daoine óga in institiúidí ar fud na tíre fadó, ach bíonn an breithiúnas á thabhairt de réir choinníollacha agus nósanna imeachta an lae inniu, rud nach bhfuil cóir ná cothrom.

An scoil ba chóngaraí dúinn, nuair a bhí cónaí orainn ar Shráid Phádraig, ná Scoil Mhichíl Naofa ar Shráid na Danmhairge. Bhíos beagnach sé bliana nuair a chuas ar scoil agus thaitnigh sé thar barr liom. Trí Ghaeilge a bhí an teagasc ar fad an uair sin agus b'iontach na múinteoirí a bhí ann: Ms Vereker, Ms O'Flanagan (thugtaí Mary *Brains* uirthi de bhrí go raibh sí chomh maith sin mar oide!), Ms O'Donnell, Ms Collins. Cuimhní taitneamhacha ar fad atá agam ar na laethanta a chaitheas sa scoil sin. Ba i Séipéal Mhichíl Naofa, a bhí ar aon láthair leis an scoil, a ghlacas mo Chéad Chomaoineach.

An cara ba mhó a bhí ag m'athair ná Joe Hannon. Táilliúir ab ea Joe agus b'eisean a dheineadh na cultacha éadaigh dom athair, agus nuair a bhí culaith éadaigh uaim dom Chéad Chomaoineach, ba chuige a chuas chun é a fháil. An lá a ghlacas le mo Chéad Chomaoineach, chuamar ar cuairt chuig ár gcairde ar fad chun go bhfeicfidís mé – agus chun airgead a bhailiú! Ghlaomar ar Joe agus ar a bhean Lizzie chun go bhfeicfeadh sé an chulaith orm. Bhí cónaí orthusan i mBailtíní Uí Dhuibhir, i nGeata Tuamhumhan, tithe a raibh m'athair fostaithe ag an mbardas á dtógáil, ach nár lorg sé ceann dó féin. Trasna an bhóthair uathu, bhí bungaló nuathógtha á thairscint ar cíos agus thit mo mháthair i ngrá leis láithreach. Dar le m'athair, bhí sé rófhada amach ón gcathair. Dar ndóigh, áit ar bith thar Dhroichead an tSáirséalaigh bhí sé san iargúltacht, dar leis siúd! Ba í críoch an scéil gur thógadar an teach, agus b'in mar a thángamar go Geata Tuamhumhan. I ndáiríre, bhí mo mháthair ar ais i ngiorracht 200 slat don áit inar rugadh í.

I 1939, d'aistríomar ó Shráid Phádraig ach is cuimhin liom, lá amháin roimhe sin, Mrs O'Halloran ag rith isteach an doras chugainn agus í ag rá go raibh an cogadh tosaithe. Chónaigh sí siúd san árasán os ár gcionn agus bhí Mrs Guerin sa cheann fúinn. An bhliain roimhe sin, rugadh mo dheirfiúr Celine.

Geata Tuamhumhan agus Scoil Mhainchín

Sráidbhaile tuaithe ar imeall na cathrach a bhí i nGeata Tuamhumhan ag an am sin. Taobh le habha na Sionainne, bhí Cloch an Chonartha agus Séipéal Mhainchín Naofa, agus paróiste Mhainchín Naofa ag síneadh ó thuaidh i dtreo Chontae an Chláir.

Tony Bromell

Bhí siopaí ar an mBóthar Ard, ar an mBóthar Nua, ar an gCrosbhóthar agus i Sean-Gheata Tuamhumhan, agus tithe tábhairne ar an mBóthar Ard, ar an mBóthar Nua agus i Sean-Gheata Tuamhumhan. Bhí siopa freisin ar Fhearann Seoin agus ar Bhóthar Shíol Broin. Bhí trí láthair ina ndíoltaí gual, agus dhá shiopa búistéara. Ní raibh aon aicmeachas ag baint leis an áit; mhair na daoine taobh le taobh agus ba mhinic iad ag maireachtaint ar scáth a chéile. D'oibrigh an-chuid daoine i monarcha Cleeve's (bainne, uachtar, milseáin), i monarcha Spillane's (tobac Garryowen Plug agus toitíní Craven A) agus i monarcha Geary's (brioscaí agus milseáin). Tá Dunnes anois san áit ina raibh Spillane's agus Halla na Cathrach san áit ina raibh Geary's. Instear scéal faoi thoscaireacht a chuaigh chuig úinéirí Spillane's nuair a bhí sé le dúnadh mar gheall ar ísliú éilimh ar a dtáirgí. D'iarr an bainisteoir ar an toscaireacht na toitíní a bhí ina bpócaí a chur ar an mbord – níor bhain aon bhosca a cuireadh amach le táirgeadh Spillane's.

An-athrú saoil a bhí ann dúinn go léir nuair a thángamar go Geata Tuamhumhan. Bhí orm féin aistriú ó Scoil Mhichíl Naofa go Scoil Mhainchín. Bhíos sa chéad rang agus ag tnúth le dul isteach sa dara rang, ach cuireadh isteach sa chéad rang mé. Tar éis scaithimh, ghluaiseas ar aghaidh go rang a dó, agus ag deireadh na bliana sin ar aghaidh go rang a trí. Na Bráithre Críostaí a bhí i gceannas na scoile, ach bhí beirt oidí tuata ann ag an am chomh maith, Mr Murphy agus Mr Collins. Bhí Mr Murphy agam sa chéad agus sa dara rang, an Bráthair Mac Liam sa tríú rang, an Bráthair Ó Flaithearta sa cheathrú agus sa chúigiú rang agus an Bráthair Ó Ceallacháin i rang a sé. Bhí an t-ádh ar fad orm go raibh múinteoirí den scoth agam, daoine a raibh an díograis agus an dúthracht iontu chun an oiliúint ab fhearr a chur orainn. Tá sé faiseanta anois na Bráithre a cháineadh ach murach iad bheadh glúnta buachaillí nach bhfaigheadh oideachas ar bith. Tá an rud céanna fíor faoi na mná rialta. Thug na Bráithre Críostaí a saol iomlán don oideachas agus iad faoi gheasa ag mana a mbunaitheora Iognáid Rís oiliúint a chur ar bhuachaillí na hÉireann.

Trí Ghaeilge a bhí an teagasc ar fad agus cothaíodh labhairt na teanga sa scoil agus fiú lasmuigh di. Na hábhair a bhí againn ná Gaeilge, Béarla, uimhríocht, stair, tíreolaíocht, ceol agus Teagasc Críostaí. Ach ní rabhamar teoranta dóibh siúd. Dheineamar ailgéabar agus céimseata, chomh maith, sa chúigiú agus sa séú rang. Níor leanamar curaclam cúng ach an oiread. Bhíodh cóir agus drámaí againn, peil agus iománaíocht. Chuirtí na drámaí agus na cóir ar siúl i Halla na nGasóg agus bhailíodh muintir an pharóiste ar fad isteach do na taispeántais sin.

Ag an am sin, bhí Féile Drámaíochta na Scoileanna go tréan. Sa séú rang dúinn, bhí sárdhráma le ceol againn a chum na Bráithre féin. An t-ábhar a bhí ann ná an iarracht a deineadh chun Aodh Ó Néill agus Aodh Ó Domhnaill a mhealladh chuig féasta chun iad a mharú. I Halla Mhichíl a bhíodh na drámaí ar siúl don fhéile, agus an oíche a rabhamar ar an stáitse, bhí an áit lán go doras le muintir Pharóiste Mhainchín ag tabhairt tacaíochta dúinn. Nuair a fhéachaim siar anois air, is suimiúil a thabhairt faoi deara go raibh chuile dhuine, beagnach, páirteach sa dráma ar bhealach amháin nó ar bhealach eile. Bhí oideachas iomlán le fáil ag gach duine laistigh agus lasmuigh den churaclam.

Tharla rud domsa ag oscailt na féile bliain amháin a mhair im chuimhne a feadh mo shaoil. Bhí Éamon de Valera le teacht chun an fhéile a oscailt go hoifigiúil. Iarradh ar na scoileanna go léir mac léinn amháin a roghnú mar ionadaí ó gach scoil chun fáiltiú roimh an Taoiseach. Mise a roghnaíodh mar ionadaí Scoil Mhainchín. An oíche sin, bhíos ar aon stáitse agus ag croitheadh láimhe leis an Taoiseach, duine de laochra 1916 agus duine a bhí mar dhia agam féin ansin agus ar feadh mo shaoil. Bhíos ar neamh.

Bhí scéal grinn sa timpeall uair amháin go bhfuair Dev, Churchill agus de Gaulle bás agus gur shroicheadar geataí na bhflaitheas. D'fháiltigh Naomh Peadar rompu agus d'fhéach sé timpeall chun suíochán a fháil dóibh. Ní raibh ach dhá shuíochán ar fáil. 'Suigh ar thaobh clé an Tiarna,' ar seisean le Churchill agus thug sé an suíochán ar thaobh deas an Tiarna do de Gaulle. Bhí sé i gcruachás ansin mar nach raibh suíochán eile ar fáil. Sa deireadh, chas Peadar timpeall agus ar seisean le Dia, 'Éirigh, a Thiarna, agus tabhair do shuíochán do Dev!' N'fheadar an diamhasla an scéal sin, ach réitigh sé le mo bharúil de Dev.

Dheintí an-iarracht ar an nGaeilge a bheith mar theanga labhartha sa scoil agus lasmuigh di. I rang a sé, bhíomar roinnte in dhá ghrúpa, na Fianna agus an Chraobh Rua. Bhíodh marcanna ar fáil don taobh ab fhearr i ngach gné d'obair na scoile: ceachtanna baile, táblaí, litriú, smacht agus ciúnas. Chomh maith leis sin, bhainfí marcanna ó thaobh dá mbrisfeadh éinne riail nó dá ndéanfadh sé rud ar bith as an tslí. Dá thoradh san, bhíodh na mic léinn eile ar buile le duine ar bith a chaillfeadh marc dóibh. Úsáideadh an córas sin chun an Ghaeilge a chothú mar theanga labhartha sa scoil. Ní cheadaíodh na mic léinn féin d'éinne Béarla a labhairt! Agus tháinig na mic léinn sin ó gach aicme sa pharóiste ach cúlra gnáthoibrithe ag a bhformhór. Chomh maith leis sin, bhí tuairim is seasca sa rang! Táim lánchinnte go raibh caighdeán na Gaeilge ag mic léinn an ranga sin ar fad, idir dhaoine maithe agus daoine laga, níos fearr ná mar atá sé i gcuid mhaith de na ranganna Ardteiste faoi láthair.

Bhí gné eile oideachais againn sa rang sin (rud a fógraíodh sna seachtóidí mar dhul chun cinn iontach nua-aoiseach): bhíodh tráthnóna Dé hAoine saor ó ghnáthranganna agus bhíodh deis againn scéalta agus dánta a chumadh agus líníocht agus péinteáil a dhéanamh. Bhí scríbhneoireacht chruthaitheach agus ealaín againne sna ceathrachaidí sarar smaoinigh na saoithe agus na saineolaithe, náisiúnta agus idirnáisiúnta, ar a leithéid sna seachtóidí! Bhíodh an obair sin ar siúl againn sa bhaile chomh maith, agus ar an Aoine léimis amach don rang na hiarrachtaí a bhíodh déanta againn. Bhíodh marcanna ag dul do na cinn ab fhearr.

Ag deireadh thráthnóna Dé hAoine, dheintí na marcanna a áireamh agus bhíodh an taobh a bhuaigh saor ó obair bhaile don deireadh seachtaine sin. Bhíodh leabhar oifigiúil ag gach taobh chun na marcanna a choimeád ach bhíodh a leabhar féin ag chuile dhuine ar eagla go dtárlódh botún ar bith!

Rud eile a bhí againn ná leabharlann, agus leabhair Ghaeilge agus Bhéarla inti. Bhí cead againn leabhar amháin Gaeilge agus leabhar amháin Béarla a thabhairt abhaile gach seachtain, agus dá thoradh sin bhí an-chuid leabhar léite ag gach duine sa rang ag deireadh na bliana. Tharla go raibh leabhair ar nós *An Baile Seo Againne*, *Jimín* agus *Go mBeannuighthear Dhuit* léite againn, cé gur ar chlár na Meánteiste a bhíodar.

Chun an Ghaeilge a chothú lasmuigh den scoil, bhí an paróiste roinnte ina cheithre chúige agus taoiseach (a athraíodh gach seachtain) i gceannas ar gach cúige. Dá thoradh san, bhí an-chuid Gaeilge á labhairt againn i ndiaidh na scoile, nuair a bhíomar ag iomáint nó ag súgradh. Ar an gcaoi sin, tháinig an teanga go nádúrtha chugainn. Cé a déarfadh nach bhfuaireamar oideachas iomlán? Ba é an trua é nár chuaigh ach an fíorbheagán dínn ar aghaidh go dtí an mheánscoil. Tráthnóna amháin, bhíos féin agus cara liom, Nollaig Cinsealach, ar an mbus agus bhíomar ag labhairt i nGaeilge mar ba ghnách linn. Nuair a tháinig fear na dticéad, dúirt sé gur íoc fear agus bean laistiar dínn an táille. Dúradar gur íocadar an táille (seanphingin amháin) mar bhronntanas dúinn as a bheith ag labhairt i nGaeilge. Bhí buntáiste éigin leis an teanga!

Níorbh fhada gur chuireamar aithne ar ár gcomharsana nua tar éis dúinn aistriú go Geata Tuamhumhan. Ag an gcoirnéal, bhí Mrs Dinan, a raibh an teach againne ar cíos uaithi. Ní raibh tada laistiar dínn ach os ár gcomhair bhí tithe Kelly, Costello, Hickman, Slattery, Frahill agus Cronin. Ar bharr an bhóthair, bhí na High Gardens, cúl na dtithe a bhí ar an gCrosbhóthar, agus b'ann a bhíodh cuid mhaith de na daoine óga ag súgradh, go mór mór na cailíní. Laistiar de na tithe os ár gcomhair, bhí páirc ar a dtugtaí Nunan's Field agus b'ansin a chaithimis an tráthnóna, ag iomáint nó ag imirt peile.

Maidir leis an iomáint, ba bheag duine a raibh camán aige, ach bhíodh craobh crainn le cor ina bhun ag cuid de na buachaillí. B'annamh liathróid cheart againn ach an oiread ach seanstocaí cuachta le chéile. Ach bí ag caint ar dhianchoimhlint. B'ann a bhí sí.

Bhí cluichí eile againn freisin ar nós an chluiche corr agus 'an cat'. Sa chluiche corr, bhíodh cloch nó marc de chineál éigin ag bun agus ag barr na faiche agus ceann eile ar gach taobh. Sheasfadh duine amháin ag an marc ag barr na faiche agus camán nó bata aige. Chaithfeadh duine ón bhfoireann eile liathróid ina choinne, agus dá mbuailfeadh an liathróid an marc, bheadh an duine leis an gcamán 'amuigh'. Ach dá n-éireodh leis an liathróid a bhualadh leis an gcamán, rithfeadh sé chomh tapaidh agus ab fhéidir leis, agus dá n-éireodh leis cúrsa iomlán a dhéanamh gan an taobh eile á bhualadh leis an liathróid, ansin bheadh corr amháin ag a fhoireann siúd. Ag an bhfoireann ba mhó corr ag an deireadh a bheadh an bua.

Maidir leis an gcluiche 'an cat', giota beag adhmaid timpeall sé horlaí ar a fhad a bhí sa chat agus an dá fhoircheann snoite. Mharcálfaí bosca taobh le falla agus sheasfadh duine amháin sa bhosca, le bata nó camán ina láimh. Chaithfeadh duine ón bhfoireann eile an cat ina choinne, agus dá bhfanfadh an cat sa bhosca, bheadh an duine leis an gcamán 'amuigh'. Ach dá mbuailfeadh sé an cat, leanfadh sé é go dtí an áit a stadfadh sé. An cleas a bhí ann ansin ná foircheann an chait a bhualadh go héadrom agus nuair a d'éireodh an cat, é a aimsiú arís leis an gcamán. D'áireofaí ansin cé mhéid léim idir an cat agus an bosca, agus ag deireadh an chluiche, bheadh an bua ag an bhfoireann leis an líon ba mhó léim. D'fhéadfadh na cluichí sin leanúint ar aghaidh ar feadh na n-uaireanta nó go nglaofaí isteach orainn.

Ar na cluichí i measc na gcailíní, bhíodh téadléimneach agus rud ar a dtugaidís 'picí' air. Maidir leis an téadléimneach, d'fhéadfadh cailín téad léimní aonair a bheith aici féin nó ba mhinicí téad léimní mhór a bheith acu agus beirt á casadh agus na daoine eile ag rith isteach is amach de réir líne feithimh. Ghlacadh na buachaillí páirt sa téadléimneach chomh maith agus uaireanta bhíodh coimhlint ghéar idir iad agus na cailíní. Bhíodh rannta agus amhráin ag gabháil leis an téadléimneach agus le cluichí eile freisin. Ceann de na cluichí sin ná go mbíodh beirt chailíní agus a dhá láimh le chéile i bhfoirm áirse agus líne eile ag gabháil tríd an áirse agus iad ag canadh:

Here's the robbers coming thro', coming thro', coming thro'
Here's the robbers coming thro', my fair lady.
What did the robbers do to you, do to you, do to you?
What did the robbers do to you, my fair lady?
Stole my watch and stole my chain, stole my chain, stole my chain
Stole my watch and stole my chain, my fair lady.

Nuair a bhíodh deireadh leis an rann, chuirtí an duine a bhí san áirse i ngéibheann.

Ba é a bhí sa 'picí' ná boscaí a bhíodh tarraingthe ar an gcosán agus shleamhnaíodh an cailín cloch bheag chothromach isteach sna boscaí agus léimeadh sí ó bhosca go bosca ar leathchois.

Bhí cluiche eile ann, go háirithe ag na cailíní. Bhíodh liathróid acu, á caitheamh in aghaidh an fhalla agus ag breith uirthi nuair a chasadh sí thar n-ais. Uaireanta, bheiridís ar an liathróid le láimh amháin nó chaithidís suas í idir an dá chois nó chasaidís timpeall idir an liathróid a chaitheamh suas agus í ag filleadh ar ais. Bhíodh rann leis sin chomh maith:

Oliver Twist couldn't do this, what's the use of trying so?
Tip my toe, under I go, twirly, twirly, twirly o.

Bhíodh cluichí séasúrtha ann chomh maith: mirlíní, cnónna capaill, liathróidí sneachta agus ag sleamhnú ar an leac oighir. Bhí dhá fhánán ar na bóithre timpeall orainn, Sexton's Hill agus Joyce's Hill. Nuair a thagadh an sioc, dhoirtí uisce anuas ar na fánáin sin agus nuair a bhíodh sé reoite ba chosúil é le sleamhnú ar na hAilp! Bhíodh bróga tairní ar chuid mhaith de na buachaillí agus théidís ó chúl an halla ólséanta síos Sexton's Hill chomh fada leis na siopaí a bhí i Sean-Gheata Tuamhumhan. Chloistí an bhéic 'Off the ice, Maggie!' agus iad ag dul ar luas le fána! Dar ndóigh, ní raibh ach an corrghluaisteán ann, agus i rith an chogaidh, ní rabhadar sin fiú amháin ann.

Sa samhradh, úsáideadh an dá fhánán chéanna nuair a bhíodh go-carts nó 'tralaithe' againn. Cairteanna déanta sa bhaile a bhíodh iontu. Clár adhmaid a bhíodh sa chnámh droma agus bosca mar shuíochán ar fhoircheann amháin. Ceithre roth, péire beaga chun tosaigh agus péire níos mó chun deiridh. Chun an chairt a stiúradh, bhí téad ceangailte de dhá fhoircheann na fearsaide tosaigh. Ag teacht anuas le fána agus gan ach giota de théad id láimh agat chun an chairt a chasadh, bheifeá ag impí ar Dhia ach, dar ndóigh, ní fhéadfá ligint ort go raibh faitíos ort. Bheifeá náirithe. N'fheadar conas a d'éalaíomar. Ach bí ag caint ar spórt. Ní raibh Grand Prix riamh chomh maith leis!

Bhíodh oíche mhór againn Oíche Bhealtaine. Bhíodh na daoine óga ag bailiú ábhair don tine chnámh ar feadh coicíse, agus ar an oíche féin bhailíodh na comharsana go léir timpeall na tine agus iad ag seanchas is ag amhránaíocht is ag gabháil cheoil. Ag deireadh na hoíche, théidís timpeall go dtí na tithe ar fad le sluasaid luaithrigh ionas nach mbeadh easpa tine ar na tithe sin ar feadh na bliana.

Nuair a bhíodh am sosa againn ar scoil, ba ar an mBóthar Ard agus ar an gCrosbhóthar a bhímis ag súgradh. An t-aon trácht a bhíodh ann ná cúpla duine ar rothair agus bhíodar sin gann go maith i rith an chogaidh. Bhuailtí an clog nuair a bhíodh an t-am sosa istigh, ach níorbh annamh sinn imithe rófhada ón scoil chun é a chloisint. Is cuimhin liom go maith go raibh comhrac dian lá amháin idir na Fianna agus an Chraobh Rua. Dhruid láthair an chomhraic síos an Bóthar Ard, suas Fearann Seoin agus isteach sna páirceanna ina bhfuil Belfield Park anois. Bhíomar i bhfad ó fhuaim an chloig agus níor mhothaíomar an t-am ag sleamhnú thart go bhfacamar an Bráthair Ó Ceallacháin ag dreapadh thar fhalla anuas chugainn agus an leathar á chroitheadh san aer aige. Níor san aer a bhí an leathar céanna á chroitheadh nuair a shroicheamar an scoil! Bhí díospóireacht fhíochmhar eadrainn faoi cé a bhuaigh an comhrac agus milleán níos mó á chur ar an mBráthair Ó Ceallacháin faoi stopadh an chomhraic ná faoi úsáid an leathair.

Agus ag caint faoin leathar, tá an-chuid ráiméise ar siúl anois agus clúmhilleadh ar na Bráithre agus ar an gcóras scolaíochta a bhí ann an t-am sin. Le linn mo thréimhse ar an mbunscoil agus ar an meánscoil, ní cuimhneach liom ach uair amháin nuair a chuathas thar fóir leis an bpionós corpartha, agus ceanndánacht ar an dá thaobh ba mhó ba chúis leis sin. I meon an ama sin, glacadh gan cheist le pionós corpartha, agus bhíodh níos mó eagla uaireanta ar chuid de na daltaí go bhfaigheadh a dtuismitheoirí amach go rabhadar i dtrioblóid, mar go bhfaighidís léasadh níos measa sa bhaile! Ag an am sin, glacadh le smacht agus bhí meas ar údarás. Faoi láthair, níl smacht ná údarás ann, agus an bhfuilimid níos fearr nó níos measa as? Ní raibh aon ghlas ar aon doras an uair sin agus go sábhála Dia an té a chaithfeadh go dona le bean nó le seanduine. An cion ba mhó a chuirtí i leith buachalla ná gur bhris sé fuinneog le cloch, agus fiú amháin ansin, de ghnáth ba de thaisme é.

Bhris an Dara Cogadh Domhanda amach díreach sarar fhágamar Sráid Phádraig agus lean sé go 1945. Sna tríochaidí, cé go raibh an cogadh eacnamaíochta ar siúl idir an tír seo agus Sasana, bhí an-chuid tithe á dtógáil; dá bhrí sin, bhí go leor fostaíochta ar fáil agus ní raibh aon ghanntanas oibre ar m'athair. D'fhéadfaimis, mar shampla, saoire a chaitheamh i nGaillimh. Ansin, bhí col ceathar ag mo mháthair, Mary Phillips, a bhí pósta le Hugh McNamara, gníomhaire árachais, agus bhí gluaisteán aige siúd (mar gheall ar an bpost a bhí aige), agus ba mhinic sinn go léir ag dul ar picnic le chéile sa samhradh. D'fhág san go léir go raibh saol réasúnta maith againn. Ach de réir mar a chuaigh an cogadh ar aghaidh, laghdaíodh go mór ar an tógáil agus mhéadaigh an dífhostaíocht, ní hamháin i gcúrsaí tógála ach i ngach réimse eacnamaíochta ar fud na tíre. An liúntas dífhostaíochta a bhí ag m'athair an uair sin ná scilling is fiche sa tseachtain, ach bhí cíos aon scilling déag ar an teach. D'fhág san nach raibh ach deich scillinge fágtha chun an chlann a chothú agus billí leictreachais agus a leithéid a íoc. Bhí rudaí chomh dona sin uair amháin gur imigh m'athair go Sasana ag obair i monarcha, ach níor fhan sé ach tuairim is trí mhí ann. Murach an chabhair a thug mo sheanmháthair Nana dúinn, agus an bealach ar láimhseáil mo mháthair na pinginí fánacha, n'fheadar conas a d'éireodh linn ar chor ar bith. Ní hé go raibh morán le sparáil ag mo sheanmháthair ach an oiread, ach ar a laghad bhí an tuarastal suarach a bhí ag mo sheanathair ag teacht chuige gach seachtain, agus bhí prátaí agus glasraí saor in aisce aige chomh maith.

Cé go raibh an-chuid dífhostaíochta ann, bhí an t-ádh leis an tír ar bhealach amháin. Nuair a tháinig Fianna Fáil i gcumhacht i 1932, dheineadar sáriarracht an seanpholasaí a bhí ag Sinn Féin a chur i gcrích .i. Éire a dhéanamh féinchothabhálach. Bunaíodh monarchana ar fud na tíre agus cosaint chánach acu ó allmhuirí. Ba mhór an buntáiste iad siúd a bheith ann le linn an chogaidh. Ceann de na deacrachtaí ba mhó a bhí acu ná teacht ar ábhar cumhachta, mar bhíodar ag brath ar ghual agus ní raibh Éire ar bharr an liosta i Sasana chun gual a chur chugainn. Ach deineadh na portaigh a fhorbairt agus bhí monarchana, traenacha agus gnáth-theaghlaigh ag brath ar an móin le haghaidh cumhachta agus teasa. Ba mhinic na daoine ag mallachtú na móna céanna nuair a bhíodh sí fliuch agus nuair nach lasadh sí i gceart. San fhómhar, théadh na hoibrithe ó na cathracha amach chun cuidiú leis na feirmeoirí an fómhar a shábháil, agus bhí iachall ar na feirmeoirí méadú an-mhór a dhéanamh ar an méid barraí a chuireadar, go mór mór cruithneacht agus barraí den chineál sin. Dá thoradh san, bhí go leor bia sa tír i rith an chogaidh agus ina dhiaidh nuair a bhí ganntanas an-mhór i Sasana agus ar fud na hEorpa.

Ach bhí rudaí eile a bhí gann go maith, go mór mór tae, agus bhí ciondáil i bhfeidhm maidir leis na rudaí sin. Bhí seanamhrán fonóide i mbéal na ndaoine an t-am sin:

Bless de Valera and Seán McEntee
For giving us brown bread
And a half-ounce of tea!

Ach tríd is tríd, cé go raibh deacrachtaí maidir le táirgí áirithe, bhí go leor gnáthbhia le fáil, agus bhí daoine buíoch nach raibh an slad agus an marú ar siúl anseo in Éirinn mar a bhí ar fud na hEorpa.

Bhí aontas an-láidir i measc an phobail ag tacú le polasaí de Valera faoi neodracht na tíre. Méadaíodh go mór ar an arm agus chuaigh na mílte isteach ann. Ar éigean a d'fhéadfadh an t-arm an tír a chosaint dá ndéanfadh ceachtar taobh ionsaí dáiríre fúinn, ach ní foláir smaoineamh go raibh spiorad an náisiúnachais go tréan agus nach mbeifí sásta an tsaoirse a bhí bainte amach le dua againn seacht mbliana déag roimhe sin a scaoileadh uainn go héasca. B'fhéidir nach mbuafaí ar na hionsaitheoirí, cheal armála agus trealamh troda den scoth a bheith againn, ach is cinnte nach mbeadh aon bhua fuirist acusan ach an oiread. Bhí Cogadh na Saoirse agus an géilleadh ab éigean don impireacht ba mhó riamh ar domhan a dhéanamh, an-bheo fós in aigne agus i meon na ndaoine.

Nuair a bhí críochnaithe leis an gcogadh, labhair Churchill go maslach faoi neodracht na hÉireann. (Bhí a fhios aige go maith an chabhair a fuair sé ó Éirinn.) Tuigeadh go dtabharfadh de Valera freagra air. An uair sin, ní raibh an teilifís ann agus ba bheag raidió a bhí ann ach an oiread. Bhí ceann ag muintir Uí Shlatara agus is cuimhin liom an slua, fir, mná agus páistí, a bheith bailithe sa tigh agus lasmuigh de, ag tnúth le huaibhreas agus le díograis le hóráid Dev. Agus níor loic sé orainn. Mothaím fós bród an tslua i ndiaidh na hóráide, fiú amháin i measc daoine nach dtabharfadh vóta dó nó a bhí ar an taobh eile i gCogadh na gCarad. Thaitnigh an chuid sin den óráid go mór leis na daoine inar aontaigh sé leis an moladh a thug Churchill do mhuintir Shasana as seasamh in aghaidh an namhad i rith an chogaidh, ach mheabhraigh sé dó go mba chóir dó smaoineamh ar Éirinn, a throid in aghaidh na nGall ar feadh 700 bliain. Bhí an dara cogadh saoirse buaite againn an oíche sin!

Pobal an-aontaithe agus an-chairdiúil a bhí i bpobal Gheata Tuamhumhan riamh, agus le linn an chogaidh méadaíodh ar an aontas agus ar an gcairdiúlacht sin. Bhí cártaí ciondála ag gach clann, agus an chlann a gheobhadh an tae agus an siúcra ar an Luan, níor leasc leo a gcuid a roinnt leis an gclann nach bhfaigheadh a gcuid féin go dtí an Chéadaoin. Na daoine a mba leo Tivoli agus a raibh mo sheanathair ag obair dóibh, bhí óstán acu sa chathair. Cheannaigh Richard (Dick) Hartigan agus a bhean Tivoli ó mhuintir Uí Dhálaigh agus ba leo freisin an Royal George Hotel ar Shráid Uí Chonaill. Anois is arís thabharfadh Dick leathphunt tae dom sheanathair. Thabharfadh mo sheanmháthair cúpla unsa dom mháthair agus roinnfeadh sise a cuid leis na comharsana. Bí ag caint ar fháithscéal ár dTiarna faoi na bológa agus na héisc! Ar scáth a chéile a mhair na daoine.

Tharla rudaí an-ghreannmhara freisin i rith an chogaidh. Thug an rialtas scéim nua isteach a thabharfadh siúcra sa bhreis do dhaoine le subh a dhéanamh. Le bheith páirteach sa scéim, bheadh ort a thaispeáint go raibh raidhse torthaí ag fás agat chun an subh a dhéanamh. Chuir gach éinne isteach ar an scéim, an-chuid acu nach raibh ach cúpla troigh de ghairdín acu, agus fiú amháin iad siúd a raibh talamh acu, ní fhaca a bhformhór sú craobh ná sú talún ná spíonán riamh. Ach d'éirigh le daoine áirithe, cuid acu agus ba ina samhlaíocht a bhí na torthaí ag fás! Ní bhfuaireamarna tada ach d'éirigh le mo sheanmháthair (bhí sé de cheart aici siúd), agus dá thoradh san bhí siúcra sa bhreis againne agus ag na comharsana.

Rud eile a bhí greannmhar ar bhealach, ach a raibh an-dháiríreacht ag baint leis, ab ea an *glimmerman*. Níor ceadaíodh an gás a úsáid ach ag amanna áirithe. Ar eagla éinne ag briseadh na rialacha, bhíodh fear ag dul timpeall féachaint an raibh an gás ar lasadh, agus fiú dá mbeadh sé múchta, chuirfeadh sé a lámh ar na fáinní féachaint an raibh teas iontu. Éinne nach raibh ag comhlíonadh na rialacha, stopfaí an gás orthu ar feadh scaithimh. Ní raibh mórán fáilte riamh roimh an *glimmerman*.

Cé go raibh tuiscint mhaith ag chuile dhuine, idir óg is aosta, ar chúrsaí an chogaidh, lean an gnáthshaol ar aghaidh. Gach seachtain, théadh na fir chuig Comhbhráithreachas an Teaghlaigh Naofa in Eaglais an tSlánaitheora. Bhí an chathair roinnte idir na paróistí, agus ar an gCéadaoin a théadh fir pharóiste Mhainchín Naofa ann. Bhí an Luan agus an Mháirt ag paróistí eile na cathrach. Ar an Déardaoin a théadh na buachaillí, agus ar an Aoine na mná. An t-am sin, bhí an comhbhráithreachas fear ba mhó ar domhan i Luimneach, na mílte agus na mílte páirteach ann, agus gach duine bródúil as. Bhíodh cúrsa spioradálta seachtaine gach bliain: aifreann ar a sé gach maidin agus an Choróin Mhuire, seanmóin, agus Beannú na Naomhshacraiminte um thráthnóna ar a hocht. Chuirfeadh na *Reds*, sagairt ó Ord an tSlánaitheora, scanradh an domhain agus ifrinn ort agus chuirfeá as do cheann aon fhonn a bheadh ort peaca ar bith a dhéanamh, fiú amháin na cinn nár thuig tú tada fúthu! Tá sé faiseanta anois magadh a dhéanamh faoina leithéid, ach smaoinigh ar an maitheas a tháinig as: na mílte le chéile ag guí gach seachtain agus ag glacadh Comaoineach Naofa uair sa mhí agus an cúrsa spioradálta gach bliain. Rud eile a tháinig as ná go mbuaileadh na cairde le chéile gach seachtain, go dtéidís ag siúl le chéile i ndiaidh an tsearmanais agus b'fhéidir pionta ar an mbealach abhaile. Spiorad an phobail, spiorad an chomhbhráithreachais agus spiorad an pharóiste fite fuaite lena chéile – cén áit a bhfaighfeá a leithéid anois nuair nach bhfuil ach a chúraimí féin ag cur isteach ar chuile dhuine agus nuair nach feasach d'éinne cé atá ina chónaí taobh leis?

Tháinig ísliú ar uimhreacha na mball nuair a thosaigh an chathair ag forbairt agus ag síneadh amach ón lár sna seascaidí, agus le teacht na teilifíse ní raibh an fonn chomh mór sin ar dhaoine bogadh amach san oíche. De réir mar a bhí laige ag teacht ar an gcomhbhráithreachas, bhí méadú an-mhór ag teacht ar an Nóibhéine do Mháthair na Síorchabhrach. Is dócha go mbíonn a ré féin ag gach eagraíocht.

An rud mór deireanach is cuimhin liom faoi Scoil Mhainchín ná ag ullmhú le dul faoi Láimh an Easpaig, nó an Cóineartú mar a thugtar air anois. Bhí béim an-mhór i gcónaí ar an Teagasc Críostaí. Bhíodh ranganna speisialta againn, fiú amháin ar an Domhnach, i rith na bliana. Ní raibh a fhios agam riamh cén chúis a bhí lena leithéid – an chun breis eolais a thabhairt dúinne nó chun na Bráithre a choinneáil gnóthach? Ar aon chuma, nuair a bhíomar ag druidim leis an lá mór, ní dóigh liom go raibh aon ní sa Teagasc Críostaí Dearg nach raibh ar eolas againn. (An uair sin bhí Teagasc Críostaí Dearg do ranganna a trí go sé, agus an Teagasc Críostaí Glas do na bunranganna.) Bhí scrúdú ó bhéal le déanamh roimh an lá mór, nuair a thiocfadh an tEaspag agus sagairt eile chun sinn a cheistiú. Roghnaíodh roinnt dínn chun dul go dtí an tEaspag féin, agus nuair a bhí gach duine sásta, ceadaíodh dúinn go léir an tsacraimint a ghlacadh. Bhí an cogadh ar siúl fós agus bhí ganntanas airgid orainn. Bhí an t-ádh orm go raibh culaith nua éadaigh faighte agam an bhliain roimhe sin agus d'oir sé sin dom don lá mór. An tEaspag Ó Catháin a bhí ina easpag ar Fhairche Luimnigh ag an am.

Bhí scoilbhliain an tséú ranga ag druidim chun deiridh. Bheimis ag imeacht ón scoil, dream beag againn ag dul ar aghaidh go dtí an mheánscoil, dream beag eile ag fanacht siar ar feadh bliana eile, agus an chuid ba líonmhaire ag fágaint shaol na scoile go brách. As tuairim is seasca a bhí sa rang, níor chuaigh ach seisear nó seachtar ar aghaidh go dtí an mheánscoil. Bhí beirt eile a chuaigh isteach sna Bráithre Críostaí. B'in nós a bhí ag na Bráithre agus ag cuid mhaith ord eaglaise ag an am: daoine óga thart ar dhá bhliain déag nó trí bliana déag d'aois a ghlacadh isteach san ord, iad a bhrú tríd an Meánteist agus tríd an Ardteist, bliain oiliúna múinteoireachta a chur orthu, iad a chur amach ag múineadh ar feadh b'fhéidir cúig bliana nó mar sin agus ansin an dara bliain oiliúna a chur orthu. (Bhí dhá bhliain oiliúna riachtanach le cáilíocht mar mhúinteoir bunscoile a ghnóthú.) Mórán blianta ina dhiaidh sin, d'fhág an bheirt an tOrd, cé nach rabhadar fós cáilithe mar mhúinteoirí. Drochnós imeachta amach is amach ab ea an nós céanna agus, dar ndóigh, is fada imithe é. Bhí ar an líon beag againn a bhí ag súil le dul ar aghaidh go dtí an mheánscoil i Sráid Seasnáin scrúdú iontrála a dhéanamh roimh ré agus d'éirigh go breá liom ann. Dála an scéil, bhí ar an rang go léir Scrúdú na Bunteistiméireachta a dhéanamh i mbliain a sé chomh maith. Scrúdú náisiúnta ab ea an scrúdú sin agus bhí ar gach mac léinn bunscoile é a dhéanamh sara bhfágfadh sé an scoil. Scrúdú i nGaeilge, i mBéarla agus in uimhríocht a bhí ann agus bhí teastas le fáil ón Roinn Oideachais ag na daoine a n-éireodh leo. Tá mo cheannsa fós agam.

Ní raibh aon amhras orm riamh nach rachainn ar aghaidh go dtí an mheánscoil agus bhí mo mháthair den tuairim chéanna. Níor chuir m'athair riamh im choinne, cé gur dócha go mba mhaith leis go rachainn le ceard na pláistéireachta cosúil leis féin agus a mhuintir. An uair sin, ní cheadaítí isteach sa cheard ach clann agus clann chlainne an cheardaí féin. Ach ní raibh luí agamsa riamh leis ná aon smaoineamh agam ar a bheith im cheardaí. Fiú amháin ag an am sin, bhí an mhúinteoireacht im aigne.

Sráid Seasnáin

Ba mhór an briseadh é imeacht ó scoil Mhainchín agus dul chuig Scoil na mBráithre Críostaí i Sráid Seasnáin. Scaradh na gcarad a bhí ann ar bhealach, ag briseadh an cheangail chomhluadair a bhí snaidhmthe le chéile ar feadh na mblianta. Go dtí sin, ba é Geata Tuamhumhan croílár gach imeachta, beagnach, dá raibh baint agam leis. Anois, chaithfinn cuid mhaith dem shaol lasmuigh de, ar scoil i Sráid Seasnáin. Tháinig mic léinn ó chuile aird den chathair agus ó áiteanna ar fud na tuaithe, a bhí suas le deich míle nó níos mó ón gcathair féin, go dtí an scoil sin. Suimiúil go leor, bhí buachaillí caite le chéile anois a bhí go fíochmhar in aghaidh a chéile i gcomórtais iománaíochta agus peile na mbunscoileanna, ar nós an Olo Cup, cúpla mí roimhe sin. Ach níorbh fhada go raibh caradas nua déanta agus tús curtha le ré nua inár bhforbairt oideachais agus phearsanta. Ní raibh ach Bráthair amháin againn (an Bráthair de Baróid) sa chéad bhliain do na hábhair uilig, agus bhí ábhair nua againn, ar nós na Laidine. Trí Ghaeilge a múineadh gach rud ach amháin an Laidin agus an Teagasc Críostaí. Bhí rangú déanta ar na scoláirí agus bheadh an tsraith A, ina rabhas-sa, ag cur isteach ar scoláireachtaí Bhardas Luimnigh ag deireadh na bliana; i mí Lúnasa a thosaigh an scoilbhliain. Chríochnaigh an Dara Cogadh Domhanda i mí Mheán Fómhair, ach bhí cúrsaí eacnamaíochta fós go dona agus an t-airgead gann go maith.

Bhí táillí le híoc an t-am sin chomh maith. Bhíodar an-íseal, timpeall trí phunt sa bhliain, ach níor chuir na Bráithre éinne ó dhoras riamh nach raibh ar a chumas na táillí a íoc. Bhí saoroideachas ar fáil ó na Bráithre agus ó oird eile eaglaise sarar fhógair Donogh O'Malley saoroideachas ag an dara leibhéal i 1967. Fadhb eile a bhí ann ná costas na leabhar. Is cuimhin liom go raibh orainn leabhar amháin, téacsleabhar céimseatan leis na Bráithre Críostaí, a fháil, agus bhí ceithre scillinge air. Bheadh sé in úsáid againn go dtí an Ardteist, agus murach go bhfuair m'athair iasacht ó chara leis, ní bheadh ar mo chumas an leabhar a cheannach. Tá an leabhar sin fós agam.

Bhí fadhb an-mhór ag baint le freastal ar an scoil i Sráid Seasnáin ó thaobh taistil de. Bhí Scoil Mhainchín timpeall an choirnéil ach bhí Sráid Seasnáin ar an taobh eile den chathair, tuairim is míle go leith uaim. Ní raibh sé ró-olc ag siúl ar maidin agus um thráthnóna, ach níorbh fholáir rith abhaile ag am lóin, an dinnéar a shlogadh siar agus ansin rith thar n-ais chun na scoile. Nuair a bhí an aimsir fliuch, bhí sé níos measa fós. Bhí busanna (anois is arís) idir an dá áit ach bheadh sé fánach a bheith ag iarraidh áit a fháil ar cheann acu, mar bheadh an bus lán sara dtiocfadh sé go Cloch an Chonartha. Sa tríú bliain dom, fuaireas mo chéad rothar. Ceann den scoth a bhí ann, trí ghiar air agus solas dionamó. Bí ag caint ar ardnós! An uair sin, bhí triúr de mhuintir Uí Cheallaigh ón mBóthar Nua ag freastal ar Shráid Seasnáin agus bhí a n-athair ina Gharda. Bhíodh an t-athair ag stiúradh tráchta i lár na cathrach, an áit a dtagann Sráid Uí Chonaill, Sráid Liam agus Sráid an tSáirséalaigh le chéile. Bhailímis go léir le muintir Uí Cheallaigh agus nuair a chífeadh an t-athair sinn ag teacht anuas Sráid Liam, stopfadh sé an trácht ar fad chun sinn a scaoileadh thairis. Bhí an fánán anuas Sráid Liam géar go maith agus bhíodh oiread sin luais fúinn nár ghá dúinn tosú ag rothaíocht arís go mbeadh Droichead an tSáirséalaigh sroichte againn

Bhíodh orainn freastal ar an scoil sé lá sa tseachtain. Dá mbeadh an aimsir oiriúnach, rachaimis go dtí an pháirc chun cluichí a imirt ar an Déardaoin, agus bheadh imní orainn ar feadh na maidine go dtosódh an bháisteach agus dobrón uafásach dá dtarlódh sin. Ní bhíodh ach go dtí a haon a chlog againn ar an Satharn. De bhrí go raibh sé lá ar scoil againn, bhíodh obair bhaile againn gach oíche agus breis ag an deireadh seachtaine. Ansin bhí ceist na scoláireachtaí. Bhí orainn cúbadh chuige agus fanacht ar scoil níos déanaí um thráthnóna agus fanacht ar feadh an lae ar an Satharn. Ba mhór an faoiseamh é nuair a tháinig na scrúduithe faoi dheireadh, aimsir na Cásca. Bhíomar traochta. Ní foláir nó bhí an Bráthair de Baróid traochta chomh maith, agus is ceart a rá gurbh ar ár son a bhí an obair go léir. Fuaireas an chéad áit sa chathair. Bheadh £15 sa bhliain agam ar feadh cúig bliana is ní bheadh aon bhuairt ar mo mháthair faoi tháillí ná faoi leabhair.

Bhí an dara bliain agus an tríú bliain A in aon tseomra agus an Bráthair Ó Céileachair agus Tony Malone mar mhúinteoirí againn. Múinteoirí den scoth a bhí iontu ach an-dhifríocht eatarthu, an Bráthair an-chiúin, an-shéimh; Tony Malone an-bhíogúil, agus glór ard, géar aige. I ndiaidh na Meánteiste, cé gur éirigh ar fheabhas liom, iarradh orm fanacht siar agus an scrúdú a dhéanamh athuair chun ceann de scoláireachtaí na Roinne Oideachais a fháil. Dheineas mar a iarradh orm a dhéanamh. Bhí na bunrudaí mar an gcéanna an dara bliain ach bhí na téascanna go léir athraithe m.sh. na leabhair Ghaeilge, Bhéarla agus Laidine. D'éirigh beagáinín níos fearr liom agus ghnóthaíos an scoláireacht.

Na múinteoirí a bhí againn sa chúigiú agus sa séú bliain ná an Bráthair Tynan, an Bráthair Quirke, Mr Treacy agus Mr Brady. Na hábhair a bhí againn ná Gaeilge, Béarla, Laidin, matamaitic, fisic, tíreolaíocht agus Teagasc Críostaí. Dar ndóigh, ní raibh aon bhaint ag an Teagasc Críostaí leis an Ardteist ach bhí scrúdú fairche le déanamh ann. Bhí an Bráthair Tynan dian go maith ar gach duine. Cuma cad a dhéanfá, ní thabharfadh sé le tuiscint riamh go raibh sé sásta agus bhí an focal géar, fiú maslach, aige i gcónaí. I gcoirm cheoil a dheineamar uair amháin, bhí réamhaisnéis na haimsire againn mar seo a leanas:

Gluaisfidh scamall dubh, bagrach ó threo na mainistreach ar a dó a chlog ar an Déardaoin agus stopfaidh sé os cionn rang na séú bliana; gach uile sheans go mbeidh toirneach ann agus lasfaidh tintreach an rang ar fad, ag cur sceoin ar a bhfuil istigh ann; ní imeoidh an scamall go dtí a ceathair a chlog agus ansin gealfaidh an ghrian an scoil go léir an chuid eile den lá!

Bhí scanradh orainn go ndíolfaimis as an chéad lá eile ach níor lig sé tada air. Bhí sé ar fheabhas mar mhúinteoir ach bhí a chroí sa Harty Cup (Craobh Iománaíochta Mheánscoileanna na Mumhan) ach níor éirigh leis an corn a bhuachan riamh agus é mar thraenálaí.

Fear ciúin, séimh ab ea an Bráthair Quirke ach múinteoir den scoth chomh maith. B'fhearr a d'oirfeadh an ollscoil do Mr Brady (Mike) ná an mheánscoil. Bhí sé an-léannta agus an-mheas aige ar an mBéarla agus ar an Laidin. Muna raibh ar do chumas coimeád suas leis, bhí tú san fhaopach i gceart. Uair dá raibh sé as láthair, thóg an príomhoide, an Bráthair Mac Donnchadha, an rang Béarla agus fuair sé amach nach raibh nótaí ag na daltaí ar an dráma le Shakespeare a raibh staidéar á dhéanamh air. Ar fhilleadh do Mike, d'fhiafraigh an Bráthair de cén fáth nach raibh nótaí tugtha aige, agus an freagra a fuair sé agus searús ina ghlór: '*Brother, could you improve on Shakespeare?*' Bhí drochmheas aige ar pholaiteoirí, agus muna mbeadh na ceachtanna ullamh againn, d'iarrfadh na daoine eile ormsa Mike a chur dá threoir. Díreach agus é ag teacht an doras isteach, bheinnse im sheasamh agus mé ag fógairt nach rabh éinne incurtha le Dev mar pholaiteoir. Chaithfeadh sé fiche nóiméad nó mar sin ag tabhairt amach faoi gach polaiteoir dá raibh riamh ann, agus i rith an ama sin bheadh an píosa filíochta nó an píosa Laidine curtha de ghlanmheabhair againn! Tharlódh a leithéid dhá uair nó trí huaire sa bhliain agus ní thabharfadh sé faoi deara an bob a bhí á bhualadh againn air.

Duine spleodrach ab ea Mr Treacy (Tommie), a raibh baint mhór aige le Féile Luimnigh, go mór mór leis an gcraobh rince den fhéile. Nuair a bhíodh an fhéile ar siúl, thagadh sé isteach anois is arís agus d'iarradh sé ormsa dul trasna go dtí Halla Eoin Naofa nó pé halla ina mbíodh na comórtais ar siúl chun a fháil amach conas mar a bhíodh ag éirí leis an gclár. Bhuailinn abhaile le haghaidh cupán tae, agus ar mo bhealach ar ais, bhuailinn isteach ar an halla agus d'fhaighinn amach conas mar a bhíodh ag éirí leo. Bhíodh Tommie lántsásta leis an nuacht agus bhínnse chomh sásta céanna! Duine carthanach, cineálta a bhí ann agus múinteoir den scoth. Fuair sé bás agus é réasúnta óg.

Taobh amuigh de chúrsaí acadúla, an dá rud ba mhó a tharraing cáil ar an scoil ná an iománaíocht agus an ceol. Bhí iománaithe agus foirne den scoth ag an scoil ag an am ach, mar a luas ar ball, ní raibh an t-ádh leo agus níor éirigh leo an Harty Cup a ghnóthú le linn domsa a bheith ann mar mhac léinn. An Bráthair Murray (Bosh) a bhí i ceannas na scoile agus bhí an-shuim aige sa cheol. Bhailíodh sé na hamhránaithe ab fhearr le chéile agus bhíodh orainn fanacht siar i ndiaidh am scoile. An Bráthair Curran a bhí i mbun an cheoil. An fheadóg mhór a bhí aige mar uirlis cheoil agus mar uirlis mhúinte an cheoil. Bhí na cóir ar fheabhas agus bhaineamar an chéad duais amach bliain i ndiaidh a chéile ag Féile Luimnigh agus ag féilte eile.

Sa bhliain 1948, thugamar aghaidh ar an bhFeis Cheoil i mBaile Átha Cliath. Ní raibh sé riamh fuirist d'aon chór lasmuigh de Bhaile Átha Cliath fiú cur isteach ar an bhFeis Cheoil, gan trácht ar an gcraobh a bhreith leis. Ach chuireamar chun bóthair. Ag an am sin, ba bheag deis a bhí ag daoine óga taisteal chuig áit ar bith. Ba bheag duine a raibh gluaisteán aige agus bhí traenacha agus busanna gann go leor mar, cé go raibh an cogadh thart le trí bliana, bhí ganntanas petril fós sa tír. Ar an mbus a chuamar go Baile Átha Cliath agus b'iontach sin féin mar eachtra. Ní rabhas riamh i mBaile Átha Cliath roimhe sin agus táim cinnte gurbh amhlaidh an scéal do na daoine eile chomh maith. Le linn dúinn a bheith ann, d'fhanamar in Ard Aidhin, áit a raibh cáil uirthi ar fud an domhain mar gheall ar bhanna ceoil na mbuachaillí. B'iontach ar fad dúinne fanacht ann. Mheabhraigh sé dúinn na scéalta go léir a bhí léite againn faoi Murphy in *Our Boys* agus na heachtraí go léir a raibh sé páirteach iontu. Rud as an ngnáth ar fad dúinn ab ea dul a chodladh i suanlios, éirí ar maidin le chéile, sinn féin a ní agus ansin suí síos ag an mbricfeasta le chéile. Taispeánadh an áit ar fad dúinn agus b'iontach linn go raibh sí beagnach féinchothabhálach. Bhí torthaí agus glasraí go flúirseach ó na garraithe agus bhí bácús agus áiteanna traenála eile inar cuireadh bia, éadaí agus bróga ar fáil do na buachaillí ar fad. Nuair a thángamar abhaile, bhíomar ag maíomh as gur chaitheamar dhá oíche in Ard Aidhin!

Ag an bhFeis Cheoil bhaineamar an chraobh amach agus bhí an-cheiliúradh againn i mBaile Átha Cliath agus nuair a shroicheamar an baile. Tógadh grianghraf den chór agus foilsíodh é sna nuachtáin. Is anois a thuigim chomh mór is a bhí an gaisce a dheineamar – briseadh isteach ar an gcomhluadar san ardchathair, a mheas gur leo féin an Fheis Cheoil.

An rud ba mhó ar bhaineamar taitneamh agus spórt as ná

léiriú na gceoldrámaí a bhíodh ar siúl in amharclann an Lyric gach bliain. Le mo linn ar an scoil mar mhac léinn, ba iad na ceoldrámaí le Gilbert and Sullivan a léiríodh. Fiú má deirim féin é, bhíodar ar fheabhas! Ach bhí meas an phobail ar na léirithe chomh maith agus bhíodh an Lyric lán go doras gach oíche ar feadh seachtaine. B'iontach an amharclann í an sean-Lyric. Chomh maith leis an mbalcóin, bhí na *gods* ann freisin, áiléar thuas in aice leis an díon, ach áit a raibh an fhuaim le cloisint ann amhail is dá mba *hi-fi* den scoth a bhí taobh leat. Leagadh an sean-Lyric, tógadh ceann eile nach raibh oiriúnach ach amháin do scannáin, leagadh é sin ina dhiaidh sin agus bloc árasán atá anois ann. Slad cultúrtha ab ea a leithéid, agus creachadóireacht níos measa fós nuair a leagadh an Savoy.

Bhí na ceoldrámaí ar fheabhas ach bhí an cleachtadh fada, dian. Thosaíodh an cleachtadh i mí Mheán Fómhair, ag foghlaim na n-amhrán, na daoine nach raibh a nguth briste fós (na 'mná') in áit amháin agus na daoine eile (na fir) in áit eile. Ní raibh sé éasca fanúint siar ar feadh uaire nó uair go leith i ndiaidh chríochnú na scoile ar a ceathair a chlog, go mór mór i rith dhuibheagán an gheimhridh. Theastaigh uainn go léir a bheith páirteach ann ach dheinimis iarracht éalú amach an geata i ngan fhios don Bhráthair Ó Muirí, a bhíodh ag seasamh mar gharda ann. Ba bheag duine a d'éalaigh riamh, agus fiú dá n-éireodh le héinne, dá bhfaigheadh Bosh amach é, ba dó ba mheasa é. Nuair a bhíodh an sluacheol ar eolas againn, thosaítí ansin ar na hamhráin aonair. Ansin, dhéantaí na daoine a roghnú do na páirteanna éagsúla, beirt do gach páirt, agus bhíodh orthu sin an comhrá a chur de ghlanmheabhair chomh maith.

Lá 'le Stiofáin, bhímis ar ais ar scoil arís gan aon tsaoire Nollag againn. An uair seo, bhímis istigh i seomra mór agus na ranna ar fad oscailte chun ligint dúinn an léiriú a stáitsiú. Ansin, thagadh léiritheoir, Lionel Cranfield, ó Bhaile Átha Cliath, agus i ndiaidh seachtaine, bhíodh an seó ullamh le dul ar an stáitse. Bhí an t-ullmhúchán dian ach bhíodh an-spórt againn chomh maith.

Nuair a bhíodh sos ag dream amháin fad is a bhíodh buíon eile ag cleachtadh, chaithimis an t-am saor amuigh sa chlós ag imirt peile, agus bhíodh sé deacair a shamhailt conas a dhéanfaí cailíní óga dathúla as gramaisc le bróga clúdaithe le puiteach!

Ansin bhíodh lá eile scléipe againn nuair a thagadh na cultacha dráma ó Ging's i mBaile Átha Cliath. Sinne a raibh páirt cailíní againn, d'fhéachamar go hálainn lenár ngúnaí fada agus ár mbréagfhoilt chatacha! Bhíos-sa féin im Bhandiúc sna *Gondoliers* agus bhí páirt na Banríona agam in *Iolanthe*. Is cuimhin liom oíche amháin nuair a bhí mo sheanathair sa lucht féachana, chualas scairt gháire agus mé ag 'seoladh' amach sa *gondola*, agus thuigeas go maith gurbh uaidh a tháinig an scairt chéanna.

Ní raibh aon oíche chomh maith leis an oíche oscailte. Bhíodh na cultacha agus na bréagfhoilt orainn agus ár n-aghaidh maisithe, cúl agus cliatháin an stáitse daite ag an mBráthair Henry, an ceolfhoireann réidh faoi stiúir Mr McCormack, na hoibrithe cúlstáitse ullamh leis an mbrat a ardú, an *buzz* sin a bhaineann le *showbusiness* mórthimpeall orainn. Ansin, sheinneadh an ceolfhoireann 'Amhrán na bhFiann' agus d'ardaítí an brat. Bhí an seó ar siúl.

Bhaineamar an-thaitneamh as agus ba mhór againn an bualadh bos agus an béiceadh ar uairibh. Ag leatham, bhíodh tae agus cístí againn, agus n'fheadar cén fáth, ach bíonn blas i bhfad níos fearr as a leithéid seachas mar a bhíonn sa bhaile. Ag deireadh an taispeántais, labhraíodh an Bráthair Ó Muirí leis an lucht féachana agus ansin chanaimis 'A Song for the Pope' agus d'íslítí an brat. Bhíodh an-rúille búille laistiar den stáitse ina dhiaidh sin: na cultacha dráma le baint dínn, ár n-éadaí féin le cur orainn agus ansin tabhairt faoin mbaile de shiúl na gcos. Bhímis an-thuirseach ach bhíodh an spiorad chomh hard san nach dtugaimis faoi deara é. Agus an raibh eagla orainn ag siúl na sráideanna abhaile agus é beagnach ina mheán oíche? Diabhal eagla orainne ná ar ár dtuismitheoirí.

Bhíodh meascán intinne orainn ag deireadh na seachtaine,

áthas orainn go raibh an obair go léir thart ach mhothaímis uainn an ceol agus an amhránaíocht, an bualadh bos agus an spórt go léir a bhíodh againn. Ina dhiaidh sin, théimis chuig áiteanna cosúil le The Good Shepherd. An rud ba mhó a thaitníodh linn faoi sin ná an féasta a chuireadh na mná rialta ar fáil dúinn i ndiaidh an taispeántais. Ní raibh fágtha ansin ach filleadh ar an scoil go lánaimseartha.

Is suimiúil breathnú siar ar na seanchláracha agus féachaint ar liosta na ndaoine a bhí páirteach sna ceoldrámaí agus ar liosta na ndaoine ar éirigh leo sna scrúduithe. Tá na hainmneacha céanna sa dá liosta, ag tabhairt le tuiscint nár chuir na drámaí isteach ar an staidéar. Dar ndóigh, b'iontach an t-oideachas é a bheith sna ceoldrámaí, agus nílim ag caint faoi oideachas ceoil amháin ach faoi oideachas iomlán. Is minic caint anois faoin *holistic approach* ach bhí sé againne i ngan fhios d'éinne!

Rud eile, dar liom, atá suimiúil ná nár chuir sé isteach orainn ar chor ar bith go rabhamar gléasta mar chailíní, agus ní raibh éinne riamh ag magadh fúinn mar gheall air sin. Dar ndóigh, ar na 'cailíní' bhí cuid de na hiománaithe ab fhearr, agus ba dhána an mhaise d'éinne duine ar bith díobh sin a mhaslú.

Ó thaobh an cheoil arís de, ba mhinic an cór ag canadh ag coirmeacha ceoil sa Savoy agus ar Raidió Éireann. An uair sin, ní bhíodh scannáin á dtaispeáint ar an Domhnach agus bhíodh coirmeacha ceoil iontacha sa Savoy agus an 1,500 suíochán lán. Ba chreachadóireacht chultúrtha é an amharclann sin a leagadh.

Níorbh fhada na blianta ag sciorradh thart (iad ar cosa in airde faoi láthair!) agus bhíomar ag ullmhú don Ardteist. Ní raibh amhras dá laghad ormsa ach go rachainn ar aghaidh go dtí an mheánscoil. Anois agus mé sa séú bliain, ní raibh aon amhras orm ach an oiread ach go rachainn ar an ollscoil. 1951 a bhí ann: bhí an cogadh thart agus bhí an-thógáil ar fud na hEorpa agus cúnamh mór airgid le fáil ó na Stáit Aontaithe faoin Marshall Plan. Ach ní raibh tada le fáil ag Éirinn de bhrí go rabhamar neodrach i rith an chogaidh agus nár scriosadh an tír mar a scriosadh tíortha na hEorpa. (Fuaireamar cabhair bheag ar ball.) I ndáiríre, bhí na caogaidí go dona: an líon daoine a bhí dífhostaithe uafásach ard agus 100,000 duine sa bhliain ag fágaint na tíre. Bhí daoine fiú ag ceistiú neamhspleáchas na tíre agus ag tomhas an raibh deireadh le fís Chogadh na Saoirse. Maidir linne, bhí cúrsaí ag dul i bhfeabhas beagáinín agus bhí an t-ádh ar fad linn nuair a fuair m'athair post buan i nDún an tSáirséalaigh, beairic an airm i Luimneach. Roimhe sin, i 1947, rugadh mo dheirfiúr is óige, Anne. Murab ionann is daoine óga an lae inniu, ní raibh a fhios agam go raibh sí ag teacht go dtí an oíche a saolaíodh í.

Cé go raibh feabhas tagtha ar chúrsaí airgid, ní bheadh seans ar bith agamsa dul ar an ollscoil muna bhfaighinn scoláireacht. Agus ní raibh amhras dá laghad orm nach bhfaighinn! An uair sin bhí dhá scoláireacht ar fáil ó Bhardas Luimnigh, a bhí teoranta do mhic léinn na cathrach. Chomh maith leis sin, bhí scéim scoláireachta ón Roinn Oideachais ann dóibh siúd a rinne an Ardteist trí Ghaeilge, agus bhí sé de cheangal ar na buaiteoirí an chéim a dhéanamh trí Ghaeilge i gColáiste na hOllscoile, Gaillimh. Agus cúrsaí mar sin, ba dhána an mhaise domsa a bheith chomh muiníneach sin asam féin, ach bhí creideamh láidir agam i nDia agus ina Mháthair Bheannaithe. Chomh maith leis sin, bhí paidreacha mo mháthar agus mo sheanmháthar agam, gan trácht ar ghuíodóireacht comharsa linn, Mrs Costello. Bhíomar an-chairdiúil le muintir Costello agus bhíodh Mrs Costello ag guí ar son gach uile dhuine sa pharóiste, beo agus marbh. Dá mbeimis amuigh ag súgradh um thráthnóna, bheimis ag iarraidh éalú nuair a ghlaofadh sí isteach ar a clann chun an Choróin Mhuire a rá, mar bheadh orainn go léir dul leo. Bhí an Choróin Mhuire féin fada go leor ach bhí na *trimmings* níos faide fós! Nuair a bhíodh scrúdú á dhéanamh agamsa, bhíodh sí ag guí go speisialta ar mo shon, agus nuair a d'éiríodh liom, bhíodh orm punt liamháis a cheannach di. Slán beo leis an neamhurchóid.

Pé ar bith ba chúis leis, d'éirigh ar fheabhas liom. Mé féin agus cailín as Cnoc na Labhras, Caitlín Ní Mhuiríosa, a bhuaigh an dá scoláireacht ó Bhardas Luimnigh, agus chomh maith leis sin ghnóthaíomar scoláireachtaí ón Roinn Oideachais freisin. Bhí na scoláireachtaí ar aon luach, £150 sa bhliain. De réir na rialacha, b'éigean dúinn glacadh le scoláireacht na roinne agus scoláireacht an bhardais a thabhairt suas. Níor chuir sin isteach orm ag an am, mar bhí beartaithe agam dul go Gaillimh ar chaoi ar bith, ach nuair a bhuas scoláireacht dhámh na ndán gach bliain ina dhiaidh sin, níor ceadaíodh dom glacadh leo de bhrí go raibh scoláireacht na roinne agam. Dá mbeadh scoláireacht an bhardais agam, cheadófaí dom glacadh leo. Dá thoradh san, chailleas cuid mhaith airgid sna blianta a bhí le teacht. Ach ní raibh sé sin ag cur isteach orm ag an am. Bhí áthas an domhain orm agus mé ag tnúth le tosú ar shaol nua eile ar fad. Beirt mhac léinn as mo rang féin a fuair an dá scoláireacht a thug mé féin agus Caitlín Ní Mhuiríosa ar ais.

Tuairim is mí roimh an Ardteist, bhí scrúdú i mBaile Átha Cliath ag CIE chun oifigigh chléireachais a cheapadh. Ní raibh suim dá laghad agam ann ná ag cuid mhaith eile den rang ach oiread, ach bhí turas saor in aisce le fáil acu siúd a chuirfeadh isteach ar an scrúdú. Ba bheag deis a bhí againn taisteal go Baile Átha Cliath, gan trácht ar dul ann gan díol as. Pé scéal é, ba bheag duine sa rang nach ndearna an scrúdú. Bhí páipéar sa Ghaeilge, sa Bhéarla, sa mhatamaitic agus i rud ar a dtugtaí an t-am sin 'tots'. Ba é a bhí ansin ná liostaí fada uimhreacha airgid a bhí le suimiú síos suas, anonn is anall agus ba chóir an t-iomlán céanna a fháil ón dá bhealach. An t-airgead a bhí in úsáid an uair sin ná puint, scillingí agus pinginí. Bhí dhá phingin déag sa scilling agus fiche scilling sa phunt. Chomh maith leis sin, bhí leathphinginí agus feoirlingí ann. Bhí uimhreacha mar £327-16-8 le suimiú agus b'fhéidir leathphingin nó feoirling curtha leis. Ní bheadh ach fiche nóiméad leis an iomlán a chríochnú. Bhí géire agus tapúlacht intinne ag teastáil. Dar ndóigh, ní raibh trácht ar áiritheoirí ná ríomhairí an t-am sin. Bhí agallamh ann chomh maith, ach n'fheadar anois an raibh an t-agallamh i rith an scrúdaithe nó ar glaodh ar roinnt againn uair éigin ina dhiaidh. Pé scéal é, fuaireas litir i mí an Mheithimh ag insint dom go raibh an tríú háit sa tír faighte agam agus go mbeinn ag tosú mar chléireach sa Chaisleán Nua Thiar an Luan dár gcionn. £3-15-0 sa tseachtain a bheadh agam. Bhí dearmad glan déanta agamsa den scrúdú ach dúras go nglacfainn leis an tairscint. Níor ghnách le mic léinn a bheith ag obair i rith an tsamhraidh an t-am sin. I ndáiríre, ní raibh aon obair ann, fiú do na daoine a bhí ag lorg a leithéide. Agus bhí an tuarastal an-mhealltach.

Ar chloisint an scéil dom athair, dúirt sé go raibh col ceathracha aige sa Chaisleán Nua Thiar agus gur chóir dom scríobh chucu agus iarraidh orthu lóistín a mholadh dom. Mo mháthair a scríobh, agus fuaireamar litir ar ais gan mhoill ón máthair, Molly Flynn, ag tabhairt cuiridh dúinn bualadh isteach chucu ar an Domhnach agus go mbeadh áit faighte acu dom. Chuas féin agus m'athair síos ar an Domhnach ar an mbus, agus b'in an chéad uair a bhuaileas le muintir Flynn agus ba dhlúthchairde iad liom riamh ó shin. Níor thaitnigh aon cheann de na tithe lóistín le Molly agus ba í críoch an scéil gur fhanas leosan ar feadh mo thréimhse le CIE. Bhí mac leo díreach imithe go Meiriceá agus fuaireas-sa a áit. Beirt mhac eile agus beirt iníonacha a bhí sa tigh ag an am. Bhí mac eile pósta agus bhí iníon eile marbh. Siúinéirí ab ea Hauly agus Marty, cosúil lena n-athair Martin, agus bhí Celia agus Nellie fós ar an meánscoil.

Maidin Luain, bhuaileas suas go dtí an stáisiún agus casadh máistir an stáisiúin orm; chuir seisean in aithne mé don phríomhchléireach agus don chléireach sealadach a bhí ann ag an am. An chéad cheist a chuir an príomhchléireach orm ná an raibh fúm fanacht ann! D'fhreagraíos nach rabhas cinnte ach nár dhócha go bhfanfainn – féach sin mar fhéinmhuinín as duine a bhí ag brath ar scoláireacht a fháil chun dul ar an ollscoil! Ar aon chuma, bhíos tosaithe ar shaol oibre. Ar maidin, bhí orm a bheith istigh ar a leathuair tar éis a naoi chun na ticéid a dhíol don traein go Luimneach. Bhí traein eile ó Luimneach um thráthnóna. Ansin bhí traenacha earraí ag teacht is ag imeacht i rith an lae. Ba iad siúd a thugadh an trioblóid ba mhó dom. Níor ceadaíodh peann ná gnáthpheann luaidhe a úsáid ach peann luaidhe corcra nach bhféadfaí a lorg a ghlanadh amach. Nuair a thagadh traein earraí isteach, thugadh an garda liosta fada de na hearraí a bhíodh ar an traein dom agus bhíodh ormsa iad sin go léir a scríobh isteach in dhá leabhar ollmhóra cuntais. Le scríbhneoireacht ó pheann luaidhe corcra, a luathscríbhinn féin ag chuile dhuine, na liostaí fillte agus athfhillte, an bháisteach ar chuid acu, rian tae agus deochanna eile chomh maith ar chinn eile, b'fhuirist a thuiscint go raibh sé deacair iad a léamh. An chéad chúpla lá, bhí an príomhchléireach cráite agam, ag fiafraí de cad díreach a bhí sna diabhal liostaí, ach de réir a chéile tháinig mé isteach ar an gcóras, agus dá mbeadh amhras orm faoi rud ar bith, chuirfinn isteach sa dá leabhar é im scrábáil féin. Bheadh sé faoi éinne a bheadh ag iniúchadh na leabhar ansin ciall a bhaint as mo scrábáil!

Seachas áiritheoirí – ní áirím ríomhairí – bhíodh cairteanna móra againn chun cabhrú linn an costas ceart a ghearradh orthu siúd a bheadh ag seoladh earraí ar an traein. Ar an taobh clé, bhíodh liosta mór airgid, agus ag an mbarr liosta meáchan. Má bhí na puint, scillingí agus pinginí casta, bhí cúrsaí meáchain níos measa fós: sé unsa dhéag i ngach punt, ceithre phunt déag i ngach cloch, ocht gclocha i ngach céad meáchain, fiche céad meáchain i ngach tonna. Leis an gcostas a áireamh, bheadh ort dul trasna an bhairr chun an meáchan cuí a fháil, ansin dul síos an taobh clé chun an t-airgead ceart a fháil, agus an áit ina dtiocfadh an dá líne le chéile, bheadh an costas cruinn ceart agat.

Agus bhí daoine ann a d'fhéadfadh an t-iomlán a dhéanamh ina gceann! Lá amháin, bhuail fear isteach chugam i ndiaidh an aonaigh, a bhíodh ar siúl uair gach mí an t-am sin. Bhí ba á seoladh aige go Baile Átha Cliath. Thógas amach mo chuid cairteanna agus bhíos an-chúramach ar eagla go ndéanfainn dearmad. Dá ndéanfainn, bheadh ormsa díol as. Faoi dheireadh, agus eisean ag éirí mífhoighneach, luas an costas leis. Chroith sé a cheann. 'Tá dearmad ort,' ar seisean, 'tá dhá scilling bhreise á lorg agat uaim.' Ar ais liom chuig mo chuid cairteanna agus, le ceann faoi orm, b'éigean dom aontú leis go raibh an ceart aige. D'iarras air an bille tráchta a shíniú dom agus chuir sé 'x' mór ar an bhfoirm! Ansin, thóg sé amach rolla mór airgid as a phóca – nótaí caoga agus céad punt, rud nach bhfaca mise riamh cheana – agus shín chugam an costas.

D'éirigh mé an-mhór le mo chuid ghaolta nua. Mheasadar siúd go n-éireoinn bréan go tapaidh de shaol baile bhig. Ach a mhalairt a tharla. Níor ghnách le duine a bhíodh ag déanamh na hArdteiste an uair sin a bheith amuigh san oíche ach anois is arís, dá mbeadh rud faoi leith ar siúl. I ndáiríre, bhí comhluadar breise agam sa Chaisleán Nua Thiar leis na col ceathracha. Sa bhaile, ní raibh mo dheirfiúr Celine ach dhá bhliain déag agus ní raibh Anne ach ceithre bliana ag an am. Bhí an-shuim ag Marty sa cheol agus sa rince Gaelach, agus chomh maith leis sin, théinn amach leis ag iascaireacht agus ag fiach, caitheamh aimsire a bhí nua ar fad domsa. Fear fíormhacánta ab ea fear an tí, Martin. I ndiaidh Chogadh na Saoirse, thóg sé taobh an Chonartha agus bhíodh an-dhíospóireacht againn beirt le chéile. Ba bhreá leis an chaint is an comhluadar. Uair amháin, bhí fadhb ag Hauly nuair a bhí sé ag tógáil a thí, agus tar éis do Mhartin dul chun cainte le Jimmy Collins (athair Gerard), réitíodh an deacracht. Dúradh ina dhiaidh gur vótáil Martin do Jimmy ach ní ligfeadh sé tada air féin. Bean chaoin, shéimh ab ea Molly. Chaitheadh sí toitíní, ach nuair a bhíodh a hathair féin ag teacht chun dinnéir chuici, mhúchadh sí an toitín agus scaipeadh sí an gal ar eagla go bhfaigheadh seisean amach go raibh sí ag caitheamh – agus í sna caogaidí ag an am! Bhunaíos an-ghaol le Hauly, agus maidir leis na cailíní, bhainidís siúd feidhm asam nuair a bhídís ag tathaint ar an athair agus ar an máthair scaoileadh leo chuig na pictiúir nó na damhsaí.

Théinn abhaile gach tráthnóna Sathairn agus ar ais ar an mbus luath gach Luan. Faoi dheireadh, tháinig torthaí na hArdteiste amach i mí Lúnasa agus, buíochas le Dia, d'éirigh ar fheabhas liom. D'insíos do mháistir an stáisiúin agus don phríomhchléireach go mbeinn ag imeacht i lár mhí Mheán Fómhair, chun deis a thabhairt dóibh duine eile a fháil. Ní raibh aon ionadh orthu agus dúirt an príomhchléireach liom go gcuirfidís an milleán ormsa mar gheall ar aon bhotún a gheofaí amach, mar nach bhféadfadh na húdaráis aon ní a dhéanamh liomsa nuair a bheinn bailithe liom! Bhí áthas orm a bheith ag imeacht mar, cé go raibh na daoine an-mhuinteartha agus an-chairdiúil, bhí an obair ionannach, neamhshuimiúil agus gan dúshlán ar bith ann.

Ach bhí cairde nua faighte agam agus ba mhinic ina dhiaidh sin gur chaith mé saoire thaitneamhach le muintir Flynn.

Coláiste na hOllscoile, Gaillimh

Nuair a d'fhilleas ón gCaisleán Nua Thiar, bhí an-ullmhúchán le déanamh chun a bheith réidh don saol nua ar an ollscoil. I dtosach, bhí orm an Máithreánach 'a cheannach'. Scrúdú faoi leith ab ea an Máithréanach chun dul isteach i gcoláistí Ollscoil na hÉireann (an NUI), ach bhíothas in ann gan an scrúdú féin a dhéanamh ach an táille cuí a íoc agus é a fháil ar thorthaí na hArdteiste. Nuair a bhí sé sin déanta agam, bhí ceist lóistín le socrú. Tráthúil go leor, bhuail mo mháthair le bean tamall uainn sa bhaile, a bhí ar saoire sa Ghaillimh, agus mhol sí an áit inar fhan sí. Chuireamar litir chun na háite sin – 'An Stad' ar Bhóthar an Athar Ó Gríofa – agus fuaireamar freagra ar ais ag glacadh liom. Faoi dheireadh, bhí chuile rud réidh chun imeachta. M'athair a tháinig liom ar an mbus, agus nuair a shroicheamar an Ghaillimh, bhuaileamar amach chuig an lóistín. Chaitheamar an tráthnóna ag cur eolais ar an áit ón ollscoil síos go lár na cathrach go dtí go raibh sé in am dom athair imeacht abhaile ar an mbus. Ba é seo an chéad uair dom im aonar in áit nach raibh aithne agam ar éinne agus mhothaíos an-uaigneach. Ach chuireas uaim é. Bhí an bealach seo roghnaithe agam féin, agus cuma cad a tharlódh, bheadh sé níos fearr ná a bheith sa stáisiún ar an gCaisleán Nua Thiar.

An mhaidin dár gcionn, bhí orainn clárú san Aula Maxima, agus de réir mar a bhíomar ag bailiú, bhíomar ag caint agus ag cur aithne ar a chéile. Cúig ábhar a bheadh le déanamh sa chéad bhliain i ndámh na ndán. Bhíos lándeimhnitheach faoin nGaeilge, faoin matamaitic agus faoin tíreolaíocht. Chomh maith leis sin, bhí an-shuim agam sa stair, agus cé nach raibh sí déanta agam san Ardteist, roghnaíos í. Ba chirte dom ansin an fhisic a thoghadh mar fuaireas ardmharcanna inti san Ardteist, ach mheasas nach n-oirfeadh sí do dhámh na ndán. Botún ab ea é sin, agus i rith na bliana ba mhinic mé ag cabhrú leo siúd a bhí ag déanamh na fisice! An Béarla a roghnaíos ina háit.

De réir a chéile, bhíomar ag tosú ar na léachtanna ach bhí ag teip orainn a fháil amach cá raibh na léachtanna sa mhatamaitic onóracha. Bhí seo agus siúd á insint dúinn, ach ní raibh tásc ná tuairisc ar an Ollamh de Paor. Ansin, lá amháin, thángamar air i seomra beag laistigh de sheomra na n-innealtóirí. Bhí thart ar thríocha againn ann agus bhuail duine amháin ar an doras. D'oscail an tOllamh de Paor é agus d'fhéach ar an scata againn. Ní raibh áit dúinn go léir a dúirt sé. D'iarr sé ar dhuine againn na cathaoireacha a bhí sa tseomra a chomhaireamh.

'Sé cinn,' arsa mo dhuine.

'Ní hea,' arsa an t-ollamh, 'cúig cinn. Tá a chathaoir féin ag Mac.' Mac an madra a bhí aige! Bí ag caint faoi *numerus clausus*! Leanamar ag dul sall is anall chuige ar feadh seachtaine nó mar sin agus bhí an slua ag dul i laghad de réir a chéile. Lá amháin, ní raibh fágtha ach seisear: Maurice Whyte, Don McQuillan, Martin Barry, Joan Holland, bean rialta nach cuimhneach liom a hainm, agus mé féin. Tar éis dúinn cnagadh ar an doras, d'fhéach sé orainn agus scaoileadh isteach sinn ar an gcoinníoll go seasfadh duine amháin! B'in mar a tharla. Sheas duine de na buachaillí gach lá go dtí gur éirigh Joan as um Nollaig agus d'imigh an bhean rialta um Cháisc. An chéad lá istigh dúinn, líon sé an clár dubh ó bhun go barr le teoiric na gcothromóidí, agus é ag glanadh leis de réir mar a bhí sé ag dul ar aghaidh. Níor thuigeamar ó thalamh an domhain cad a bhí ar siúl aige ach chuireamar ár gcosa i bhfeac agus rún againn gan géilleadh. D'éirigh go maith linn ina dhiaidh sin nuair a thuig sé go rabhamar dáiríre, ach cé nach raibh fágtha ag an deireadh ach ceathrar againn, ní raibh aon chaidreamh pearsanta riamh eadrainn. (Sa bhliain 2004, bhuail triúr den cheathrar againn le chéile – Maurice, Don agus mé féin – nuair a cláraíodh sin mar bhaill den Chumann Caoga.)

Máirtín Ó Tnúthail a bhí mar léachtóir againn sa mhatamaitic. (Bheadh sé ina uachtarán ar an gcoláiste níos déanaí.) Fear ciúin séimh a bhí ann ach bhí sé an-bhodhar. Bhíodh ranganna againn leis ó a haon go dtí a dó ach ní chloiseadh sé an clog mór riamh ag bualadh a dó. Toisc nach raibh ach dream beag againn ann, ní fhéadaimis cur isteach air rófhuirist, agus bhímis ag smaoineamh ar an dinnéar ag éirí fuar sa bhaile. Nuair a bhíodh deireadh lenár bhfoighne, dheineadh duine againn fothram beag éigin agus d'fhéachadh Máirtín ar a uaireadóir. 'Tá leathuair eile againn?' a deireadh sé i bhfoirm ceiste.

'Níl,' a deirimis, 'tá an clog buailte le fada.' Ghabhadh an fear bocht leithscéal ó chroí linn, agus an chéad lá eile tharlaíodh an rud céanna!

Bhí Tomás Ó Raghallaigh ina Ollamh le Gaeilge, ach ba iad na léachtóirí Tomás Ó Máille, Tomás Ó Broin agus Seán de Búrca a bhí againn sa chéad bhliain. Ag deireadh an dara bliain againne, fuair Tomás Ó Máille an ollúnacht. Bhíodar go léir fíordheas agus b'fhuirist bualadh isteach chucu dá mbeadh fadhb agat. Anois is arís, thugadh an Máilleach cuireadh dúinn chun a thí féin, go mór mór tar éis oíche mhór éigin a bheith ag an gCumann Éigse agus Seanchais. Chaitheadh a bhean Lil go fial linn. Bhí mórán scéalta faoi na léachtóirí. Dúradh faoin Máilleach go raibh sé ag teacht isteach an geata lá sa ghluaisteán nuair a bhuail sé faoi mhac léinn. Amach as an ngluaisteán leis agus ar seisean leis an mac léinn, 'An bhfuilir gortaithe?'

'Tá mé,' arsa an mac léinn.

'Ná habair "tá mé", abair "táim", an fhoirm tháite, tá a fhios agat,' ar seisean!

Sa stair, bhí Síle Ní Chinnéide againn. An uair sin, bhí deighilt an-mhór idir an stair trí Ghaeilge agus an stair trí Bhéarla, ní hamháin ó thaobh teanga de ach ó thaobh dearcaidh chomh maith. B'iontach an léachtóir í Síle. Ar éigean a d'fhéachadh sí ar nóta ach choinníodh sí do shuim ó thús deireadh.

Sa tíreolaíocht, bhí Liam Ó Buachalla againn. Ag an am sin, bhí sé ina léachtóir le tráchtáil agus ceapadh ina ollamh é ina dhiaidh sin. Bhí sé ina Chathaoirleach ar Sheanad Éireann freisin agus ball mór d'Fhianna Fáil ab ea é. Dar leis, thosaigh stair na hÉireann i 1932! Bhí sé go mór i bhfábhar na Gaeilge, agus nuair a ceapadh ina ollamh é, ní raibh an B.Comm. ar fáil ina dhiaidh sin ach trí Ghaeilge amháin. Bhí sé pósta le Máire Ní Scolaí, an t-amhránaí clúiteach, agus bhíodh cór an-mhaith aici siúd sa choláiste.

Sa Bhéarla, bhí an tOllamh Ó Murchú agus léachtóir darbh ainm Diskin againn. Bhí an-bhaint ag an Ollamh Ó Murchú leis an Taibhdhearc. Bhí iníon leis sa rang linn, agus pé diabhlaíocht a bhíodh ar siúl, bhíodh sise páirteach ann. Bhí scéal ann faoin léachtóir a raibh a thráchtas MA réidh aige, agus chaith bean an tí isteach sa tine é trí thionóisc.

Áit an-bheag ab ea an coláiste ag an am agus ba é a scéal féin sceál gach duine. Ní raibh ach tuairim is 800 mac léinn ann agus bhí an-chomrádaíocht ina measc. Níorbh fhada dom aithne a chur ar an-chuid daoine, go mór mór na daoine a bhí ag gabháil don mhatamaitic. Nach rabhamar ag campáil le chéile fada go leor! Ansin tháinig Damhsa na nGib – 'gibs' a thugtaí ar lucht na chéad bhliana agus bhí rince faoi leith san Aula Maxima ag tús na bliana chun deis a thabhairt dóibh aithne a chur ar a chéile. Agus cad é mar rince! Ba bheag duine de na buachaillí a raibh céim ar bith aige agus bhí ar na cailíní bochta iarracht a dhéanamh ar chéim nó dhó a mhúineadh dóibh, chomh maith le comhrá a choinneáil leo. Bhíodh cosa, barraicíní agus rúitíní gonta go maith i ndiaidh na hoíche. Ach bhí an-spórt againn agus bhíomar i ngrá le gach éinne! I ndiaidh seachtaine nó dhó, bhí patrún de shórt ag teacht ar an saol: an Cumann Éigse agus Seanchais ar an Luan, an Lit and Deb ar an Déardaoin, an Aula ar an Aoine agus na pictiúir ar an Satharn. Bhí dhá phictiúrlann i nGaillimh ag an am, an Savoy agus an Estoria. Bhí an 'i' ar iarraidh sa bhfocal 'Estoria' ar feadh na mblianta agus níor thugamar riamh ach an 'Estora' air. Bhí trí phraghas le dul isteach, 2/6, 1/8 agus scilling amháin; ach le cárta mic léinn bhí cead isteach againn ar na praghasanna laghdaithe, 1/8 in áit 2/6 nó scilling in áit 1/8. Bhíodh an dá láthair plódaithe le mic léinn ar an Satharn agus d'fhanadh muintir na cathrach uathu an oíche sin. Nuair a bhí seanaithne curtha againn ar an áit agus sinn sa dara agus sa tríú bliain, thugaimis cuairt ar an halla mór rince Seapoint i mBóthar na Trá, agus uaireanta eile chaithimis oíche Dhomhnaigh ag *Rogha Ceoil* Tigh Lydon.

Bhí Breandán Ó hEithir cúpla bliain romham sa choláiste, agus éinne a léann faoina shaol siúd ar an gcoláiste, mheasfadh sé nach mbíodh ach ól agus ragairne ar siúl ag na mic léinn ó cheann ceann na seachtaine. Ach a mhalairt ar fad a bhí fíor. Bhí daoine ann a d'ól, go mór mór i measc na *Meds*, a raibh roinnt díobh ag freastal ar an gcoláiste ar feadh i bhfad de bhrí go raibh ag teip chomh minic sin orthu! Ach ba líon beag iad as iomlán na mac léinn. An uair sin ba réadóirí an-chuid de na mic léinn, a ghlac leis an mbiorán ar scoil dóibh agus a staon ón ól ar feadh a dtréimhse ar an ollscoil nó, cosúil liom féin, ar feadh a saoil. Bhí cúis eile leis freisin: ní raibh an t-airgead againn. Bhí airgead gann, fiú amháin ag daoine a raibh a dtuismitheoirí réasúnta maith as. An dream a raibh scoláireachtaí againn, ar éigean a d'íoc an scoláireacht as na táillí agus as an lóistín. Agus ní raibh sé de nós ag mic léinn a bheith ag obair i rith an tsamhraidh ach amháin an fíorbheagán a chuaigh go Sasana agus a d'oibrigh ar na láithreacha tógála thall. Dá thoradh sin ar fad, ba bheag óil a bhí ar siúl ag formhór na mac léinn, ach ná ceapadh éinne nach raibh craic (focal nach raibh le cloisint ag an am) ná spórt againn.

Tá sé faiseanta anois a bheith ag tromaíocht ar na caogaidí agus ar na seascaidí agus ar an gcaoi a rabhamar faoi chuing an stáit agus na heaglaise. Má bhí, níor thugamar faoi deara é! Bhíomar ródhírithe ar shult agus ar thaitneamh a bhaint as an saol agus róthógtha suas leis an obair a bhí le déanamh againn. Agus b'éigean dúinn oibriú go dian mar bhí onóracha le fáil i dtrí ábhar as na cúig cinn chun go ndéanfaí an scoláireacht a athnuachan. Bhí difríocht amháin le tabhairt faoi deara idir na daoine a d'fhreastail ar scoileanna lae agus iad siúd a bhí ar scoileanna cónaithe. Na daoine a bhí ar na scoileanna lae, bhí cleachtadh acu ar an lá a leagadh amach dóibh féin, idir staidéar agus chaitheamh aimsire; d'imigh cuid de na daoine a d'fhreastail ar scoileanna cónaithe fiáin ar fad ar feadh tamaillín go dtí gur éirigh leo a gcuid saoirse a láimhseáil i gceart.

D'imigh an chéad téarma agus an chéad bhliain tapaidh go leor. Seachtain sé lá a bhí ann an uair sin, cé go raibh leathlá againn ar an Satharn. Gach lá, bhí sé riachtanach freastal ar na léachtanna agus roinnt staidéir a dhéanamh sa leabharlann. Ní raibh aon deireadh seachtaine ná saoire leath-théarma sa bhaile againn, agus dá thoradh san, bhaineamar níos mó taitnimh as saoire na Nollag agus na Cásca agus as bualadh leis an gclann agus leis na cairde sa bhaile.

Níor bhraitheamar go raibh an téarma deiridh buailte linn, ná na scrúduithe ach oiread. I lár an téarma dheiridh, fógraíodh an scrúdú do Dhuais Peel sa chéimseata. Bhí cead ag éinne ar mhian leis nó léi as aon dámh sa chéad bhliain cur isteach air, agus dheineas-sa amhlaidh. Nuair a foilsíodh na torthaí, fuaireas an chéad áit agus bronnadh an duais, £8, orm. Bhí an-ghliondar orm mar gheall ar an gcáil a bhain le gnóthú na duaise agus, dar ndóigh, mar gheall ar an airgead chomh maith.

Ansin bhí na scrúduithe buailte linn. Bhí sé fiordheacair sa chéad bhliain tú féin a mheas: an raibh dóthain staidéir déanta agat sna hábhair éagsúla nó arbh é an cineál ceart staidéir a bhí déanta? Ní raibh aon tslat tomhais agat agus ní raibh éinne le comhairle a chur ort. Chomh maith leis sin, bhí tú i gcomórtas le rogha is togha na tíre, iad siúd a raibh na scoláireachtaí acu. I mbrothall an Mheithimh a thosaíomar agus a chríochnaíomar, agus ansin saoire fhada an tsamhraidh ag síneadh amach romhainn.

B'iontach a bheith sa bhaile, go mór mór ó thaobh béilí taitneamhacha deasa a fháil agus dul a luí nó éirí aon uair ba mhian leat. Bhí sé go maith freisin bualadh leis na seanchairde, cé go raibh cuid mhaith díobh ag obair in áiteanna eile ar fud na tíre. Agus bhí cairde eile agam a bhí bliain nó dhó laistiar díom ar scoil agus a bhí fós ag freastal ar an meánscoil. Duine díobh siúd ab ea Jack O'Donovan, a sheas liom ina dhiaidh sin nuair a phósas agus atá ina athair baistí ag m'iníon is sine, Úna. Ba bhreá liom a bheith ag rothaíocht agus thugas turas nó dhó ar an gCaisleán Nua Thiar le cúpla lá a chaitheamh ann agus bhíodh fáilte is fiche romham i gcónaí. Áit eile inar ghnách liom saoire a chaitheamh ann ná ar an Tulach i gContae an Chláir, *'where the Claremen lay their dead'*. Luas cheana col ceathar mo mháthar, Mary Phillips, a bhí pósta le Hugh McNamara. Bhíodh cónaí orthu in Inis ach bhí aistrithe acu go dtí an Tulach. Ba bhreá liom tamall a chaitheamh leo siúd agus gabháil síos agus aníos go Cill Chisín, áit inar chónaigh clann Mary. B'iontach lá a chaitheamh ar an bportach, go háirithe an lón a ithe ann. N'fheadar an ndearna mé mórán oibre ach ba dheas a bheith ag maíomh gur shileas mo chuid allais ag obair ann!

Rud a bhraith mé uaim go mór ná tigh mo sheanmháthar sa Lóiste ag Tivoli. Nuair a fuair mo sheanathair bás den ailse – agus níor dheas an bás é ach oiread – b'éigean dom sheanmháthair imeacht ón tigh. Chugainne a tháinig sí i dtosach agus ina dhiaidh sin chuaigh sí chun cónaithe lena hiníon eile, m'aintín Daisy. Bhí laethanta sáraoibhne agus oícheanta iontacha ag imirt chártaí, an cluiche 45, caite agam in Tivoli. Thaitnigh na cártaí go mór le mo sheanathair, agus nuair nach rabhas ach a sé nó a seacht, bhíos im chearrbhach críochnaithe! Théidís chuig *45 drive* oíche Dhomhnaigh – théinnse leo agus bhínn ag súil nach bhfaighidís páirtnéir eile i dtreo is go bhféadfainn féin imirt. Agus níorbh annamh dúinn an bua a fháil. I dtigh Belfield, áit ina bhfuil an tOspidéal Máithreachais Réigiúnach anois, a bhídís ar siúl. In am mo mháthar, bhíodh idir chártaí agus seiteanna ar siúl sa tigh, traidisiún a tháinig ó thigh mo shin-seanmháthar i gCnoc an Éin Fhinn. Ach bhí an ré sin thart.

Níorbh fhada sa bhaile dom nuair a tháinig torthaí na scrúduithe amach agus bhíos breá sásta leo. Ghnóthaíos céadonóracha sa Ghaeilge, sa mhatamaitic agus sa tíreolaíocht, dara hónoracha sa stair agus pas sa Bhéarla. Bhí fúm an chéim a dhéanamh sa Ghaeilge agus sa mhatamaitic ach tháinig rialacha, nárbh eol dom ag an am, salach ar an gcinneadh sin.

Sciorr laethanta an tsamhraidh leo go tapaidh agus bhí sé in am filleadh ar an gcoláiste. I ndáiríre, bhíos ag tnúth le filleadh, ainneoin cúrsaí bia agus a leithéid. Tharla fadhb mhór ansin. D'ardaigh bean an tí an táille seachtainiúil ó £2-10-0 go £2-12-6, leathchoróin d'ardú! D'fhágas an áit agus fuaireas lóistín eile ar Bhóthar an Athar Ó Gríofa. Bhí socrú déanta agam le Maurice Whyte go dtiocfadh sé liom, agus nuair a bhuaileamar isteach chuig an áit nua, bhí Eddie Fallon ann romhainn – bhí Eddie mar fhear tionlacain agam nuair a phósas ina dhiaidh sin.

Nuair a chuas go dtí an coláiste an mhaidin dár gcionn chun clárú, fuaireas amach go raibh fadhb ann faoin nGaeilge agus faoin matamaitic a dhéanamh: ní raibh sé ceadaithe Gaeilge agus matamaitic a roghnú le chéile don chéim. Cuireadh mé chuig déan na ndán agus chuir seisean mé go huachtarán an choláiste, ach bhí na rialacha ann agus ní fhéadfaí iad a shárú ná teacht timpeall orthu ar bhealach ar bith. D'fhág san i gcruachás mé.

Cé go raibh céadonóracha agam sa tíreolaíocht chomh maith, níor theastaigh uaim í a thógaint. Roghnaíos an stair. Bhí suim agam riamh sa stair agus bhí Síle Ní Chinnéide ar fheabhas mar léachtóir. Bhí an léachtóir sa mhatamaitic, Máirtín Ó Tnúthail, ar buile nuair a fuair sé amach cad a tharla dom. D'iarr sé orm freastal ar na léachtanna onóracha agus go dtabharfadh sé teastas dom ag an deireadh. Rinne mé amhlaidh go dtí an Nollaig sa tríú bliain. D'éiríos as ag an am sin mar bhí sé ródheacair dóthain ama a fháil le staidéar ceart a dhéanamh ar thrí ábhar ag leibhéal onóracha. Tharla rud aisteach dom ina dhiaidh sin. An t-am sin bhí orainn fo-ábhar amháin, ar leibhéal pas, a dhéanamh, chomh maith leis an dá ábhar onóracha. Roghnaíos an mhatamaitic, dar ndóigh, agus de bhrí go raibh an méid sin den chúrsa onóracha déanta agam, dúradh liom nár ghá dom freastal ar mhórán de na léachtanna pas. Ag tús an tríú téarma i mbliain na céime, d'fhéachas ar na páipéir phas agus scanraíodh ar fad mé mar nach raibh cosúlacht ar bith idir a raibh déanta agam sna léachtanna onóracha agus na ceisteanna a bhí ar na páipéir. Ar ais liom go dtí nótaí na chéad bhliana go pras.

Níor fhanamar ach téarma amháin sa lóistín nua. Bhíomar préachta leis an bhfuacht ann. Ní raibh teas lárnach ar fáil i mórán áiteanna an uair sin ach teas ó thine oscailte. Ach an tine a bhí againne – bloc mór adhmaid agus lasair thruamhéalach ina lár! Bhí teallach againn sa tseomra codlata, agus nuair a bhímis ag teacht abhaile ón gcoláiste istoíche, ghoidimis cúpla fód móna an duine ón ualach móna a bhíodh sa Quad agus lasaimis tine sa tseomra codlata. An fhadhb a bhí againn ansin ná fáil réidh leis an luaithreach ar maidin, go mór mór nuair a bhíodh sé fós te! Ag tús an chéad téarma eile d'aistríomar chuig lóistín nua, Naomh Seosamh ar Bhóthar Naomh Muire, agus d'fhanamar ann go dtí an deireadh. Sa lóistín sin, bhí triúr mac léinn ó Goa agus cúpla Polannach.

Bhí an dara bliain ar fheabhas mar ní raibh aon scrúdú oifigiúil ag deireadh na bliana. Chomh maith leis sin, bhíomar tagtha isteach ar imeachtaí an choláiste agus, níos tábhachtaí fós, conas leagan amach cóir a dhéanamh ar ár gcuid ama idir léachtanna, staidéar agus chaitheamh aimsire. Faoin tríú bliain, bhíomar inár seanfhondúirí. Is dócha gurbh í an tríú bliain an t-am ba dhéine ó thaobh oibre de. Mhíníos ar ball go raibh trí cinn d'ábhair onóracha á ndéanamh agam go dtí an Nollaig, nuair a d'éiríos as an matamaitic. Bhí orm é sin a dhéanamh chun dóthain ama a bheith agam don Ghaeilge agus don stair. Ba mhinic mé ag cúbadh chugam féin ag na léachtanna staire nuair a bhíodh Síle ag tabhairt amach faoi dhaoine a bhí ag déanamh ábhair nach raibh ag cabhrú leis an stair, ar nós na matamaitice! Thuig sí gur Ghaeilge a bhí ar siúl agam ach ní raibh aon eolas aici faoin matamaitic. Ar bhealach eile, bhí sé níos fearr dom féin éirí as an gcúrsa onóracha mar, cé go ndúirt Máirtín Ó Tnúthail go dtabharfadh sé teastas dom ag an deireadh dá n-éireodh liom sna scrúduithe, ní teastas ollscoile a bheadh ann. Chomh maith leis sin, bhí Tomás Ó Raghallaigh éirithe as ollúnacht na Gaeilge agus Tomás Ó Máille tagtha ina áit agus cúrsa nua ar fad leagtha amach aige. D'oir sin go maith dúinne, mar cé go raibh an cúrsa níos déine, bhí cinnteacht ag baint leis, rud nach raibh ann in am Uí Raghallaigh. Bhí an-chuid scéalta faoin bhfear sin freisin (Cé faoi nach raibh scéalta?) An scéal a bhí ann: gur chuir sé fógra suas i ndiaidh na Nollag bliain amháin, go mbeadh sé tinn go dtí tar éis na Féile Pádraig! Fear ann féin ab ea é ach bhí cineáltas ann. Ghlaodh sé ormsa i ndiaidh léachta agus d'iarradh sé orm cupán caife a fháil dó sa siopa caife a bhí taobh le foirgneamh na ndán. Deireadh sé i gcónaí liom cupán a fháil dom féin, rud nár dheineas riamh, de bhrí go mbíodh léacht eile agam díreach i ndiaidh a léachta siúd. An siopa caife agus Ma Craven i gceannas air an áit tionóil a bhí againn idir léachtanna. Dá bhfanfá rófhada, thiomáinfeadh Ma amach tú chuig do léacht nó go dtí an leabharlann. Tigín an-bheag a bhí ann agus ceithre seanphingine ar chupán caife, ach b'ann a dhéantaí na ráflaí agus na luaidreáin a chíoradh agus a scaipeadh.

An rud ba mheasa ar fad faoin mbliain sin ná nach raibh na scrúduithe onóracha ann go dtí mí Mheán Fómhair. Dá thoradh sin, bhí ort an samhradh ar fad a chaitheamh ag staidéar. Fadhb eile freisin a bhí ann ná, de réir teoirice ar a laghad, go bhféadfaí ceisteanna a chur ar chúrsa an dara bliain chomh maith le cúrsa an tríú bliain. An chúis a bhí leis sin ná nach scrúdú ollscoile a bhí i scrúdú an dara bliain ach scrúdú coláiste. B'fhaide an samhradh sin ná aon tsamhradh eile, dar liomsa ar aon chuma. Bhí nótaí agus leabhair le léamh agus le hathléamh; agus an donas ar fad le hábhair cosúil le Gaeilge agus stair, nach raibh tú cinnte riamh an raibh do dhóthain déanta agat, cuma cé chomh fada is a bhí tú ag gabháil dóibh.

Faoi dheireadh, bhí na scrúduithe buailte linn. Nuair a d'fhilleamar ar an gcoláiste, bhí dreach míshláintiúil orainn go léir. Ach mar a dúirt an Seabhac faoin bpósadh: 'ós rud é atá romhainn, caithfimid cur suas leis.' An t-aon rud is cuimhin liom anois faoi na scrúduithe féin ná an lá a raibh an ceathrú páipéar á dhéanamh agam sa stair, go rabhas im shuí faoi fhuinneog dhaite agus an ghrian ag taitneamh isteach orm. Dheineas iarracht aird an fheitheora a dhíriú ar mo chruachás ach suim dá laghad níor chuir sé ionam. Ní tharlódh a leithéid anois. Chuireas isteach ar Scoláireacht Theach an Ard-Mhéara agus bhí orm páipéar breise a dhéanamh sa Ghaeilge. Ansin bhí na scrúduithe ó bhéal againn, agus thart faoi dheireadh mhí Mheán Fómhair, bhí críochnaithe againn leo uilig. A leithéid d'fhaoiseamh! Bhí coicíos nó trí seachtaine agam chun mé féin a bheathú agus a neartú don chéad bhliain eile!

Nuair a foilsíodh na torthaí, bhí lúcháir thar cuimse orm. Bhí céadonóracha faighte agam sa Ghaeilge agus sa stair agus céadonóracha sa BA féin. Bronnadh scoláireacht dhámh na ndán orm chomh maith. I mí na Samhna ina dhiaidh sin fuaireas litir ó sheanad Ollscoil na hÉireann, ag cur in iúl dom gur bhronn an seanad Scoláireacht Theach an Ard-Mhéara orm – £75 a bhí mar luach ar an scoláireacht an uair sin. Ach an rud ba thábhachtaí ná an onóir agus an gradam a bhain léi. Bhí an scoláireacht oscailte do chéimithe ollscoile sna coláistí ar fad de chuid Ollscoil na hÉireann. Bhí áthas an domhain ar an Ollamh Ó Máille go bhfuair mac léinn leis an scoláireacht, ina chéad bhliain dó mar ollamh.

Bhí sé i gceist agam riamh a bheith im mheánmhúinteoir, agus dá bhrí sin, nuair a d'fhilleas ar an gcoláiste, an chéad dualgas a bhí orm ná clárú don Ard-Teastas san Oideachas. Dhá shraith arís a bhí sa chúrsa seo: ceann Gaeilge agus ceann Béarla. An tAthair Eric Mac Fhinn a bhí mar léachtóir againne; an tOllamh Ó Lorcáin a bhí mar léachtóir acu siúd a rinne an cúrsa trí Bhéarla. Bhí orainn cleachtadh múinteoireachta a dhéanamh chomh maith agus bhí an t-ádh orm uaireanta múinteoireachta a fháil i gColáiste Mhuire, díreach trasna an bhóthair ón lóistín ina rabhas. Tuairim is seasca a bhí sa rang Ard-Teastais againn. B'ann a chuireamar eolas ar an tsíceolaíocht, ar an tsocheolaíocht, ar stair an oideachais, ar fhealsúnacht an oideachais agus ar mhodhanna múinte den chéad uair. Nó ar chuireamar?

Fear caoin, cineálta ab ea an tAthair Eric, a raibh a chroí lán de dhíograis don Ghaeilge agus don chultúr Gaelach. Ní fhéadfá ach meas a bheith agat air, ach níor chabhraigh an bealach cainte a bhí aige lenár suim a mhúscailt, gan trácht ar í a choimeád. Ach, a bhuí le Dia, fuaireamar amach go raibh ábhar iomlán a chuid léachtanna le fáil san iris *Ar Aghaidh*, a raibh sé féin ina eagarthóir uirthi. Sa tseomra ina mbíodh na léachtanna againn, bhí creatlach bhréige (mar bhíodh an seomra á úsáid ag lucht leighis chomh maith) agus thugamar 'Pestalozzi' air. Tráthnóna gréine agus na fuinneoga ar fad dúnta agus Eric bocht ag caint ar sheomra ranga a leagadh amach i gceart agus a bheith cinnte go raibh aer úr ann ionas nach n-éireodh na páistí ('bail ó Dhia orthu,' a deireadh sé i gcónaí) codlatach, bhímis ag meabhrú conas a chuir Pestalozzi suas leis sin bliain i ndiaidh a chéile!

Bhí tosaithe ar an gcleachtadh múinteoireachta againn sara raibh aon léacht againn ar mhódhanna múinte. Dá thoradh sin, b'éigean dom féin ullmhú go maith don rang. D'éirigh go han-mhaith liom i gColáiste Mhuire agus bhí na daltaí ar fheabhas, go háirithe nuair a tháinig Eric ag déanamh cigireachta. Sa dara téarma, d'éirigh duine de na sagairt a bhí ar an bhfoireann tinn agus iarradh ormsa a áit a líonadh. Tairgeadh £5 sa tseachtain agus lóistín sa choláiste dom. A Dhia, cad é mar shaibhreas! Ghlacas leis an tairiscint mar ní bhíodh na léachtanna againn ach ar a ceathair agus ar a cúig a chlog um thráthnóna. Bhí saol na bhfuíoll agam agus chabhraigh sé go mór liom mar mhúinteoir a bheith ag múineadh go lánaimseartha. Chuireas aithne níos fearr ar na daltaí agus bhí an réimse oibre níos leithne agus níos suimiúla, cé go raibh sé dian go maith. Bhíos lánaimseartha ann go dtí an Cháisc.

Nuair a d'fhilleas ar an gcoláiste, bhí sé i gceist agam an MA a dhéanamh, chomh maith leis an Ard-Teastas san Oideachas. Ní rabhas cinnte ar chóir dom tabhairt faoi thráchtas sa stair nó sa Ghaeilge. Nuair a tháinig toradh Scoláireacht Theach an Ard-Mhéara amach, bhí an brú ó thaobh na Gaeilge de an-láidir, ach ag an deireadh roghnaíos an stair. 'Sir Laurence Parsons, Second Earl of Rosse' a tugadh dom mar ábhar. D'iarr Síle Ní Chinnéide orm a bheith mar chúntóir aici ag ceartú aistí agus tráchtas staire, agus ar an obair sin fuaireas liúntas £75 sa bhliain. Bhí an t-airgead ag teacht ina shlaoda chugam!

Ach taobh amuigh de chúrsaí acadúla, bhí taitneamh breise le baint as saol an choláiste. Bhíomar inár gcéimithe anois, nó bheimis i ndiaidh Lá Bhronnadh na Céime, agus bhí cuid againn inár reachtairí agus inár rúnaithe ar na cumainn éagsúla agus ar Chumann Teachtaí na Mac Léinn.

An chéad rud mór ná Lá Bhronnadh na Céime. Tháinig mo mháthair, m'athair, mo bheirt dheirfiúracha Celine agus Anne agus mo sheanmháthair aníos ó Luimneach don lá mór. I *hackney cab* a thángadar mar ní raibh amanna na mbusanna nó na dtraenacha oiriúnach. B'iontach an lá domsa é ach sár-lá amach is amach ab ea é dóibhsean. Mise an chéad duine dem chlann ar aon taobh dem shinsear a chuaigh ar an meánscoil, gan trácht ar an ollscoil. Ní raibh éinne acu laistigh d'fhallaí ollscoile riamh go dtí an lá sin. Níorbh ionann san agus a rá nach raibh oideachas orthu; bhí léamh agus scríobh ag mo thuismitheoirí agus an-léitheoir ab ea mo mháthair. Bhí eolas domhain ag m'athair ar na ceoldrámaí agus bhíodh sé i gcónaí ag tabhairt amach faoi na cláracha ar Raidió Éireann. Léidís an *Irish Press* chuile lá agus b'iontach an nuachtán é sin ag an am, ní hamháin do nuacht na hÉireann ach don nuacht domhanda. Bhí beagán Gaeilge ag mo mháthair, a mhúin Seoirse Mac Fhlannchadha di (Méara Luimnigh, ar dhúnmaraigh na Dúchrónaigh é i 1921) nuair a bhí seisean ina thimire ag Conradh na Gaeilge, ag dul timpeall ar na scoileanna. Ba mhar a chéile dom sheanmháthair é. Bhí an-chuid leabhar ina teach siúd, fiú amháin leabhar mór toirtiúil faoi stair na Róimhe, agus bhaineas féin an-úsáid astu nuair a bhínn ann ar saoire. Bhí sí ar fheabhas le dánta agus bhí ar a cumas sleachta fada as dánta ar nós 'The Deserted Village' a aithris gan stró. Leis na hathruithe ar fad i gcúrsaí oideachais, is minic mé ag smaoineamh an ar aghaidh nó ar chúl atáimid ag dul. Pé scéal é, bhí lá iontach againn. Tógadh na grianghraif a bheadh le taispeáint ar fud an pharóiste sa bhaile! Agus bhí béile deas againn in óstán.

Tógadh grianghraf amháin a bhí an-shuimiúil ar fad. Luas cheana beirt Bhráithre Chríostaí a bhí dom mhúineadh i Scoil Mhainchín, an Bráthair Mac Liam agus an Bráthair Ó Flaithearta. Bhí scéim ag na Bráithre Críostaí ag an am sin Bráithre a roghnú agus a chur ar an ollscoil chun cáilíochtaí meánmhúinteorachta a bhaint amach. Cé a bhí liom ag fáil a gcéime ach an bheirt úd. Bhíomar an-mhór le chéile mar fhochéimithe, na múinteoirí agus an dalta anois ar comhchéim.

Scéal greannmhar faoin lá sin: Nuair a bhí an searmanas thart, tháinig duine de mo chairde chugam agus ar seisean, 'An bhfuilir ag teacht?'

'Cén áit?' arsa mise.

'Nach cuimhin leat,' ar seisean, 'an gheallúint a dheineamar nuair a bhíomar bréan den staidéar i rith an tsamhraidh, go rachaimis ag ól inniu.' Níor dheineas ach gáire, mar ba réadóirí an bheirt againn.

'Táimse le mo mhuintir,' arsa mise, 'agus táim ag dul chuig Damhsa na Céime anocht.' Dheineas dearmad den rud ar fad go dtí an mhaidin dár gcionn sa tsiopa caife, nuair a shleamhnaigh mo dhuine isteach agus gan crot rómhaith air. Chuaigh sé ag ól agus níor chuimhin leis rud ar bith eile ach ag dúiseacht ar maidin ina leaba agus a chuid éadaigh fós air. Dream éigin a thug abhaile é. Bhí sin olc go leor, ach bhí air dul ar scoil agus rang a mhúineadh agus gan ar a chumas cé chomh fada ón gclár dubh a bhí sé a mheas agus é ag iarraidh scríobh air! D'fhág san é ag titim in aghaidh an chláir agus an-gháire ó na mic léinn!

Agus Damhsa na Céime. Bhíomar sa lóistín lá agus sinn ag caint faoin damhsa, nuair a chuir Eddie Fallon ceist orm an raibh iarrtha agam ar éinne fós teacht liom.

'Níl aon rud déanta agam fós,' arsa mise, 'ach bhíos ag smaoineamh ar Mary Hassett.' Bhí Mary ar bhuíon cailíní – Moira Gallagher, Íde Cahill, Bernie Lynch, Maura Hickey agus daoine eile – sa dara bliain, a rabhas an-mhór leo.

Bhí Paddy O'Sullivan tar éis bualadh isteach chugainn an lá céanna agus ar seisean, 'Bhíos ag smaoineamh uirthi chomh maith.' Fágadh an scéal mar sin.

Oíche Dhomhnaigh, ba ghnách leis na mic léinn bailiú isteach Tigh Lydon do *Rogha an Cheoil* a bhíodh ar siúl ó a naoi go dtí a deich. Ní bhíodh sa bhialann ach mic léinn, agus de ghnáth ní bhíodh ach an cupán amháin tae nó caife ag gach duine – n'fheadar conas a dheineadar brabús. An nós imeachta a bhí ann ná iarratas a chur isteach le céirnín a chasadh do dhuine éigin. Ach b'iad na nótaí a léití leis na céirníní ba mhó suim don lucht éisteachta. An oíche Dhomhnaigh seo, bhíomar go léir bailithe ann mar ba ghnách, nuair a léadh amach iarratas ar chéirnín do Mary Hassett agus an nóta a ghabh leis ná: 'Nach bhfuil sé in am do Tony agus Paddy a shocrú cé acu a iarrfaidh uirthi dul chuig Damhsa na Céime.' Eddie Fallon a chuir isteach é, dar ndóigh, ach mhionnaigh sé glan nárbh é! Ní raibh Mary i láthair ach bhíos cinnte nárbh fhada go gcloisfeadh sí faoi.

An lá dár gcionn, bhuaileas léi sa Quad agus arsa mise léi, 'Is dócha gur chualaís faoinar tharla i Lydon's aréir.'

'Chuala,' ar sise agus í ag gáire.

'Bhuel,' arsa mise, 'an dtiocfaidh tú liom?'

'Ba bhreá liom,' a dúirt sí. As Contae an Chláir do Mary agus bhí sí an-dhathúil.

Bhí an-chuid le réiteach don oíche. B'éigean do Mary gúna agus a dtéann leis a fháil, agus bhí ormsa culaith fhoirmiúil a ordú ó Bhaile Átha Cliath, mar nach raibh aon áit i nGaillimh dá leithéid ag an am. Casóg eireabaill a fuaireas. Ar an oíche d'fhéach an bheirt againn ar fheabhas. Ní raibh ár sárú sa halla agus ní haon bhréag í sin!

I rith shaoire na Nollag, bheartaigh mé ar chulaith fhoirmiúil a cheannach dom féin. Suas liom chuig Joe Hannon agus thóg sé na toisí agus gheall sé dom go mbeadh sé réidh roimh fhilleadh ar an ollscoil dom. Ar mo bhealach anuas Sráid Uí Chonaill dom, cé a chasfaí orm ach Mary. D'insíos di faoi cad a bhí déanta agam agus d'iarras uirthi teacht liom chuig damhsa dhámh an leighis. Chuaigh dream dár gcairde chuig an damhsa sin linn agus bhí oíche fhíorthaitneamhach againn ann. Phós Mary agus mé féin i 1961, ach níor phósamar a chéile.

I ndiaidh bhronnadh na céime, bhí orainn filleadh ar an obair arís, ach bhí an-chuid imeachtaí le teacht a raibh baint agam leo. Bhí an spéis agam sa Chumann Éigse agus Seanchais. Toghadh im rúnaí mé 1953-4 agus im reachtaire 1954-5. Bhíodh freastal maith i gcónaí ar na himeachtaí éagsúla ach bheartaigh mé ar shár-Sheachtain na Gaeilge a bheith againn i mí Feabhra 1955. Chuas i gcomhairle le hoifigigh airm an Chéad Chatha i nDún Uí Mhaoilíosa agus socraíodh ar dhíospóireacht eadrainn mar oscailt ar imeachtaí na seachtaine, ceathrar ar gach taobh. Bhíos ag smaoineamh ar dhuine cáiliúil éigin a fháil mar chathaoirleach. Bheartaíos ar scríobh chuig Éamon de Valera a bhí, i ndiaidh thoghchán 1954, ina cheannaire ar an bhfreasúra. Cad é mar lúcháir dom nuair a d'fhreagair sé go mbeadh áthas air teacht!

Bhí an-chuid oibre le déanamh ag ullmhú do Sheachtain na Gaeilge. Chomh maith leis an díospóireacht oscailte, bhí socruithe le déanamh faoin gcuid eile den tseachtain: léachtanna, oíche chaidrimh, céilí mór san Aula ar an Aoine agus coirm cheoil mhór sa Taibhdhearc ar an Satharn. Chomh maith leis sin, bhí páipéar le tabhairt agam féin mar reachtaire. Ach bhí coiste fiormhaith ag obair liom. Ar na daoine sin bhí Micheál Ó Móráin agus Claude Ó Broin (iad beirt ar shlí na fírinne anois), Máirín Ní Eithir (deirfiúr le Breandán), Aodh Ó Domhnaill, Bríd Ní Dhochartaigh, Pádraig Ó Flaithearta agus Máirín Durkan. Bheartaíomar freisin go gcaithfimis éadaí foirmiúla don díospóireacht agus go mbeadh dinnéar foirmiúil againn in óstán an Great Southern roimhe. B'in rud mór ag an am ach an smaoineamh a bhí againn ná stádas imeachtaí Gaeilge a ardú agus iad a chur i láthair an phobail sna háiteanna ba mhó a raibh meas an phobail orthu.

Bhíomar ag iarraidh smaoineamh ar rún maith agus ní raibh ag éirí go rómhaith linn. Bhí sraith alt sa *Sunday Press* ag an am, 'Advance to Barbarism', agus as sin shocraíomar ar an rún: 'Go bhfuil claonadh chun na barbarthachta i meon na fichiú aoise.' D'aontaigh muintir an airm leis. Roghnaíodh Máirín Ní Eithir, Micheál Ó Móráin, Aodh Ó Domhnaill agus mé féin mar fhoireann an choláiste. Bhí an tOifigeach Pádraig Ó Siochrú mar cheannaire ar fhoireann an airm, ach ní cuimhneach liom ainmneacha na ndaoine eile anois, cé go bhfuil grianghraf den dá fhoireann fós agam.

An uair sin, bhí orainn póstaeir, fógraí agus a leithéid a fhágaint isteach in oifig an chláraitheora roimh ré agus iad a bheith sínithe aige siúd sara gcuirfí in airde iad san Áirse nó in áit ar bith eile sa choláiste. Chomh leis sin, theastaigh uainn go mbeadh uachtarán an choláiste, an Moinsíneoir Pádraig de Brún

(Pa), i láthair. Ní raibh aithne rómhaith ag na mic léinn air, mar ba bheag uair a chonaiceamar é ach amháin ag bronnadh na céime nó ag aifreann thús na bliana acadúla. Ar an an aifreann sin, bhímis ag faire go géar air, eisean ag suí ar thaobh amháin den altóir agus an tEaspag Micheál de Brún ar an taobh eile. De réir thuairiscí an ama, ní raibh mórán measa acu ar a chéile.

Iarradh ormsa dul chun cainte leis agus cuireadh a thabhairt dó a bheith i láthair ag an dinnéar agus ag an díospóireacht. Bhí cónaí air ar an sciathán clé den Quad agus tráthnóna amháin, thart ar a cúig a chlog, bhuaileas sall chuige. Bhí a fhios agam go raibh sé an-mhór le Dev agus dá bhrí sin go nglacfadh sé go fonnmhar leis an gcuireadh. Bhí a dheartháir céile, Seán Mac an tSaoi, ina aire i ngach rialtas nuair a bhí Fianna Fáil i gcumhacht. Ceann de na scéalta a d'insítí faoin uachtarán ná nach bhfuair Coláiste na hOllscoile, Gaillimh cothrom ceart airgid riamh, de bhrí nach n-iarrfadh sé ar rialtas Fhianna Fáil dóthain airgid a sholáthar dó ar eagla go gcuirfeadh sé isteach orthu; agus nach dtabharfadh sé de shásamh don chomhrialtas airgead a lorg uathu siúd! Pé fíor bréag an scéal sin, ní air a bhí m'aire nuair a bhuaileas ar an doras.

D'fháiltigh sé romham. D'insíos dó a raibh beartaithe againn agus thugas cuireadh dó a bheith i láthair agus teacht chuig na himeachtaí eile chomh maith dá mba mhian leis. Bheadh áthas air, a dúirt sé, a bheith i láthair. Ghabhas buíochas leis agus bhíos ar tí imeacht, nuair a chuir sé ceist orm cárbh as dom. Ní rabhas ag súil lena leithéid uaidh. Dúras gurbh as Luimneach dom, agus d'fhiafraigh sé díom an raibh aithne agam ar mhuintir Uí Dhálaigh, gaolta Ned Daly agus Tom Clarke. Nuair a dúras go raibh aithne agam ar chuid acu, thosaigh sé ag caint ar Éirí Amach na Cásca agus ar Chogadh na Saoirse. Lean sé air gan stop agus mise ag éisteacht leis go géar agus i ndáiríre mé faoi dhraíocht aige. Bhí sé cosúil le duine a bhí ag smaoineamh siar ar imeachtaí na tréimhse sin agus é beag beann ar an té a bhí ag éisteacht leis. D'inis sé dom gur thug sé cuairt ar Sheán Mac Diarmada sa phríosún an oíche sara raibh sé le cur chun báis, gur tugadh cead dó fanacht ar feadh leathuair an chloig, gur imigh an leathuair agus an uair, gur chuir bairdéir a cheann isteach thart ar a deich a chlog agus gur scanraíodh é nuair a chonaic sé an sagart istigh. B'éigean don bhairdéir tionlacan póilíní a fháil dó mar gheall ar an gcuirfiú a bhí ann ag an am. Cuireadh Seán Mac Diarmada agus Séamas Ó Conghaile chun báis ar an 12 Bealtaine 1916.

An oíche a raibh Pádraig de Brún sa chillín go déanach le Seán Mac Diarmada, bhí comhráití práinneacha ar siúl idir Caisleán Bhaile Átha Cliath agus Londain. Thuig Rialtas na Breataine go raibh meon an phobail in Éirinn ag athrú, go mór mór le marú na gceannairí agus bhíodar ag smaoineamh ar stop a chur leis. Ní raibh fágtha ach Séamas Ó Conghaile agus Seán Mac Diarmada. Theastaigh ó dhreamanna áirithe, ina measc an *Irish Independent*, go gcuirfí Ó Conghaile chun báis, agus ba í críoch an scéil gur cuireadh an bheirt acu chun báis. Bhí sé a ceathrú chun a seacht nuair a d'fhágas é. Ní chreidfeadh éinne mé gur chaitheas beagnach dhá uair an chloig leis, ach chaitheas agus ba thaitneamhach an t-am é.

Faoi dheireadh, tháinig an oíche mhór. D'fháiltigh mé roimh Dev ar chéimeanna an Great Southern agus rinne mé é a thionlacan isteach chun bualadh leis na haíonna eile. Bhí an dá fhoireann, Coiste an Chumainn Éigse agus Seanchais, ollúna an choláiste, a thugadh tacaíocht dúinn, agus ionadaithe ón arm ann, agus mise, ag ceann an bhoird, ag suí idir Dev agus uachtarán an choláiste.

Bhí sé fíoréasca labhairt le Dev. Ní raibh aon éirí in airde ná cur i gcéill ar bith ag baint leis, agus bhí an-shuim aige sa choláiste, sna mic léinn agus go mór mór i gceist na Gaeilge. Bhíos ar mo shuaimhneas leis agus leis an uachtarán. Chuir Dev ceist orm faoi cad a bhí á dhéanamh agam sa choláiste. Dúras leis go rabhas ag déanamh an Ard-Teastais san Oideachas agus go rabhas ag gabháil don MA sa stair chomh maith. 'Is ionadh liom,' ar seisean, 'go bhfuil tú ag déanamh an MA sa stair tar éis duit

Scoláireacht Theach an Ard-Mhéara a ghnóthú sa Ghaeilge.' Cad é mar ionadh a bhuail mé! Seo é Éamon de Valera ar thaobh mo láimhe deise agus an t-eolas aige fúmsa gur bhuas an scoláireacht úd. Dar ndóigh, bhí sé ina Sheansailéir ar Ollscoil na hÉireann agus ba é seanad na hollscoile a bhronn an scoláireacht orm ach, ón eolas a chuireas ar an seanad ina dhiaidh sin, n'fheadar conas a smaoineodh sé ar mhír bheag de chlár fada. Nó ar chuir sé de dhua air féin an t-eolas fúm a fháil amach? Ar aon nós, thaispeáin sé an sórt duine a bhí ann, duine fíorchairdiúil a raibh suim aige i ndaoine, go mór mór i ndaoine óga. Muna raibh éirí in airde air siúd, bhí sé ormsa! Bhíos ar foluain sna scamaill!

Nuair a bhí an dinnéar thart, chuamar ar ais go dtí an coláiste. San Aula Maxima a bhí an díospóireacht agus bhí an áit lán go doras le mic léinn, foireann an choláiste, ionadaithe ón Arm agus muintir na cathrach. Bhí Dev ina chathaoirleach, agus b'in an chéad uair a thuigeas cé chomh mór is a bhí na súile ag cur isteach air – d'iarr sé orm ainmneacha na gcainteoirí a ghlaoch amach mar bhíos im shuí taobh leis. Bhí an díospóireacht féin ar fheabhas agus an-bhualadh bos ag na cainteoirí ar fad ón lucht féachana. Ag an deireadh, labhair Dev féin agus mhol sé na daoine ar fad a raibh baint acu le himeachtaí na hoíche agus ghuigh sé gura fada buan a bheadh an Ghaeilge sa choláiste agus mar theanga labhartha i measc na mac léinn. Tugadh an-bhualadh bos dó agus lean daoine ag teacht chuige agus ag croitheadh láimhe leis ar feadh i bhfad.

Thug uachtarán an choláiste cuireadh dom féin agus don choiste teacht isteach chuig a áit chónaithe i ndiaidh na díospóireachta. Bhí oíche thar barr againn ann. Bhí ithe agus ól réidh dúinn agus lean an chaint is an comhrá ar feadh i bhfad. I rith na hoíche, tháinig an tOllamh Liam Ó Briain sall chuig Dev agus gloine uisce beatha ina láimh aige dó. 'Glac uaim é,' ar sé, 'agus ní hé an chéad uair duit é.' Dúradh gurbh é sin an chéad uair don bheirt acu labhairt lena chéile ó Chogadh na gCarad. N'fheadar arbh fhíor bréag é sin.

Bhí an-chuid scéalta faoin ollamh céanna. Ceann amháin a d'insítí ná go raibh sé amuigh lá leis an LDF (Local Defence Force, an FCA – Fórsa Cosanta Áitiúil – ina dhiaidh sin) agus dúirt sé leo gur chóir dóibh a bheith ag canadh nuair a bhíodar ag máirseáil. Thosaíodar ag canadh 'It's a Long Way to Tipperary'. Stop sé iad ar an bpointe agus é ar buile. 'Nach bhfuil a fhios agaibh,' ar seisean, 'gur amhrán earcaíochta é sin chun Éireannaigh a mhealladh isteach in arm na Breataine. Caithfidh go bhfuil ceann níos oiriúnaí agus níos náisiúnta agaibh.' Thosaíodar arís ach an t-am seo chanadar 'Soldiers of the Legion of the Rearguard'. Chanadar an curfá le brí agus le fuinneamh faoi leith:

> De Valera lead you,
> Soldiers of the Legion of the Rearguard.

'Is measa sin fós,' ar seisean, ach ghlac sé go maith le casadh an scéil ina choinne. Amhrán le Fianna Fáil ab ea 'Soldiers of the Legion of the Rearguard'. Bhí sé déanach go maith nuair a scaramar, ach bí ag caint ar oíche go maidin a bheith againn.

Bhí an tseachtain ar fad ar fheabhas agus líon mór daoine ag gach ceann de na himeachtaí éagsúla. Líonadh an Taibhdhearc don choirm cheoil agus b'in rud nua freisin ag an am: imeachtaí an choláiste á dtabhairt amach i measc an phobail. An rud ba mhó ar fad ná gur dheineamar brabús ar an tseachtain, ainneoin chostas an dinnéir mhóir.

Bhí an-chuid imeachtaí eile i rith na bliana ar bhaineas an-thaitneamh astu. Ceann díobh sin ab ea Corn Mhic Giobúin, Craobhchomórtas Iománaíochta na nOllscoileanna (Craobh-chomórtas na gColáistí Tríú Leibhéal anois). Bhí Eddie Fallon ar an bhfoireann agus d'iarr sé orm cabhrú leis an gcumann i mbailiú an airgid agus i ndíol na dticéad. Bhí suas le £300 againn sa vardrús sa lóistín, bailiúchán pinginí, réalacha, scillingí, dhá scillingí agus leathchorónacha. Bhuaigh Gaillimh an chraobh. Bhíodh deacrachtaí go minic maidir le himreoirí nach raibh cláraithe mar mhic léinn ag imirt do na coláistí éagsúla. Instear an scéal faoi dhuine ón gCaisleán Gearr ag imirt do Choláiste na hOllscoile, Gaillimh uair, agus nuair a chuir cailín ceist air ag an damhsa cad a bhí á dhéanamh aige ar an ollscoil, d'fhreagair sé *'sums'!*

I rith na bliana freisin, tionóladh comhdháil staire in Ollscoil na Banríona i mBéal Feirste. Toghadh Bernie Lynch, Proinsias Ní Chatháin agus mé féin le dul ann, mar aon le mac léinn lánfhásta (nach cuimhneach liom a ainm anois) a bhí ag déanamh na staire trí Bhéarla. I nGaillimh a bhí an chomhdháil an bhliain roimhe sin, agus dheineamar tréaniarracht le go mbainfeadh gach duine taitneamh as, go háirithe muintir Ollscoil na Banríona. Ag dinnéar na comhdhála, chinneamar nach n-ólfaí ach sláinte amháin, 'Sláinte na hÉireann', rud nár chruthaigh fadhb do dhuine ar bith. Bhí gach duine lántsásta leis an gcomhdháil i nGaillimh agus bhíomar ag tnúth leis an deireadh seachtaine i mBéal Feirste. Síle Ní Chinnéide a bhí ag tiomáint sa Volkswagen a bhí aici. Bhí sé ag cur sneachta go trom agus sinn ar an mbealach ó thuaidh, agus nuair a shroicheamar an teorainn, bhí an-spórt againn ag caitheamh liathróidí sneachta leis an maide adhmaid a bhí trasna an bhóthair – bhí an teorainn leagtha againn! B'in an chéad uair dom a bheith thar teorainn. Nuair a shroicheamar Béal Feirste, bhí roinnt mhaith ionadaithe ó na coláistí eile ann romhainn, agus muintir UCD agus an tOllamh Robert Dudley Edwards ag gearán nach raibh deoch le fáil san óstán. Níor smaoiníodar ar chumhacht na bPreispitéireach sa tuaisceart.

Bhí ormsa freagra a thabhairt ar pháipéar ar an bPáirtí Liobrálach in Éirinn sa naoú haois déag. Sa rud a dúras (cuid i nGaeilge agus cuid i mBéarla), bhíos ag iarraidh a thaispeáint don té a léigh an páipéar nárbh ionann an Páirtí Liobrálach i Sasana an t-am sin agus páirtí den chineál céanna in Éirinn; nárbh ionann an dá thír. Luas an maide adhmaid a chonaiceamar ar an mbóthar aneas ag cur na críochdheighilte in iúl dúinn, ach nach raibh aon difríocht le tabhairt faoi deara idir dhá thaobh an mhaide chéanna. Nuair a bhí críochnaithe agam, tháinig an nuachtánaí seo chugam agus d'iarr sé agallamh orm. Dheineas amhlaidh agus an mhaidin arna mhárach bhí an cheannlíne seo ar cheann de na páipéir laethúla: '*SOUTHERN SPEAKER REFERS TO TIMBER BEAM ON BORDER*'. Ar a laghad, bhí poiblíocht faighte ag an gcomhdháil!

Bhí dinnéar na comhdhála le bheith ann oíche Aoine. An mhaidin sin, tháinig duine de mhuintir Ollscoil na Banríona chugam agus dúirt sé go mbeadh 'Sláinte na Banríona' á ól ag an dinnéar. Mheabhraíos dó faoina raibh déanta againne i nGaillimh an bhliain roimhe sin agus go raibh gach duine sásta leis. Ní éistfeadh sé le hargóint ar bith, é ag iarraidh a áiteamh orm gur leis an mBanríon an ollscoil! Ag an deireadh, dúras leis go bhféadfadh sé sláinte na Banríona agus sláinte éinne eile den teaghlach ríoga Gallda ba mhian leis a ól, ach nach mbeinnse ann. Bhíos ar buile ach bhí mírín beag den pholasaí *not an inch* léirithe dom go ríshoiléir. Chuas ar ais chuig mo mhuintir féin agus d'insíos an scéala dóibh. Dúirt Síle Ní Chinnéide gur chuaigh sí i gcomhairle le huachtarán an choláiste sular tháinig sí agus gur mhol seisean di glacadh leis an tsláinte dá dtarlódh sé. Dúirt Bernie Lynch nach n-ólfadh sise sláinte na Banríona ach oiread liom féin. Bhí an bheirt eile sásta glacadh le comhairle an uachtaráin. Ba í críoch an scéil nár chuaigh Bernie ná mé féin chuig an dinnéar. Deineadh gearán leis an gcoiste stiúrtha agus iarradh ar na coláistí eile sampla na Gaillimhe a leanúint sa todhchaí.

Nuair a bhí an dinnéar ar siúl, d'imigh Bernie agus mé féin síos faoin gcathair. Bhí greim le n-ithe againn agus isteach linn ansin chuig na pictiúir, sa Lyric ceapaim. Bhí an scannán ag críochnú nuair a smaoiníos go seinnfí 'God Save the Queen' ag an deireadh. Chuamar i gcomhairle lena chéile. Ní fhéadfaimis seasamh d'amhrán náisiúnta na Breataine tar éis dúinn dinnéar a chailliúint ar mhaithe lenár bprionsabail! Bhíomar ar an mbalcóin, agus nuair a d'fhéachas timpeall, ní raibh mórán laistiar dínn. Shocraíomar nach seasfaimis. Chríochnaigh an scannán. Tháinig pictiúir mór den Bhanríon ar an scáileán agus seinneadh 'God Save the Queen'. 'Go bhfóire Dia orainne' an guí a bhí agamsa! Ar éigean an nóta deiridh seinnte nuair a bhíomar thar doras amach. Ach bhí ardaoibh orainn. Níor ghlacamar leis an anraith!

Cé is moite de sin, bhí an deireadh seachtaine an-thaitneamhach. Bhí an sioc is an sneachta fós ann nuair a bhíomar ag filleadh, agus b'éigean do Shíle a bheith ar a haire an bealach ar fad ó dheas. Bhí sé thart ar a seacht a chlog nuair a bhaineamar Gaillimh amach. Ag dul timpeall an phríosúin dúinn (mar a bhfuil an ardeaglais anois), sciorr an gluaisteán ar an leac oighir agus bhuail sé in aghaidh fhalla an phríosúin. Níor deineadh mórán damáiste, mar bhíomar ag gluaiseacht an-mhall ag an am, ach bhí an-thrua againn do Shíle.

Bhí an bhliain ag imeacht go mear. Fad is a bhí na himeachtaí éagsúla ar siúl, níorbh fholáir freastal ar an obair chomh maith. Bhíos gnóthach go maith idir staidéar, mhúineadh agus cheartú aistí staire. D'iarr Mary, Moira agus na cailíní eile a raibh mé mór leo orm cuidiú leo sa tSean-Ghaeilge agus thugas roinnt ranganna dóibh. Thugadar dhá leabhar dom mar bhronntanas, *A Servant of the Queen* le Maud Gonne MacBride agus *The Musical Companion* – agus táid fós agam. Faoi dheireadh, bhí an bhliain tagtha chun deiridh agus scrúduithe an Ard-Teastais le déanamh. Fuaireas céadonóracha. Ní raibh le déanamh ach slán a fhágaint leis an gcoláiste, le Gaillimh agus leis na cairde go léir, rud nárbh fhuirist a dhéanamh.

Ach ar an taobh eile, bhíos ag filleadh abhaile agus bhí post ar fáil dom im shean-alma mater, Coláiste Mhichíl, Sráid Seasnáin. Bhíos ar dhuine den bheagán a raibh an t-ádh orainn post a fháil. Bhí cúrsaí eacnamaíochta agus fostaíochta go fíordhona sna caogaidí agus bhí na sluaite ag bailiú leo thar sáile. I ndáiríre, bhí dhá phost agam: bhí an tOllamh Cáit Ní Mhulchróin an-mhór liom agus ghlaoigh sí orm lá amháin agus d'inis sí dom go raibh post ar fáil dom in Ollscoil na Banríona i mBéal Feirste ar feadh trí bliana, go bhféadfainn dochtúireacht a dhéanamh ann agus ansin filleadh ó dheas, dá mba mhian liom, agus go raibh sí cinnte go mbeadh post ar fáil dom. B'in an fhadhb. An mbeadh post ar fáil dom? Bhí ganntanas postanna i ngach aon áit agus go háirithe ag an tríú leibhéal. Agus ní rabhas cinnte go dtaitneodh Béal Feirste liom. Bheartaíos glacadh leis an bpost i Luimneach.

D'fhilleas do bhronnadh an Ard-Teastais cúpla lá roimh ré, i mí na Samhna, agus ar an lá féin tháinig mo mhuintir aníos arís. Bhí Áine leo.

II

AG MÚINEADH

Thosaíos ag múineadh nuair a d'oscail na scoileanna tar éis laethanta saoire an tsamhraidh i 1955. Na ranganna Ardteiste a tugadh dom agus bhíos breá sásta leis sin. Bhí Gaeilge agam le 5A agus 6A agus Gaeilge agus matamaitic le 5B agus 6B. Uaireanta, bhíodh stair agam le 5C nó 6C. Bhí sé ait i dtosach a bheith ag múineadh le mo sheanmhúinteoirí, ach chuireadar an-fháilte romham. Thaitnigh an mhúinteoireacht liom ó thús agus bhí na mic léinn ar fheabhas. Bhíodh tarraingt ar Shráid Seasnáin ó gach áit sa chathair agus ó thimpeallacht na cathrach, ag síneadh amach go Contae an Chláir, Contae Thiobraid Árann agus, dar ndóigh, Contae Luimnigh. Na daoine a bhí i bhfad ón scoil, ba ar na rothair a thángadar, agus ba dhian a thuilleadar a gcuid oideachais, ag rothaíocht isteach suas le cúig mhíle dhéag ar maidin agus ag filleadh go déanach um thráthnóna. Agus smaoinigh ar an turas sin i rith an gheimhridh. Ach gearán ar bith ní bhíodh uathu.

Ní raibh deacracht ar bith le smacht, agus dá mbeadh, bhí an leathar i gcónaí im chúlphóca agam! Sna trí bliana déag a chaitheas ann, ní cuimhneach liom ar é a úsáid ach uair nó dhó. Ní hionann san is a rá ná déanfadh na mic léinn iarracht a fháil amach cén cineál duine a bhí ionat. Is cuimhin liom lá amháin go raibh trí rang i dtrí sheomra éagsúla faoi mo chúram toisc go raibh beirt mhúinteoirí amuigh tinn. Bhí rang amháin á mhúineadh agam agus d'fhágas an dá cheann eile ag staidéar.

Thart ar a ceathrú chun a ceathair, bhí cúpla duine ag éirí guagach i rang amháin. Labhraíos leo, agus nuair a bhíos díreach lasmuigh den doras, bhuail píosa cailce in aghaidh an chláir dhuibh. Chasas thart agus d'fhiafraíos cé a chaith an chailc. Níor tháinig aon fhreagra. 'Ceart go leor,' arsa mise, 'fanaigí istigh ag a ceathair go dtí go bhfaighimid amach cé a chaith an chailc.' Chuas ar ais chuig mo rang féin agus scaoileas leo agus an rang eile ar a ceathair, ach choimeádas an rang a raibh an trioblóid ann ar ais. Cluiche pócair a bhí ann anois. Bhí cúigear nó seisear d'fhoireann an Harty Cup sa rang agus ba chóir dóibhsean a bheith amuigh ar an bpáirc imeartha ar a ceathrú tar éis a ceathair. Níor mheasadar go gcoinneoinn istigh iad agus achrann a tharraingt orm féin leis an mBráthair Tynan. Ar an taobh eile, thuigeas nár mhaith leo a mhíniú don duine céanna cén fáth go rabhadar déanach. Ghéill an duine a bhí ciontach ar a deich tar éis a ceathair. Thugas rud éigin breise le déanamh dó agus scaoileas leo. Ach bhí sé le tuiscint acu (agus scaip an scéal ar fud na ranganna eile) nárbh aon dóithín mé. Ach tríd is tríd, ní raibh aon deacracht le smacht, agus sna ranganna a bhí agamsa im chéad bhliain ag múineadh, bhí triúr nó ceathrar ar fhoireann shinsearach iománaíochta Luimnigh ar nós Michael Tynan agus Tom McGarry (a raibh Craobh na hÉireann aige sa liathróid láimhe chomh maith).

Bhí cleasa eile agam freisin. Dá mbeadh duine ag titim siar nó ag déanamh faillí ina chuid oibre, d'iarrfainn air nóta a fháil óna thuismitheoirí, ag rá gur chuma leo an n-oibreodh nó nach n-oibreodh sé. Ní bhfuaireas a leithéid de nóta riamh. Ba bhreá le daoine áirithe milseáin a ithe sa rang. Cheadaíos dóibh ceann a ithe ach ar an gcoinníoll go dtabharfaidís ceann domsa agus ceann don duine a bhí taobh leo. B'iontach an laghdú a tháinig ar an nós!

Mar is léir, bhí na mic léinn roinnte i ngrúpaí: A, B agus C. Táthar ann atá glan in éadan a leithéid de chóras, ach ó mo thaithí air mar mhac léinn agus mar mhúinteoir, aontaím go mór leis. Bhí an rangú déanta chun cabhrú le gach duine a chumas féin a bhaint amach. Ar an gcaoi sin, ní raibh éinne caillte de bhrí nach bhféadfadh sé coimeád suas leis na daoine eile a bhí ina rang. Rinne na ranganna A agus B na hábhair trí Ghaeilge (ach amháin an Laidin), agus trí Bhéarla a rinne na ranganna C na hábhair. Bhí matamaitic onóracha agus fisic le déanamh ag na ranganna A agus tráchtáil le déanamh ag na ranganna eile. Is é a deireadh na múinteoirí ná go rachadh lucht A isteach sa státseirbhís agus go mbeadh Morris Minor acu, go bhfaigheadh lucht B postanna cléireachais agus a leithéid agus go mbeadh rothar acu agus go bhfaigheadh lucht C postanna de chuile chineál, ach go mbeadh na Mercs acusan!

Ceann de na rudaí taitneamhacha a bhain le múineadh i Sráid Seasnáin ag an am ná an éagsúlacht daoine a bhí ann agus an éagsúlacht fostaíochta a bhí mar chuspóir acu. Chuaigh an-chuid díobh chun cinn go mór sa tsaol, iad ina n-ollúna agus ina léachtóirí ollscoile, ina ndochtúirí, ina ndlíodóirí, ina múinteoirí agus sna gairmeacha uilig. D'éirigh ar fheabhas freisin leis na daoine sna bancanna, sa státseirbhís, san Oifig Mheiteolaíochta, agus sna bardais, comhairlí cathrach agus contae ar fud na tíre. Agus b'amhlaidh do na daoine a chuaigh le cúrsaí gnó. Bhuaileas le hiarscoláirí liom sna postanna ab airde in Éirinn agus thar sáile. Fiú na daoine nár éirigh leo i dtosach, chuadar chun cinn de réir a chéile. Bhuaileas le grúpa díobh lá amháin agus iad ag obair i monarcha sa tSionainn. Dúradar liom, agus iad ag obair ann, go mbídís ag athrá 'Sín $(A+B)$=SínA CosB+CosA SínB' agus na foirmlí eile triantánachta a bhí curtha de ghlanmheabhair acu! Ach na daoine sin ar fad, chuadar ar aghaidh sa tsaol mar bhí oideachas maith bunúsach acu.

Bhí na cúrsaí Gaeilge i bhfad níos fairsinge an uair sin agus, dar liom, i bhfad níos suimiúla agus níos tairbhí. Bhí trí leabhar le léamh don Ardteist, agus cé go gcloistear go minic faoi *Peig*, bhí cinn eile ann chomh maith, ar nós *An Grá agus An Ghruaim*, *Cumhacht na Cinniúna* agus mórán eile. Bhí scéalta Fiannaíochta le déanamh freisin, leithéidí *Tóraíocht Dhiarmada agus Ghráinne* agus *Eachtra Lomnochtáin*. Ní raibh aon chúrsa faoi leith filíochta leagtha síos, agus dá thoradh san níorbh fholáir dánta a roghnú as aislingí, dánta tírghrá, dánta grá, srl. Ansin, bhí leabhar d'fhilíocht Fiannaíochta le déanamh. Bhí an cúrsa fada, ach le múinteoireacht chruthaitheach, b'fhuirist é a dhéanamh fíorshuimiúil. Mar shampla, bhaineadh na mic léinn an-ghreann as 'Aighneas Oisín agus Phádraig', go mór mór nuair a bhíodh Oisín ag ceistiú Phádraig faoi cá raibh Dia nuair a bhí Oscar agus Fionn beo. Agus thug rudaí mar sin an-ábhar cainte don rang chomh maith. N'fheadar, nuair a ciorraíodh an cúrsa, ar tugadh aon bhlas in aon chor de litríocht na Gaeilge do na mic léinn.

Ba mhór an rud é nuair a tugadh isteach na scrúduithe cainte san Ardteist. Chuireas an-fháilte roimhe mar feasta bheadh cúiteamh marcanna ar fáil don obair dhíospóireachta a bhíodh ar siúl againn i gcónaí. Ba iad na cigirí bunscoile agus meánscoile a chuir an scrúdú ar na mic léinn sna blianta tosaigh. Ansin, ceadaíodh don mhúinteoir a bheith i láthair ach gan cead aige cur isteach ar an scrúdú agus, dar ndóigh, gan aon bhaint a bheith aige leis an marcáil. Bliain amháin, bhíos istigh leis an scrúdaitheoir nuair a tháinig mac léinn liom, Conor Johnston, isteach. Bhí Conor ar an bhfoireann díospóireachta agam agus bhí sé ag súil le ceisteanna faoi chúrsaí domhanda a d'fhéadfadh sé a chíoradh leis an scrúdaitheoir.

'Conas a dhéanfá ubh a bheiriú?' arsa an cigire. D'fhéach Conor air le drochmheas – a leithéid de cheist a chur!

'Pota a fháil, uisce a chur isteach ann, an ubh a chur isteach agus an pota a chur ar an oigheann,' a d'fhreagair sé.

'Éist leis an gceist,' arsa an cigire, 'conas a dhéanfá ubh a bheiriú?' D'fhéach Conor ormsa.

'An módh coinníollach atá uaidh,' arsa mise.

'Ó,' arsa Conor, agus thug sé an réimniú ceart dó gan oiread is earráid amháin a dhéanamh, ach d'fhéach sé ormsa amhail is a rá 'An bhfuil tuiscint ar bith ag an bhfear seo ar an gcaighdeán ard díospóireachta a bhíonn againn anseo?'

Maidir le cúrsaí matamaitice, tharla an-athrú sna seascaidí nuair a tháinig an curaclam nua amach. Chualamar den chéad uair faoi thacair agus fothacair. Cuireadh cúrsaí ar fáil ar fud na tíre do na múinteoirí. I Luimneach, bhí an cúrsa i Halla an Chorráin, agus ba iad Paddy Barry agus Fred Holland na léachtóirí a bhí againn. Fuair Paddy Barry an post mar Ollamh le Matamaitic i gColáiste na hOllscoile, Corcaigh le linn an chúrsa sin. Mhair an cúrsa ar feadh trí seachtaine, agus ba chóir a rá nach bhfuaireamar pingin rua as freastal air.

Taobh amuigh de chúrsaí acadúla, ba í an iománaíocht an rud ba thábhachtaí sa scoil agus ar fud na cathrach ar fad. Bhí an-cheangal idir an scoil agus an chathair, agus bhíodh na mílte daoine ag taisteal chuig na cluichí ón gcathair agus ón gcontae. Ag craobhchluichí an Harty Cup, bhíodh suas le 20,000 duine ann, ach de réir cosúlachta níor thuig nuachtáin áirithe go dtarlaíodh a leithéid. B'fhearr leo siúd pictiúir de bhean éigin mór le rá i gcóta fionnaidh agus corn á bhronnadh aici ar chaptaen choláiste rugbaí i mBaile Átha Cliath!

Ó 1932 go dtí na seascaidí, bhí teipthe ar Shráid Seasnáin an Harty Cup a bhuachan, cé go mbíodh foirne den scoth acu bliain i ndiaidh a chéile. Bhí an t-ádh orm go rabhas ag múineadh ann sna seascaidí nuair a chas an roth. Ar an 15 Márta 1964, bhuaigh an scoil ar Choláiste Fhlannáin i bPáirc na nGael leis an scór 5-10 in aghaidh 4-7. Éamon Cregan a bhí ina chaptaen an lá sin. Bí ag caint ar lúcháir! Ní raibh srian leis an gceiliúradh ar feadh i bhfad ina dhiaidh sin. Mhíníos cheana gurbh é an Bráthair Tynan a bhíodh i gceannas ar thraenáil na foirne. Deineadh eisean a aistriú, agus ba iad an Bráthair de Búrca, Jim Hennessy agus Stevie Keogh a bhí i gceannas nuair a bhuadar. Agus bhuadar arís gach bliain ar feadh trí bliana eile: i 1965 i nDurlas, Sráid Seasnáin 4-6, De La Salle (Port Láirge) 1-5, Donie Russell a bhí ina chaptaen; i 1966 i gCill na Manach, Sráid Seasnáin 6-5, Durlas 5-3, Éamon Grimes ina chaptaen; i 1967 i nDurlas, Sráid Seasnáin 4-9, Naomh Fionnbharra 1-5, Pat Hartigan ina chaptaen

– an Harty Cup buaite ceithre bliana i ndiaidh a chéile! Míorúilt! Bhíos im uachtarán ar Chumann na nIarscoláirí ag an am agus shocraíomar ar dhinnéar mór ceiliúrtha a bheith againn. Sa Royal George Hotel a bhí sé. Bhí an fhoireann, a dtuismitheoirí, iarscoláirí ó cheann ceann na tíre, muintir Chumann Lúthchleas Gael agus mórán eile i láthair. Togha oíche a bhí ann, agus deineadh gach cluiche a imirt agus a athimirt arís agus arís eile. Ceann de na mórbhuanna a tháinig as an ré órga úd ná gur bhain Luimneach Craobh na hÉireann amach sa bhliain 1973. Ceapaim go raibh naonúr de mhuintir an Harty ar an bhfoireann sin, ina measc an captaen Éamon Grimes. Sa tréimhse sin, leis, bhuaigh Sráid Seasnáin Craobh Iomána na hÉireann faoi dhó agus Craobh Peile na Mumhan. Coláiste Bhréanainn a bhí inár gcoinne sa chraobh sin, agus is cuimhin liom fós cúl a fuair Kevin Fitzpatrick an lá sin agus é ag brú na caide roimhe suas fan na taobhlíne lena chois, gur shroich sé an chearnóg agus gur chuir thar an gcúl báire isteach sa líon í. D'imir Fitzpatrick d'fhoireann sacair Luimnigh ina dhiaidh sin.

Níor gheal ré órga eile do Shráid Seasnáin ná do Luimneach ó shin i leith. Bhain an scoil an Harty Cup amach arís i 1993, ach níor éirigh le Luimneach Craobh na hÉireann a bhuachan sa tréimhse sin, cé gur bhuadar Craobh na Mumhan i mblianta eile: 1980, 1981, 1994 agus 1996.

Maidir leis an scoil féin, tháinig an-athrú uirthi. Nuair a tháinig an saoroideachas isteach, bunaíodh córas saorthaistil, agus chun an saorthaisteal a fháil, níorbh fholáir freastal ar an scoil a bhí leagtha amach duit i do dhúthaigh féin. Chomh maith leis sin, bhí scoileanna nua riachtanach le freastal ar an méadú ar líon na ndaltaí. Sa chathair, bunaíodh Ardscoil Rís agus thóg an scoil nua sin mic léinn thuaisceart na cathrach ó Shráid Seasnáin, chomh maith leo siúd ó Chontae an Chláir. Tharla an rud céanna maidir le háiteanna cosúil le Tobar Phádraig. Ar an mbealach isteach chun na cathrach anois, bhí scoileanna nua, leithéidí Scoil Chuimsitheach an Chorráin, agus osclaíodh St Clement's do bhuachaillí lae. In oirthear na cathrach, i dTulach Seasta i gContae Thiobraid Árann, deineadh scoil mheasctha den chlochar ansin agus saorthaisteal isteach chuici. Cé a dhéanfadh rothaíocht isteach go Luimneach ansin mar a rinne leithéidí Séamas Shinnors agus Noel O'Gorman ar feadh cúig bliana? Dá thoradh san ar fad, fágadh Sráid Seasnáin mar scoil lárchathrach a bhí ag brath ar réigiún caol. Ag an am céanna, bhí laghdú tubaisteach tagtha ar bhunscoil Shráid Seasnáin, ionas nach raibh sruth mór ag gluaiseacht ón mbunscoil isteach sa mheánscoil a thuilleadh. D'fhág na hathruithe sin go léir rian an-mhór ar an scoil, ní hamháin ó thaobh iománaíochta de ach i gcúrsaí acadúla chomh maith. Sa bhliain 1970, cuireadh críoch leis an teagasc trí Ghaeilge, ag cur deiridh le traidisiún a tharraing clú agus cáil ar an scoil agus ar Luimneach. Ní bheadh aon áit feasta ag buachaillí ón Modhscoil (agus ó na Gaelscoileanna a d'fhorbair ina dhiaidh sin) chun leanúint lena gcuid scolaíochta trí Ghaeilge. Agus ní bheadh ar chumas aon dalta cur isteach ar scoláireachtaí na Roinne Oideachais, fiú dá mbeidís meabhrach go leor. Tuar dóchais is ea é i 2006 nuair atá Gaelcholáiste measctha le tosú.

Rud amháin a deineadh chun cuidiú leis an scoil le déanaí ná bunú Scoláireachtaí J.P. McManus. Bhí J.P. ina mhac léinn sa scoil ag deireadh na seascaidí. D'éirigh ar fheabhas leis ina shaol gnó, go náisiúnta agus go hidirnáisiúnta. Ach níor dhearmad sé riamh na fréamhacha as ar fáisceadh é. Uair dár bhuail sé le hEddie Fallon, d'fhiafraigh sé de an raibh aon rud a d'fhéadfadh sé a dhéanamh ar mhaithe leis an scoil. As sin, d'fhás an scéim scoláireachta óna bhfaigheann ochtar mac léinn an deis chun freastal ar choláiste tríú leibhéal ar thorthaí na hArdteiste chuile bhliain. Is iontach an scéim í agus an-chreidúint ag dul do J.P. mar gheall uirthi.

Bhí an-shuim agamsa riamh i ndíospóireachtaí agus bhaineas an-thaitneamh as díospóireacht a chothú sa rang. Bhí cead labhairt faoi ábhar ar bith ach amháin faoin nGaeilge féin nó athbheochan na Gaeilge – bhíos bréan dá leithéid! Ach dheinimis cúrsaí náisiúnta agus cúrsaí domhanda a chíoradh, agus dhéanainn iarracht i gcónaí ar ghreann a chothú ina raibh le rá acu. Ba mhór an chabhair na díospóireachtaí, ní hamháin do labhairt na Gaeilge, ach d'aistí agus do scríobh na Gaeilge i gcoitinne. An t-am sin, bhíodh comórtas díospóireachta ag Gael-Linn timpeall na tíre agus chuireas foireann isteach go minic. Bhíodh dianchomórtas ann i gcónaí agus bhí caighdeán na Gaeilge agus caighdeán na díospóireachta ar fheabhas i gcónaí. Ar na daoine a ghlac páirt sna foirne agamsa bhí (an tOllamh) Gearóid Ó Tuathaigh, Brian Geoghegan (IBEC), David Hanley (*Morning Ireland*) agus mórán eile nach dtagann a n-ainm chun cuimhne chugam anos. Bhíodh babhtaí díospóireachta leagtha amach, agus dá n-éireodh leat i mbabhta amháin, rachfá ar aghaidh go dtí an chéad bhabhta eile. Ansin, bhí craobhacha cúige agus Craobh na hÉireann. Bhíomar i gCorcaigh bliain amháin do Chraobh na Mumhan. Níor chruthaigh David Hanley go maith an lá céanna agus theastaigh ó na daoine eile é a chaitheamh isteach sa Laoi! Bliain eile, bhíomar i gCraobh na hÉireann sa Shelbourne i mBaile Átha Cliath. Gearóid Ó Tuathaigh, Brian Geoghegan, Tony Griffin agus Conor Johnston a bhí ar an bhfoireann agam agus bhíodar an-mhaith. Nuair a bhímis ag cleachtadh, bhínn ag cur ina luí orthu an tábhacht a bhí le tús agus críoch mhaith. Bhí ag éirí go breá leo an oíche úd agus chríochnaigh Brian ar cheist: 'An bhfuil?' ar seisean agus tost ar an lucht éisteachta. 'Ní fuil!' ar seisean. Ligeadh osna as an slua go léir. Mhair cuimhne an bhotúin sin leis na moltóirí agus níor bhuamar. N'fheadar cad a bhain dó; líonrith is dócha, mar níor ghnách le héinne acu dearmad mar sin a dhéanamh riamh.

Bhí na comórtais sin ar fheabhas agus bhí na cainteoirí thar barr. An nós imeachta a bhí ann ag an am ná go bhfaigheadh na foirne an t-ábhar díospóireachta leathuair an chloig roimh an díospóireacht féin agus bheadh orthu ansin an t-ábhar a phlé eatarthu féin agus a n-óráidí féin a cheapadh. Chothaigh na comórtais sin Gaeilge, cumas agus féinmhuinín na ndaltaí. Rud eile, thug sé deis dóibh bualadh le daltaí as scoileanna eile ar fud na tíre. Ag na díospóireachtaí sin a bhuaileas den chéad uair le Tomás Ó Fiaich, a bhí ina chairdinéal ina dhiaidh sin, agus a bhí mar chara agam go bhfuair sé bás obann sa bhliain 1990.

Cumann Iarscoláirí na mBráithre Críostaí, Sráid Seasnáin

Ní rabhas ach tuairim is bliain ag múineadh nuair a tháinig an Bráthair Kealy chugam lá agus dúirt liom go raibh sé ag smaoineamh ar chumann iarscoláirí a bhunú. D'fhiafraigh sé díom an mbeadh spéis agam ann agus dúras go mbeadh. Thosaigh an bheirt againn ag scríobh amach liosta daoine ar mheasamar go mbeadh suim acu ina leithéid de chumann. Ba í críoch an scéil go raibh cruinniú mór d'iarscoláirí Shráid Seasnáin sa City Theatre. Bhí breis is 500 i láthair agus toghadh an Bráthair Kealy agus mé féin mar chomhrúnaithe. An cuspóir a bhí leis an gcumann ná deis a thabhairt d'iarscoláirí cuidiú leis an scoil agus leis na mic léinn, agus chun cabhrú leo post a fháil ar fhágáil na scoile dóibh. Bhí daoine an-dhíograiseacha ann ón tosach agus suim acu i rudaí éagsúla. Bunaíodh club do bhuachaillí pharóiste Naomh Eoin sa tseanscoil ansin agus d'éirigh thar barr leis an tionscnamh. Rinne na daoine a bhí i bhfeighil an chlub an t-uafás oibre chun cabhrú leis na buachaillí a thagadh isteach ann cúpla uair sa tseachtain. Sa samhradh, thógaidís na buachaillí ar saoire cois trá. Ba mhór an méid ama a chaith na baill leis an obair sin ar fad.

Tháinig an Limerick Choral Society go dtí an cumann ag lorg cabhrach lena gcuid ceoldrámaí a léiriú agus lean an ceangal sin ar feadh na mblianta. Blianta eile ba é an cumann a d'eagraigh an comórtas The Tops of the Town. B'iontach mar a d'éirigh leis an scéim sin, go mór mór sna blianta tosaigh sarar rug an gairmeachas greim uirthi. An smaoineamh a bhí ann ná go gcuirfeadh comhlachtaí éagsúla, monarchana, grúpaí ar nós na múinteoirí agus daoine a bhí ag obair don bhardas agus don chomhairle chontae seónna le chéile ina mbeadh ceol agus rince, amhránaíocht agus greann. Bhí na taispeántais féin ar fheabhas, ach chomh maith leis sin, chabhraigh an t-ullmhúchán go léir le spiorad comhoibrithe a chothú i measc an lucht oibre. Ag na comórtais, bhíodh an spiorad céanna sa lucht féachana agus iad ag tacú le grúpa amháin nó le grúpa eile. Ba mhinic an craobhchomórtas sa Savoy. Muintir Players, an comhlacht toitíní, a dheineadh urraíocht ar an gcomórtas. Is cuimhin liom uair amháin, nuair a bhíos im uachtarán ar Chumann na nIarscoláirí, gur thugamar cuireadh d'iarscoláire eile, a bhí ina Mhéara ar Luimneach ag an am, a bheith i láthair ag an gcraobhchomórtas sa Savoy. Oíche fhoirmiúil, agus éadaí gléasta orainn go léir, a bhí ann agus na príomhbhainisteoirí ó Players agus mórán comhlachtaí eile i láthair. Bhí an méara i gCill Chaoi agus é mall don oscailt. Tuairim is leath den seó tosaigh thart agus isteach leis agus geansaí mór buí air agus léine oscailte!

De réir mar a bhí an comórtas ag dul chun cinn, bhí na seónna ag éirí níos gairmiúla, agus nuair a thosaigh na comhlachtaí nua Meiriceánacha ag glacadh páirte agus ag caitheamh an-chuid airgid lena dtaispeántais féin, tharraing na dreamanna beaga siar. Ach chuir na comhlachtaí nua seónna den chéad scoth ar fáil agus lean na comhlachtaí móra Éireannacha iad.

Chabhraigh Cumann na nIarscoláirí leis an scoil ar bhealaí eile freisin. Bhunaíos féin leabharlann Ghaeilge agus fuaireas deontas ón gCumann chun roinnt leabhar a cheannach. Ar Lá 'le Pádraig bliain amháin, tar éis don Bhráthair Kealy bás a fháil, dheineas coirm cheoil a eagrú le cabhair ón gCumann, agus bhunaíos scoláireacht mar chuimhneachán ar an mBráthair as an airgead a bhailíomar.

Bhí tábhacht leis na cumainn iarscoláirí ag an am mar nach raibh aon ní cosúil le bord bainistíochta ná comhairle tuismitheoirí ann chun cuidiú leis na scoileanna. Chabhraíodar go mór freisin le heolas faoi phostanna a chur ar fáil do na mic léinn agus le hagallaimh bhréige a chur orthu mar chabhair do na fíoragallaimh. De réir mar a tháinig comhairlí tuismitheoirí agus a leithéid ar an saol, mhaolaigh ar thábhacht na gcumann iarscoláirí go dtí nach raibh fágtha sa deireadh ach an dinnéar bliantúil agus freastal beag air sin fiú amháin.

Is cuimhin liom dinnéar mór amháin a bhí againn agus thart ar 300 i láthair. Moladh na Bráithre go hard na spéire mar ba cheart. Bhí an Bráthair Mac Donnchadha, príomhoide na scoile, ag labhairt liom ina dhiaidh agus áthas an domhain air mar gheall ar an moladh ar fad.

'Nach raibh sé ar fheabhas?' ar seisean liom.

'Bhí,' arsa mise, 'ach bhí triúr ansin a chuir a gclann chuig scoileanna eile seachas Sráid Seasnáin.'

Bhí sé ar buile liom ach bhí an ceart agam, agus táim cinnte go mbeidís siúd ar na daoine a bheadh ag gearán faoi na Bráithre inniu.

Ba dhuine é an Bráthair Mac Donnchadha a raibh sé deacair é a thomhas agus a mheas. Bhíos buíoch de faoin bpost a thairscint dom ach b'fhuath liom an croitheadh láimhe a dhéanfadh sé leat – cosúil le hiasc sleamhain! An uair sin, bhíodh ar mheánmhúinteoirí oibriú an chéad bhliain agus gan acu ach an buntuarastal £200 sa bhliain ón scoil. Ag deireadh na bliana, bhí ort clárú le Comhairle Chláraithe na Múinteoirí, agus dá nglacfaí leat, gheofá an tuarastal ón Roinn Oideachais chomh maith leis an mbuntuarastal ón scoil. Bhí breis is dúbailt airgid agat an dara bliain. Ag deireadh mhí Mheán Fómhair, thug sé seic dom ar £17 agus ar seisean, 'Nach iontach a bheith ag tuilleamh airgid?'

In ionad scaoileadh leis, d'fhreagraíos, 'Bhí trí oiread an mhéid sin agam anuraidh agus mé im mhac léinn.' Ghread sé leis amach an doras. D'éirigh ceist eile faoin tuarastal bídeach céanna ina dhiaidh sin. Ag deireadh na bliana, d'áiríos nach raibh an £200 féin faighte agam. Chuas chuige ach dúirt sé gur coinníodh mí amháin siar de bhrí nach rabhas ag obair i mí Lúnasa. Ba chuma cad a dúras, ní bhogfadh sé. Tharla an rud céanna do na daoine a tháinig isteach im dhiaidh. Lean an scéal mar sin go dtí gur tháinig an Bráthair de Faoite agus thug seisean dúinn an méid a bhí ag dul dúinn. Eachtra bheag eile faoin tuarastal mallaithe bídeach céanna: Chuaigh an triúr ab óige ar an bhfoireann chuig an mBráthair Mac Donnchadha ag lorg ardú ar an mbunphá. Bhí a leithéid ag tarlú i mórán scoileanna ar fud na tíre ag an am. Chun a cheart a thabhairt dó, d'éist sé linn go haireach agus dúirt go dtabharfadh sé freagra ar ball. Bhíomar sásta go dtí go bhfuaireamar toradh ár gcuid achainí: £40 d'ardú do na seanfhondúirí, nár lorg in aon chor é, agus £20 dúinne!

Bhí deacracht eile ag baint leis an meánmhúinteoireacht ag an am sin. Cuma cad a dhéanfá don scoil nó do na mic léinn, ní raibh ionat ach múinteoir cúnta. Ní raibh aon dul chun cinn ar oscailt duit. Ba iad na Bráithre a bhí i gceannas nó na mná rialta, agus na sagairt. D'fhág san go raibh an-chuid meánmhúinteoirí míshásta, go mór mór nuair a chonaiceadar na postanna freagarthachta a bhí ar fáil sna gairmscoileanna. Sna seachtóidí, cuireadh a leithéid de phostanna ar fáil sna meánscoileanna. Agus ag dul siar go dtí dinnéar na n-iarscoláirí, ba bheag buíochas riamh a gabhadh leis na hoidí tuata, cé gurb iad ba chúis lena leath ar a laghad den oideachas agus den oiliúint a cuireadh ar na buachaillí, fiú ag an am sin.

Comóradh 150 bliain

Sa bhliain 1966, deineadh teacht na mBráithre Críostaí go Luimneach a chomóradh. Scríobhas cuntas ag an am faoi stair na mBráithre i Luimneach. Thángadar ar an 20 Meitheamh 1816, ar iarratas ó Easpag Luimnigh, an Dr Ó Tuathaigh. Triúr acu a bhí ann, an t-uachtarán an Bráthair Austin Dunphy, an Bráthair Aloysius Kelly agus an Bráthair Francis Grace. Sa Bhaile Gaelach (Irishtown) a bhí cónaí orthu i dtosach, ach in 1817 d'aistríodar go Sráid an Chláir. Sa bhliain 1827, ceannaíodh talamh i Sráid Seasnáin agus tógadh mainistir ann.

Nascadh dhá scoil pharóiste le chéile, Naomh Muire agus Naomh Eoin, agus bunaíodh scoil nua sna Assembly Rooms ar Charlotte Quay. Tá a stair féin ag baint leis na Assembly Rooms. In amhrán a chanadh Áine, 'The Leaving of Limerick', luaitear *'down by the Assembly Mall'*. Sa bhliain 1824, deineadh amharclann de, agus san aois seo caite, deineadh pictiúrlann den áit, an Tivoli – i rith an Dara Cogadh Domhanda, bhí cead isteach le fáil ag páistí ar dhá phróca ghloine ach iad a bheith glan! Na cigirí cánach atá ar an láthair sin anois.

Bhí scoil eile ag na Bráithre ar Shráid an Chláir, a cheannaíodar ó iontaobhaithe an Lancastrian School, agus a díoladh ina dhiaidh sin le Siúracha an Tréadaí Mhaith – Scoil Ealaíne Institiúid Teicneolaíochta Luimnigh atá ann anois. Faoi dheireadh, sa bhliain 1828, leag Easpag Luimnigh, an Dr Ó Riain, bunchloch na scoileanna nua i Sráid Seasnáin agus osclaíodh iad in 1829. Sa bhliain 1832, bhuail an calar Áiseach an chathair agus úsáideadh na scoileanna mar ospidéal. Ar an 23 Aibreán 1841, thug Iognáid Rís, bunaitheoir na mBráithre Críostaí, cuairt ar Shráid Seasnáin agus d'fhan sé go mí an Mheithimh.

In 1844, bunaíodh scoil i nGeata Tuamhumhan agus tá cur síos déanta agam cheana ar an scoil sin. In 1846, cheannaigh na Bráithre an seanteach cúirte ar Shráid an Droichid. B'ann a bhí triail an 'Colleen Bawn', ar ar bhunaigh Gerald Griffin *The Collegians* agus as ar cumadh 'The Lily of Killarney' ina dhiaidh sin le Benedict. Bhí Gerald Griffin ina iriseoir ag an triail. Chuaigh sé isteach sna Bráithre ar ball. Bhí Micheál Ó Tuathaigh ina mhúinteoir sa scoil sin sarar aistrigh sé go dtí an Mhodhscoil. Gaelscoil Sáirséal ata ann anois agus tá triúr garchlainne liom féin ag freastal uirthi faoi láthair, san áit a mbíodh a sin-seanathair ag múineadh.

I gcaogaidí agus i seascaidí na haoise seo caite, deineadh an-dhul chun cinn. Osclaíodh Coláiste Mhichíl i 1958 don chúigiú agus don séú bliain sa mheánscoil, agus sa bhliain 1966 osclaíodh bunscoil mhór nua i Sráid Seasnáin chomh maith. Sna caogaidí freisin bunaíodh Mainistir Naomh Treasa i dtuaisceart na cathrach, mar aon le hArdscoil Rís (meánscoil) agus Scoil Mhainchín nua ag Cros Uí Aiseadha. Sna seachtóidí, tógadh bunscoil nua Naomh Seanán (in áit Naomh Muire, nach raibh oiriúnach mar scoil a thuilleadh, ach atá anois ag feidhmiú mar Ghaelscoil Sáirséal!) agus bunscoil eile ag Galvone. Fás agus dul chun cinn ar fad a bhí ann ó 1816, agus bhí comóradh mór againn sa bhliain 1966. Bhí dinnéar mór comórtha ag a raibh maithe agus móruaisle na tíre, ina measc an tUachtarán Éamon de Valera agus an Cairdinéal Mac Conmidhe. Bhíos féin ann, mar uachtarán an ASTI.

Ach bhí buaicphointe sroichte sna seascaidí, agus ina dhiaidh sin thosaigh líon na mBráithre ag laghdú agus tuataigh ag dul i gceannas ar na scoileanna; agus thosaigh athruithe móra ag teacht ar na scoileanna agus ar an bpobal a bhí ag freastal orthu.

III

Muintir Uí Thuathaigh

Bhí cónaí ar mhuintir Uí Thuathaigh ar Fhearann Seoin. Oide
scoile ab ea Micheál Ó Tuathaigh. Oileadh é i gColáiste Phádraig
i mBaile Átha Cliath. Bhí sé ag múineadh i dtosach leis na
Bráithre Críostaí i Scoil Mhuire agus ina dhiaidh sin sa
Mhodhscoil. Bhí sé pósta le hÚna Ní Ruairc, a rugadh i nGeata
Tuamhumhan. Ba rinceoir den scoth í Úna; bhuaigh sí Crios
Thuamhumhan trí huaire i ndiaidh a chéile agus bhain sí Craobh
na hÉireann amach ag Oireachtas Rince na hÉireann i 1931. I
1932, bhí páirt aici sa scannán *The Voice of Ireland*. Bhunaigh sí
féin agus a deirfiúr Máire (Baby) Scoil Rince Uí Ruairc sna
tríochaidí agus tá an scoil ag dul ar aghaidh go tréan fós agus
rinceoirí ón scoil ag glacadh páirte sna seónna móra ar nós
Riverdance agus *Lord of the Dance*, agus craobhacha na hÉireann
agus na Cruinne buaite ag rinceoirí de chuid na scoile bliain i
ndiaidh a chéile. Ceathrar clainne a bhí orthu: Áine, Máirín,
Gearóid agus Antóin. Fuair mac eile leo bás agus é ina naíonán.
Rugadh Áine nuair a bhí cónaí orthu ar Thrá Mhic Fhlannchadha,
agus ina dhiaidh sin d'aistríodar go Fearann Seoin.

Bhí an dá chlann againne mór le chéile riamh. I rith an
chogaidh, nuair a bhí earraí áirithe gann, dá bhfaigheadh mo
mháthair tae nó siúcra breise, roinnfeadh sí cuid ar na
comharsana agus ar Úna Uí Thuathaigh. Chomh maith leis sin,
chuaigh mo bheirt dheirfiúracha, Celine agus Anne, go dtí an
scoil rince, agus bhíodh Celine sna ranganna céanna le hÁine.
Agus ní raibh ach tuairim is 500 slat idir an dá theach.

Bhí baint ag clann Uí Thuathaigh le chuile ghné den chultúr Gaelach. Bhí Micheál i gConradh na Gaeilge agus é i mbun imeachtaí cosúil le Feis an Chontae, Feis Thuamhumhan, coirmeacha ceoil agus a leithéid. Bhí an-éileamh ar an scoil rince rinceoirí a chur ar fáil do na hócáidí sin agus d'iliomad taispeántas eile. Ba é an Savoy lárionad an chultúir ag an am; amharclann den chéad scoth a bhí ann le 1,500 suíochán agus crot an tsómais ar chuile ghné de. Bhí an stáitse agus cúl an stáitse chomh maith agus a gheofaí in áit ar bith san Eoraip nó sna Stáit Aontaithe. Bhí an fhuaim ar fheabhas agus ní raibh sárú ar an maisiúchán – an díon cosúil leis an spéir agus scamaill ag druidim trasna uirthi. Agus, dar ndóigh, bhí an Compton Organ ann – orgán leictreach a bhí ann agus soilse ann ar lasadh agus ag athrú gach cúpla soicind. Faoi bhun an stáitse a bhíodh sé, ach thagadh sé aníos cothrom leis an stáitse nuair a thosaíodh an ceol. Faoin stáitse féin, bhí an fearas agus an trealamh ar fad a bhain leis, agus bhíodh na cláracha faoin stáitse ag oscailt agus ag druidim de réir mar a bhíodh an ceol ag neartú nó ag ísliú. Stanley Bowyer (athair Brendan) a bhíodh ag seinm ann ag an am (John Enright níos déanaí). Bhí draíocht ag baint leis an orgán agus é ag teacht aníos, an ceol ag neartú agus na soilse ag spréacharnaigh.

Gach oíche Dhomhnaigh, bhíodh coirm cheoil sa Savoy, agus ba bheag oíche nach mbíodh Scoil Rince Uí Ruairc ann, cuma an seó áitiúil nó seó taistil a bheadh ann. Agus thagadh gach aon chineál taispeántais chuig an Savoy: Jimmy O'Dea, Jack Cruise, Maureen Potter, Joe Linnane agus *Question Time*, agus mórán eile nach iad. Leanfadh na seónna sin ar feadh seachtaine nó ar feadh coicíse. Chomh maith leo siúd, thagadh Ceolfhoireann Shiansach Raidió Éireann, Ceolfhoireann Halle agus an Vienna Boys' Choir. Ansin bhíodh ceolchoirmeacha móra ag Cumann Lúthchleas Gael le Banna Ceoil Ard Aidhin agus príomh-amhránaithe na tíre. Cuma cad a bheadh ar siúl ann, b'annamh nach mbeadh an scoil rince páirteach ann. Go minic, bhíodh cóir ag canadh, agus ba mhinic mé féin ag canadh le cór Shráid

Seasnáin nuair a bhíodh Áine ag damhsa is ag canadh leis an scoil rince.

Ní rince Gaelach amháin a dhéanfadh na rinceoirí i gcónaí ach rincí Spáinneacha agus ilchineál rincí éagsúla eile. Agus bheadh cultacha éagsúla ag teastáil do na seónna ar fad. An bainisteoir a bhí ar an Savoy an uair sin ná Cliff Marsden agus bhí an-shuim go deo aige sna taispeántais agus an-mheas aige ar mhuintir Uí Thuathaigh agus ar a gcumas taispeántas den scoth a chur ar fáil. Véarsa mar seo a bhí in amhrán i seó amháin a dheineadar:

> O dear Uncle Cliff, we salute you,
> From every young girl and boy.
> Long long may you reign by the Shannon
> As manager of Limerick's Savoy.

Thagadh na damhsóirí a bhíodh ag freastal ar an scoil rince ó gach cineál aicme agus ó bhunscoileanna éagsúla na cathrach. Ba mhór an eachtra dóibh a bheith ar an stáitse agus a bheith ag bualadh le daoine a bhí i mbéal an phobail ar fud na tíre. Agus bhain na tuismitheoirí, go háirithe na máithreacha, an-thairbhe as an rince agus as na seónna chomh maith. Ba bheag caitheamh aimsire a bhí ann dóibh, agus thug an rince deis dóibh éalú ón teach agus ó chúraimí an tí ar feadh scathaimh. B'in mar a bhí an scéal ag mo mháthair. Ón am a thosaigh Celine agus Anne ag foghlaim rince, bhí a haire ar fad dírithe ar an rince, ar na feiseanna agus ar na seónna. Bhíodh sí ag tabhairt aire do na rinceoirí go léir, ag féachaint nach gcaillfidís a gcultacha agus a mbróga agus na hiliomad rudaí eile a bhíodh acu. Ní raibh aon bhaint dhíreach agamsa leis na himeachtaí sin ar fad ach amháin go dtéinn i gcónaí go dtí na coirmeacha ceoil. Anois is arís, nuair a bhíos sa chúigiú nó sa tséú bliain, d'iarrtaí orm lámh chúnta a thabhairt ag díol ticéad nó á mbailiú ag an doras. Is cuimhin liom go raibh taispeántas mór acu uair amháin in óstan Cruises agus iarradh orm a bheith ar an doras. Chuireas stop le haintín Áine, a bhí tagtha abhaile ó Shasana agus nach raibh aon aithne agamsa uirthi, agus ba bheag nár bhris an tríú cogadh domhanda amach!

Ach ar chuma éigin, bhain an dream eile an-shult as agus thuigeadar go maith nach n-éalódh éinne thar dhoras isteach i ngan fhios dom.

Bhí an-aithne agam ar Mhicheál Ó Tuathaigh chomh maith. Anois is arís, bhuaileadh sé isteach chun an tí chugainn agus d'iarradh sé orm cabhrú leis ar Lá 'le Pádraig chun an bailiúchán a dhéanamh do Chonradh na Gaeilge. Maidin Luain amháin i mí Mheán Fómhair 1951, agus mé ar mo bhealach go dtí an Caisleán Nua Thiar ar an mbus, chonac é ag bailiú na bpáistí isteach sa Mhodhscoil. Chroitheas lámh air. Ar an gCéadaoin ina dhiaidh sin, bhíos ag ithe an tsuipéir le muintir Flynn agus bhí Marty ag léamh an pháipéir.

'Bhfuil aithne agat ar Mhicheál Ó Tuathaigh?' ar seisean liom.

'Tá,' arsa mise.

'Fuair sé bás ar an Luan,' ar seisean.

'Á,' arsa mise, 'ní hé an duine a bhfuil aithne agamsa air, mar chonac ar an Luan é.' Ach nuair a léas an páipéar, baineadh geit uafásach asam – eisean a bhí ann. Nuair a tháinig sé abhaile an tráthnóna sin i ndiaidh na scoile, bhí sé ag suí ag an mbord fad is a bhí a bhean Úna ag ullmhú an dinnéir. Bhí rithim á bualadh aige ar an bpláta leis an scian agus leis an bhforc. Nuair a stad an rithim go hobann, d'fhéach Úna timpeall. Bhí sé ar an gcathaoir roimpi, marbh. Rith duine éigin amach chuig na sagairt a chónaigh taobh leo agus bhuaileadar le sagart óg ag teacht ó thigh na sagart. Bheadh an sagart sin, a chuir an ola dhéanach air, ina Easpag ar Luimneach ina dhiaidh sin, an Dr Jeremiah Newman. Ní raibh Áine ach trí bliana déag go leith ag an am agus ní raibh an duine ab óige, Antóin, ach trí bliana.

Deirtear nach mbuaileann tintreach an áit chéanna faoi dhó ach níorbh fhíor sin i gcás mhuintir Uí Thuathaigh. Bliain go leith ina dhiaidh sin, bhuail slaghdán Úna. Bhí an Tóstal le bheith ar siúl ag an am agus bhí sí ag éirí chun bualadh le dream éigin faoi chúrsaí rince. Nuair a chuathas suas chuici, bhí sí marbh sa leaba. Scaip an scéal ar fud an pharóiste agus ar fud na cathrach agus ar fud na tíre. Bhí sceon agus uafás ar dhaoine. Ní fhéadfaidís a chreidiúint go dtarlódh a leithéid. Bhíos-sa sa bhaile ar saoire na Cásca ag an am. Oíche bháistí agus an tintreach ag lasadh na spéire a bhí ann nuair a bhí a corp á iompar chun an tséipéil. Na rinceoirí a d'iompair an chónra agus bhí na sluaite i láthair.

An lá arna mhárach, cineál athléirithe a bhí ann ar ar tharla bliain go leith roimhe sin ag an uaigh. Bhí briseadh croí ar chuile dhuine ach, dar ndóigh, ba í an chlann ba mhó a mhothaigh uathu a máthair agus a n-athair.

Ní raibh Áine ach cúig bliana déag. Bhí beirt aintíní acu nach raibh pósta agus thugadar siúd suas a dtigh thíos i nGeata Tuamhumhan agus thángadar aníos chun cónaithe leo i bhFearann Seoin. Lean Máire Ní Ruairc, an té a bhunaigh an scoil rince le hÚna, ag múineadh an rince le cabhair ó Áine agus ó Mháirín go dtí gur fhásadar sin suas agus gur thógadar cúram na scoile orthu féin. D'éirigh ar fheabhas leis an scoil rince ag gnóthú chraobhacha na Mumhan, na hÉireann agus ina dhiaidh sin craobh na Cruinne, nuair a bunaíodh na comórtais sin. Ach bhí ar an gclann cúbadh chuige ó thaobh an oideachais chomh maith. Bhí Áine is Máirín ag freastal ar Chnoc na Labhras, meánscoil lán-Ghaelach. Ar chríochnú na hArdteiste d'Áine, rinne sí cúrsa oifige agus fuair sí post mar rúnaí i Todd's (Brown Thomas anois). Bhí sé i gceist ag Máirín dul le múinteoireacht ach rinne an scoil dearmad ar a foirm iontrála a chur ar aghaidh go dtí Coláiste Mhuire gan Smál. I ndiaidh na hArdteiste di, fuair sí post i Leabharlann na Cathrach. Bhí Gearóid agus Antóin níos óige. Rinne Gearóid an Ardteist i Sráid Seasnáin (bhíos á mhúineadh). Bhuaigh sé scoláireacht an stáit agus chuaigh sé go Coláiste na hOllscoile, Gaillimh, agus faoi láthair tá sé ina ollamh le stair ann. D'fhreastail Antóin ar Choláiste Mhainchín agus chuaigh sé go Maigh Nuad ina dhiaidh sin. Tá seisean ina shagart i Luimneach.

Lean an caradas idir an dá chlann, agus ba mhinic d'Áine agus do Mháirín bualadh isteach chugainn. Bhí mo mháthair an-cheanúil orthu agus chaithidís an oíche ag comhrá faoi chúrsaí rince, faoi na feiseanna a bheadh le teacht agus faoi na scéalta ar fad a bhain le rinceoirí agus a dtuismitheoirí. Dúirt Áine liom ina dhiaidh sin gur mheas sí go rabhas drochbhéasach, mar go mbínn ag léamh an pháipéir nó leabhair nuair a bhídís siúd ag cabaireacht. Ach ní raibh aon tsuim faoi leith agamsa i gcúrsaí rince. Chomh maith leis sin, bhí breis bheag is ceithre bliana idir an bheirt againn, agus ní gnách le buachaill ocht mbliana déag d'aois mórán suime a bheith aige i gcailín nach bhfuil ceithre bliana déag slánaithe fós aici. Gach oíche, deireadh m'athair is mo mháthair liom an bheirt acu a thionlacan abhaile. Nuair a thángas abhaile tar éis dom an tArd-Teastas in Oideachas a chríochnú, bhuail Áine féin síos chugainn uair nó dhó, agus nuair a bhíos á tionlacan abhaile, rugamar greim láimhe ar a chéile. Ag dhá bhliain is fiche ba chrua an croí nach mbogfadh cailín sciamhach, dathúil, lán de bhrí is de ghealgháire, agus í in aois a hocht mbliana déag. Ní dhearna ceithre bliana mórán difríochta ansin!

IV

ÁINE IS MÉ FÉIN

Déardaoin, tar éis dom tosú ag múineadh, bhíos ag filleadh abhaile ag am lóin mar bhí leathlá saor agam. Ar mo bhealach thar Dhroichead an tSáirséalaigh, casadh Áine orm. Bhíomar ag caint ar feadh cúpla nóiméad agus ansin arsa mise léi, 'Cad a déarfadh d'aintín dá n-iarrfainn ort teacht go dtí na pictiúir liom?'

'Ní déarfadh sí tada,' arsa Áine.

Shocraíomar bualadh le chéile i ndiaidh an lóin. Dheineamar amhlaidh agus chuamar go dtí an Savoy. Bhí claonadh ionamsa bualadh isteach chuig an Savoy i gcónaí mar bhí an áit chomh compordach san. Nílim róchinnte anois cén scannán a bhí ar siúl ach rud éigin faoi Naomh Proinsias agus asal, ceapaim, a bhí ann. Nuair a chríochnaigh an scannán, thángamar anuas na céimeanna ar an mbalcóin agus chasamar ar dheis i dtreo an dorais ag oscailt amach ar an bhfáiltiú. Sarar shroicheamar an doras, rugas barróg uirthi agus phógas í. Amach an doras linn tríd an bhfáiltiú agus amach ar an tsráid. Nuair a shroicheamar an tsráid, ghabhas leithscéal léi mar gheall ar an bpóg. De réir ghnásanna an ama sin ní dhéanfadh aon fhear uasal cailín a phógadh ar an gcéad uair dóibh amuigh le chéile! Ach bhí áthas orm agus bhí a fhios agam go raibh áthas uirthi siúd chomh maith, ón mbealach ar fháisc sí mo lámh. Nuair a shroicheamar geata a tí, shocraíomar go rachaimis amach arís ar an Domhnach. Bhíomar ar an mbealach chun na haltóra!

Bhí an bheirt againn an-ghnóthach. Ag an am sin bhí cúrsaí sa luathscríbhneoireacht agus sa chlóscríbhneoireacht ar siúl aici. Ina dhiaidh sin, bhí sí ina rúnaí i Todd's. Chomh maith leis sin, bhí sí ag cabhrú lena haintín ag múineadh rince, agus bhí sí féin ag damhsa is ag cleachtadh do na comórtais éagsúla. Bhuaigh sí Crios Thuamhumhan trí huaire as a chéile, díreach cosúil lena máthair, agus i 1956 bhain sí Craobh na hÉireann amach, díreach mar a rinne a máthair i 1931. Bhí Féile Luimnigh ar siúl nuair a d'fhill sí ó Bhaile Átha Cliath agus cuireadh an-fháilte roimpi i Halla Eoin an oíche sin. Dá gcuirfeadh sí isteach ar Chrios Thuamhumhan an oíche sin, ní bheadh éinne a bhuafadh uirthi agus bheadh an bua aici ceithre huaire i ndiaidh a chéile. Ach ní dhearna. Ba leor léi Craobh na hÉireann a bheith aici.

Chomh maith le bheith ina rinceoir, bhí Áine ina hamhránaí den chéad scoth, agus ag an bhFleadh Cheoil i nDurlas i 1957, bhuaigh sí Craobh na hÉireann san amhránaíocht. Bhí an-éileamh uirthi ar fud na tíre, agus ba bheag scoil, séipéal nó halla a tógadh nó a maisíodh nár chuidigh sí leis an airgead a bhailiú trína cuid rince agus amhránaíochta. Bhí sí an-mhór leis an Athair Máirtín Ó Domhnaill agus thugadh seisean chuig na coirmeacha ceoil í, agus go minic mé féin chomh maith. Sagart eile a bhí an-mhór léi ab ea Éamonn Casey (a bheadh ina easpag ar Ghaillimh ina dhiaidh sin), a bhí i Luimneach ag an am. Bhíodh sé i gcónaí ag eagrú coirmeacha ceoil chun airgead a sholáthar don scéim seo nó don scéim siúd, agus ba mhinic é ag glaoch ar Áine chun cabhrú leis. An deacracht ba mhó a bhain leis ag an am ná a mhire is a thiomáineadh sé – seasca nó seachtó míle san uair ar bhóithre caola, cúnga!

Ní rabhas féin díomhaoin ach an oiread: bhíos im rúnaí ar Chumann na nIarscoláirí agus bhíos im bhall de Chonradh na Gaeilge agus de roinn labhairt na Gaeilge i bhFéile Luimnigh. Mise a chuir amach na chéad litreacha don chruinniú as ar bunaíodh an ghluaiseacht chun ollscoil a bhaint amach do Luimneach. Agus bhí an-shuim agam, leis, san ASTI agus i gcúrsaí polaitíochta. Dar ndóigh, bhí an obair mhúinteoireachta dian go maith freisin, le hullmhúchán agus le ceartúchán. Ach dá ghnóthaí is a bhíomar, d'éirigh linn bualadh le chéile ar a laghad trí huaire sa tseachtain. Ba bheag scannán nach bhfacamar, cé go ndúirt Áine gur chodail me trína leath díobh, agus ansin i 1957, nuair a fuaireas mo chéad ghluaisteán, bhí saoirse bhreise againn dul inár rogha áit. Bhíos ag sábháil airgid chun an gluaisteán a fháil. An chéad bhliain ag múineadh dom, chuireas isteach ar cheartú na bpáipéar faoin Roinn Oideachais agus fuaireas é. Gaeilge a bhí agam. A leithéid de sclábhaíocht; bhínn traochta tar éis cúpla páipéar, agus an fhadhb ba mhó a bhíodh agam ná a bheith cinnte go raibh an cothrom céanna á fháil ag an duine deiridh agus a fuair an duine tosaigh. Blianta ina dhiaidh sin, d'aistríos go matamaitic agus chaitheas an samhradh sin dom cháineadh féin nár aistríos níos túisce.

Bhíos ag dul timpeall go dtí na garáistí ag breathnú ar na cineálacha éagsúla gluaisteán agus ar a bpraghas. Mhol cara liom, Paddy Clancy, a bhí ina chisteoir ar Chumann na nIarscoláirí, dul síos chuig O'Doherty & O'Dwyer i dTiobraid Árann agus rinne mé rud air. Ford Anglia a cheannaíos. An costas a bhí air ná £470 ach fuaireas é ar £410. Bhí ceithre roth fúm ach ní raibh a fhios agam conas tiomáint! Thugadar an gluaisteán isteach chugam tráthnóna Aoine. Thaispeáin cara liom, Pádraig Ó Floinn, na bunrudaí tiomána dom agus táim ag tiomáint ó shin. Ní raibh aon scrúdú tiomána ann an uair sin. Ba bhreá liomsa riamh rudaí a dhéanamh gan choinne. Ní raibh a fhios ag éinne go raibh an gluaisteán ceannaithe agam go dtí gur tháinig sé chun an gheata againn, agus ar éigean a chreidfeadh mo mháthair gur liomsa é. Ní mó ná sásta a bhí Áine nár scaoileas mo rún léi! Bhí gluaisteáin an-ghann fós. Ní raibh aon cheann eile in aice linn ach an ceann a bhí ag Jim Kirby, an siopadóir a bhí thíos uainn. Fiú na múinteoirí, ba bheag díobh a raibh ceann acu, agus dá mbeadh ní bheadh crot rómhaith air. Ceann dubh a fuaireas, ag réiteach le mana Henry Ford. Dála an scéil, ní raibh aon téiteoir ann mar chosnódh ceann suas le £20 breise. Ar aistear fada, bheadh ort brat a bheith agat chun tú féin a choimeád compordach. Thógas cúram na tiomána orm féin ag dul chuig coirmeacha ceoil agus chuig feiseanna agus fleadhanna ceoil.

Bhí beirt fhuirseoirí i Luimneach ag an am, Tom O'Donnell agus Paschal O'Grady, agus d'iarr Tom ar Áine dul i gcomhar leo, rud a rinne sí. Chuir sin go mór leis an líon coirmeacha ceoil arbh éigean di freastal orthu, ach bhaineamar an-thaitneamh go deo astu. Thagadh an tAthair Ó Domhnaill linn i gcónaí agus bhíodh a théipthaifeadán Grundig leis. Bhí an-shuim aige sa cheol agus sa rince agus bhí an t-uafás téipeanna aige. Uair amháin, thug sé isteach na 'Three Blind Mice', triúr a bhíodh ag boscáil ar thaobh na sráide, agus rinne sé taifeadadh díobh. Blianta ina dhiaidh sin, thosaigh Tom seó mór um Nollaig, *Christmas Crackers*, agus ghlac Áine páirt ann ag rince agus ag amhránaíocht. Bhí na rinceoirí óna scoil rince páirteach ann chomh maith. Bliain amháin, bhí an seó le bheith ann ar feadh coicíse, ach bhí an t-éileamh chomh láidir sin gur theastaigh ó Tom an taispeántas a choimeád ar siúl ar feadh míosa nó níos mó. Bhí a post féin ag Áine i Todd's agus ní fhéadfadh sí leanúint ag freastal ar an dá thrá. Scar sí le Tom ach lean sí le coirmeacha ceoil dá cuid féin timpeall na tíre.

Chomh maith leis sin, bhí cáilíochtaí sa rince mar mhúinteoir agus mar mholtóir bainte amach ag Áine faoin am sin, agus chuir sin leis an éileamh a bhí uirthi ar fud na tíre agus thar lear.

Taobh amuigh de na scannáin, bhain ár saol sóisialta cuid mhaith le rince agus le coirmeacha ceoil. Sna caogaidí, thosaigh an Réalt, craobh lán-Ghaelach den Léigiún Mhuire, céilí gléasta. Bhí an chéad cheann in Cruises agus bhíomar ann. N'fheadar an raibh aon cheann eile sa tír ach amháin an ceann a bhíodh ag Craobh an Chéitinnigh de Chonradh na Gaeilge i dTeach an Ard-Mhéara i mBaile Átha Cliath. Lean na céilithe sin go dtí cúpla bliain ó shin, agus nuair a d'fhás an chlann seo againne, théimis go léir ann agus mo mháthair chomh maith. I measc na ndaoine a raibh baint acu leis an Réalt i Luimneach ag an am sin bhí Seán Sabhat, fear iontach ciúin, cineál cúthaileach agus an-chráifeach

– maraíodh é féin agus Feargal Ó hAnluain in ionsaí a rinne an IRA ar bheairic an RUC i mBrookeborough Lá Caille 1957. Ba í a shochraid an ceann ba mhó dá raibh riamh i Luimneach.

Leis an rince, an ceol agus an taisteal, n'fheadar conas a fuaireamar aon deis le labhairt faoin todhchaí. Ach fuair. Thugamar turas ar Bhaile Átha Cliath in Eanáir 1961 agus cheannaíomar fáinne gealltanais. Bhí sé i gceist againn gan aon ní a rá go dtí an Cháisc agus go bpósfaimis sa samhradh. Déarfainn go rabhadar fiosrach sa bhaile nuair a d'fhilleamar, ach scéala ar bith ní raibh againn dóibh! N'fheadar conas a choinnigh Áine an rún ach sa deireadh scaoileamar amach é agus shocraíomar ar phósadh um Cháisc.

Mar a dúras, bhí Áine ag obair mar rúnaí i Todd's. Randal Counihan a bhí i gceannas na roinne ina raibh sí. Bhí Bob Walsh ann chomh maith agus bhíodh an-spórt go deo acu agus iad ag imirt cleasanna ar a chéile. Nuair a thuigeadar go raibh sise incurtha leo féin, ní raibh aon teora leis an diabhlaíocht a bhíodh ar siúl. Bhí ábhar ghúna a pósta ar ordú ag Áine agus lá amháin dúirt Randal léi go raibh sé tagtha isteach. Thug sí an beart mór abhaile léi, ach nuair a d'oscail sí é, ní raibh ann ach giobail agus ceirteanna!

Sa roinnn allmhuirí agus onnmhairí a d'oibrigh sí agus bhíodar gearrtha amach cuid mhaith ón siopa féin agus ón bpríomhoifig. Bhíodh an-chuid sagart ag teacht isteach chuig Áine mar gheall ar choirmeacha ceoil, agus bhíodh Randal agus Bob ag insint scéalta dá chéile nach raibh de réir na ndeich n-aitheanta! Dheinidís scrios ar fad nuair a bhíodh Áine ag labhairt i nGaeilge le duine éigin. Bhídís san ag labhairt ina gcanúint féin! Lá amháin, thóg Áine sagart a bhí istigh léi amach ar an tsráid ionas nach mbeidís ag cur isteach air agus cé a chasfaí orthu ach an bainisteoir, Andy Browne. Bheannaigh sé dóibh, agus nuair a tháinig sé isteach, d'fhiafraigh sé de Randal an raibh Áine fós ag obair i Todd's! Deartháir céile le Andy ab ea Randal, agus dá mbeadh Randal éalaithe amach chun deoch a fháil, bheadh ar Áine a rá go raibh sé imithe go dtí an teach custaim! Thaitnigh an áit go mór le hÁine. Bhídís i gcónaí ag cumadh filíochta. Chaill Áine a fáinne gealltanais lá amháin agus bhí dán ar an bpointe acu faoi.

Ansin dódh an foirgneamh álainn go talamh. Ní raibh Áine ag obair an lá sin, agus nuair a chonac é, amach liom láithreach chuici. Bhailigh an fhoireann ar fad – agus muintir Luimnigh mar aon leo – ag breathnú ar an radharc uafásach. Scinn na lasracha ó urlár go hurlár agus ansin thit aghaidh an fhoirgnimh caol díreach anuas. Chuirfeadh sé scanradh agus sceon ar dhuine. Buíochas le Dia, níor maraíodh ná níor gortaíodh duine ar bith. Bhí foirgneamh eile ag Todd's ar Shráid Liam agus chun na háite sin a chuadar go dtí gur tógadh an foirgneamh nua, nach raibh leath chomh deas leis an seancheann.

Nuair a bhí an foirgneamh go léir tite chun talún, ní raibh fágtha ina sheasamh ach an taisceadán mór, in airde ar cheithre pholla cruach. Ba mhór an phoiblíocht é do dhéantóirí an taisceadáin gur sábháladh é sa dóiteán, agus tháinig daoine chun é fheiscint ó chuile aird den domhan. Tar éis cúpla lá, agus an lucht dóiteáin ag stealladh uisce anuas air, tógadh anuas é, agus nuair a osclaíodh é bhí na cáipéisí go léir a bhí istigh ann slán sábháilte. Arís, bhí daoine ó chian is ó chóngar ag déanamh iontais de. Bhíodh Paddy O'Dwyer ag obair i Todd's anois is arís, ag iompar earraí dóibh leis an trucail agus an capall a bhí aige. Bhí clós guail agus móna aige i nGeata Tuamhumhan. Bhí Paddy ag cabhrú leo ag iompar cuid den stuif dóite síos chuig Corca an Rí, láithreán fuílligh na cathrach ag an am. Nuair a bhí an taisceadán oscailte, leagadh na cáipéisí go léir a bhí istigh ann amach ar an talamh ionas go bhfeicfeadh gach éinne iad. Uair éigin, nuair nach raibh éinne ag faire, isteach le Paddy lena thrucail. Chonaic sé an fhuílleach seo go léir ar an talamh agus chaith sé isteach sa trucail í agus síos go dtí Corca an Rí leis! Bhí an láithreán fuílligh sroichte aige nuair a thug na feidhmeannaigh faoi deara go raibh na cáipéisí go léir ar iarraidh – glanta leo! Níorbh fhada dóibh ag baint Corca an Rí amach.

Nuair a bhíomar le pósadh, b'éigean d'Áine a post a thabhairt suas. B'in nós na haimsire, cuma an rabhais ag obair le comhlacht príobháideach nó le gníomhaíocht Stáit. Agus, dar ndóigh, cumadh dán di:

Farewell to Áine

The days are going very fast, the time is nearly here,
When Áine will be leaving to take up her new career.
She is going to marry Tony and they will settle down
In a cabin out in Hazeldene – the swanky part of town.

I pity poor old Tony for all he's going to eat,
'Cause Áine cannot cook a spud, she'll feed him on pigs' feet.
She'll have Kellog's for breakfast and for dinner tins of beans
And her specialty for teatime, tomatoes and sardines.

When working (?) in the office, she nearly drove us mad,
But when she's gone we'll miss her, she really isn't bad.
We'll all go to the wedding and a song we'll surely sing
Of our happy times together, like the day she got the ring.

I remember well one morning, to the mantles she was goin',
She was back in half a minute saying the ring had lost a stone.
Randal looked beneath the desk, Bob behind the door
And I got out the crowbar and ripped up half the floor.

Each morning when she comes to work, she looks just like a rag,
She goes straight to the mirror and opens up the bag.
She looks behind her back and then she straightens up her seams,
She turns to the knapsack to take out jars of cream.

She rubs it in her face and neck and then behind her ears,
She looks into the mirror and the dirt just disappears.
Next she takes the perfume and she throws it everywhere
And finishes her adornment by combing her scraggy hair!

Bhí an-ullmhúchán le déanamh le haghaidh an phósta agus bhí gach duine ag guí go mbeadh an lá go deas. Gheal an lá faoi dheireadh – nó ba chirte a rá gur choinnigh an ghaoth agus an bháisteach gach éinne ina ndúiseacht ar feadh na hoíche. Ach de réir mar a chuaigh an mhaidin ar aghaidh, thosaigh feabhas ag teacht ar an aimsir. Gúna bán agus caille bhrídeoige a bhí ar Áine. A deirfiúr Máirín a sheas léi agus bhí col ceathar léi sa lucht bainise chomh maith. Gúnaí liathchorcra a bhí orthu siúd. Jack O'Donovan agus Eddie Fallon a sheas liomsa. Cultacha gléasta le casóga eireabaill a bhí orainn agus hataí arda. Bhí an t-aifreann ar a haon déag i Séipéal Mhainchín Naofa, agus ag an am sin bhí sé sin déanach go maith. An tAthair Máirtín Ó Domhnaill a léigh an t-aifreann agus bhí an tAthair Gearóid Mac Conmidhe mar chúntóir aige. I nGaeilge agus i mBéarla a bhí an t-aifreann agus searmanas an phósta. Cara linn, Pádraig Ó Floinn, a sheinn an t-orgán.

Bhí an séipéal lán go doras. Ní raibh Áine ach cúpla nóiméad mall agus col ceathar léi a rinne í a thionlacan isteach sa tséipéal. D'imigh gach rud mar ba chóir agus i ndiaidh an tsearmanais agus ár n-ainm curtha againn leis an teastas pósta, shiúlamar amach, i mbannaí le chéile go deireadh ár saoil.

Bhí an t-ádh orainn go raibh an fhearthainn stoptha agus tógadh na grianghraif go léir. Isteach linn ansin go dtí Cruises. An uair sin, ba bhricfeasta bainise a bhíodh ann seachas dinnéar, ach d'fhéadfaí a rá gur lón bainise a bhí againn. I ndiaidh an bhéile agus na cainte, thosaigh an damhsa, rincí de gach saghas ach rincí Gaelacha ba mhó a bhí ann, agus amhránaíocht. Bhí gach uile dhuine ag baint spóirt agus taitnimh as an mbainis ach, dar ndóigh, bhí beagáinín den chumha ann chomh maith. Bhí ceangal doscaoilte déanta idir Áine agus mé féin ach bhíomar ag briseadh ceangal eile lenár muintir. Agus bhíomar ar an mbeirt tosaigh sa dá chlann leis an gceangal sin a bhriseadh. Ach bhí an greann agus an gáire in uachtar. Tuairim is ochtó a bhí ar an mbainis agus deochanna saor in aisce ar fáil do chuile dhuine! Ghlaoigh mo mháthair orm uair amháin agus dúirt liom faire ar m'athair a bhí ag imeacht leis síos an staighre. Chuas ina dhiaidh agus d'fhiafraíos de cá raibh sé ag dul. 'Trasna chuig Tiger's,' ar seisean, 'chun pionta ceart a fháil.' Ní raibh aon mheas aige ar aon deoch ach amháin ar phionta i dtigh tábhairne ar nós Tiger O'Brien's (Roches Stores, Sráid an tSáirséalaigh, faoi láthair).

Thart ar a sé a chlog, thiomáin Jack O'Donovan abhaile mé chun mo ghluaisteán féin a fháil. Bhí sé faoi ghlas sa gharáiste agam ar eagla go dtiocfadh éinne air agus é a mhaisiú! Nuair a d'fhilleamar, d'fhágas thíos ar Ché Artúir é agus isteach linn san óstán. Bhí sé in am dúinn imeacht. B'in difríocht eile a bhí ann ag an am. Bhíodh an t-aifreann ann go luath, an béile ina dhiaidh sin agus chríochnaíodh an bhainis thart ar a sé, agus d'imíodh an lánúin leo ar a saoire. Bhí Áine gléasta ina culaith imeachta agus an slua ar fad ag gabháil don amhrán 'Fine Girl You Are' nuair a bhíomar ag fágaint slán ag chuile dhuine. Má bhí na deora ag coimheascar leis an ngáire, ba leis an ngáire a bhí an bua an babhta sin. Chuas síos chun an gluaisteán a fháil agus bhí sé maisithe go maith um an dtaca sin, an-chuid scríbhneoireachta air agus ribíní agus cannaí stáin ceangailte de. Thiomáineas timpeall chuig Cruises. Léim Áine isteach. Bhíomar ar ár mbealach go Baile Átha Cliath. Tamaillín amach an bóthar, ghlanas cuid mhaith den scríbhneoireacht agus bhaineas na ribíní agus na cannaí. Ní aithneodh éinne anois go rabhamar nuaphósta!

Nuair a shroicheamar Ros Cré, mhothaigh an bheirt againn an t-ocras ag cur isteach orainn. Nuair a smaoiníomar air, ní raibh tada le n-ithe againn ón dó a chlog agus ní rabhamar ag ól, mar ba réadóirí an bheirt againn. Bhí óstán Pathé ar thaobh an bhóthair agus isteach linn ann chun ár gcéad bhéile mar lánúin nuaphósta a chaitheamh.

Bhí an tráthnóna go haoibhinn, ach lasmuigh de Bhaile Átha Cliath thosaigh an bháisteach arís, ach níor lean sí. Nuair a shroicheamar an t-óstán, an Ormond, d'fhéachamar chuige nach raibh aon rian *confetti* orainn ná inár málaí. Isteach linn agus shíníomar an clár. Bhí sé cineál ait d'Áine a bheith ag síniú a hainm mar 'Ó Broiméil', ach an t-am sin ar éigean a scaoilfí isteach san óstán le chéile sinn dá mbeadh malairt sloinne orainn! Ní hionann sin is a rá nár úsáid sí a sloinne féin ina dhiaidh sin. Aithníodh í ar fud na tíre agus i gcéin mar Áine Ní Thuathaigh. Tharla rud greannmhar di tamall gearr tar éis pósta dúinn. Bhí sí thíos sa halla rince nuair a tháinig duine chun an dorais ag lorg Bhean Uí Bhroiméil. Ghlaoigh Áine ar mo mháthair, cé gurbh í féin a bhí á lorg ag an duine ag an ndoras!

Thóg an doirseoir ár málaí agus chuamar suas san ardaitheoir leis. 'Pósta ar maidin?' ar seisean linn. Gnúsachtach de fhreagra a fuair sé. Tar éis ár ndíchill ár stádas nua a cheilt!

Ghlanamar ár n-aghaidh agus chuamar síos chun cupán tae a fháil. Bhíomar inár suí ansin ar feadh i bhfad ag cíoradh chúrsaí an lae agus ag leagadh amach na rudaí a dhéanfaimis arna mhárach go dtí gur chinneamar dul ag luí. Nuair a bhíomar réidh, chuamar ar ár nglúine, agus lenár lámha timpeall ar a chéile dúramar an paidrín páirteach.

Bhí saoire iontach againn. Cé go rabhamar ag cur fúinn i mBaile Átha Cliath, chaitheamar cuid mhaith den am ag taisteal trí Chontae Chill Mhantáin, ag tabhairt cuairte ar áiteanna ar nós Ghleann Dá Loch, nach raibh feicthe againn roimhe sin. San oíche, chuamar go hAmharclann na Mainistreach, an Gaiety agus na pictiúrlanna. Dar ndóigh, bhí siopadóireacht le déanamh freisin! Bhí an aimsir ar fheabhas agus bhí Baile Átha Cliath féin faoi bhláth – nó chonacthas dúinne go raibh. An uair sin, bhí oileán lán de bhláthanna i lár Dhroichead Uí Chonaill agus solas ann chomh maith. Cuireadh ansin iad don Tóstal, ceiliúradh a thosaigh sna caogaidí le cur leis an séasúr turasóireachta. Bhí na scórtha tiúilipí faoi bhláth nuair a bhíomar ann agus thógas grianghraf d'Áine agus í ina suí ina lár. Bhíothas ann a dúirt go raibh an maisiúchán go léir ag baint d'áilleacht an droichid, agus nuair a chaith dream bligeardaí an solas isteach san abhainn, níor cuireadh ar ais riamh é. Ansin tógadh suas na bláthanna. Dar leis na saoithe, bhí an tarramhacadam níos áille ná na bláthanna. Agus tá a leithéid siúd fós inár measc.

Nuair a d'fhilleamar abhaile, bhí orainn fanacht i dtigh aíochta ar feadh dhá mhí nó mar sin go dtí go raibh ár dtigh féin réidh. Bhí tithe á dtógáil ar Bhóthar na hInse, Bailtín na Sionainne, ach nuair a chuas chuig an tógálaí, Paddy Butler, bhíodar go léir imithe. Ach dúirt sé liom go mbeadh deich gcinn eile á dtógáil aige sa pháirc a bhí taobh leo, Hazeldene nó Gleanntán na gColl. Thaispeáin sé na pleananna dom agus roghnaíos an suíomh ba mhó gairdín ann. Gheall sé go mbeadh an tigh réidh roimh phósadh dúinn, ach ní mar sin a tharla. Bhí beirt thiarnaí talún ann a raibh baint acu leis an suíomh, agus bhíodar ag lorg breis airgid ar an talamh. Nuair a bhí an fhadhb sin réitithe agus tosach déanta ar an tógáil, bhris stailc amach a chuir moill bhreise leis an obair. Bhí a fhios ag Áine cén áit ina raibh an suíomh ach ní raibh sí riamh istigh ann. Nuair a bhuailfinn léi istoíche, chuirfeadh sí ceist orm faoi dhul chun cinn an tí. Déarfainn léi go raibh gach rud ag dul ar aghaidh go seoigh. Cén fáth a gcuirfinn buairt uirthi nuair nach bhféadfadh sí rud ar bith a dhéanamh faoi? Ach lá amháin bhí sí ag caint le Mary Meade, a bhí ag obair i Todd's agus a raibh tigh ceannaithe aici féin agus Martin Ryan i mBailtín na Sionainne.

'An bhfuil sibh buartha faoin stailc?' arsa Mary.

'Cén stailc?' arsa Áine.

Bhí sé dian orm an scéal a mhíniú an oíche sin!

Bhí saol na bhfuíoll ag Áine ar feadh na tréimhse sin a rabhamar sa tigh aíochta. Nuair a d'imeoinn ar scoil, bheadh sise ag siopadóireacht agus ansin amach léi go dtí a haintíní. Bheadh an dinnéar agus an tae againn ina dtigh siúd nó i dtigh mo mháthar. Ach ba mhór an faoiseamh agus an lúcháir dúinn nuair a bhí an tigh réidh. Chun a cheart a thabhairt do Paddy Butler, bhí an tigh seo againne ullamh roimh na cinn eile, ach bhí ar na daoine na rudaí go léir a bhí ceannaithe againn a iompar thar láthair thógála. Níor chuireamar aon bhrat ar na hurláir go dtí go raibh na tógálaithe glanta leo as an áit. Níor fhéadas fiú an gluaisteán a thabhairt chomh fada leis an tigh agus níor thaitnigh sé le hÁine a bheith ag siúl ar an bpuiteach agus a sála arda ag ísliú ann! Ach bhíomar sa bhaile – *'In a cabin out in Hazeldene – the swanky part of town.'*

V

CUMANN NA MEÁNMHÚINTEOIRÍ

Nuair a cláraíodh mé mar mheánmhúinteoir i 1956, chuas isteach i gCumann na Meánmhúinteoirí (ASTI). Ní raibh an cumann róláidir ag an am, agus murach daoine mar Bill Glasheen ar éigean a bheadh sé beo in aon chor i Luimneach. Bhí leisce ar an-chuid de na múinteoirí a bheith páirteach sa chumann, cé go mbídís i gcónaí ag tabhairt amach faoi chúrsaí tuarastail agus faoi choinníollacha oibre. Cúis amháin a bhí leis seo, b'fhéidir, ná nach rabhadar toilteanach an táille a íoc, cé go raibh sé an-íseal. Fiú amháin ag an am sin, bhí mórán múinteoirí nach raibh sa scéim phinsin toisc ganntanas airgid a bheith orthu. Ba sheanscéal ón díle an ganntanas céanna.

As acht a ritheadh in 1832 i bParlaimint Westminster a d'fhás an córas oideachais náisiúnta (bunoideachas) sa tír. Bhí fadhbanna lena bhunú agus lena fhás, ach faoi dheireadh an naoú haois déag, bhí an córas ag obair réasúnta maith agus, níos tábhachtaí fós, bhí struchtúr á chur ar oiliúint mhúinteoirí agus Cumann na Múinteoirí (INTO) ag éirí láidir. Ach bhí na meánmhúinteoirí i bhfad níos measa as.

In 1878 a ritheadh an tAcht um Oideachas Idirmheánach, a bhunaigh an Bord Oideachais Idirmheánaigh agus a leag síos struchtúr scrúduithe. Bhí deacrachtaí áirithe ag baint leis an meánoideachas. Bhí an bhainistíocht uilig, beagnach, i lámha na n-eaglaisí éagsúla, go háirithe an Eaglais Chaitliceach. Bhí amhras ar na heaglaisí uile roimh an stát ag cur a ladair isteach sna coláistí ar leis na heaglaisí iad. Ba choláistí príobháideacha iad, a thóg an chléir nó na Bráithre nó na mná rialta, agus ní rabhadar sásta aon smacht a ghéilleadh don stát orthu, cé go mba mhaith leo liúntais a fháil ón stát. Bhí amhras ar na múinteoirí faoin stát agus na húdaraís bhainistíochta. Bhí an tuarastal suarach, na coinníollacha oibre go hainnis agus gan aon bhuanchonradh fostaíochta acu. Dúirt duine amháin faoi: *'At present, the service of public instruction in Ireland is about the worst mode of obtaining a livelihood open to a man of intelligence and education.'* Chomh maith leis sin, ní raibh aon chinnteacht ann faoi cháilíochtaí na múinteoirí, agus ba mhinic a roghnaíodh an bhainistíocht na mic léinn ab fhearr mar mhúinteoirí.

Rinne na múinteoirí cúpla iarracht ar theacht le chéile ach níor éirigh rómhaith leo. Ansin i 1909, thosaigh baill d'fhoireann Choláiste Cholmáin i Mainistir Fhear Maí ar mhúinteoirí Chorcaí a eagrú ar nós an INTO, agus thángadar le chéile sa Choláiste Tráchtála i gCorcaigh ar an 17 Márta an bhliain chéanna. Ar na daoine a bhí ann an lá sin, bhí Tomás Mac Donncha, a shínigh Forógra na Cásca i 1916 agus a cuireadh chun báis ina dhiaidh sin. I Luimneach, bhí duine dárbh ainm T.J. Burke ag eagrú mhúinteoirí Luimnigh. I mí Iúil 1909, bhí cruinniú mór i mBaile Átha Cliath (bhí Éamon de Valera i láthair) agus bunaíodh an ASTI. Na haidhmeanna a bhí acu ná scála cothrom tuarastail, scéim phinsin, buaine sealbhaíochta agus córas sásúil cláraithe. D'éirigh go maith leis an gcumann, ach faoin mbliain 1920 bhí na múinteoirí chomh mór san ar buile mar gheall ar na tuarastail shuaracha a bhí acu in am mór boilscithe i ndiaidh an chogaidh, gur chuadar ar stailc. Fuaireadar ardú ach cothaíodh aighneas idir na múinteoirí agus bainistíocht na scoileanna nuair a cuireadh i leith scoileanna áirithe gur bhriseadar múinteoirí mar gheall ar an bpáirt a ghlacadar sa stailc. Rud suimiúil faoi ná gur thug an INTO £1,000 mar thacaíocht don stailc.

I Luimneach, nuair a thángas isteach i dtosach ann i 1956, bhí an cumann lag go leor, ach bhí an-athrú le teacht sna seascaidí.

Ní dócha gur tharla an méid sin athruithe riamh in aon tréimhse eile i gcúrsaí iarbhunoideachais is a tharla san am sin. Ba iad na seascaidí an chéad bhlaiseadh a fuaireamar de dhul chun cinn eacnamaíochta ó bhunú an Stáit. B'in tréimhse Seán Lemass agus T.K. Whitaker, nuair a tugadh droim láimhe do sheanpholasaí féinchothabhála Shinn Féin, osclaíodh an tír d'allmhuirí agus d'onnmhairí, agus cuireadh fáilte roimh infheisteoirí ón iasacht. Bhí borradh agus fás sa tír agus tuiscint, b'fhéidir den chéad uair, go raibh ceangal idir forbairt eacnamaíochta agus soláthar maith oideachais. Bhí obair ar fáil agus an eisimirce ag laghdú. Dá thoradh san, bhí daonra na tíre ag dul i méid den chéad uair ó aimsir an Ghorta Mhóir, agus bhí ar chumas daoine scolaíocht níos fearr a chur ar a bpáistí. D'fhág san go raibh líon na scoláirí a bhí ag freastal ar na meánscoileanna ag dul i méid, fiú roimh theacht an tsaoroideachais. Leis an líon scoláirí ag méadú, bhí gá le breis múinteoirí. Idir 1963-7 mhéadaigh líon na scoláirí ó 84,916 go 118,807 agus líon na múinteoirí lánaimseartha ó 4,334 go 5,839. (Mhéadaigh líon na múinteoirí cláraithe ó 3,602 go 5,087.) Dá thoradh sin ar fad, b'iontach an tréimhse í le bheith páirteach san fhorbairt mhór cé, dar ndóigh, go raibh fadhbanna agus deacrachtaí ag baint léi.

I dtús na seascaidí, toghadh mé mar chathaoirleach ar chraobh Luimnigh den chumann agus toghadh Micheál Ó Briain ina rúnaí. Thosaíomar ar uimhreacha na mball a mhéadú trí na seandaoine nach raibh aon pháirt acu riamh leis an gcumann nó a dhruid uaidh i rith na mblianta, agus go mór mór na daoine nua a bhí ag teacht isteach sa ghairm den chéad uair, a mhealladh isteach. Faoin mbliain 1964, bhí an chraobh láidir go maith agus d'iarramar gur i Luimneach a bheadh an chomhdháil bhliantúil. D'éirigh ar fheabhas leis an gcomhdháil chéanna agus tugadh an-mholadh dúinn as an eagraíocht agus as an gcaitheamh aimsire a chuireamar ar fáil.

Ach bhí rudaí tábhachtacha ag tarlú ag an am céanna. Ag an gcomhdháil i Luimneach, glacadh le socrú idir an ASTI agus an

CHA (Catholic Headmasters' Association) faoin mbunphá ó údaráis na scoileanna. Bhí sagart fíordheas agus an-chumasach, an tAthair John Hughes, i gceannas ar an CHA, ach ní raibh aon bhaint ag na Bráithre nó na mná rialta leis an eagraíocht sin. D'fhág san go mbíodh airsean a áiteamh ar na grúpaí sin glacadh le haon tsocrú a dhéanfadh an CHA leis an ASTI. Bhí buntáiste leis an socrú nua: go raibh na múinteoirí go léir ar an tuarastal céanna ó na scoileanna agus b'ardú é do mhná agus do dhaoine singile, go mór mór dóibh siúd i scoileanna na mBráithre. Bhí na comhráití faoi rún, ach nuair a fuair an INTO agus an VTA (Vocational Teachers' Association – Aontas Múinteoirí Éireann, TUI anois) amach faoi, chuireadar iarratas isteach láithreach chuig an Roinn Oideachais ar ardú pá chun an chothromaíocht tuarastail idir na múinteoirí éagsúla a chaomhnú. Ba mhinic mé ag gáire ag ár gcomhdháil nuair a bhítí ag cur fainice orainn gan rún a scaoileadh leis an INTO nó an VTA agus leath dá raibh i láthair pósta le bunmhúinteoirí nó gairm-mhúinteoirí!

Ach bhí deacrachtaí níos measa fós le teacht. Sa bhliain 1963, chuir an ASTI iarratas isteach go dtí an Bord Eadráine ag lorg ardú tuarastail ón Roinn. Bhí a raibh á lorg chomh beag sin go bhfuil sé deacair a chreidiúint inniu go mbeadh aon fhadhb ann. Scálaí nua ón Roinn Oideachais a bhí á lorg: ó £650 go £1,350 thar thrí incrimint dhéag bhliantúla d'fhir phósta; agus ó £550 go £1,150 thar dhá incrimint dhéag bhliantúla do mhná agus d'fhir shingile. Nach bhfuil sé suimiúil anois a fheiscint go raibh difríocht idir an tuarastal a fuair fear pósta agus an tuarastal a fuair bean nó fear singil ag an am, ach níor le múinteoirí amháin a bhain a leithéid agus lean sé go dtí 1973. Bhí an tairiscint ón Roinn i bhfad níos ísle ná mar a bhí á lorg ag an ASTI, agus fógraíodh nach ndéanfadh baill an chumainn feitheoireacht ar na scrúduithe (Meánteist agus Ardteist) ná iad a cheartú. Ainneoin mórán iarrachtaí ar réiteach a fháil, chuaigh an stailc ar aghaidh.

Bhí cúpla rud suimiúil faoin stailc sin, fiú más féidir stailc a thabhairt uirthi. Ní raibh sé dlite ar na múinteoirí obair na scrúduithe a dhéanamh, ach bhí a fhios ag an Roinn gurbh iad ab fhearr agus go mbeadh sé dian ar an Roinn daoine cumasacha mar iad a fháil. Ba chailliúint mhór airgid do na múinteoirí gan an obair scrúduithe a dhéanamh, agus bhídís ag brath go minic ar an airgead sin dá gcuid laethanta saoire. Chomh maith leis sin, níor theastaigh ó na múinteoirí na scrúduithe a loit, mar ba iad a gcuid mac léinn féin a bhí faoi scrúdú, agus i mórán cásanna bhí mic, iníonacha nó gaolta leo féin ag déanamh na scrúduithe – bhí deirfiúr liom féin agus deartháir le hÁine istigh ar na scrúduithe an bhliain sin. Rud an-shuimiúil ar fad ná an t-aontas idir an ASTI agus an CHA; dúirt an CHA go gcuirfidís na láithreacha scrúduithe ar fáil mar ba ghnáth ach nach mbeadh aon bhaint acu leis na scrúduithe seachas sin. Ba mhór an tacaíocht sin do na múinteoirí. D'eisigh an tAire Oideachais, Patrick Hillery, ráiteas go rachadh na scrúduithe ar aghaidh cuma cad a dhéanfadh na múinteoirí, agus thosaigh an Roinn ag lorg feitheoirí agus scrúdaitheoirí.

I Luimneach, d'fhéachamar chuige go dtacóimis leis an ASTI agus fuaireamar an tacaíocht sin ó na baill. Ní fhéadfaimis picéid – níor theastaigh uainn ar aon chuma – a chur ar láithreacha na scrúdaithe ach bhíomar i gclósanna na scoileanna ag cuidiú lenár gcuid mac léinn ach ag coinneáil súile ar na daoine a tháinig chun an fheitheoireacht a dhéanamh. Chuireamar ainmneacha na ndaoine sin go dtí an oifig i mBaile Átha Cliath agus ba bheag duine a d'éalaigh uainn – bhí na hainmneacha breactha síos sa leabhar dubh!

Bhí greann ann chomh maith. Fuaireamar amach go raibh baint ag feitheoir áirithe le reilig agus bhí an cheannlíne seo ar cheann de na nuachtáin an lá arna mhárach: 'GRAVEDIGGER SUPERVISES EXAMINATIONS'. Lá eile, chonaiceamar duine de na feitheoirí ag imeacht ó Shráid Seasnáin agus an beart freagairleabhar ar chúl rothair aige. Dheineamar iarracht ar ghrianghraf a fháil den bheart chun a thaispeáint chomh baolach is a bhí an rud a bhí ar siúl aige. Rinne sé gearán leis na Gardaí agus tháinig siad siúd chugainn chun sinn a cheistiú, ach mhíníomar dóibh gurbh í slándáil na bpáipéar a bhí i gceist againn agus níor chualamar tada faoi ina dhiaidh sin.

D'éirigh leis an Roinn na scrúduithe a eagrú ar bhealach éigin ach bhí fadhb i bhfad níos mó acu maidir lena gceartú. Bhí cumas agus tuiscint ar leith riachtanach, agus fiú i measc múinteoirí a bhí ag múineadh ar feadh na mblianta, ní bhacfaidís leis mar gheall ar an strus a bhí ag baint leis an obair. Bhí saol uafásach ag na cigirí bochta an samhradh sin!

D'fhág an stailc binb uafásach idir na múinteoirí agus an Roinn ag am nuair a bhí an-athrú ag teacht ar chúrsaí meánoideachais agus nuair ba chóir don dá thaobh a bheith ag comhoibriú le chéile. Bhí an t-atmaisféar idir an bhainistíocht agus na múinteoirí níos fearr. Bhí an ASTI an-aontaithe agus an-láidir agus tháinig méadú an-mhór ar an mballraíocht agus an-chuid múinteoirí óga i measc na mball nua. Ní raibh ach dornán beag nár ghlac le moladh an ASTI agus caitheadh amach as an gcumann iad nó gearradh fíneáil orthu ar ball. Bhí roinnt múinteoirí bunscoile agus gairmscoile a rinne obair scrúduithe agus níor chabhraigh sin le comhoibriú idir na cumainn éagsúla. Bhí an ASTI ar buile leis an INTO freisin de bhrí nár ligeadar don ICPSA (Irish Conference of Public Service Associations) tacaíocht níos mó a thabhairt le linn na stailce, agus i 1966 d'fhág an ASTI an eagraíocht ar fad.

Bhíos-sa im chathaoirleach ar chraobh Luimnigh den ASTI i 1964. I 1965, toghadh mé im leasuachtarán ar an gcumann don bhliain 1965-6. Toghadh mé im uachtarán i 1966 don bhliain 1966-7 agus atoghadh mé mar uachtarán i 1967 don bhliain 1967-8. Cad é mar am le bheith i gceannas! Bhíos ceithre bliana is tríocha nuair a toghadh mé mar uachtarán, an chéad duine den ghlúin nua.

Théinn féin agus Áine go dtí an chomhdháil bhliantúil gach bliain. Um Cháisc a bhíodh an chomhdháil ar siúl, agus ag an am sin ní raibh Oireachtas Rince na Cruinne bunaithe fós, agus dá thoradh san ní raibh bac ar Áine teacht liom. Ag an gcomhdháil i gCill Chainnigh a toghadh mé mar leasuachtarán, agus dá bhrí sin bhíos im bhall den bhuanchoiste chomh maith. Cheana féin, bhíos im bhall den lárchoiste feidhmiúcháin (CEC). B'ansin a thosaigh an taisteal go léir. Thionóltaí cruinnithe den bhuanchoiste ar an Satharn ar a leathuair tar éis a seacht tráthnóna sna hoifigí ar Shráid Hume i mBaile Átha Cliath. An uair sin, bhíodh ranganna againn ar an Satharn go dtí a haon a chlog. A luaithe is a bhíodh an dinnéar ite agam, bhínn ar an mbóthar go Baile Átha Cliath agus ní fhillinn go dtí an Domhnach. Agus na bóithre an uair sin! Dá mbeadh an trácht go dona, thógfadh sé uair an chloig ort ón Nás ar bhóthar cuarach isteach go Baile Átha Cliath. Agus na costais a bhí ag dul duit! Ba ghnách dom fanúint in óstán na gCeithre Cúirteanna in aice leis na Ceithre Cúirteanna féin. £1-1-0 an costas thar oíche a bhí le híoc, ach ní bhfaighinn ach £0-13-6 mar liúntas. D'fhág san gur chailleas £0-7-6, mar aon le costas béile, ar gach turas go Baile Átha Cliath. Agus, dar ndóigh, bhí turais eile i rith na bliana chuig an Aire agus an Roinn Oideachais, an CHA, na Bráithre Críostaí agus a leithéid. Ach bhí an-shuim agam san obair agus bhí sásamh le baint aisti, go mór mór dá n-éireodh go maith leis an toscaireacht chuig an Aire nó an Roinn.

Chuir na daoine eile a bhí ar an mbuanchoiste an-fháilte romham, cuid acu a raibh a saol caite acu ar mhaithe leis an gcumann agus leis na múinteoirí uilig. B'in rud a mbíodh daoine crosta faoi: go bhfaigheadh múinteoirí nach raibh sa chumann agus na sagairt, na Bráithre is na mná rialta na harduithe tuarastail agus aon fheabhas maidir le coinníollacha oibre a bhainfeadh an cumann amach dá chuid ball féin. B'iontach an cumas, an tuiscint agus an ghéarintinn a bhí ag Dan Buckley, Cathal Ó Gara, Dónall Ó Connalláin, George Lyons, Nóra Kelleher, Bill Kirkpatrick, Paddy Finnegan agus mórán eile. Agus, dar ndóigh, an bhunchloch ar a raibh an cumann ag feidhmiú agus ag dul chun cinn ná an rúnaí, Máire Nic Dhonncha. Ba ise croí an chumainn agus bhí sí ar dhuine de na daoine ba chumasaí dár bhuail riamh liom. Agus bhí a cineáltas ar aon chéim lena cumas. Bliain oiliúna a bhí sa bhliain sin dom mar leasuachtarán agus chuireas aithne ar fheidhmeannaigh na Roinne agus ar na daoine a bhí sna heagraíochtaí éagsúla eile.

Bhí deacrachtaí ann an t-am ar fad faoi chúrsaí tuarastail, agus i 1965 tharla rud a raibh sé de mhianach ann an t-aontas a d'fhorbair as stailc na bliana 1964 a scrios. I mí Feabhra 1965, tháinig tairiscint ón mBord Eadráine a thug scála £840 – £1,600 (16 bliain) d'fhir phósta agus £670 – £1,270 (15 bliain) do mhná agus d'fhir shingile. Méadaíodh an liúntas do chéim onórach ó £65 go £110 sa bhliain. Bhí an díospóireacht sa lárchoiste feidhmiúcháin fada agus géar. Bhí breis faighte ag na fir phósta, ach ní raibh aon fheabhas tagtha ar scála na ndaoine eile, agus ag an am sin bhí líon na ndaoine óga sa chumann, idir fhir agus mhná, ag méadú. Bhí an deacracht sin sa chúlra nuair a toghadh mé im uachtarán ag an gcomhdháil i gCaiseal i 1966, caoga bliain i ndiaidh Éirí Amach na Cásca. Thagair mé dó sin im aitheasc uachtaránachta i 1967:

> To be elected President of this Association at any time is indeed a great honour. To be elected President at Easter 1966, the fiftieth anniversary of the Easter Rising – often referred to as the Teachers' Rising – made that honour for me complete.

Cuireadh an-fháilte romham mar uachtarán, agus rinne na baill uilig, idir óg agus sean, comhghairdeas liom, agus chuireas romham an aontacht sin a chothú agus a choimeád ar feadh mo thréimhse mar uachtarán. É sin agus caradas – nó ar a laghad tuiscint – a chothú leis an Roinn Oideachais agus leis na heagraíochtaí eile. Bhí athruithe móra ag teacht agus b'fhearrde do chuile dhream aontacht a bheith eadrainn.

Ag an gcomhdháil, toghadh Moira Gallagher ar an mbuanchoiste. Bhíomar beirt ar an ollscoil i nGaillimh le chéile agus lean an caradas eadrainn i gcónaí. Ba dhuine stuama, meabhrach í Moira, agus bhíodh deis againn fadhbanna a chíoradh ar an mbóthar go Baile Átha Cliath. Agus bhí buntáiste praiticiúil leis freisin: roinneamar an tiomáint chuig na cruinnithe den bhuanchoiste eadrainn. Chomh maith leis sin, fuair col ceathar le Moira, Caitlín Barrington, a bhí ina haisteoir in Amharclann na Mainistreach, lóistín dom i nGlas Naíon, a bhí níos saoire ná óstán na gCeithre Cúirteanna. Ní rabhas ag cailliúint an mhéid chéanna airgid a thuilleadh.

Tháinig méadú an-mhór ar an líon cruinnithe agus mé im uachtarán. Ba bheag seachtain nach rabhas ar an mbóthar agus, dar ndóigh, bhíos ag obair go lánaimseartha chomh maith. Bhí Gaeilge agus matamaitic á múineadh agam san Ardteist agus ní fhéadfainn faillí a dhéanamh ar na mic léinn. Agus bhí an t-ullmhúchán roimh na cruinnithe i bhfad níos déine. Ní fhéadfá ligint d'fheidhmeannaigh na Roinne nó d'éinne eile teacht aniar aduaidh ort ag cruinniú ar bith. Fiú amháin leis na cruinnithe den bhuanchoiste, théinn díreach go dtí na hoifigí ar shroichint Bhaile Átha Cliath dom tráthnóna Sathairn agus dhéanainn staidéar ar na cáipéisí agus na litreacha go léir a bheadh leagtha amach dom ag Máire Nic Dhonncha. Ghabhainn amach thart ar a leathuair tar éis a sé le greim a ithe agus bhínn ar ais in am don chruinniú ar a leathuair tar éis a seacht. Agus bhí Áine sa bhaile agus cúram na leanaí – triúr acu faoin am sin – uirthi. Ach tharlaíodh go raibh sí ag feis éigin agus cúram na clainne ar mo mháthairse!

Bhí na hathruithe ag teacht go tiubh sna seascaidí ar an gcóras iarbhunoideachais. Ar na rudaí ba mhó a tharla bhí: foilsiú *Investment in Education/Taighde ar Oideachas*, tuarascáil ón OECD ar an gcóras oideachais in Éirinn; bunú na scoileanna cuimsitheacha; bunú na gcoláistí teicneolaíochta réigiúnacha; bunú coistí chun iniúchadh a dhéanamh ar na hábhair éagsúla, sa Mheánteist i dtosach agus san Ardteist ina dhiaidh sin; scrúdú ar struchtúr na hArdteiste; réamhthuarascáil an Choimisiúin um Ard-Oideachas agus moladh an Aire Oideachais go nascfaí an Coláiste Ollscoile, Baile Átha Cliath agus Coláiste na Tríonóide; agus, an ceann ba shuntasaí ar fad, atheagrú agus athchóiriú ar na scoileanna iarbhunoideachais. Bhain cuid díobh sin go díreach leis na meánmhúinteoirí agus leis an ASTI, agus bhí baint indíreach le moltaí faoin oideachas tríú leibhéal leo de bhrí gur chéimithe formhór na meánmhúinteoirí (bhí dream beag, ar nós na múinteoirí tís, ar chlár teoranta) agus ba go dtí na hollscoileanna a chuaigh cuid de na mic léinn a bhí faoina gcúram. Leis an méid sin athruithe, coinníodh an ASTI agus mé féin gnóthach.

I dtosach, bhí sé deacair a chur ina luí ar an Roinn gur chóir dóibh dul i gcomhairle linn faoi na hathruithe a bhí beartaithe acu. Sampla an-mhaith de sin ab ea an curaclam nua matamaitice a bhí beartaithe ag an Roinn a thabhairt isteach, gan dul i gcomhairle le héinne! Smaoinigh ar cad a tharlódh inniu dá ndéanfadh an Roinn a leithéid de rud. Faoi dheireadh, tar éis mórán áitimh, fiú ó Uachtarán na hÉireann Éamon de Valera, bhunaigh an Roinn coiste comhairleach, agus glacadh lena chuid moltaí siúd faoin gcuraclam nua. B'éigean don ASTI dul i ngleic leis an Roinn arís maidir le hatheagrú na scoileanna. Bhí trí cinn de scoileanna cuimsitheacha fógraithe ag an Roinn. Bhí sé i gceist sna scoileanna sin go mbeadh clár leathan ábhar acu, idir na cinn acadúla a bhíodh sna meánscoileanna agus na hábhair phraiticiúla a bhíodh sna gairmscoileanna. Ní rabhthas chun mórán díobh a thógáil, ach bhí sé i gceist ag an Roinn ceangal a dhéanamh idir meánscoileanna agus gairmscoileanna ar fud na tíre, go mór mór in áiteanna a raibh dó nó trí de scoileanna le líon beag daltaí acu agus rogha cúng ábhar. Bhí fadhbanna móra ann do na scoileanna agus do na múinteoirí. An ndúnfaí scoileanna? An gcaillfeadh múinteoirí a bpost? Dá ndéanfaí scoileanna a nascadh le chéile, cé a bheadh i gceannas dá mba mhalairt bhainistíochta a bheadh i gceist, mar shampla bainisteoirí eaglaise nó coiste gairmoideachais? Cad mar gheall ar chonradh fostaíochta na meánmhúinteoirí? Bhí mórcheisteanna le plé agus le réiteach, agus b'éigean dúinn brú a chur ar an Roinn agus dul chuig an Aire chun a bheith istigh ar na comhráití. Agus, dar ndóigh, an dá rud ba mhó a fógraíodh ag an am ná an saoroideachas iarbhunscoile, agus an saorthaisteal.

Bhí orm féin freastal ar na cruinnithe thart ar Luimneach; bhí cuid díobh dian go maith agus caint lasrach, bhinbeach idir ionadaithe na Roinne agus tuismitheoirí agus múinteoirí. An raibh cearta na dtuismitheoirí a gclann a chur ar an scoil ba mhian leo á mbaint díobh? Cad a tharlódh muna mbeadh na tuismitheoirí sásta le socruithe na Roinne? An gcuirfí iachall ar mhúinteoirí aistriú óna scoil féin? Ba mhinic aighneas feargach idir mé féin agus Seán Ó Conchubhair ón Roinn ag na cruinnithe sin, ach cuma cén t-easaontas a bhí eadrainn, níor lig ceachtar againn dó cur isteach ar ár gcaradas. Agus d'fhan an caradas sin nuair a bhí Seán ina Rúnaí ar an Roinn agus ina dhiaidh sin ina chathaoirleach ar an HEA agus mise im leaschathaoirleach. B'in rud ar chreid mé go mór ann: gan ligint d'argóint le feidhmeannaigh na Roinne éirí pearsanta. Uair amháin ag cruinniú den lárchoiste, bhíothas ag déanamh ionsaí fíochmhar ar Dhominic Ó Laoire, mar b'eisean a bhíodh ar thaobh na Roinne ar an mBord Eadráine. Chuireas stop leis láithreach mar dúras nach raibh ar siúl aige ach ag cóimhlíonadh dhualgais a phoist agus ag cosaint na gcáiníocóirí mar sinn féin!

Na hAirí Oideachais a bhí ann le linn na n-athruithe móra ná Pádraig Hillery, George Colley, Donogh O'Malley agus Brian Lenihan. Bhí aithne agam orthu go léir ó thaobh na polaitíochta de, ach níor chuir sin aon bhac orm ar thabhairt fúthu i gcúrsaí oideachais nó polasaithe an ASTI a chosaint agus a chur chun cinn. Nuair a d'fhógair George Colley scála tuarastail níos airde do na múinteoirí sna scoileanna cuimsitheacha, thugas fogha faoi, ag meabhrú dó go ndúirt sé roimhe sin go raibh scálaí tuarastail na múinteoirí sásúil go maith. Bhí aithne an-mhaith agam ar Donogh O'Malley mar b'as Luimneach dó agus bhí sé ina Theachta Dála do Luimneach Thoir. Chomh maith leis sin, bhí aithne ag Áine ar a bhean Hilda, agus bhí a n-iníon ag foghlaim rince uaithi. Ach ba mhinic a bhímis in adharca a chéile. Bhí toscaireacht istigh leis lá amháin nuair a bhíos im uachtarán. Rud éigin faoi chúrsaí pinsin a bhí i gceist agus bhí sé an-chasta. Chaitheas féin cuid mhaith ama leis ionas go mbeadh tuiscint cheart agam air agus go bhféadfainn é a mhíniú go soiléir. Ní raibh aoibh rómhaith ar an Aire agus tar éis dom roinnt ama a chaitheamh ar alt x, fo-alt y srl., phléasc sé agus ar seisean, ''Chríost, Tony, cad atá i gceist agat?'

'Tá a fhios agam go bhfuil sé achrannach, a Aire, ach tabharfad sampla duit,' agus mhíníos dó mar a chailleas féin lá inphinsin.

'Terry,' ar seisean leis an Rúnaí, Tarlach Ó Raifeartaigh, 'réitigh é sin do Tony!'

'Mo bhuíochas,' arsa mise, 'ach níor iarras a leithéid, agus chomh maith leis sin ní féidir leat é a dhéanamh mar is ceist reachtúil í agus sin díreach an fhadhb a bhí á léiriú agam duit.'

'Réitigh é,' ar seisean arís leis an Rúnaí. Bhí Tarlach chun a mhíniú dó nach raibh ar a chumas é a dhéanamh ach chaochas mo shúil leis agus d'fhan an scéal mar sin. Ba dhuine gníomhach é O'Malley nár ghlac ro-éasca le bac reachtúil ná *red tape* ar bith. Agus, dar ndóigh, b'eisean a thug isteach an saoroideachas ag an dara leibhéal agus an saorthaisteal, agus tá sé sin mar leacht chuimhneacháin dó go dtí an lá inniu.

Im aitheasc uachtaránachta ag an gcomhdháil i mBaile Átha Luain i 1967, chuireas fáilte roimh an saoroideachas agus an saorthaisteal agus an méadú 70% a bhí tugtha le breis foirgneamh a chur ar fáil. *'For years we have been endeavouring to convince the powers that be that education is really an investment – an investment that must be made in the greatest resource which we have, namely, our people,'* a dúras. Ach dúras freisin nach fadhbanna airgid amháin a bhí ag cur baic ar pháistí freastal ar scoileanna dara leibhéal, agus mholas na scoileanna sin a choinnigh na táillí chomh híseal sin agus nár ghlac le táillí ar bith in an-chuid cásanna. Bhíos sásta go raibh athrú riachtanach, ach maidir leis an atheagrú ar na scoileanna, cháineas an Roinn faoi gan dul i gcomhairle linn go dtí gur chuireamar iachall orthu é a dhéanamh, agus tharraingíos anuas an cheist faoi dhúnadh agus nascadh scoileanna. Chuireas in aghaidh moladh eile a bhí á dhéanamh: scoileanna sinsearacha agus scoileanna sóisearacha a bhunú, agus níor chuadar ar aghaidh leis an moladh sin.

Thráchtas ar an moladh faoi ghrádanna a bhronnadh in áit marcanna sa Mheánteist agus go bhféadfadh mac léinn teistiméireacht a fháil, cuma conas mar a chruthaigh sé sa scrúdú. Mheasas go raibh baol ann don Ghaeilge dá nglacfaí leis an moladh sin:

> Ta a fhios againn go bhfuil scoileanna ann gur cuma leo ann nó as don teangain; go bhfuil tuismitheoirí ann ná stopann de bheith ag cur ina luí ar a gclann gur dualgas náireach orthu é teanga a dtíre a fhoghlaim! Seo iad na daoine a dheineann an gearán is an clamhsán, ach ina dhiaidh sin a fhoghlaimíonn an Ghaeilge ionas go mbeidh teistiméireacht acu. Ach anois beidh teistiméireacht le fáil – cé nach í an Mheánteist a bheidh ann – fiú muna ndeintear ach uimhir scrúduithe a scríobh ar an bhfreagairleabhar Gaeilge!

D'iarras go ndéanfaí taighde ar an teanga agus ar mhúineadh na teanga, rud a bhí de dhíth go mór sa tír, agus luas sampla na Fraince:

> Ós ag caint ar thaighde atáimd, ba chóir dúinn smaoineamh ar na milliúin atá á gcaitheamh ag an bhFrainc le blianta anuas ar an bhFraincis; taighde ar an teanga féin agus ar bhealaí le í a chaomhnú agus a fhorbairt agus leas a bhaint as chuile áis nua-aoiseach, mar chítear go bhfuil sí faoi ionsaí ag an mBéarla. Cathain a dhéanfar beart dá réir sa tír seo? … le linn an chogaidh dheireanaigh dúirt an tAire Gnóthaí Eachtracha nach bhféadfaimis ár neodracht a chosaint *'if we tried to substitute a wishbone for a backbone'*. Seo, i ndáiríre, atá de dhíth orainn maidir le Gaeilge: díograis agus dúthracht, misneach agus meanma, an mheabhair chinn le beart foirfe a cheapadh agus an neart … é a thabhairt chun críche.

Labhraíos ansin faoin gcúrsa Gaeilge. Cuid de na rudaí eile ar dheineas tagairt dóibh ná na coistí a bhí bunaithe chun iniúchadh a dhéanamh ar na hábhair éagsúla, agus chríochnaíos mar seo a leanas:

Ní foláir nó b'iontach a bheith beo i 1916, ag gealú na maidine i ndiaidh oíche sheacht n-aoiseanna. B'iontach go deo a bheith páirteach i ngníomhartha na bliana sin agus in eachtraí na mblianta a lean í, gur gheal lá na saoirse faoi dheireadh don chuid seo den tír. Ar shlí, tá cosúlacht mhór idir an t-am sin agus an t-am faoi láthair. Tá dóchas ann inniu. Tuigimid gur féidir linn tír as a mbeimis mórálach a dhéanamh den tír seo, tír a bheadh ina seod i ndáiríre sa bhfarraige mhór. Agus tuigimid, leis, go gcaithfimid brath orainn féin agus muinín a bheith againn asainn féin, agus freisin, gur orainn féin a bheidh an locht má theipeann orainn. Mar seo atá an scéal freisin i gcúrsaí oideachais. Níor dhiúltaigh an Gael don dúshlán riamh agus ní dóigh liom go bhfuil faoi a leithéid a dhéanamh inniu.

Ag an gcomhdháil sin i mBaile Átha Luain, toghadh arís mé im uachtarán. An bhliain roimhe sin bhí Pat Heeran ina leasuachtarán, ach níor roghnaíodh é mar ionadaí dá chraobh don chomhdháil, agus dá thoradh san ní raibh ar a chumas a bheith ina iarrthóir don uachtaránacht. Iarradh orm cur isteach ar an uachtaránacht arís agus bhuas an toghchán go héasca. Nuair a bhuaileas leis an Aire ag an lón oifigiúil, ar seisean liom agus é ag déanamh comhghairdis liom, 'Nach sona duitse agus bliain eile saor agat.'

'An ag magadh fúm atáir?' arsa mise, 'bhíos lánaimseartha ag múineadh anuraidh agus bead lánaimseartha i mbliana, le cúnamh Dé.'

Mheas sé go raibh bliain saor ag an uachtarán agus nuair a dúras leis nach raibh, d'fhiafraigh sé díom ar lorgaíomar a leithéid riamh, rud nár dheineamar go dtí sin. Cúpla bliain ina dhiaidh sin, ceadaíodh don uachtarán a bheith saor ón scoil ar feadh a thréimhse uachtaránachta.

Bhí alt suimiúil ar an *Evening Press*, mar aon le grianghraif, ar an 4 Aibreán 1967 faoin gceannlíne 'THE YEAR OF THE PIONEER'. Ba réadóirí iad an-chuid de na daoine a bhí tofa mar uachtaráin ar eagraíochtaí éagsúla agus rinneadh iad a ainmniú: Séamas Ó Riain (Cumann Lúthchleas Gael), Joseph Rea (Macra na Feirme), Oliver J. Flanagan, TD (Cumann na Reiceadóirí), J. Allman (Cumann Múinteoirí Éireann) agus mé féin.

Baineadh geit uafásach asam maidin oscailte na comhdhála. Nuair a thángas anuas don bhricfeasta, dúradh liom gur buaileadh an rúnaí tinn i rith na hoíche agus go raibh sí san ospidéal i mBaile Átha Cliath. Bhí an t-ádh liom go raibh cúntóir, Rita Gleeson, ceaptha tamall roimhe sin, agus d'éirigh linn beirt obair na comhdhála a stiúradh agus a chríochnú. Ní hé amháin go rabhas im chathaoirleach ar an gcomhdháil, ach nuair a bhí sin thart bhíos im chathaoirleach ar chruinniú den lárchoiste, agus ina dhiaidh sin ar chruinniú den bhuanchoiste nua. Bhíos caite, traochta nuair a d'fhágas féin agus Áine Baile Átha Luain agus b'éigean dom sos a ghlacadh ar cholbha an bhóthair. Bhíos chomh gríosaithe sin le linn na gcruinnithe go léir gur shíothlaigh an fuinneamh uaim nuair a bhí sé go léir thart. I gceann cúpla nóiméad, bhíomar ar ár mbealach abhaile arís.

Ag an gcomhdháil sin i mBaile Átha Luain, bhí Teilifís Éireann ann, den chéad uair, ceapaim, agus cuireadh agallamh orm. Ba rud nua é sin, agus an oíche sin, bhí chuile dhuine ag fanacht leis an nuacht go bhfeicfidís an t-agallamh. Bhíomar in aois nua na cumarsáide.

Agus ag caint faoi chumarsáid, d'iarras ar Phroibhinseal na mBráithre Críostaí a bheith mar aoichainteoir ag an gcomhdháil agus freagra a thabhairt ar m'aitheasc uachtaránachta. I litir ag glacadh leis an gcuireadh, dúirt sé go mbíodh drogall air i gcónaí ag oscailt litreacha ón ASTI, ach gurbh í mo litirse an chéad cheann cairdiúil riamh a fuair sé ón gcumann. Labhair sé ar fheabhas ag an gcomhdháil.

Bhí bliain eile romham, agus cé go raibh sé dian bhí taithí agam ar an obair anois agus eolas na slí agam, dar liom. Bhí achrann an t-am ar fad faoi chúrsaí tuarastail, ach ansin ag cruinniú ar an 6 Deireadh Fómhair 1967, d'fhógair an tAire go raibh sé le binse fiosraithe a bhunú, an tOllamh Louden Ryan ina chathaoirleach, le moltaí a dhéanamh faoi:

1. Buntuarastal coiteann do na múinteoirí uilig sna bunscoileanna, meánscoileanna agus gairmscoileanna.
2. Aon bhreis ar an mbuntuarastal maidir le cáilíochtaí, tréimhse oiliúna, dualgais oibre, srl.

Bhí an-easaontas san ASTI faoin mbinse fiosraithe seo. Ar chóir a bheith páirteach ann? Ar chóir gan bacadh leis? Ar chóir gan aon bhaint a bheith againn leis go dtí go raibh breithiúnas tugtha ar an iarratas a bhí os comhair an Bhoird Eadráine ó Eanáir 1966? Lean an díospóireacht ar feadh i bhfad, agus sa deireadh aontaíodh páirt a ghlacadh ann tar éis don Aire geallúint a thabhairt go bhféadfadh an ASTI dul ar ais go dtí an Bord Eadráine muna mbeidís sásta leis an mbinse fiosraithe. Theastaigh ón Aire go mbeadh moltaí ar fáil ón mbinse fiosraithe roimh Cháisc 1968. Ní gá a rá cén t-ábhar díospóireachta ba mhó a bhí faoin chaibidil i rith na bliana ag gach leibhéal den chumann.

Ní raibh na moltaí ón mbinse fiosraithe ar fáil roimh am na comhdhála i nGaillimh ar an 17 Aibreáin, ach chomh maith leis sin ní raibh Donogh O'Malley ann mar Aire. Fuair sé bás obann agus gan é ach ceathracha seacht bliain d'aois. Im aitheasc uachtaránachta, dúras faoi:

He was a man of broad vision and enormous vitality, spurred on by a kindness of heart which made him always conscious of the underprivileged and anxious and eager to remedy all kinds of injustices … *Ní bheidh a leithéid arís ann agus is boichte an córas oideachais agus an tír féin dá uireasa. Mar sin féin, tá oidhreacht bhuan fágtha ina dhiaidh aige, go mór mór an saoroideachas iarbhunscoile agus an saorthaisteal. Agus beidh rian a láimhe go soiléir ar chúrsaí ollscoile sa todhchaí.*

San aitheasc sin, labhraíos faoin mbinse fiosraithe, mholas an chaoi ar cuireadh an saor-iarbhunoideachas agus an saorthaisteal i gcrích, dheineas tagairt do réamh-mholtaí an Choimisiúin um Ard-Oideachas agus an mhíshástacht a bhí orm faoi na 'coláistí nua' a bhí molta (bhí sé i gceist na coláistí ollscoile i nGaillimh agus i gCorcaigh a scarúint ó Ollscoil na hÉireann), labhraíos faoi fhad na scoilbhliana agus mholas an scéim a roghnaigh múinteoirí chun iad a oiliúint mar ghairmthreoraithe.

San aitheasc i 1967, mholas an comhoibriú idir na hollscoileanna ó thuaidh agus ó dheas. I 1968, mholas gur chóir iarracht a dhéanamh teacht ar churaclam coiteann sa dá pháirt den tír:

> Personally, I am always amazed at the way in which, even educationally, we have accepted that there are two separate and distinct parts, which we tacitly agree to keep rigidly apart, in this small island. In the excitement of rationalisation and mergers, with so much discussion on ecumenism and co-operation and with everything geared for our entry into Europe, is it not pertinent to ask if any steps have ever been taken, or even contemplated, to co-ordinate the educational systems of the north and south; any attempt, no matter how feeble, at educational co-operation; any moves which would defeat the policy of educating the children of this island to grow up knowing little or nothing about their fellow students north or south of that unfortunate border? ... I think that it is tragic, particularly for our citizens of all denominations in the North, that this two-state mentality is fostered. They are becoming the stateless people of these islands, very like the ascendancy classes of the late eighteenth century – Irish in England and English in Ireland.

Labhraíos i 1967 ar an nGaeilge agus ar mhúineadh na Gaeilge, ach i 1968 labhraíos faoi mhúineadh trí Ghaeilge:

> Féachaimis ar na staitisticí. Ón leabhar *Taighde ar Oideachas/Investment in Education*, gheibhimid amach nach bhfuil ach 137 scoil náisiúnta ann as iomlán 4,550, lasmuigh den Ghaeltacht, ina múintear na hábhair uilig trí Ghaeilge. Maidir le meánscoileanna, as 585 scoil sa bhliain 1965-6 ní raibh ach seachtó haon scoil A ann agus bhí fiche ceann díobh siúd i gContae na Gaillimhe. As líon 100,000 scoláire, ní raibh ach 13,000 (5,000 buachaill agus 8,000 cailín) go raibh an deis acu a gcúrsaí uilig a dhéanamh trí Ghaeilge.
>
> ... Agus is ag dul in olcas atá an scéal. San atheagrú atá ar siúl

sa chóras iarbhunscoile, tá sé le tuiscint nach mairfidh scoileanna beaga. … Thrácht mé anuraidh ar na fadhbanna a bhaineann leis an bpolasaí seo ach cén tionchar a bheidh aige ar na scoileanna A? Níl ach deich gcinn den seachtó haon a luas thuas, a bhfuil breis is 300 dalta ag freastal orthu, agus níl ach ceann amháin díobh a bhfuil breis bheag thar an 400 aici. Céard faoi na cinn eile ansin? An ndúnfar iad – nó an cirte a rá – an ligfear dóibh bás a fháil go nádúrtha? Nó an ndéanfar comhcheangal eatarthu agus scoileanna eile, scoileanna eile nach scoileanna A iad, nó ceardscoileanna? Má dheintear amhlaidh, céard a tharlóidh faoi theagasc trí Ghaeilge? An gcaithfidh an Ghaeilge géilleadh arís d'fhonn na síochána, géilleadh fiú amháin gan troid ar eagla cantal a chur ar dhaoine a thógfadh toirmeasc sna nuachtáin nó ar an teilifís?

… Agus tá baol eile ann chomh maith. Ta scoileanna ann nach scoileanna A iad ach dheinidís cuid de na hábhair trí Ghaeilge mar gheall ar thraidisiún éigin sa scoil nó mar gheall ar dhíograis múinteoirí áirithe. Ach, i láthair na huaire, tá claonadh éirí as na hábhair sin a theagasc trí Ghaeilge agus iad uilig a dhéanamh trí Bhéarla. Easpa téacsleabhar oiriúnach is cúis leis seo. Bhí an scéal go holc i gcónaí ach tá sé níos measa anois nuair atá cúrsaí á n-athrú agus ag éirí níos deacra agus nuair atá ábhair nua agus ranna nua ábhair le teagasc agus gan téarmaíocht chaighdeánach socraithe roimh ré.

I ndiaidh na comhdhála, fuaireas an-chuid litreacha, ach bhí an méid a fuaireas ag tacú liom faoin múineadh trí Ghaeilge níos mó ná beart ar bith eile.

I ndiaidh chomóradh Éirí Amach na Cásca i 1966, scríobh an tAthair Francis Shaw S.J. alt san iris *Studies*, agus ina dhiaidh sin thosaigh an ceistiú faoin Éirí Amach féin agus tosaíodh ar athléamh agus ar athscríobh na staire. Labhraíos faoi seo san aitheasc:

Níl sé faiseanta anois a bheith náisiúnta. Ní foláir labhairt faoin Eoraip nó faoi chaidreamh domhanda. Ach na daoine a mbíonn an port seo á ghabháil de shíor acu, deinid dearmad go mb'fhearrde don tír seo náisiúntacht thréan, dhúthrachtach a bheith cothaithe inár measc, agus fiú go mb'fhearrde don Eoraip an náisiúntacht sin.

Má bhíonn Eoraip aontaithe ann choíche, caithfidh sé teacht trí chomhoibriú agus caithfidh gach balltír a bheith ábalta ar thoirbheartas éigin a bhronnadh ar an aontas; toirbheartas dá cultúr, dá tréithe náisiúnta, dá féinmhuinín, dá creideamh agus dá polaitíocht; toirbheartas de chuile rud a ghnóthaigh gradam is onóir is aitheantas di mar thír neamhspleách. Tagaim le tuairim an Uachtaráin de Gaulle sa rud seo nuair a dúirt sé: 'Francaigh mhaithe a dhéanfaidh Eorpaigh mhaithe amach anseo.'

… Faoi láthair, lochtaítear múinteoirí agus cúrsaí staire mar gheall ar an gcineál staire a mhúintear sna scoileanna. Deirtear go dtugtar aird rómhór ar láimh láidir na nGall orainn agus ar na hiarrachtaí a rinneadh trí na haoiseanna ar an smacht sin a bhogadh dínn. Sampla den cháineadh seo ná an ráiteas ó chainteoir ar an gclár teilifíse *Into Europe*: '*We are ramming down the throats of our children irrelevant things about the Irish fight for freedom against England.*' Na daoine a mbíonn tuairimí den chineál sin acu, ba mhian leo go ndéanfaimis dearmad go raibh na Dúchrónaigh riamh ann; gur lámhachadh ceannairí 1916; gur sladadh an t-anam as na mílte míle trí ocras aimsir an Ghorta, cé go raibh dóthain bia sa tír lena gcothú; go raibh péindlíthe riamh ann. … Is iad siúd fíricí na staire nach féidir linn cúl a thabhairt leo. Dar ndóigh, is í mo thuairim láidir nach cóir dúinn aighneas is drochiontaoibh a chothú in aghaidh tír ar bith eile inniu, ach creidim go mba bhoichtede don tír dearmad a dhéanamh ar ar fhulaing ár sinsear ó lámha Gall, ar na híobairtí a mb'éigean dóibh a dhéanamh agus ar na hiarrachtaí a dheineadar d'fhonn go mbeadh saoirse againne inniu.

Chríochnaíos ar nóta dóchais, díreach mar a rinne mé an bhliain roimhe:

Is iontach go deo gur ag dul chun cinn atáimid an t-am ar fad i gcúrsaí oideachais. Tá an síol á chur go forleathan is tá an ithir breá torthúil mar a bhí sí riamh. Go gcuire Dia rath ar an obair is go mbaine an tír seo againne cáil idirnáisiúnta amach arís mar oileán an léinn.

An tOllamh Síle Ní Chinnéide a bhí agam mar aoichainteoir. Fuaireas an-chuid litreacha an dá bhliain, cuid mhór acu dom mholadh toisc nár chaitheas an t-am ar fad ag labhairt faoi chúrsaí tuarastail ach go ndearna mé díospóireacht agus moltaí faoi na fadhbanna oideachais a bhí ag cur isteach ar an bpobal iomlán chomh maith le múinteoirí. Bhí na heagrais Ghaeilge an-bhuíoch díom as a ndúirt mé an dá bhliain.

Toghadh Hugh Duffy ina uachtarán ag an gcomhdháil. Bhí dhá bhliain chrua curtha isteach agam mar uachtarán, bliain roimhe sin mar leasuachtarán agus bhí bliain eile agam ar an mbuanchoiste mar iaruachtarán. Bhí na blianta crua ach bhaineas an-thaitneamh astu. Bhuaileas le daoine as ceann ceann na tíre agus d'fhan daoine mar Ailís agus Pat Carey mar dhlúthchairde agam féin agus ag Áine. Chomh maith leis sin, bhí an taobh sóisialta ann chomh maith, ag an gcomhdháil féin agus ag na dinnéir bhliantúla a bhíodh ag na craobhacha éagsúla ar fud na tíre. Ba mhinic a bhímis ag filleadh abhaile ar a dó nó a trí ar maidin agus sioc nó sneachta ar na bóithre. Is cuimhin liom fós oíche amháin ag filleadh ó dhinnéar i mBaile Átha Cliath agus an gluaisteán ag sleamhnú ó thaobh taobh an bhóthair i gCill Dara, agus an t-áthas a bhí orm féin agus ar Áine nuair a bhuail an bháisteach linn i Ros Cré!

Ceann de na hócáidí ba thaitneamhaí a bhí againn ná insealbhú Éamoin de Valera mar Uachtarán na hÉireann, den dara huair, i 1966. Bhí cuireadh agamsa don insealbhú ar maidin i gCaisleán Bhaile Átha Cliath agus bhí cuireadh agam féin agus Áine don cheiliúradh, arís sa Chaisleán, ar a seacht um thráthnóna. Bhí an cuireadh faighte againn agus an toghchán fós ar siúl. Nuair a bhí an comhaireamh ar siúl, bhí móramh de Valera ag ísliú agus bhí sceon an domhain orm go mbuafaí air. Loitfeadh sé mo chéad turas go dtí an Caisleán dá dtarlódh sin ach, a bhuí le Dia, níor tharla sé. Bhí an t-insealbhú féin sonrach, mothaitheach ach ní rabhamar cinnte cad a bheadh ann ag an bhfáiltiú sa Chaisleán. Bhíomar ag cur fúinn in óstán na gCeithre Cúirteanna, agus thógamar an tae roimh dhul trasna na habhann go dtí an Caisleán dúinn. Nuair a chuamar isteach, bhí raidhse bia agus dí ar fáil – agus an tae tógtha againne! Ach d'fhanamar tamall agus níor theip orainn ár leordhóthain a ithe. Ar a naoi a chlog, tógadh isteach sinn i Halla Phádraig chun bualadh leis an Uachtarán. Bhí an tUachtarán agus a bhean ina suí ar *chaise longue* i lár an halla agus an Taoiseach Seán Lemass agus a bhean ag seasamh ar dhá thaobh na cathaoireach. Cuireadh sinn in aithne don Uachtarán agus don Taoiseach agus do na mná. Bhíos-sa i dtosach agus Áine im dhiaidh. Chroitheas lámh leo agus d'fhéachas timpeall ag fanúint le hÁine, is cá raibh sí ach ag suí taobh le Sinéad de Valera agus lámh bhean an Uachtaráin timpeall uirthi! Is amhlaidh a tharraing sí Áine chuici agus ar sise, 'Is aoibhinn liom na daoine óga a bheith ag teacht.' Is dócha gur fhéachamar níos óige ná formhór na ndaoine a bhí i láthair ach léirigh sé an cineál duine ab ea Sinéad de Valera. Agus is cuimhin linn an moladh a thug John F. Kennedy di agus é ag imeacht ó Aerfort na Sionainne. Bhí ríméad ar Áine.

Rud beag eile suimiúil: bhí an Dr Cathal Daly á oirniú mar easpag sa Mhuileann gCearr agus bhuaileas le Seán Ó Síocháin, Ardrúnaí Chumann Lúthchleas Gael ann. Bhí aithne agam agus Áine air trí na blianta agus d'fhiafraíos de cén fáth nach bhfaigheadh uachtarán an ASTI ticéid do Chraobhacha na hÉireann, mar a d'fhaigheadh uachtarán an INTO. Bhí ionadh air nach bhfaighimis agus ba é toradh ár gcomhrá go bhfuaireamar na ticéid ina dhiaidh sin. An bhliain tar éis dom éirí as an uachtaránacht, tháinig na ticéid chugam arís. Ba bhreá liom iad a choinneáil ach bhí a fhios agam gur bhaineadar leis an uachtarán nua. Bhí a fhios agam freisin nach raibh móran suime ag Hugh Duffy san iománaíocht. Chuireas glaoch air agus d'fhág sé na ticéid don Chraobh Iomána agam, ach chuireas na cinn don Chraobh Peile chuige. Scríobhas ina dhiaidh sin chuig Seán Ó Síocháin agus d'iarras air na ticéid a chur go dtí oifig an ASTI as sin amach.

I mí na Bealtaine 1968, d'fhoilsigh an binse fiosruithe na moltaí faoi chúrsaí tuarastail agus na rudaí eile a bhí sna téarmaí tagartha. Bhí díomá uafásach ar an ASTI agus diúltaíodh glan do na moltaí. I gcásanna áirthe, bhí an tuarastal nua a bhí molta níos ísle ná an tuarastal a bhí ag na múinteoirí cheana féin. Bhí liúntais ann do chéimeanna agus do phostanna freagarachta ach bhíodarsan suarach go maith. Faoin am seo, bhíos imithe ón ASTI ach tháinig Easpag Luimnigh, an Dr Ó Murchú, chugam. Bhí seisean ina rúnaí ar Choiste Oideachais na nEaspag, agus bhí na heaspaig an-bhuartha faoina raibh ag tarlú. Mhíníos dó nach raibh aon bhaint díreach agam anois leis an ASTI ach gur mheasas nach raibh seans ar bith go nglacfaí leis na moltaí muna dtiocfadh ardú suntasach ar an mbuntuarastal. Chuaigh sé chuig an Aire Oideachais nua, Brian Lenihan, agus rinne seisean tairiscint nua ag ardú na scálaí le breis £100-£125. Ach bhí aighneas agus achrann uafásach ann faoin am sin idir an ASTI agus an Roinn agus na cumainn eile múinteoirí, agus idir an CHA agus an Roinn. Bhí stailceanna ann i 1969 agus ba i ndonacht a chuaigh rudaí go dtángthas ar réiteach sna seachtóidí.

VI

Ollscoil do Luimneach

Ag cruinniú de choiste Chumann Iarscoláirí na mBráithre Críostaí, Sráid Seasnáin – a rabhas im rúnaí air – i 1958, mhol Seán Prendergast rún go mba chóir iarracht eile a dhéanamh chun ollscoil a bhaint amach do Luimneach. Iarradh ormsa litir a scríobh chuig na cumainn eile iarscoláirí a bhí i réigiún Luimnigh, ag tabhairt cuiridh dóibh teacht chuig cruinniú chun ceist na hollscolaíochta a phlé. Ba cheist í seo ar deineadh an-chuid cainte fúithi ar feadh na mblianta ach gan toradh ar bith ar an gcaint ar fad. Cén cheist a bhí ann faoi ollscolaíocht i Luimneach?

Ar bhealach amháin, d'fhéadfaí dul siar chomh fada leis an am nuair a bhí an mhainistir cháiliúil ag na manaigh i Mungairit agus mic léinn ó Éirinn agus ón Eoraip ag freastal uirthi. Bhí scéal ann go raibh cigirí ag teacht chun feabhas na scoile ann mar láthair léinn a mheas – scrúdaitheoirí seachtracha an lae inniu! Bhí na manaigh buartha agus ghléas cuid acu suas mar ghnáthoibrithe agus bhíodar ag obair ar an mbóthar aníos chun na mainistreach, nuair a tháinig na scrúdaitheoirí. Labhair na 'hoibrithe' leis na scrúdaitheoirí i Laidin agus bhí a gcumas agus a gcruinneas chomh maith sin gur chinn na scrúdaitheoirí nach raibh aon ghá dóibh cigireacht a dhéanamh ar an lucht léinn ná ar an lucht teagaisc!

In 1844, tuigtear go raibh an cinneadh déanta ceann de na coláistí ollscoile a bhunú i Luimneach ach chuathas siar air sin mar gheall ar an bpáirt a bhí ag feisire Luimnigh, William Smith O'Brien, leis na hÉireannaigh Óga. Ar aon chuma, bunaíodh Coláistí na Banríona i mBéal Feirste, i nGaillimh agus i gCorcaigh. Ansin, i 1908, bunaíodh Ollscoil na hÉireann le comhcholáistí i mBaile Átha Cliath, i nGaillimh agus i gCorcaigh. Bunaíodh Ollscoil na Ríona i mBéal Feirste. Bhí Luimneach fágtha ar lár arís. Sa bhliain 1870, bunaíodh an Ollscoil Ríoga. Ní raibh aon choláiste ag an ollscoil sin, ach d'fhéadfadh mic léinn cur isteach ar scrúduithe na hollscoile tar éis dóibh staidéar a dhéanamh ar chúrsaí a bhí leagtha síos ag an ollscoil. Bhí aitheantas tugtha do Choláiste Mhungairit mar ionad chun mic léinn a ullmhú don Ollscoil Ríoga.

De réir mar a chuaigh na blianta ar aghaidh, tuigeadh an éagóir a bhíothas á déanamh ar óige Luimnigh maidir le hoideachas ollscoile a fháil. Deineadh iarrachtaí thar na blianta an fhadhb a réiteach ach níor tharla rud ar bith. I 1945, bhunaigh Easpag Luimnigh, an Dr Ó Néill, coiste chun an scéal a chíoradh, agus i 1957 tugadh Coiste an Mhéara le chéile, ach níor éirigh le ceachtar acu aon dul chun cinn a dhéanamh. Nuair a tháinig ionadaithe ó na cumainn iarscoláirí le chéile, beartaíodh ar choiste a chur ar bun a mbeadh sé mar aidhm aige oideachas ollscoile a ghnóthú do Luimneach. B'in mar a thosaigh an Coiste um Beart Ollscoile Luimnigh (The Limerick University Project Committee). Bhí cuid mhaith cumann ag an gcéad chruinniú agus a lean lena dtacaíocht i rith an fheachtais, ach bhí dhá chumann a chabhraigh go mór agus b'in iad Cumann Iarscoláirí na mBráithre agus Cumann Iarscoláirí Mhungairit. Ar na daoine a bhí ar an gcoiste bhí: John Moloney (cathaoirleach), Dermot Hurley (leaschathaoirleach), Margaret Lyddy (rúnaí), Tom Duffy (cisteoir), Tony Bromell, Pat McCarthy, Jim Lyons, Gerard O'Connor, Seán Prendergast, Michael Finnan, John Hurley agus Jack O'Dwyer. Bhí £10 tugtha ag Jack O'Dwyer do Choiste an Mhéara ach tharraing sé siar é agus thug dúinne é! B'in tús leis an gciste againn.

Thuig an coiste go raibh sé tábhachtach an pobal a thabhairt linn agus suim in oideachas ollscoile a mhúscailt iontu. Le deacracht an bheartais sin a thuiscint, ní foláir smaoineamh ar an gcineál saoil a bhí i Luimneach agus ar fud na tíre ag an am. Is dócha gurbh iad na caogaidí ceann de na tréimhsí ba dhuairce i stair na tíre ó fuaireamar ár saoirse sa chuid seo den oileán. Bhíothas ann fiú a bhí ag ceistiú arbh fhiú an tsaoirse a bhaint amach ar chor ar bith. Bhí corraíl freisin i gcúrsaí polaitíochta. Tar éis d'Fhianna Fáil a bheith i gcumhacht ó 1932 go 1948, tháinig meascán páirtithe agus teachtaí neamhspleácha isteach mar rialtas i ndiaidh thoghchán na bliana sin agus John A. Costello mar Thaoiseach. B'in an chéad chomhrialtas a bhí riamh sa tír ach thit sé as a chéile i 1951. Bhí Fianna Fáil ann go dtí 1954, comhrialtas eile idir 1954-7 agus Fianna Fáil ar ais i gcumhacht idir 1957-72.

Bhí an donas ar fad ann maidir le cúrsaí eacnamaíochta agus sóisialta de. Bhí breis is 100,000 duine dífhostaithe agus an líon céanna ag fágaint na tíre chuile bhliain. Dá bhrí sin, bhí gach uile sheans ann gurbh í an chluas bhodhar a thabharfaí d'éinne a bheadh ag caint faoi chúrsaí ollscoile nuair ba chúrsaí fostaíochta ba mhó a bhí ar a n-aire ag an gcuid ba mhó de na daoine. Ach thuigeamarna ar an gcoiste gur tríd an oideachas a thiocfadh an fhorbairt, agus theastaigh uainn na deiseanna a sholáthar do mhuintir Luimnigh.

Thugamar faoi thacaíocht a fháil ó gach uile aicme agus ó gach uile eagraíocht i Luimneach agus sa dúthaigh laistigh de gha tríocha míle ón gcathair. Scríobhamar chucu go léir agus chuamar chuig cruinnithe de gach cineál ag lorg cabhrach, agus b'iontach chomh hoscailteach, fáilteach is a bhí daoine sa chathair agus faoin tuath. Fuaireamar tacaíocht ó na comhlachtaí móra agus beaga, ó na feirmeoirí, na scoileanna, na ceardchumainn, na páirtithe polaitíochta, na cumainn éagsúla múinteoirí, Muintir na Tíre, Macra na Feirme, Bardas Luimnigh, Comhairle Chontae Luimnigh, na comhairlí contae eile timpeall ar Luimneach agus ó chuile eagras eile a ndearnamar teagmháil leo. Agus ba mhinic gurbh iad na heagrais a rinne an chéad teagmháil linne. Bhí ganntanas uafásach staitisticí ann. Ní hé nach raibh na húdaráis sásta iad a roinnt linn – b'in mar a bhí an scéal ag cuid acu – ach ní rabhadar acu. D'éirigh le Tom Duffy roinnt a fháil ón gColáiste Ollscoile, Baile Átha Cliath, agus fágadh fúmsa cinn áitiúla a chnuasach. Chuireas chuige agus d'ullmhaíos ciorclán le cur chuig na scoileanna. Na fíricí a bhí uaim ná líon na ndaltaí a bhí ag déanamh na hArdteiste, an méid a raibh sé i gceist acu dul ar an ollscoil nó coláiste tríú leibhéal, an líon a rachadh dá mbeadh ollscoil i Luimneach agus eolas eile faoi na hábhair a bhí á ndéanamh sna scoileanna éagsúla. Bhí ar na múinteoirí agus na mic léinn na cáipéisí a líonadh agus a chur ar ais chugam agus ba mhór an chabhair a fuaireamar uathu.

Bhí cuid den eolas a fuaireamar beagnach dochreidte. Sa bhliain 1958-9, ní raibh ach seachtó cúig mac léinn as Cathair Luimnigh ag freastal ar na coláistí ar fad de chuid Ollscoil na hÉireann. Daonra Luimnigh ag an am ná 51,000. Sa bhliain chéanna, bhí 224 mac léinn as Cathair na Gaillimhe – daonra 21,000 – ag freastal ar an ollscoil. Chomh maith leis sin, thaispeáin figiúirí a fuaireamar gur tháinig 48% de mhic léinn an Choláiste Ollscoile, Baile Átha Cliath ó réigiún i ngiorracht tríocha míle de chathair Bhaile Átha Cliath. Ba é an céatadán do Ghaillimh ná 41% agus do Chorcaigh 55%. Bhí sé soiléir go raibh tionchar an-mhór ar chumas daoine freastal ar ollscoil, ollscoil nó coláiste ollscoile a bheith gar dóibh. Bhíodh argóint an uair sin gur leor breis scoláireachtaí a chur ar fáil chun an éagothroime idir na réigiúin a leigheas. Ach ní raibh ciall ar bith lena leithéid sin d'argóint, fiú ó thaobh na heacnamaíochta de: ní raibh ach dhá scoláireacht ar fáil do mhic léinn Chathair Luimnigh, agus as an líon iomlán mac léinn nua in Ollscoil na hÉireann sa bhliain 1956-7 (1,921), ní raibh scoláireacht ach ag 111 díobh. Ag an am sin i Sasana bhí scoláireacht ag 80% de na mic léinn. Is fiú breathnú ar an líon iomlán mac léinn a bhí ag freastal ar choláistí Ollscoil na hÉireann sa bhliain 1958-9:

Baile Átha Cliath	3,863
Corcaigh	1,242
Gaillimh	875
Iomlán	5,980

Bhí na figiúirí do Choláiste na Tríonóide beag go maith freisin, agus ag an am sin bhí cosc ar Chaitlicigh freastal air. Uaidh sin go léir, is féidir an feabhas iontach atá tagtha ar chúrsaí oideachais na linne seo a mheas; anois téann 80% de mhic léinn na hArdteiste ar aghaidh go dtí an tríú leibhéal.

Thuigeamar go raibh gá le poiblíocht agus chuireamar fógraí móra sna nuachtáin, ag míniú don phobal réigiúnda agus don tír uilig cad a bhí uainn agus cén fáth a raibh sé tuillte againn. Bhí airgead riachtanach, agus bhí daoine agus cumainn an-fhial linn. Na síntiúis ba mhó a fuaireamar, bhíodar thart ar £20, ach bhí cinn chomh híseal le leathchoróin. Bailíodh airgead ag geataí na séipéal agus fuaireamar beagnach £200 i gCathair Luimnigh féin. Thaispeáin na síntiúis, fiú na cinn ab ísle, go raibh an pobal linn. Leanamar ag taisteal ar fud na tíre chuig cruinnithe i hallaí móra agus i hallaí beaga. Ba chuma linn – bhí an soiscéal á chraobhscaoileadh againn! Bhí cruinniú iontach mór againn i Halla an Chorráin agus bhí an slua chomh mór sin go raibh daoine lasmuigh den doras ar Shráid Uí Chonaill. Chuamar chuig cruinnithe de Chomhghairm Ollscoil na hÉireann i nGaillimh, i gCorcaigh agus i mBaile Átha Cliath – ag ionsaí an leoin ina uachais féin!

Aon áit ar chuamar, d'iarramar ar na daoine rúin a mholadh agus iad a chur go dtí an Roinn Oideachais. Dá thoradh sin, bhí na céadta rún ag dul isteach sa Roinn agus ní raibh aon amhras orthu ach go rabhamar dáiríre. Scríobhamar litreacha agus altanna do na nuachtáin agus lorgaíomar cabhair ó Theachtaí Dála agus ó chomhairleoirí, cuma cén taobh pholaitíochta lenar bhaineadar. Iarradh ormsa dul chuig Ard-Fheis Fhianna Fáil agus an feachtas a phlé leis an Aire Oideachais Patrick Hillery. Murab ionann is anois, ní raibh aon deacracht bualadh leis an Aire. De bhrí gurbh as Contae an Chláir dó, bhí suim aige ina raibh le rá agam agus tuiscint aige ar an na pointí a bhí á ndéanamh agam. De bhrí go raibh suim aige i gcúrsaí eacnamaíochta (bhí sé ina Aire Tionscail agus Tráchtála ina dhiaidh sin), bhíos ag cur béime ar an tairbhe eacnamaíochta a thiocfadh as bunú ollscoile i Luimneach, ach chomhairligh sé dom agus don choiste cloí le hargóintí oideachais agus éagóra. D'iarras air bualadh leis an gcoiste agus socraíodh an cruinniú sin níos déanaí.

Ag an gcruinniú sin, thug an tAire le fios go raibh sé i gceist aige scrúdú iomlán a dhéanamh ar an gcóras ardoideachais. Tamall ina dhiaidh sin, bunaíodh an Coimisiún um Ard-Oideachas agus Cearbhall Ó Dálaigh ina chathaoirleach air. Bhí na téarmaí tagartha an-leathan:

> Having regard to the educational needs and to the financial and other resources of the country, to inquire into and to make recommendations in relation to university, professional, technological and higher education generally, with special reference to the following: -
>
> (a) the general organisation and administration of education at these levels;
>
> (b) the nature and extent of the provision to be made for such education;
>
> (c) the machinery for the making of academic and administrative appointments to the staffs of the Universities and University Colleges;
>
> (d) the provision of courses of higher education through Irish.

Ní róshásta a bhíomar, mar mheasamar go bhféadfadh an Coimisiún leanúint ar aghaidh ar feadh na mblianta agus gan fáil fós ag muintir Luimnigh ar oideachas ollscoile. Ach ní raibh an dara rogha againn. Lorg an Coimisiún iarratais agus chaitheamar cuid mhaith ama ag cur an eolais agus na staitisticí go léir a bhí bailithe againn in eagar. Chuir an *Limerick Leader* an t-iarratas i gcló, agus i mí Eanáir 1961 chuireamar ar aghaidh chuig an gCoimisiún é.

Bhí cara sa chúirt againn. Ainmníodh an Bráthair de Faoite, uachtarán Choláiste Mhichíl, Sráid Seasnáin, mar bhall den Choimisiún, agus bíodh is nár scaoil sé rún linn riamh, bhí ar a chumas comhairle a chur orainn. Faoi dheireadh, i mí Dheireadh Fómhair 1961, glaodh orainn chun bualadh leis an gCoimisiún. Roghnaíodh ochtar againn: John Moloney, Margaret Lyddy, Dermot Hurley, Tom Duffy, Tony Bromell, Pat McCarthy, Jim Lyons agus Seán Prendergast leis an bhfianaise a leagan os comhair an Choimisiúin. Ní raibh eagla ar bith orainn. Bhíomar lánmhuiníneach as na hargóintí a bhí curtha i scríbhinn againn, agus thuigeamar freisin gur bheag duine sa tír a raibh an t-eolas céanna aige is a bhí againne an t-am sin faoi chúrsaí oideachais. Bhí na blianta caite againn ag caint fúthu agus á gcíoradh. Má bhí féin, bhí an ceistiúchán géar agus dian ach níor cuireadh aon cheist nach bhféadfaimis a fhreagairt ná níor tháinig aon argóint aniar aduaidh orainn. Ba dhuine fíoruasal é an cathaoirleach, agus blianta ina dhiaidh sin bhí sé ina Uachtarán ar Éirinn, ach gur chaith rialtas agus aire cosanta an ama sin go dona leis. Bhíomar dhá lá os comhair an Choimisiúin, ach bhíomar breá sásta ag filleadh abhaile dúinn.

Nuair a chruthaigh Dia am, chruthaigh sé raidhse de, a deirtear! B'in mar a bhí an scéal ag an gCoimisiún. Ní raibh aon ní ag teacht uathu bliain i ndiaidh bliana agus bhí sé deacair a bheith foighneach. Nuair a toghadh Donogh O'Malley ina Aire Oideachais, mhéadaigh ar ár ndóchas arís. Teachta Dála Oirthear Luimnigh a bhí ann agus bhí fuinneamh agus dúthracht ann. D'iarr sé ar an gCoimisiún réamhthuarascáil a chur ar fáil dó láithreach agus bhíomar ar bís ag feitheamh leis. Ach bhí díomá an domhain orainn nuair a foilsíodh é. Moladh coláiste do Luimneach, a mbeadh cúpla céim ar leibhéal pas ar fáil ann. Dhiúltaíomar glan don tairiscint agus mhéadaíomar ar an bhfeachtas. Ansin, i 1968, fuair O'Malley bás obann agus tháinig George Colley ina áit. Bunaíodh coiste mac léinn ó na meánscoileanna agus mháirséaladar ar oifigí an Choimisiúin agus ar oifigí an Aire agus banna píob Shráid Seasnáin á dtreorú. Ansin, níos déanaí an bhliain chéanna, bunaíodh coiste feachtais agus Cecil Murray ina chathaoirleach, le hairgead a bhailiú chun tosú ar dhianphoiblíocht. Ní raibh sé i gceist againn riamh géilleadh nó cúlú. Bhíomar deich mbliana ar an mbóthar um an dtaca sin, agus ní raibh aon fhonn orainn an méid sin ama a chur amú.

Ansin tháinig Brian Lenihan isteach mar Aire Oideachais agus arís chuamar chun cainte leis. Bhíomar mar bhuanchumhacht sa Roinn Oideachais um an dtaca sin. Bhíodh Airí ag teacht is ag imeacht ach bhíomar ann an t-am ar fad. Mhol Brian Lenihan coláiste nua do Luimneach 'a bheadh níos fearr ná ollscoil'. San am céanna bhunaigh sé an tÚdarás um Ard-Oideachas (HEA), agus d'iarr sé ar an HEA moltaí a dhéanamh faoi na cineálacha cúrsaí éagsúla ba chóir a bheith sa choláiste nua, ach an claonadh a bheith i bhfábhar cúrsaí gnó agus innealtóireachta. Ainmníodh mise mar bhall den HEA.

Ag an am céanna, bunaíodh bord pleanála don choláiste nua agus ainmníodh Margaret Lyddy agus Jim Lyons mar bhaill. Ar an 1 Eanáir 1970, cheap an HEA Ed Walsh mar cheannaire ar an gcoláiste nua. I gcomhráití idir an HEA agus an bord pleanála, socraíodh ar na cúrsaí tosaigh a bheadh le tairscint ag an gcoláiste nua. Bhí achrann ann faoi ainm an choláiste. Theastaigh ón mbord pleanála go mbeadh an focal 'ollscoil' sa teideal ach ní raibh inghlactha leis sin ar chor ar bith. Lá dá raibh an HEA agus an bord ag plé na ceiste seo, chuamar chun an lón a chaitheamh sa Ghailearaí Náisiúnta. An t-ainm a bhí faoi chaibidil againn ná 'institiúid oideachais' agus mholas an focal 'náisiúnta' a chur isteach. Ba í críoch an scéil gur glacadh leis an ainm 'Institiúid Náisiúnta um Ard-Oideachas' nó 'The National Institute of Higher Education' (NIHE).

Bhí daoine nach raibh sásta leis an institiúid nua agus cuid de na daoine a bhí ag déanamh an chlampair ba mhó, ní rabhadar chun tosaigh nuair a bhí an troid ba dhéine ar siúl. Mhaolaigh ar an gclamhsán nuair a chonaic daoine na mic léinn tosaigh ag freastal ar an gcoláiste agus go mór mór nuair a tosaíodh ar na foirgnimh a thógáil. Bunaíodh institiúid den chineál céanna i mBaile Átha Cliath.

Bhunaigh an HEA Comhairle Náisiúnta na gCáilíochtaí Oideachais (The National Council for Educational Awards – NCEA), agus bhí sé i gceist gurbh í an Chomhairle sin a bhronnfadh na céimeanna sna hinstitiúidí nua. Ar feadh tamaill, bhí an institiúid i Luimneach ina coláiste aitheanta de chuid Ollscoil na hÉireann agus í ag obair trí Choláiste na hOllscoile, Corcaigh. Ach an t-am ar fad, theastaigh ón institiúid go n-aithneofaí í mar ollscoil agus cead aici a cuid céimeanna féin a bhronnadh. Sa bhliain 1985, bhunaigh Aire Oideachais na linne sin, Gemma Hussey, coiste idirnáisiúnta le scrúdú a dhéanamh ar an dá institiúid, féachaint ar chóir an teideal 'ollscoil teicneolaíochta' a thabhairt orthu.

Sa bhliain 1989, d'fhógair an tAire Oideachais Mary O'Rourke go raibh sí chun aitheantas ollscoile a thabhairt do na hinstitiúidí i Luimneach agus i mBaile Átha Cliath. Ritheadh an bille tríd an Dáil agus an Seanad i 1989. Bhí sé de phribhléid agamsa an bille a mholadh sa tSeanad. Is é seo a leanas blúirín beag den óráid a dheineas:

> Tá an-áthas go deo ormsa an deis seo a bheith agam fáiltiú roimh an dá bhille atá os ár gcomhair, is é sin an Bille um Ollscoil Luimnigh agus an Bille um Ollscoil Chathair Bhaile Átha Cliath. Déanaim comhghairdeas leis an Aire mar gheall ar an dá bhille a chur os comhair an tSeanaid anois agus go mór mór an dá bhille a chur os comhair na Dála an tseachtain seo caite i dtreo is nach gcaillfí iad.

(Bhí toghchán ar siúl agus chaillfí na Billí muna mbeidís gafa trí Thithe an Oireachtais.) Leanas orm faoi stair an fheachtais chun ollscoil a fháil do Luimneach agus chríochnaíos mar seo:

> Is dócha, na daoine a thosaigh an rud seo timpeall tríocha bliain ó shin, go raibh dóchas agus muinín acu go dtiocfadh an lá seo, ach b'fhéidir i rith na mblianta gur tháinig an t-éadóchas go minic, go

mór mór nuair a tháinig an diúltiú, agus go mór mór nuair nach bhfuaireamar an rud a bhí uainn i dtosach. Ach is cúis áthais dúinn go bhfuilimid anseo inniu ag fáiltiú roimh an dá bhille seo. Tugann sé an-shásamh dom féin, mar a dúirt mé i dtosach, go raibh baint agam leis an rud ón tús, agus níor mheasas riamh go mbeinn anseo mar Sheanadóir ag fáiltiú roimh an reachtaíocht seo agus ag tabhairt lámh chúnta i dtreo is go mbeadh sé ina dhlí sar i bhfad.

Rud suimiúil ná gurbh é Brian Lenihan a mhol an NIHE agus gurbh í a dheirfiúr, Mary O'Rourke, a d'fhógair an institiúid ina hollscoil.

Bhí tabhairt amach mór san ollscoil nua agus na céadta i láthair, cuid acu ag moladh a chéile as an ngaisce a bhí déanta acu ach nach bhfacthas riamh iad ag cruinniú ar bith nó ag glacadh páirt ar bith sa bhfeachtas! Ach bhí an ceiliúradh ar fheabhas.

Is iontach an fás atá tagtha ar Ollscoil Luimnigh agus tá na foirgnimh agus an leagan amach ar fad ar fheabhas ar an láthair féin agus ar an ionad tionsclaíochta atá ann. Cuireann an halla ceolchoirme go mór leis an áit. Ag dul isteach san ollscoil, tá leachtanna anseo is ansiúd tiomnaithe do dhaoine áirithe, go mór mór do dhaoine a thug airgead di. Ach oiread is aon fhocailín beag suarach amháin níl ann faoin gCoiste um Beart Ollscoile Luimnigh – cérbh iad siúd?

Agus é seo á scríobh agam, níl fágtha den choiste bhunaidh agus den toscaireacht a thug fianaise don Choimisiún um Ard-Oideachas, ach beirt: Margaret Lyddy agus mé féin. *Sic transit gloria mundi!* Ar an 24 Meitheamh 2004, bhronn uachtarán Ollscoil Luimnigh, Roger Downer, Bonn an Uachtaráin ar an mbeirt againn agus ar Tom Duffy ag dinnéar in óstán an Castletroy Park. Faraor, ach fuair Tom Duffy bás i mí an Mhárta 2006.

Mo Chéad Chomaoineach (1939).

Áine ar lá a Céad Comaoineach (1944).

Prionsabail i léiriú *Iolanthe* ag Sráid Seasnáin (1946). Líne cúil ó chlé:
Brendan McDonagh, Noel Cantwell, Paddy Ring, Michael Power, Phil
Madden, Seán Buckley, Dennis Mulcahy. Líne tosaigh ó chlé: Thomas
Farrell, Denis Egan, mé féin (An Bhanríon!), Harry Beegan, Paddy Colleran,
Frank Prendergast. (Le caoinchead na mBráithre Críostaí.)

Cór Shráid Seasnáin a bhuaigh Feis Cheoil 1948. Mise an tríú duine ó
chlé sa líne cúil.

Áine, Corn Chraobh na hÉireann aici (1956) agus
Crios Thuamhumhan (1953, 1954, 1955) á chaitheamh aici.

Mise im shuí idir Dev agus Pádraig de Brún ag dinnéar oscailte
Sheachtain na Gaeilge, UCG (1955).

Lem thuismitheoirí nuair a bronnadh céim orm (1954).

Lá ár bpósta, 4 Aibreán 1961.

Buanchoiste an ASTI (1967). Líne cúil ó chlé: P.J. Finnegan,
W. Kirkpatrick, E. Rushe, C. O'Gara, G. Lydon, D. Buckley, B. Close.
Líne tosaigh ó chlé: Teresa Tighe, Máire McDonagh, mé féin, H. Duffy,
Moira Gallagher, D. Ó Conalláin.

Baill agus oifigigh an HEA (c. 1980). I lár baill, Dominic Ó Laoghaire
(cathaoirleach); ar clé, mé féin (leaschathaoirleach); ar dheis,
Jim Dukes (rúnaí).

Méara Luimnigh 1982-3.

Mé féin agus Uachtarán na hÉireann an Dr Pádraig Ó hIrghile i 1983.
(Le caoinchead *The Limerick Leader.*)

Áine agus mé féin le Noel Dorr i bhFoirgneamh na Náisiún Aontaithe, Nua Eabhrac (1983).

Clann Uí Bhroiméil nuair a bronnadh céim ar Fhionnuala (1987). Líne cúil ó chlé: Éamonn, Declan, Fionnuala, mé féin (éide Choláiste Mhuire gan Smál orm), Úna. Líne tosaigh ó chlé: Áine agus mo mháthair.

Ag ceiliúradh cúig bliana is fiche pósta (1986).

An Coiste um Beart Ollscoile Luimnigh i 1989 nuair a bronnadh teideal ollscoile ar NIHE Luimneach. An cúigear a bhí beo ag an am. Ó chlé: mé féin, Tom Duffy, Uachtarán Ollscoil Luimnigh Ed Walsh, Margaret Lyddy, Seán Prendergast, Jim Lyons.

Bunaitheoirí Chumann Chaoimhín de Barra, Fianna Fáil, i 1954, ag teacht le chéile (2004). Ó chlé: Phelim Molloy, Leo Hawkins, Paddy McDermott, mé féin.

Cláraitheoir Choláiste Mhuire gan Smál ag a dheasc.

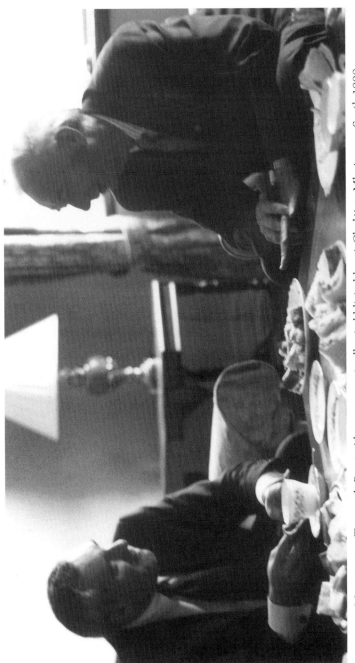

Mise agus an Taoiseach Bertie Ahern ag comóradh céad bliain bhunú Choláiste Mhuire gan Smál, 1998.

Leis na leaids, Fionnuala, Éamonn, Declan agus Úna, ar mo lá breithe
2002. Im shuí ar chathaoir a bhronnadar orm.

Leis an ngarchlann 2005.
Deiseal: mé féin, Oisín, Áine, Éanna, Conor, Eva, Ailbhe.

Cúrsaí Polaitíochta

Bhí an-shuim ag mo mháthair agus ag mo sheanmháthair i gcúrsaí polaitíochta. Bhíodh an *Irish Press* sa dá theach i gcónaí, agus ó thosaíos ag léamh léifinn é, gach uile chuid de. Bhí an nuachtán ar fheabhas don nuacht agus ní raibh a shárú le fáil maidir le cuntais ar an iománaíocht agus ar an bpeil Ghaelach. I ndáiríre, ba bheag faoi chluichí Chumann Lúthchleas Gael a bhíodh sna nuachtáin go dtí gur tháinig an *Irish Press* ar an saol. Agus, dar ndóigh, thaobhaigh sé le Fianna Fáil agus le de Valera.

B'as Cnoc an Éin Fhinn i dTiobraid Árann dom sheanmháthair, agus ba phoblachtaigh a muintir ar fad. Bhí an teach mar theach slán dóibh siúd ar a gcoimeád, cé go mbíodh máthair mo sheanmháthar trína chéile nuair a bhídís sa teach, agus bhíodh sí isteach is amach agus í ag rá go raibh tuairim aici go ndéanfaí ruathar ar an teach. Ghabh na Dúchrónaigh athair mo sheanmháthar lá amháin agus cheanglaíodar é den Crossley Tender, a lámha sínte amach i bhfoirm croise, agus thógadar leo é chomh fada le Cill Dalua. Bhí an t-ádh leis gur scaoileadar saor ansin é agus b'éigean dó siúl abhaile. An oíche sin, dhúnmharaíodar go míthrócaireach na buachaillí ar an droichead idir Cill Dalua agus Béal an Átha agus chaitheadar na coirp san abhainn. Ba dhuine gan scáth nó eagla air roimh éinne mo shin-sheanathair. Bhí cuma an tsean-Fhínín air, le féasóg mhór, agus ní ghlacfadh sé le héagóir ar bith ó dhuine ar bith. Fuair sé bás nuair a bhíos im pháiste, ach mhair pictiúr de im chloigeann, cé go ndéarfadh mo mháthair i gcónaí nach bhféadfainn cuimhneamh air. B'fhéidir gur ghrianghraf de a mhair im chuimhne. Bhí anchuid scéalta faoi ag mo sheanmháthair agus bhuanaigh sin mo chuimhne air, is dócha.

Ceann de na scéalta sin ná an argóint a bhí aige le sagart paróiste nua a tháinig go dtí an paróiste. Teach mór d'imirt chártaí agus do rincí seiteanna nó leathsheiteanna a bhí ina theach. Is dócha nach raibh aon difríocht idir a theach siúd agus teach i gCorca Dhuibhne ach amháin an teanga. Bhí gach rud eile mar an gcéanna: comhrá, seanchas, scéalaíocht, imirt chártaí agus rince. Bhuail an sagart paróiste nua isteach go dtí an clós chuige lá agus é ag scoilteadh blocanna adhmaid le tua. Bhíodar ag comhrá ar feadh tamaill agus ansin arsa an sagart, '*Mike, I hear you have a house here of ill repute!*'

Lean mo dhuine ag scoilteadh na mblocanna agus ar seisean, '*If you're referring to the cards and the sets, yes, we have these, and at eleven o'clock we kneel down and say the rosary. Now, I advise you to leave before I use this axe on you!*'

Níor fhan an sagart i bhfad agus lean na cártaí agus an rince sa teach.

Agus ag caint ar na sagairt, n'fheadar conas a mhair an creideamh chomh láidir sa tír. Mar is eol dúinn, ba mhinic na sagairt in aghaidh an phobail i gcúrsaí polaitíochta, i gcás na bhFíníní mar shampla, ach amháin an corrdhuine. Bhain na sagairt leis na feirmeoirí móra agus agus le lucht na siopaí agus na dtábhairneoirí agus gan mórán de cheangal acu leis na gnáthdhaoine. Sa tséipéal i gCnoc an Éin Fhinn, ní raibh suíocháin ach ag na feirmeoirí a cheannaigh iad, agus b'éigean do na gnáthdhaoine dul ar a nglúine ar an urlár leacach. Bhí seanfhear craplaithe sa pharóiste agus rinne mo shin-seanathair suíochán dó as bosca ime, ach chaith an sagart amach an bosca agus níor fhreastail an fear bocht ar an aifreann ina dhiaidh sin. Murach a bhean, ní fhreastalódh mo shin-seanathair ach an oiread.

Agus bhí greann ann chomh maith. Bhí sé ar leaba a bháis

agus bhí comharsa taobh leis agus í ag féachaint ar phictiúr den tSuipéar Déanach a bhí os cionn na leapa.

'Who's in the picture, Mike?' ar sise.

'They're the boys on the run!' ar seisean.

Greann? Nárbh í an fhírinne a bhí ann freisin?

Thuigfeá, agus an cúlra sin aici, go mbeadh mo sheanmháthair ina poblachtach chomh maith. Bhí sí an-chairdiúil freisin le col ceathar léi a bhí an-gníomhach i gCogadh na Saoirse, agus i ndiaidh Chogadh na gCarad b'éigean dó imeacht go dtí na Stáit Aontaithe, mar nach bhfaigheadh sé post sa tSaorstát leis an rialtas a bhí ann ag an am. Níor chuir mo sheanathair suim i gcúrsaí polaitíochta ar chor ar bith, cé gurbh éigean dó codladh faoi chocaí féir san áit a bhfuil óstán an Limerick Strand anois dhá oíche agus é ag filleadh abhaile, nuair a bhí na Dúchrónaigh fiáin ar fud na cathrach. Bhí deartháir leis, Frank, a chuaigh isteach in arm an tSaorstáit i ndiaidh Chogadh na gCarad, agus cén áit ar cuireadh é ach go dtí Cnoc an Éin Fhinn. B'fhear simplí é i gcónaí, agus aníos leis chuile oíche go teach a chliamhain ag imirt chártaí agus poblachtaigh le gunnaí ina bpócaí ag imirt leis. Nuair a bhíodh críochnaithe acu, dheinidís é a thionlacan go dtí an bheairic ar eagla go ndéanfaí é a lámhach ar an mbóthar síos!

Le cúlra mar sin, níorbh aon ionadh go raibh mo mháthair ar son Fhianna Fáil. Bhíodh m'athair i gcónaí ag tabhairt amach faoi Lemass ach ba chúrsaí ceardchumainn ba mhó a bhíodh i gceist aige. D'fhás cuid mhaith de na ceardchumainn a bhain le ceirdeanna, cosúil leis na pláistéirí, as na cuallachtaí ceirde, agus dheineadar an-chosaint ar an mballraíocht agus ar na rialacha ballraíochta; agus níor réitigh m'athair le leithéidí Lemass, a bhí ag caint faoi aontas na gceardchumann. Ar an taobh eile den scéal, b'fhíorannamh a théadh sé chuig cruinniú den cheardchumann! Ach vótáil sé i gcónaí ar son Fhianna Fáil. I measc a mhuintire siúd freisin, bhí an deighilt chéanna is a bhí in an-chuid clann ag an am; bhí a dheartháir ba shine san IRA agus deartháir eile in arm na Breataine san India.

Ag fás aníos dom, ní raibh luí ar bith agam le dream ar bith ach le Fianna Fáil, agus go mór mór le Dev. B'iontach ar fad in am toghcháin nuair a thiocfadh Dev go Luimneach. Bhuailtí leis lasmuigh den chathair agus dhéantaí é a thionlacan isteach sa chathair, agus fir chaon taobh de agus tóirsí lasta ina lámha acu – sea, agus tinte cnámha ar lasadh ar imeall na cathrach. Agus na sluaite – na mílte ar Shráid Uí Chonaill ag síneadh síos feadh na sráide ó dhealbh Uí Chonaill chomh fada le Sráid Glentworth, beagnach. Ansin an liúireach agus an béiceadh agus, dar ndóigh, na trasnálaithe ag maslú na gcainteoirí agus a gcine.

Bhíodh ollchruinnithe ag an bhfreasúra chomh maith ag dealbh Uí Chonaill, ach ní raibh aon phearsa acu a bhí inchurtha le Dev. Bhíodh an-spórt ag na cruinnithe. Is cuimhin liom oíche amháin a bheith ag éisteacht le James Dillon agus Oliver J. Flanagan ag cruinniú d'Fhine Gael. Bhí an trasnáil ar fheabhas idir Flanagan agus lucht tacaíochta Fhianna Fáil, a bhí ann chun cur isteach ar na cainteoirí. B'in mar a bhí an spórt agus an slua ag saighdeadh na gcainteoirí agus na dtrasnálaithe. 'Tá rud amháin a rinne Fianna Fáil ar fheabhas,' arsa Flanagan, 'sé sin an x-ghathú atá ag dul timpeall na tíre. Téann tú isteach, ardaíonn tú do gheansaí agus féachtar ar do chnámha. Ach i ndiaidh na cáinaisnéise deiridh, ní bheidh aon ghá do gheansaí a ardú, mar beidh do chnámha ag gobadh amach leis an ocras!' Bí ag caint ar an mbéiceadh i ndiaidh a leithéid d'óráid.

Ní foláir smaoineamh nach raibh aon teilifís ann ag an am agus ba bheag caint faoi chúrsaí polaitíochta a bhíodh fiú ar an raidió. Bhíodh cur amach ag na daoine ar na polaiteoirí móra ó na nuachtáin, ach ní bhíodh aon deis acu iad a fheiscint ach amháin ag na cruinnithe móra, am toghcháin. Ábhar comhrá a bhí sna cruinnithe roimh agus i ndiaidh na hócáide, agus dá mhéid trasnála a bheadh ann, sea ab fhearr é.

Nuair a bhíos ar an ollscoil sa Ghaillimh, ní raibh cead cumann polaitíochta a bhunú sa choláiste, ach bhíodh an-dhíospóireachtaí agus blas polaitíochta orthu ag an gCumann

Éigse agus Seanchais agus ag an Lit and Deb. Bhí a fhios go maith cén taobh ar a rabhas, agus roimh an olltoghchán i 1954 tháinig Gerard Bartley TD agus an Seanadóir Fred Hawkins chúgam le lámh chúnta a thabhairt dóibh ar fud Chonamara. Bhí an toghchán ann mí na Bealtaine ach ní raibh na scrúduithe móra (seachas an fo-ábhar, matamaitic) le déanamh agam go dtí an fómhar. Ghlacas leis an gcuireadh agus chaitheas gach deireadh seachtaine ar fud Chonamara ag caint agus ag canbhasáil. Bhí an aimsir go breá, an taobh tíre ag féachaint ar fheabhas agus díograis ionainn chun na hoibre. Fuaireas an-bhlas den toghchánaíocht agus bhí ardmheas agam ar chumas agus ar chríochnúlacht Fhianna Fáil ar an talamh. Ní raibh teach ar an mbóthar nach raibh a fhios acu, nó ar a laghad tuairim mhaith, conas mar a vótáil muintir an tí, agus fiú na heisceachtaí i ngach teach. Ba bheag a bhí idir an comhaireamh a bhí déanta acu roimh ré agus an toradh ag an deireadh, agus b'in sara raibh aon trácht ar phobalbreitheanna. Tharla rud suimiúil dúinn Domhnach amháin nuair a shroicheamar an Clochán. Bhí an t-ardán agus chuile rud réidh dúinn ag muintir na háite, ach chomh maith leis sin bhí lucht raidió ann ón Eilvéis. Bhíodar ag taifeadadh ollchruinniú Dev i mBaile Átha Cliath, ach theastaigh uathu blas a fháil ar chruinniú tuaithe agus go dtí an Clochán siar a thángadar. An chéad uair dom ar an raidió, ba ar Raidió na hEilvéise a bhíos. N'fheadar ar chuala éinne mé?

Chaill Fianna Fáil an toghchán ach bhuamar dhá shuíochán as na trí cinn in Iarthar na Gaillimhe. Johnny Geoghegan (athair Mháire Geoghegan-Quinn) agus Gerard Bartley a fuair an dá shuíochán. Tús na bliana acadúla 1954-5, tháinig dream dínn le chéile agus bhunaíomar Craobh Chaoimhín de Barra d'Fhianna Fáil, ach ní raibh cead againn cruinnithe a bheith againn laistigh den choláiste. Bhíodh na cruinnithe againn i seomra beag san áirse ag dul isteach go dtí an Quad, gan aon rud a rá le héinne. Ní rabhamar istigh ach bhíomar ar an mbealach isteach! Nuair a tháinig Éamon de Valera go dtí an coláiste le Seachtain na Gaeilge a oscailt, thug an cumann nua cuireadh dó bualadh linn. Ghlac sé leis an gcuireadh agus bhí an-oíche againn leis in óstan sa chathair. Bhain sé an-thaitneamh as a bheith le daoine óga.

Nuair a d'fhilleas abhaile ón ollscoil, sa bhliain 1955, mheasas go mbeadh an-fháilte romham i bhFianna Fáil. Chuas chun cainte leis an máistir poist a bhí i nGeata Tuamhumhan, a bhí ina rúnaí ar an gcumann áitiúil. D'insíos dó a raibh déanta agam i nGaillimh agus mé an-bhródúil asam féin. Chomhairligh sé dom é a thógaint go bog, go raibh dóthain ama agam don pholaitíocht ar ball agus gur chóir dom imeacht agus taitneamh a bhaint as an saol! Bí ag caint ar an óige a mhealladh! Ach thuigeas dó. Cúpla seanduine (thart ar 40 nó 45 bliain d'aois!) a bhí sa chumann, a thagadh le chéile uair nó dhó sa bhliain, agus chomh maith le cruinniú b'fhéidir go mbeadh cluiche cártaí acu agus cúpla deoch. Duine óg nua, fear ollscoile, a ligint isteach? Bheadh baol ansin! Ba í críoch an scéil nár ghlacas aon pháirt oifigiúil i gcúrsaí polaitíochta go dtí gur phósas agus gur thángamar chun cónaithe go Bóthar na hInse.

Bhí an-chuid daoine sa chomharsanacht a raibh suim acu i bhFianna Fáil. Bhí mórán díobh ag obair in Aerfort na Sionainne agus iad an-bhuartha go n-éireodh le comhrialtas eile, ina mbeadh Fine Gael agus an Lucht Oibre páirteach, dul i gcumhacht arís agus damáiste a dhéanamh don aerfort. I 1948, dhíol an chéad chomhrialtas na heitleáin a bhí ceannaithe leis an eitilt tras-Atlantach a bhunú, agus mhaígh ceannaire Fhine Gael, James Dillon, go mbeadh na coiníní ag súgradh ar na rúidbhealaí san aerfort! Níorbh aon ionadh é nach raibh muinín ag éinne a raibh baint aige leis an aerfort as rialtas a mbeadh Fine Gael agus an Lucht Oibre ann.

Tús na seascaidí, fuaireas cuireadh ó Bill Treacy teacht chuig cruinniú, féachaint an bhféadfaimis cumann a bhunú inár gceantar. Bhí slua maith ag an gcruinniú, agus ba í críoch an scéil gur bunaíodh Cumann an tSáirséalaigh. Daoine an-dhíograiseacha a bhí sa chumann, daoine ar nós Bill Treacy, Kevin Reynolds,

Margaret Bracken, Micheál Mac Cormaic, Dermot Cronin, Kay Farrell agus morán eile ba liosta a lua anseo ach a rinne an t-uafás oibre trí na blianta. Chuireamar romhainn ceann de na cumainn ba dhíograisí agus ba chumhachtaí sa tír a chruthú agus a chur chun cinn. Reáchtálamar mórchruinnithe poiblí agus thugamar cuireadh d'airí agus do dhaoine tábhachtacha eile a bhí i mbéal an phobail. Dá thoradh san, bhí daoine ag teacht chuig cruinnithe a bhí eagraithe ag Fianna Fáil nach raibh aon bhaint acu leis an bpáirtí ach a chonaic an dul chun cinn a bhí ar siúl againn. Bhí poiblíocht á fáil ag an gcumann agus ag an bpáirtí. Níorbh fhada go raibh tóir orainn ó airí rialtais agus fonn orthu teacht agus labhairt linn ar mhaithe linne agus leo féin chomh maith. Ach bhí an taobh eile ann freisin! Cé go bhfuaireamar tacaíocht ó Donogh O'Malley, bhí daoine eile ar an gcomhairle cheantair a bhí amhrasach fúinn agus arbh fhearr leo nach mbeimis ann in aon chor. Ba dhaoine neamhspleácha sinn agus cluas an rialtais agus na n-airí éagsúla againn. Ach ní raibh aon leisce orainn tabhairt faoi na hairí céanna dá gceapfaimis nach raibh na polasaithe cearta á leanúint acu. Is amhlaidh a chabhraigh a leithéid sin de neamhspleáchas linn agus tharraing sé meas orainn. Bhí daoine údarásacha sásta éisteacht linn mar go raibh smaoineamh déanta againn ar na hábhair a bhí faoi chaibidil agus ansin go rabhamar sásta oibriú chun na torthaí a chur i gcrích.

Agus ag caint faoi obair, b'iontach ar fad an leagan amach a dhéantaí mar ullmhúchán do thoghchán. Iarchaptaen airm ab ea Bill Treacy agus bhí rian oiliúna an airm ar gach aon ní a rinne sé. Bhíodh an chanbhasáil leagtha amach ar léarscáil agus daoine dírithe gach oíche go dtí an áit seo nó an áit siúd. Cruinneas agus beaichte a bhí riachtanach agus níor fágadh aon bhearna gan líonadh. Bhíodh carbhán páirceáilte ag Scoil J.F.K. mar bhíodh suas le sé bhoth vótála ansin agus na cáipéisí bolscaireachta ar fad ann le tabhairt amach i rith an lae. Bhíodh tae agus caife agus cístí ar fáil ann chun sinn a choimeád beo. Bhíomar chomh maith sin go ndearna na páirtithe eile aithris orainn, agus ansin an dúshlán a bhí ann ná a bheith rompu ag geata na scoile, fiú dá mb'éigean a bheith ann ar a sé ar maidin nó an oíche roimh ré! An iomaíocht agus an choimhlint a thiomáin chun cinn sinn le bheith níos fearr ná éinne eile. Tá deireadh leis na rudaí sin ar fad anois de bhrí nach gceadaítear canbhasáil in aice leis an mboth vótála ach chuir sé go mór leis an atmaisféar díograiseach agus spóirtiúil a chothú. Nuair a bhíodh na vótaí go léir caite ag deireadh an lae, bhíodh croitheadh lámh idir na páirtithe go léir. Bhíodh gach duine sásta go raibh lá maith oibre curtha isteach, cuma cad a tharlódh ag an gcomhaireamh an lá dár gcionn. N'fheadar an raibh aon bhaint ag an gcríoch a cuireadh leis an *razzmatazz* go léir leis an laghdú atá tagtha ar líon na ndaoine a chaitheann vóta anois. Tharraing sé aird agus suim an phobail sna himeachtaí go léir agus b'fhéidir gur mheall sé amach iad de bhrí go rabhadar gríosaithe ar son nó i gcoinne na bpáirtithe éagsúla.

Lá mór oibre eile ab ea lá an chomhairimh. Bhímis ansin go luath agus liostaí na n-iarrthóirí againn agus sinn ullamh don *tally*. Bhí daoine áirithe ar fheabhas chuige sin. Ní hé go raibh ar a gcumas an uimhir a haon a áireamh, ach bhíodh síos go dtí an tríú nó an ceathrú rogha acu. Arís, bhíodh comhoibriú an-mhór idir na páirtithe ar fad agus bhíodh an toradh ag an *tally* i bhfad níos túisce ná an toradh oifigiúil, agus de ghnáth ní bhíodh mórán difríochta eatarthu. Agus beidh an lá sin imithe, leis, má thagann an vótáil leictreonach isteach.

Bhíodh cruinnithe móra poiblí ag Cumann an tSáirséalaigh i rith na bliana. Bhí ceann díobh sin againn oíche amháin i 1966 san Intercontinental Hotel (an Strand anois) agus an Taoiseach Seán Lemass mar aoichainteoir againn. Bhí an halla lán go doras. Bhí an Taoiseach ar fheabhas agus féith an ghrinn ann nach bhfaca dhaoine de ghnáth. Dúirt sé go raibh air teacht chugainn mar muna dtiocfadh sé go labhródh Donogh O'Malley agus go raibh sé cinnte go bhfógródh sé scéim nua eile a chosnódh na milliúin ar an rialtas! Mise a labhair ag gabháil bhuíochais leis as teacht, agus luas na monarchana agus na tionscail go léir ar fud na tíre a bhí mar leacht cuimhneacháin dó. Nuair a labhair O'Malley, dúirt sé gur iarr an Taoiseach air mise a fháil mar iarrthóir d'Fhianna Fáil sna toghcháin áitiúla a bhí le teacht. Bhí bualadh bos mór ann. Sarar imigh sé, labhair an Taoiseach liom agus dúirt sé gur thaitnigh an óráid a dheineas leis agus go raibh súil aige go mbeinn sásta dul san iomaíocht sna toghcháin áitiúla. Bhí ábhar machnaimh agam tar éis na hoíche sin.[1]

Bhí na toghcháin áitiúla le bheith ann i mí an Mheithimh 1967. Bhí ardáthas ar mhuintir an chumainn agus bhíodar ag áiteamh orm dul san iomaíocht, agus sa deireadh d'aontaíos leo. Bhí Áine breá sásta. Bhíos-sa, leis, ach bhíos ag smaoineamh freisin ar an méid breise oibre a bheadh orm dá n-éireodh liom agus mé báite in obair cheana féin. Bhíos ag múineadh agus bhíos tofa im uachtarán ar an ASTI den dara huair, gan trácht ar na rudaí eile go léir a bhí ar siúl agam féin agus ag Áine. Ba í críoch an scéil gur ainmníodh ceathrar againn do Bharda Toghchánach a hAon nuair a tionóladh an chomhdháil le hiarrthóirí a mholadh: mé féin, Gerard Donavan, Brian Geary agus Tom Kennedy. Bhí ceithre shuíochán sa bharda agus bheimis ag súil le dhá cheann.

Ansin tharla rud aisteach. An oíche roimh lá an ainmniúcháin, cuireadh Seán Fielding leis an liosta. Bhí Seán sa chumann céanna liom agus níor chónaigh sé ach i ngiorracht 200 slat dom. Bheimis anois in iomaíocht le chéile sa dúthaigh chéanna agus cúigear ar fad ainmnithe d'Fhianna Fáil agus gan éinne againn os comhair an phobail riamh cheana. Bhí sé seafóideach agus amaideach amach is amach. Bhí dhá insint ar an scéal, mar a bhíonn de ghnáth. Leagan amháin ná gur theastaigh ó na húdaráis an fhoireann a neartú. An dara leagan a chualas, agus an ceann a chuaigh i gcion

---

[1] Ní mór a mhíniú gur ar son suíochán a bhaint amach ar Chomhairle Chathair Luimnigh a rith mise. Ag an am sin b'ionann Bardas Luimnigh agus an chomhairle chathrach (tofa) agus an bhainistíocht in éineacht. Roinnt blianta ó shin athraíodh teideal an bhardais go 'Comhairle Chathair Luimnigh'. Anois is cuid de Chomhairle Chathair Luimnigh Comhairle Chathair Luimnigh!

orm, ná go bhfuair Donogh O'Malley amach go raibh ag éirí ar fheabhas liomsa agus gurbh fhearr srian a chur liom go luath. Fiú na polaiteoirí is cumhachtaí, bíonn siad ag faire amach ar eagla éinne teacht aniar aduaidh orthu!

Roimh an toghchán, tháinig dream daoine ó Gheata Tuamhumhan chugam agus dúradar gur chóir an seanchumann a bhíodh sa pharóiste, Cumann Seoirse Clancy, a athbhunú. Bhí an-áthas orm agus níorbh fhada go raibh cumann tréan, láidir againn sa pharóiste arís. B'iontach ar fad na daoine a bhí ann, leithéidí Mick McKeon, Paddy Halloran, Denis Moloney, Alf Hilton agus mórán eile den chéad scoth. Bhíodar ar fheabhas ar fad ag an gcanbhasáil. Bhí aithne acu ar chuile dhuine, agus de bhrí gur áit sean go maith a bhí i nGeata Tuamhumhan agus Fearann Seoin agus an taobh sin ar fad den bharda, ba bheag duine nach raibh a chúlra polaitíochta ar eolas acu. Chuireadar mo thaisteal trí Chonamara i gcuimhne dom. Bhídís ag feitheamh liom ag Cloch an Chonartha agus thabharfaidís íde béil dom dá mbeinn déanach. Ní théidís isteach i dtábhairne ar bith; ní raibh iontu ach súmairí ag lorg deochanna in aisce, a deiridís. Ar éigean a thógaidís féin deoch uaim ach an corrcheann anois is arís, nó thugainn chun an tí iad. Ba iad siúd na daoine a bhunaigh agus a choinnigh Fianna Fáil beo nuair a bhí an ghaoth linn nó inár gcoinne. Agus pingin rua ní bhfuaireadar nó níor iarradar riamh. Bhíodar dílis d'Fhianna Fáil agus d'Éirinn, agus ina n-aigne siúd b'ionann an dá rud.

Bhí an díograis agus an dúthracht chéanna ag baint le baill Chumann an tSáirséalaigh, agus i rith na canbhasála bhíodh duine éigin linn i gcónaí ón mbóthar nó ón eastát ina rabhamar, ionas go raibh aithne againn ar na daoine a rabhamar ag lorg vótaí uathu. Bhí na seachtainí canbhasála dian ach bhí an-spiorad ionainn go léir agus b'iontach a bheith ag bualadh le daoine agus fiú ag éisteacht lena ngearáin!

Lá an toghcháin féin, ní raibh aon stad leis an obair. Bhí daoine lasmuigh de na bothanna vótála agus laistigh. Bhí cead ag gach páirtí ionadaí a bheith istigh ag an mbord leis na hoifigigh agus bhí cead cur i gcoinne vótálaí dá gceapfaidís go raibh pearsanú á dhéanamh aige nó go raibh sé ag vótáil faoi dhó agus mar sin de. Mharcálaidís ar an gclár vótálaithe ainmneacha na ndaoine a chaith vóta. Timpeall uair an chloig roimh dhúnadh na mbothanna, théadh an t-iarrthóir isteach agus mhalartaíodh clár nua vótálaithe ar an seancheann. Thógadh sé leis amach é agus thugaidís cuairt ansin ar na daoine nár vótáil agus dhéanfaidís iarracht iad a mhealladh – nó brú a chur orthu! – an vóta a chaitheamh dá gceapfaidís go rabhadar ar an taobh ceart! D'fhágaidís na daoine eile do na páirtithe eile. Níorbh aon ionadh é líon na vótálaithe a bheith ard.

Bhíodh Mick McKeon againn sa halla ólséanta i nGeata Tuamhumhan agus bhí sé ar fheabhas ar fad ag tomhas conas mar a chaith daoine a vóta. Bhíodh barr an bhosca vótála clúdaithe ach ní bhíodh an bun. Ní fhéadfadh éinne ceann an vótálaí a fheiscint ach bhíodh óna bhásta síos le feiscint go soiléir. Dá mbeadh duine ag vótáil d'iarrthóir a bheadh ar bharr an liosta vótála, bheadh bun an liosta ag sileadh síos; dá mbeadh sé ag vótáil do dhuine ag bun an liosta, ní bheadh bun an liosta le feiscint. Ag deireadh an lae vótála, bhíodh tuairim mhaith aige den toradh. Bí ag caint ar e-vótáil agus e-chomhaireamh. Bhí sé againn i nGeata Tuamhumhan daichead bliain ó shin!

D'éirigh ar fheabhas liom sa toghchán agus fuaireas an dara háit sa bharda agus an chéad chomhaireamh ba mhó d'iarrthóir Fhianna Fáil sa chathair. Fuair Ted Russell, a bhí ar Chomhairle Chathair Luimnigh le blianta, agus ina mhéara, an chéad áit. Muna mbeadh Seán Fielding san iomaíocht, bheadh an-dheis agam an chéad áit a bhaint de Russell. Tharla rud suimiúil ansin a raibh tionchar aige ar imeachtaí ina dhiaidh sin. Cé go raibh Tom Kennedy chun tosaigh ar Fielding, chuaigh Fielding chun cinn air de réir mar a chuaigh an comhaireamh ar aghaidh agus bhuaigh sé an dara suíochán d'Fhianna Fáil. Bhí an ceart ag O'Malley? Bhuamar an dá shuíochán ach bhí an-mhíchothramaíocht ann ó thaobh ionadaíochta. Bhí beirt chomhairleoirí ag Fianna Fáil sa bharda anois agus cónaí orthu i ngiorracht dhá chéad slat dá chéile. Agus bhí an chuid eile den bharda gan ionadaíocht ar bith. Murach Seán Fielding a bheith curtha ar an liosta, bheadh an dara suíochán ag Tom Kennedy, a raibh cónaí air ag an am sin i mBaile Neachtain Beag, agus bheadh ionadaíocht ag dhá thaobh an bharda. Aisteach go leor, chuir Kennedy an milleán ar Chumann an tSáirséalaigh; bhíomar santach, a dúirt sé agus d'fhág sé an páirtí. Blianta ina dhiaidh sin, deineadh é a chomhthoghadh ar an gcomhairle chathrach don Lucht Oibre nuair a bhí folúntas ann. Cé aige a bhí an ceart i 1967? Suimiúil go leor, sa tuarascáil a rinne an leas-stiúrthóir, Bill Treacy, ar na toghchán don cheannáras i mBaile Átha Cliath, d'admhaigh sé go ndearnadar botún maidir leis an gcúigiú iarrthóir a ainmniú, agus murach sin go mbeadh an-sheans ann an tseanóireacht a ghnóthú.

Seacht mball déag a bhí ar an gcomhairle chathrach agus bhuaigh Fianna Fáil ocht suíochán. Bhí ocht suíochán ag na dreamanna eile, agus comhairleoir neamhspleách amháin, Joe Quinn, a vótáil i gcónaí i gcoinne iarrthóra de chuid Fhianna Fáil don mhéaracht. Toghadh Russell, le cabhair Quinn, nuair a tháinig an chomhairle chathrach le chéile i ndiaidh an toghcháin.

Bhíos ag súil go mbeadh na díospóireachtaí ag an gcomhairle chathrach bríomhar, spéisiúil, ach i ndáiríre ba bheag fiúntas a bhí iontu de ghnáth. Cuireadh an-chuid ama amú ag caint ar an gcosán sin nó an poll siúd a bhí ar bhóthar nó an fhuinneog a bhí briste i dteach amháin nó i dteach eile. Sna cásanna sin ar fad, ní raibh le déanamh ach an fón a ardú agus glaoch ar an inneallltóir nó ar an bhfeidhmeannach a bhí i bhfeighil na rudaí sin ar fad agus an clamhsán a dhéanamh leis-sean. Ach ní bheadh aon phoiblíocht le fáil as sin! D'fhág san go raibh am na comhairle curtha amú gan tairbhe. Ba mhinic trua agam do na hoifigigh agus ceisteanna gan aon chiall ná aon ghá leo á bhfreagairt acu. Ar an taobh eile, bhíodar ag éalú ó fhreagairt na gcruacheisteanna mar ní bhíodh go leor ama dóibh sin ag deireadh an chruinnithe. Fiú ag na cruinnithe do na meastacháin bhliantúla airgid, ba bheag ceist a thógtaí faoi chúrsaí ioncaim agus caiteachais ach arís ag argóint faoi rudaí áitiúla nach raibh ar an gclár ar chor ar bith. Ach ba chuma faoi sin. Dá mbeadh mír ar an gclár faoin gcaiteachas ar bhóithre, ansin rachadh an díospóireacht ar aghaidh faoi chuile pholl dá raibh i ngach aon lána ar fud na cathrach. Mar an gcéanna leis na miontuairiscí. Chaití uair nó uair go leith orthu siúd ag aithris agus ag síor-athrá na rudaí céanna arís is arís eile. Ansin cheadaítí iasacht dhá mhilliún punt gan díospóireacht ar bith! Daonlathas áitiúil? Cur i gcéill agus ag tóraíocht poiblíochta ba mhó a bhíodh ar siúl.

Bhí an ceart iomlán, dar liom, leis an Acht um Bainistiú Chathair Luimnigh 1934, a thug an chuid ba mhó den chumhacht don bhainisteoir cathrach. Ní raibh seisean ag brath ar thoil an phobail. Ach i dtreo is go n-oibreodh an córas i gceart, ba chóir go mbeadh na comhairleoirí aireach agus ag faire amach nach raibh aon ní mícheart á dhéanamh. Tá an daonlathas ar fheabhas ach ní mór a bheith san airdeall i gcónaí. Ní gá ach féachaint conas mar a thoghtar cuid de na comhairleoirí agus na polasaithe a bhíonn acu. An té a mhaíonn go bhfuil sé i gcoinne táillí ar bith – agus go minic bíonn sé ag labhairt le daoine agus ar son daoine nach bhfuil aon dualgas orthu na táillí a íoc – toghtar é gan stró. Is minic a fhágtar an t-iarrthóir a bhíonn macánta agus a dheineann iarracht ar na fadhbanna a mhíniú agus a phlé, ar bheagán vótaí agus b'fhéidir cheal suíocháin. Daonlathas?

Ach is féidir úsáid a bhaint as cruinnithe den chomhairle chathrach le leas na cathrach agus na gcathróirí a chur chun cinn. Go luath tar éis dom dul ar an gcomhairle, mholas rún go mba chóir atógáil a dhéanamh ar Gheata Tuamhumhan. Baile a raibh cuma na tuaithe air ab ea Geata Tuamhumhan, agus droch-chuma, leis: bhí an-chuid de na tithe sean, bhí mórán díobh ag titim as a chéile agus gan i gcuid eile ach fothraigh. Bhí an pobal óg á scaipeadh ar fud na cathrach tar éis pósta dóibh agus an dúthaigh á bánú díreach mar a bhí ag titim amach in áiteacha ar fud na tuaithe. Bhí díospóireacht mhaith faoin rún, agus moladh coiste chun an scéal a scrúdú. Is minic gur bealach éalaithe é coiste a bhunú ach bhíos meáite ar gan ligint do dhream ar bith neamhshuim a dhéanamh den fhadhb. Ba í críoch an scéil gur moladh atógáil an cheantair a thosú. Bhí an-ríméad orm, ach ansin thosaigh na fadhbanna. Bheadh ar an mbardas na seantithe a leagadh, ach bhí daoine ina gcónaí iontu agus cuid mhaith díobh siúd aosta go leor. Bhí leisce orthu imeacht ó na tithe inar mhair a sinsear leis na cianta. Bhí tigh amháin ar an gCrosbhóthar inar mhair muintir Uí Mhaonaigh ó 1750 anall. Agus cá háit a rachadh na daoine fad is bheadh an tógáil ar siúl? Cén gheallúint a bheadh acu go ligfí dóibh filleadh? Bhí an bainisteoir cathrach, Tomás Mac Diarmada, ar fheabhas agus thug sé dhá gheallúint dom: go gcuirfí tithe ar fáil do na daoine i Maigh Rois go dtí go mbeadh na tithe nua tógtha; agus go bhféadfaidís filleadh ar Gheata Tuamhumhan a luaithe is a bheadh na tithe nua réidh. Ach bhí daoine ann nach raibh sásta fós, agus i ndáiríre ní shásódh rud ar bith iad. Bhí cuid de mo dhlúthchairde féin nach raibh aon rómhuinín acu as an mbardas agus mheasadar nach bhfillfidís riamh ar an seanáitreamh. Bhí ar mo mháthair féin imeacht as a teach agus chaith sí dhá bhliain i Maigh Rois, ach tríd is tríd bhí na comharsana céanna timpeall uirthi agus iad uilig ag súil le filleadh.

Bhí Tomás Mac Diarmada agus an t-oifigeach tithíochta, Flan O'Neill, ar fheabhas, agus de réir mar a críochnaíodh sraith tithe, cuireadh ar fáil iad do na daoine a bhí ag feitheamh leo. Chomhlíon an bardas an gheallúint a bhí tugtha, agus bhí sé níos éasca ansin déileáil leis na dreamanna a bhí le haistriú as a n-áit chónaithe, chun an chéad chuid eile den scéim a chur i gcrích. Bhí an-cheiliúradh ann nuair a d'fhill na comharsana ar ais agus bhí tithe nua-aimseartha acu. Baineadh geit uafásach as mo mháthair. Fuair na comharsana go léir litreacha le filleadh ach ní bhfuair sise ceann ar bith. Mheas sí gur deineadh dearmad uirthi agus bhí an-imní uirthi. Chuas chun cainte le Flan O'Neill; b'amhlaidh nach raibh tigh amháin ullamh agus measadh go mbeadh sé níos fusa déileáil le mo mháthair ná le héinne eile agus fágadh í go dtí an deireadh – ba róchuma léi nuair a thuig sí an scéal. Leanadh leis an scéim go dtí go raibh an ceantar uilig atógtha: Páirc de Valera agus Páirc Canon Breen. Rinneadh aithris ar an scéim sin i gceantracha eile sa chathair ina dhiaidh sin. Ba mhall ach ba mhithid é. Ba é an trua nár deineadh níos túisce é sarar scaipeadh pobail iontacha, traidisiúnta.

An taobh eile de bheith id chomhairleoir ná freastal ar riachtanais an phobail. Ba chóir a lua nach féidir le comhairleoir ná Teachta Dála ná aire rialtais fiú rud ar bith a fháil duit muna bhfuil tú i dteideal an rud sin a fháil. In áit dul chuig na daoine sin, ba chóir don phobal dul díreach go dtí na hoifigigh chuí agus an t-eolas iomlán a fháil uathu sin. Táthar ann nach bhfuil an cumas iontu nó nach maith leo a leithéid a dhéanamh, agus sa chás san is féidir leis an gcomhairleoir cúnamh a thabhairt. Tá sin an-thábhachtach do dhaoine nach gnách leo a bheith ag plé le húdaráis de chineál ar bith agus nach dtuigeann a gcearta.

Sampla de sin a luaim uaireanta ná an bhean a bhí faoi rabhadh go gcaithfí amach as a teach í de bhrí nach raibh na rátaí íoctha aici. Iarradh ormsa dul chun cainte léi agus cabhrú léi. Bhí cónaí uirthi in áit mheánaicmeach ach bhí sí ag maireachtáil ar phinsean íseal gan mhéadú ó fuair a fear céile bás. Ní raibh eolas dá laghad aici ar na scéimeanna faoisimh a bhí ann chun cuidiú le daoine mar í, agus b'éigean dom a áiteamh uirthi an fhoirm a líonadh le maolú 75% a fháil ar a rátaí. Nuair a chuas isteach chuig Tomás Mac Diarmada, mhíníos an scéal go léir dó. Bhí croí mór ag an bhfear céanna agus, ar bhealach éigin, mhaith sé an t-iomlán di. Thabharfadh cás mar sin spreagadh duit leanúint leis an obair de bhrí go raibh ar do chumas rud éigin fónta agus daonna a dhéanamh.

Ach bhí an taobh eile ann freisin: na daoine a dhéanfadh iarracht ar dhallamullóg a chur ort. Tráthnóna Domhnaigh agus sinn ag ullmhú chun dul cois trá, bhuail fear isteach chugam agus cúrsaí an tsaoil ag luí go trom air, dar leis féin! Cárta leighis a bhí uaidh. Cheistíos é faoina theacht isteach agus fuaireas amach go raibh níos mó d'ioncam aige ná mar a bhí agam féin. Mhíníos dó nár chomhlíon sé na coinníollacha – ná in aon ghaobhar dóibh – agus nach rabhas sásta am a chur amú ag lorg cárta dó nach raibh sé i dteideal a fháil. Mhaslaigh sé mé agus gheall nach bhfaighinn vóta ina dhúthaigh siúd ag an gcéad toghchán eile. Ba chuma liom. Ag dul ag lorg fábhair dá leithéid siúd a tharraingíonn drochmheas ar an bpolaitíocht agus ar pholaiteoirí. Chun a gceart a thabhairt do na hoifigigh éagsúla, ní thugann siad aon aird ar iarratais den chineál sin.

Dar ndóigh, bhí cleasanna ag polaiteoirí áirithe chun a chur in iúl don phobal cé chomh cumasach is a bhíodar le fábhair a bhaint amach dóibh. Instear an scéal faoi chomhairleoir amháin a bhailíodh na seanchártaí leighis nuair a bhíodh an spriocla istigh agus choinníodh sé iad. Théadh sé timpeall an cheantair ansin ar an Satharn agus labhraíodh sé leis na daoine; sa chaint, d'fhiosródh sé an raibh an cárta leighis faighte ag an té a raibh sé ag labhairt leis. Nuair a déarfadh an duine sin nach raibh sé faighte aige fós, thógfadh an comhairleoir an beart seanchártaí leighis as a phóca, ghabhfadh sé tríothu agus ansin déarfadh sé nach raibh sé tagtha chuige fós! Ní raibh aon cheist ann go dtabharfaí cártaí leighis do chomhairleoirí, ach rachadh an scéal ar fud na dúthaí go raibh mo dhuine ag gabháil timpeall agus a phócaí lán de chártaí leighis. Dá mbeadh ceann uait, nár chóir duit dul chuige siúd?

Bhí an-chuid scéalta mar sin sa timpeall. Bhí ceann amháin faoi pholaiteoir mór i lár na tíre, duine a bhí ina aire rialtais tráth. Sara bhfágfadh sé an oifig ar an Aoine, chuirfeadh sé glaonna timpeall ar na rúnaithe éagsúla, ag lorg eolais faoi seo agus faoi siúd. Ar a bhealach abhaile dó ansin, ghlaofadh sé isteach ar dhuine a raibh deontas nó rud éigin mar sin á lorg aige agus a mbeadh a fhios aige go mbeadh litir á fáil ag an duine sin ar an

Luan leis an dea-scéala. 'Bhfuairis an deontas sin fós?' a deireadh sé. Nuair a chloisfeadh sé nach bhfuair an fear bocht an deontas, d'iarrfadh sé cead an fón a úsáid. Ligfeadh sé air go raibh sé ag cur glaoch ar Rúnaí na Roinne agus chríochnódh sé mar seo: 'Táimse ag rá leat anois an deontas a chur sa phost láithreach don fhear bocht seo nó is duitse is measa.' Ar an Luan, dar ndóigh, thiocfadh an litir faoin deontas, a bhí curtha sa phost sarar fhág an t-aire Baile Átha Cliath, ach scaipfí an scéal ar fud na dúthaí faoin mbealach ar labhair mo dhuine ar son an duine bhoicht in aghaidh an dreama sin i mBaile Átha Cliath. Bíonn bealaí ann ach smaoineamh orthu!

Dar ndóigh, ní raibh sé éasca riamh gach éinne a shásamh. Ní rabhas i bhfad im chomhairleoir nuair a tháinig dream daoine chugam ó Chloch an Mhéara, eastát in aice liom. Bhí faiche dheas os comhair a dtithe ach de bhrí go raibh fál sreinge timpeall uirthi, ní fhéadfaidís a bpáistí a scaoileadh isteach chun súgradh inti. An fhadhb? An bhféadfainn an fál sreinge a bhaint anuas? Isteach liom chuig an innealtóir cathrach agus dheineas an cás a phlé leis. Léirigh sé an costas a bheadh leis an rud, ach ag an deireadh gheall sé go mbainfí anuas an fál. Bhí áthas an domhain orm – an chéad bhua agam. Ghlaos ar na daoine a tháinig chugam, agus bhí an-áthas orthu, leis, agus fuaireas litir bhuíochais uathu ar ball. Tuairim is seachtain ina dhiaidh sin, nuair a d'fhilleas abhaile don lón, dúirt Áine liom nár stad an fón ag preabadh ar feadh na maidine le daoine ag gearán go raibh an bardas ag baint anuas an fháil sreinge agus cad a dhéanfainn faoi. Bí ag caint faoi dhaoine a shásamh!

Ceann de phríomhghnóthaí na bliana ba ea toghadh an mhéara, agus bhí an-chuid scéalta faoi thoghcháin éagsúla trí na blianta, cuid acu fíor, cuid acu bréagach agus cuid eile agus meascán den dá rud iontu. Cathair an-ársa í Luimneach; bronnadh an chéad chairt uirthi sa bhliain 1197, blianta roimh Bhaile Átha Cliath agus Chorcaigh, agus deich mbliana roimh Londain. Cé gur minic daoine ag clamhsán faoi chomhairleoirí agus faoin mbardas, bíonn daoine i gcónaí bródúil as an méaracht, agus is mór an onóir do dhuine ar bith an oifig sin a bhaint amach. Na suaitheantais is mó a bhaineann leis an méaracht ná an Chlaíomh Stáit (1582), ceithre mhás (1739) agus an slabhra foirmiúil ó thús na naoú haoise déag. Bhíodh traidisiún ann go gcuirfeadh gach méara nasc leis an slabhra ach ní gach duine a dheineann é.

Nuair a toghadh i dtosach mé bhí ocht suíochán ag Fianna Fáil, ach toisc go raibh ocht suíochán ag Fine Gael agus an Lucht Oibre agus comhairleoir neamhspleách ag vótáil leo, gearradh amach Fianna Fáil as an áireamh maidir leis an méaracht. Bhí cuid againn sásta a bheith ainmnithe don mhéaracht, cé go raibh a fhios againn go mbuafaí orainn, agus cé gur tráchtadh go minic ar an oifig a mhalartú ó pháirtí go páirtí, níor tharla tada dá bharr. Ansin, bliain amháin, bhíos-sa ainmnithe ag Fianna Fáil ach ní raibh seans ar bith agam a bheith tofa, mar gheall ar an gcomhcheangal idir na daoine eile. Bhíomar ar an mórshiúl isteach go dtí an seomra comhairle nuair a thosaigh ceannairí na bpáirtithe, Rory Liddy (Fianna Fáil), Ted Russell (Fine Gael) agus Steve Coughlan (Lucht Oibre) ag caint eatarthu féin. N'fheadar cad ba chúis leis ach ba í críoch an scéil gur aontaíodar an mhéaracht a mhalartú idir na páirtithe. Ansin, gan dul i gcomhairle le héinne eile, shocraigh an triúr acu go nglacfaí le Coughlan mar mhéara. D'aontaigh Liddy leis sin gan dul i gcomhairle leis an seachtar eile againn, ainneoin go rabhas-sa tofa ag Fianna Fáil mar iarrthóir. An bhliain dár gcionn, nuair a bhí an mhéaracht geallta dúinn, cé a sheas d'Fhianna Fáil ach Liddy!

Níor leanadh leis an malartú i bhfad agus ní bhfuair Fianna Fáil an oifig ach uair nó dhó, nuair a tharla scoilt san aontas i measc na ndreamanna eile. Ansin, i 1980, tháinig Frank Leddin (Lucht Oibre) chuig Fianna Fáil agus dúirt sé go dtabharfadh an Lucht Oibre tacaíocht do Clem Casey dá n-ainmneodh Fianna Fáil é. Bhí feachtas ar siúl le fada ag Casey sna páipéir gurbh é an comhairleoir ab fhaide seirbhís é nach raibh ina mhéara, rud nach raibh fíor. Ó thaobh phrionsabail de, bhíos i gcoinne cead a thabhairt do pháirtí ar bith eile an t-iarrthóir ó Fhianna Fáil a ainmniú. Ach glacadh leis an tairiscint agus toghadh Casey ina mhéara i 1980. An bhliain dár gcionn, toghadh Tommy Allen (Lucht Oibre) agus ansin i 1982 toghadh mé féin. N'fheadar cén t-easaontas a d'éirigh idir an Lucht Oibre agus Fine Gael, ach murach é ar éigean a bhfaighinn an mhéaracht go brách.

Méara Luimnigh 1982-3

B'iontach an oíche í nuair a toghadh im mhéara mé. Bhí an halla lán agus an-aoibh ar gach éinne. Bhí Áine agus an chlann go léir i láthair (ach amháin Declan, a bhí sa Ghaeltacht) agus an lucht tacaíochta a bhí agam ar feadh na mblianta. Bhí socrú déanta agam le Michael Parkes go mbeadh ceiliúradh againn in óstán an Parkway agus ba chuige sin a chuaigh an slua go léir, iadsan a raibh cuireadh acu agus cuid mhaith eile nach raibh! D'fhanamar ann ar feadh cúpla uair an chloig; agus ansin ar an mbealach abhaile dúinn ghlaomar isteach ar mo mháthair agus mo chuid deirfiúracha, agus ansin ar aghaidh chuig aintíní Áine agus a deirfiúr. Bhí sé déanach nuair a shroicheamar baile. Sna laethanta ina dhiaidh sin, cuireadh an-fháilte romham ar mo chuid cuairteanna timpeall na cathrach, go háirithe i nGeata Tuamhumhan. Bhí duine díobh féin ina mhéara agus bhí bród agus uabhar orthu dá bharr.

Bhí an-chuid ullmhúcháin le déanamh agam ansin, mar ar feadh bliana bheadh orm freastal ar dhá phost lánaimseartha: mo phost mar chláraitheoir ar Choláiste Mhuire gan Smál agus mé im Mhéara ar Luimneach ag an am céanna. Bhí riachtanais agus dualgais ag baint leis an dá phost a raibh sé dlite orm freastal orthu, ach bhí nithe eile ann a d'fhéadfaí a láimhseáil ag amanna níos tráthúla. Fuaireas an-thacaíocht ó Choláiste Mhuire gan Smál agus chabhraigh sin go mór liom ar feadh na bliana.

Dheineas amach sceideal dom féin ionas go bhféadfainn an dá thrá a fhreastal agus fós gan dearmad a dhéanamh ar Áine agus ar mo chlann. Bhí an t-ádh linn nach páistí a bhí iontu an t-am sin; bhí Úna ar an ollscoil sa Ghaillimh, Declan i gColáiste Mhuire gan Smál, Fionnuala ar an meánscoil i gCnoc na Labhras agus Éamonn i mbunscoil J.F.K.

An mhaidin tar éis dom a bheith tofa mar mhéara, bhuaileas le Tom Collery, a bhí ag gníomhú mar bhainisteoir cathrach ó fuair Tomás Mac Diarmada bás. Chuaigh sé timpeall liom chuig na hoifigigh éagsúla, cé go raibh aithne mhaith agam orthu go léir, agus i rith na seachtaine sin thug mé cuairt ar na háiteanna ar fad a bhain leis an mbardas ar fud na cathrach. Chuir Tom comhairle mhaith orm an mhaidin sin nuair a chonaic sé dream ag feitheamh liom lasmuigh d'oifig an mhéara agus gan é ach a naoi a chlog ar maidin. Dúirt sé liom gan airgead a thabhairt d'éinne, cuma cén scéal a d'inseofaí dom, mar dá rachadh sé amach gur *soft touch* a bhí ionam, bheinn cráite ag daoine ag lorg airgid, ná beadh tuillte ag a bhformhór. Ghlac mé leis an gcomhairle ach amháin uair nó dhó. Uair amháin, tháinig fear chugam a bhí in aon rang liom i Scoil Mhainchín agus dúirt sé go raibh airgead uaidh chun íoc as a bhille leictreachais. Thugas an t-airgead dó, cé go raibh a fhios agam go maith gur chuaigh sé thar chlár an tábhairneora ba chóngaraí do Halla na Cathrach! Pé airgead a chaitheas mar sin, thugas do chumainn charthanachta é agus chuireas le Ciste Nollag an Mhéara é.

An chéad mhaidin sin, bhuaileas leis an gcailín a bheadh mar rúnaí agam ar feadh na bliana, Breda Ryan. Ní raibh sí ina rúnaí ag aon mhéara roimhe sin, agus dá thoradh san bhíomar beirt ag tosú agus ag foghlaim le chéile. Maidir le Tom Collery, ba dhuine ciúin é nár thaitnigh poiblíocht leis ach a luigh isteach ar a chuid oibre le fuinneamh agus le dúthracht. Dá bhrí sin, bhí dhá insint ar an scéal domsa: ní raibh mórán treorach ar fáil dom maidir leis an oifig agus an eagraíocht a bhain léi; ach ar an taobh eile, bhíos saor mo mhúnla féin a chur uirthi.

Níl aon chumhacht faoi leith ag an méara ach amháin go bhfuil sé i dteagmháil an t-am ar fad leis na hoifigigh éagsúla. Cuireann sé an-aithne orthu, agus má dheineann sé an caidreamh sin eatarthu a láimhseáil i gceart, is féidir leis an-chuid rudaí a dhéanamh agus an-chuid moltaí a chur faoi bhráid bhainisteoir na cathrach agus na n-oifigeach eile. Fásann agus forbraíonn muinín eatarthu agus tugtar éisteacht dó ná bíonn ar fáil don ghnáthchomhairleoir. Rud eile ná an meas atá ag an bpobal ar an méaracht. Cuma cén clamhsán a dheintear faoin mbardas, tugann gach aicme den phobal urraim i gcónaí don mhéara. Ach an rud is tábhachtaí faoin méaracht ná go dtugann sé deis don mhéara bolscaireacht agus poiblíocht a dhéanamh ar mhaithe leis an gcathair. Má bhíonn bua na cainte ag an méara, is féidir leis an-mhaitheas a dhéanamh ar son na cathrach agus ar son na gcathróirí. Bíonn an-éileamh ar an méara labhairt ag ócáidí éagsúla: ag oscailt foirgneamh ar nós scoileanna, monarchana nó oifigí; ag fáiltiú roimh chuairteoirí go dtí an chathair; ag fáiltiú roimh thionsclóirí nó lucht gnó agus na buntáistí a bhaineann leis an gcathair a léiriú dóibh; ag tabhairt cuairte ar na ceantracha éagsúla le bheith i láthair ag na taispeántais agus imeachtaí iomadúla a bhíonn ar siúl ag pobail na n-áiteanna sin; ag tabhairt tacaíochta do mholtaí a dheineann an pobal agus d'iarrachtaí chun na moltaí a thabhairt chun críche.

Bheartaíos go ndéanfainn mo dhícheall glacadh le gach cuireadh agus freastal ar gach ócáid agus ar na himeachtaí ar fad a raibh éileamh orm ó dhaoine, cuma ar bhaineadar leis an gcosmhuintir nó le daoine mór le rá. D'fhág san go rabhas faoi dhianbhrú mo bheart a chomhlíonadh, ach d'éirigh go maith liom, ceapaim, agus bhínn i gcónaí ag meabhrú dom féin nach raibh agam ach bliain agus go raibh dualgas orm mo sheacht ndícheall a dhéanamh ar mhaithe leis an gcathair agus a muintir. Aon uair a bhfuaireas níos mó ná cuireadh amháin, ghlaofainn ar na daoine cuí agus d'fhiafraínn díobh an bhféadfaidís an t-am nó an dáta a athrú. Dá bhféadfadh, bhí chuile rud ar fheabhas.

Muna bhféadfadh, d'fhiafróinn an mbeidís sásta le leasmhéara. Ar an gcaoi sin, bhíos in ann aon fhadhb a bhí agam a réiteach. D'fhág san gur éirigh liom glacadh le 99% de na cuirí a fuaireas agus gur bheag úsáid arbh éigean dom a bhaint as leasmhéaraí. De ghnáth, níor theastaigh leasmhéara ó dhaoine. Blianta ina dhiaidh sin, nuair a bhíos ag filleadh ó Bhaile Átha Cliath, thugas síob do Jim Kemmy. Bhíos cairdiúil go maith leis, cé nár aontaíomar ar chor ar bith ó thaobh na polaitíochta de ná ó thaobh an náisiúnachais agus nár vótáil sé riamh dom. Dúirt sé liom go raibh sé ar buile liom nár iarras air uair ar bith a bheith ina leasmhéara, nuair a bhíos im mhéara. Bhí ionadh air nuair a mhíníos dó nár ainmníos ach cúigear nó seisear mar leasmhéaraí i rith mo thréimhse de bhrí gur éirigh liom féin freastal ar na hócáidí ar fad beagnach, agus go raibh muintir Fhianna Fáil ag clamhsán chomh maith céanna!

Láthair mhór do chomhdhálacha is ea Luimneach agus bhaineas an-thaitneamh as na comhdhálacha céanna a oscailt go hoifigiúil. Ba liosta le háireamh iad go léir ach tagann cúpla ceann acu chun cuimhne chugam. Ceann díobh siúd ab ea an chomhdháil a bhí ag Rotary. Na daoine a bhí ag eagrú na comhdhála, bhíodh an-imníoch go rachadh rud ar bith mícheart, go háirithe nuair a bhí slua mór ag teacht ón Tuaisceart. Bhí eagla orthu go labhróinn an iomad Gaeilge! Chuireas fáilte oifigiúil rompu agus labhraíos go speisialta faoi mhuintir an Tuaiscirt a bheith i láthair. Mholas eagraíochtaí ar nós Rotary a thug an dá thaobh den chríochdheighilt le chéile agus dúras gurbh fhearr dúinn uilig dá n-oibreoimis le chéile seachas in aghaidh a chéile. Bhí cúpla alt i nGaeilge agam tríd an óráid mar ba ghnách liom, agus ar chríochnú dom fuaireas an-bhualadh bos. Labhair daoine liom ina dhiaidh sin agus bhí beirt ón Tuaisceart an-shuimiúil ó thaobh na Gaeilge de. Dúirt duine amháin nár chuala sé Gaeilge riamh roimhe sin agus go rabhas cúpla soicind ag gabháil di nuair a thug sé faoi deara an t-athrú teanga! Dúirt duine eile gur fhéach sé i gcónaí ar an nGaeilge mar uirlis pholaitíochta ag dreamanna áirithe agus go raibh an-áthas air an teanga a chloisint á húsáid go nádúrtha. Ba í críoch an scéil go bhfuaireas cuireadh ar ais chuig dúnadh na comhdhála agus iarradh orm labhairt arís leis na teachtaí. I rith na bliana fuaireas cuireadh nó dhó eile nuair a bhíodh duine mór le rá ó Rotary ar cuairt i Luimneach. B'iontach daoine mar iad a bheith le chéile in áit cosúil le Luimneach, mar chonacthas dóibh an bealach inar mhaireamar go sítheach síochánta taobh le chéile, agus ar an taobh eile den scéal go rabhamar bródúil as ár n-oidhreacht agus ár ndúchas. Ag an am sin, 1983, bhí cúrsaí an-chorraithe ó thuaidh.

Maidir leis an nGaeilge, b'fhuath liom i gcónaí na cainteoirí a thosaíodh leis 'an gcúpla focal' a bhí, b'fhéidir, de ghlanmheabhair acu le haghaidh gach uile ócáide. Ansin thosaídís arís i mBéarla: '*Mr Chairman,*' srl., amhail is dá mb'óráid nua ar ócáid nua a bhí á tabhairt acu. Maidir liom féin, dhéanainn alt i nGaeilge a shníomh isteach san óráid anseo is ansiúd, ach ag coinneáil an ábhair chéanna ar siúl. Bhí sé aisteach mar a chuaigh sin i gcion ar an lucht éisteachta. Ba mhinic i ndiaidh óráide a tháinig daoine chugam a dúirt liom nár thugadar faoi deara go raibh aistrithe agam go Gaeilge go dtí go raibh cúpla nóiméad caite agam i nGaeilge, de bhrí go rabhadar ag smaoineamh ar ábhar na cainte seachas ar an teanga. Agus bhí cuid de na daoine sin a raibh an-lúcháir orthu toisc gur éirigh leo an Ghaeilge a thuiscint agus gan mórán Gaeilge cloiste acu ó d'fhágadar an scoil.

Comhdháil eile a thagann chun cuimhne chugam ná ceann a bhí eagraithe ag Córas Tráchtála do lucht turasóireachta na Breataine. Arís, bhí an-imní ar an mbuíon eagraithe go mbeadh chuile rud ina cheart, mar bhí na teachtaí a bhí ag teacht chomh tábhachtach sin ó thaobh na turasóireachta de. B'iontach an deis a tugadh domsa chun Luimneach, an t-iarthar agus an t-iardheisceart a mholadh mar láithreacha turasóireachta, agus léiríos na buntáistí go léir a bhí againn. Dúirt Córas Tráchtála liom ina dhiaidh sin go raibh an *feedback* ar fheabhas. Bhí an tAire Frank Cluskey le teacht go dtí an chomhdháil ach níor tháinig sé. In eagarfhocal sa *Limerick Leader*, dúradh gur mhaith an rud nár tháinig, mar go ndearna mise an gnó níos fearr!

Scéilín beag eile a léiríonn conas mar is féidir táirgí na tíre a dhíol: Bhí oscailt mhór ag Analog san eastát tionsclaíochta sa Ráithín agus bhí lón ina dhiaidh sa Limerick Inn (an Radisson anois). Bhíos taobh leis an bpríomhfheidhmeannach, a bhí tar éis teacht ina eitleán príobháideach ó California agus a bhí ar a bhealach go dtí an tSeapáin. Thit sé i ngrá leis an mbradán deataithe a bhí againn don lón agus d'fhiafraigh sé díom conas a d'fhéadfadh sé beart de a cheannach. Thógas amach é go doras an óstáin agus thaispeáineas abhainn na Sionainne dó agus d'insíos dó faoi bhradáin na Sionainne agus chomh blasta is a bhíodar. Luas Fionn mac Cumhaill agus an Bradán Feasa, agus nár chuma nárbh ionann an Bhóinn agus an tSionainn! Ba í críoch an scéil gur chuir sé glaoch ar an siopa saor ó dhleacht san aerfort agus thóg sé beart fiche punt meáchain de bhradán deataithe leis go dtí an tSeapáin.

Ceann eile de na dualgais atá ar an méara ná freastal ar na dinnéir bhliantúla a bhíonn ag na heagrais agus na cumainn éagsúla. Cuireadh geall liom ag tús na bliana go gcuirfinn go mór le mo mheáchan ach oiread is punt breise níor chuireas orm. Mianach na gcon atá ionam, de réir dealraimh! Bhaineas an-thaitneamh as na dinnéir chéanna mar bhuaileas le gach uile chineál duine. Agus is mór an chreidiúint atá ag dul do lucht eagraithe na rudaí seo ar fad, cuid acu agus an obair sin ar siúl acu bliain i ndiaidh bliana. Arís, d'éirigh liom freastal ar gach ceann acu. Uair amháin, bhí dhá cheann acu ag teacht salach ar a chéile agus shocraíos leis an dá ghrúpa labhairt ag tús dinnéir amháin agus ag críoch an dara ceann agus bhí gach duine sásta. Ba mhór an chabhair Áine ar na hócáidí sin mar bhí sí ar fheabhas ag an gcomhrá agus thar barr ag cur aithne ar dhaoine agus ag déanamh muintearais leo.

Ag dinnéar bliantúil na dtábhairneoirí, labhraíos faoi rud a tharla dom tamall roimhe sin i nGlaschú na hAlban. Bhíomar thall ansin ag féachaint ar a raibh déanta acu leis an gcalafort a fhorbairt. Bhíomar ag fanúint sa Railway Hotel, ceapaim, agus nuair a chuamar isteach sa tábhairne, chuas suas chun deochanna a ordú. Bhí raidhse cineálacha uisce beatha Albanacha ar fáil ach tásc ná tuairisc ní raibh ar uisce beatha na hÉireann. 'Tabharfadsa £100 do charthanacht ar bith más féidir le duine ar bith agaibhse seasamh suas agus a dheimhniú dom nach ndíolann sibh ach uisce beatha na hÉireann,' arsa mise leis an lucht éisteachta nuair a bhíos ag caint leo. Bhí sos fada ann. I ndiaidh an dinnéir, tháinig teachtaí ó Chomhlacht Dríogairí na hÉireann chugam agus mholadar go hard na spéire mé as a raibh ráite agam. Ach deoch níor thairgeadar dom – Éireannach nó Gallda!

Is réadóir mé ar feadh mo shaoil agus b'amhlaidh d'Áine. Mar mhéara, ba bhuntáiste an-mhór é, mar d'fhéadfá a bheith ag ol ó mhaidin go hoíche sa phost sin, le daoine ag brú deochanna ort. Nach aisteach gur comhartha flaithiúlachta é in Éirinn a bheith ag díol as deochanna agus ag brú deochanna ar dhaoine, cuma an dteastaíonn siad uathu nó nach dteastaíonn. Bhí riail agam san oifig go mbeadh tae nó caife ar fáil do chuairteoir ar bith a bheadh liom agus ba mhinic na daoine sin ag gabháil bhuíochais liom as an tae nó as an gcaife agus áthas orthu nár tairgeadh deoch mheisciúil dóibh. Dá ndéanfaí sin, bheadh orthu glacadh leis in ómós don mhéara, ach ní bheadh sé uathu ar maidin nó i lár an lae. Bhí muintir Guinness agus comhlacht Beamish & Crawford an-fhial le hoifig an mhéara agus bhíodh deochanna ar fáil uathu gach mí. Ag an am sin, bhí bolscaireacht ar siúl ag Guinness agus cailín dathúil Gaelach (aisteoir Sasanach!), Sally O'Brien ('and the way she might look at you'), ar an teilifís agus ar na nuachtáin acu. Bhí sí le teacht go Luimneach agus d'iarr P.J. Mac Allister, ionadaí Guinness i Luimneach, orm fáiltiú roimpi, rud a dheineas go fonnmhar agus fuaireas pictiúr di a bhí ar crochadh ar a dhoras ag Declan ar feadh i bhfad!

Comhlacht Éireannach eile a raibh bolscaireacht den chineál

céanna ar siúl acu ag an am ab ea Maguire & Patterson. Lucht déanta lasán a bhí sa chomhlacht. Bhí *matchgirl* acu ag gabháil timpeall na tíre mar chomóradh ar chéad bliain a bheith slánaithe acu ag déanamh lasán in Éirinn. D'fháiltíos roimpi siúd freisin agus fuaireas bronntanas de chlúdach airgid ar bhosca lasán uaithi. Faraor, ach dúnadh an mhonarcha cúpla bliain ó shin.

Coinníodh gnóthach mé ar feadh na bliana leis na rudaí sin ar fad, ach bhaineas an-thaitneamh astu. Bhí cúpla turas thar sáile againn chomh maith. Tá Luimneach nasctha le Quimper na Briotáine agus bhí cuireadh agam cuairt a thabhairt ar an gcathair sin. Bhí taispeántas d'ealaín nua-aoiseach le hoscailt go hoifigiúil agam i Luimneach (d'osclaíos trí thaispeántas déag ealaíne i rith na bliana), agus dúradh liom go raibh an taispeántas ag dul go Quimper. Iarradh ormsa dul ann ag an am céanna, cé nach rabhas tógtha mórán leis an taispeántas féin. Bhí Áine liom, agus Jerry Joyce (oifigeach de chuid an bhardais) agus a bhean. Caitheadh go fial flaithiúil linn agus bhaineamar an-thaitneamh as an turas. Bhí cineál diomú orm nach raibh focal Briotáinise le cloisteáil ann, ach an mbeadh focal Gaeilge le cloisteáil i Luimneach muna rachfá á lorg? Ba mhór ag Méara Quimper agus agus ag na húdaráis an nasc idir an dá chathair agus tá áthas orm go bhfuil an ceangal ann fós.

Aistear eile a dheineamar thar sáile ná go Chicago. Tá an Limerick Association an-láidir ann agus tugadh cuireadh dom freastal ar an dinnéar bliantúil a bhí acu. Chuas féin agus Áine go Nua Eabhrac i dtosach agus chaitheamar cúpla lá ann. Nuair a fuair SFADCO (Shannon Free Airport Development Company) amach go rabhas ag dul, d'iarradar orm cúpla clár raidió a dhéanamh i Nua Eabhrac agus i Chicago agus bualadh isteach ar na hoifigí a bhí acusan agus ag eagraíochtaí Éireannacha eile ar Fifth Avenue. Is daoine an-thábhachtacha iad méaraí sna Stáit, agus caitheadh ar fheabhas linn pé áit a ndeachamar. Is iontach mar a bhuaileann tú le daoine thar sáile, a bhfuil aithne agat orthu. I measc na ndaoine a bhí ag obair san oifig ar Fifth Avenue, bhí

Kevin Imbusch, Joe Power, Nigel Mercier agus Frank Hamilton, iad uilig ó Luimneach. Bhí ceithre lá iontacha againn sa chathair, ag déanamh turais ar na háiteanna cáiliúla go léir ar nós an Empire State Building, agus fuaireamar ticéid don cheoldráma *Evita* ar Broadway. Bhí an seó agus an ceol ar fheabhas.

Thug Frank Hamilton agus a bhean Anne cuireadh dúinn bualadh amach chucusan le haghaidh dinnéir oíche amháin. Bhí cónaí orthu tuairim is uair an chloig tiomána ó lár na cathrach. Bhí oíche an-thaitneamhach againn leosan agus a mbeirt pháistí. Nuair a bhí sé in am filleadh ar ár n-óstán, theastaigh uathu sinn a thiomáint ar ais ach dúras go rachaimis ar an mbus. Ní rabhadar róshásta, ar eagla go dtarlódh aon rud dúinn, ach níor theastaigh uainn go mbeidís ag taisteal isteach is amach agus é ag éirí déanach san oíche. Faoi dheireadh, ghéilleadar. Thiomáin Frank sinn go dtí an bus. Ní raibh ach tuairim is seachtar nó ochtar ar an mbus agus shuíomar laistiar den tiománaí. I gceann tamaill, d'fhiafraigh sé dínn cén áit in Éirinn arbh as dúinn – ó Dhroichead Abhann Ó gCearnaigh a athair! Bhí an-chomhrá eadrainn ina dhiaidh sin. I ngiorracht do lár na cathrach, d'fhiafraigh sé dínn cén t-óstán ina rabhamar ag cur fúinn agus timpeall leis gur fhág sé ag doras an óstáin sinn. Bí ag caint ar fhreastal ar chuairteoirí. Is iontach a bheith id mhéara i Meiriceá ach níl sárú ar a bheith id mhéara Éireannach!

Nuair a bhí a fhios agam go mbeimis i Nua Eabhrac ar feadh cúpla lá, chuireas glaoch ar Noel Dorr, taidhleoir Éireannach sna Náisiúin Aontaithe – dheineamar beirt an chéim sa bhliain chéanna i nGaillimh. Bhuaileamar le chéile i bhfoirgneamh na Náisiún Aontaithe agus thug sé timpeall na háite ar fad sinn, isteach i Halla na Comhdhála agus i Halla na Comhairle Slándála. B'iontach seasamh ag an rostram ónar labhair uachtaráin, príomhairí, airí agus taidhleoirí an domhain agus smaoineamh ar na díospóireachtaí go léir a tharla sa láthair sin. Bhí an-chomhrá againn le chéile. Mí Eanáir a bhí ann ach bhí an aimsir chomh deas sin go rabhamar ag siúl timpeall agus gan ach casóga orainn.

Bhí sé in am imeacht go Chicago. Cuireadh an-fháilte romhainn ansin. Bhíomar ag fanacht sa Holiday Inn in Oaklawn. Tom English ó Luimneach a bhí ina bhainisteoir agus ina stiúrthóir chomh maith ar an gcomhlacht ar leo na tithe ósta ar fad, agus bhí an-bhaint aige leis an Limerick Association. Bhí a bhean ar scoil le hÁine i gCnoc na Labhras – bí ag caint ar chomh beag is atá an domhan!

Tuairim is 300 a bhí ag an dinnéar. Bhí Ardeaspag Chaisil, an Dr Tom Morris, mar aoi, chomh maith liom féin agus Áine. Bhí an-chuid polaitíochta ar siúl an oíche sin chomh maith, ach ní le hÉirinn a bhain sé ach le méaracht Chicago. Bhí Richard Daly ina mhéara ar an gcathair ar feadh i bhfad agus bhí cáil – nó drochcháil? – air. Rud amháin faoi, ní raibh aon Éireannach gan phost. Bhí a mhac siúd san iomaíocht sa toghchán méarachta, a bhí faoi lántseol. Bhí sé ag an dinnéar chomh maith agus tugadh le tuiscint dom go mbeadh sé go deas dá dtabharfainn beagáinín tacaíochta dó. Ach bhí Éireannach eile san iomaíocht freisin, Jane Byrne. Séard a dúirt mé san óráid ná go raibh áthas orm go mbeadh Éireannach mar mhéara ar Chicago arís!

San óráid freisin, labhraíos faoin gcorraíl sa Tuaisceart agus conas mar a bhí sí sin ag cur isteach ar thionsclaíocht agus ar ghnó an oileáin ar fad. Bhí an-chuid de lucht gnó ag an dinnéar agus d'iarras orthu cuidiú le hearraí Éireannacha a dhíol ina ngnó féin nó i ngnóthaí a gcairde. I ndiaidh an dinnéir, tháinig an fear seo chugam agus ar seisean, 'Scríobhfad seic ar cheathrú milliún dollar duit más féidir leat Gloine Phort Láirge a fháil dom.' Bhí sreangshiopaí ag an duine seo agus ní raibh an comhlacht Gloine Phort Láirge sásta a dtáirgí a dhíol leis.

'Muna bhfuil ar do chumas féin a bhfuil uait a fháil,' arsa mise, 'ní dócha go n-éistfidís liomsa. Ach an mbeadh suim agat in earraí bronntanais eile seachas Gloine Phort Láirge?'

'Má fhaighim iad,' ar seisean, 'scríobhfad an tseic.'

Ar fhilleadh abhaile dom, scríobhas chuig deich gcinn de chomhlachtaí a raibh earraí bronntanais á ndéanamh acu.

Scríobhas mar Mhéara Luimnigh ach ní bhfuaireas ach dhá fhreagra agus níorbh fhiú tada an dá fhreagra céanna. Bhí diomú uafásach orm mar ag an am sin bhí an tionsclaíocht agus an t-onnmhairiú lag, agus mheasas go mbeadh fonn ar dhaoine órdú ceathrú milliún dollar a fháil. Ach bhí breall orm.

Bhí an Governor's Suite againn san óstán. Bí ag caint ar shómas. An t-aon locht a bhí againn air ná a laghad ama a chaitheamar ann. Bhí an-chuid rudaí le déanamh agus le feiscint agus, dar ndóigh, bhí ar Áine siopadóireacht a dhéanamh. Lá amháin, thug Tom English isteach go lár na cathrach sinn. Nuair a d'fhágamar an t-óstán, chasamar ar clé agus ansin ar dheis. Go bhfóire Dia orainn, ach an radharc a bhí os ár gcomhair ar thithe na ndaoine gorma: seantithe adhmaid agus na fuinneoga agus na doirse briste; salachar agus bruscar ar na sráideanna; páistí ag súgradh sa phuiteach; fir agus mná ina suí ag caitheamh tobac, agus b'fhéidir rudaí eile dá mbeadh súil ghéar ag duine agus an misneach chun stánadh orthu. Ní raibh an áit seo ach tuairim is 600-700 slat ón óstán ach bhí an difríocht chomh mór sin idir an dá chineál saoil go bhféadfaidís a bheith ar mhalairt chruinne.

Tógadh in airde ar an Sears Tower sinn agus b'iontach an radharc a bhí le feiscint ón mbarr. Bronnadh seamróg orm ansin a bhí ag fás ag duine i Chicago!

Bhí Contae Luimnigh agus Erie County nasctha le chéile agus d'iarr Dick Haslam, an bainisteoir contae, orm cuairt a thabhairt ar Buffalo. Chuir sé breis taistil agus breis costais orainn ach dúramar go rachaimis. Bhí an-áthas orainn gur chuamar, mar cuireadh na céadta fáilte romhainn. Bhí Príomhfheidhmeannach Erie County agus na maithe agus móruaisle ar fad ag feitheamh linn ag an aerfort, mar aon le lucht teilifíse agus raidió. Bhí *limo* agus tiománaí againn fad is a bhíomar ann. Mhothaíos go rabhas im Thaoiseach in áit a bheith im mhéara! Bhí óstán an Hilton ar an loch curtha in áirithe acu dúinn agus *suite* againn ann. Tógadh ar cuairt sinn go dtí na háiteanna suimiúla ar fad, agus lá amháin chuamar trasna na teorann go Ceanada chun Easa Niagara a fheiscint. Stopadh sinn ag an teora agus fiafraíodh dínn cárbh as dúinn. An bheirt fheidhmeannach a bhí linn, dúradar 'na Stáit', ach nuair a dúramarna 'Éire', díríodh sinn isteach ar chúl an fhoirgnimh. B'éigean d'Áine agus dom féin dul leis an ngarda agus ár bpas a thabhairt dó. Cuireadh moill leathuair an chloig orainn sarar scaoileadh linn, agus fiú amháin ansin, tháinig an garda amach leis an ngluaisteán a iniúchadh. Bhí bronntanais agam sa bhút, cinn le bronnadh ar dhaoine éagsúla agus cinn eile a bhí faighte againn ó dhaoine ar bhuaileamar leo.

'Cad iad siúd?' arsa an garda liom.

Sheasas caol díreach suas ionas, ag sé troithe trí horlaí, go rabhas ag breathnú anuas air agus arsa mise, 'Is mise Méara Luimnigh, an chathair is ársa in Éirinn. Táim anseo ar chuairt oifigiúil agus, mar a chíonn tú ó na bronntanais os do chomhair, caitheadh go rímhaith linn i ngach áit ach amháin anseo.'

'Ceart go leor,' ar seisean agus d'imíomar linn. Cad eile a mbeifeá ag súil leis ó thír a raibh Banríon Shasana fós mar cheann stáit uirthi?

Níor chuir an eachtra bheag sin isteach orainn agus bhaineamar an-thaitneamh as féachaint ar na heasa. Bhí béile againn sa bhialann a thimpeallaíonn na heasa agus bhí sé go hálainn a bheith ag breathnú ar na dathanna éagsúla ar an uisce agus ar an gceobhrán. Ag filleadh dúinn an oíche sin, chuamar caol díreach ar aghaidh thar an teora gan bac ar bith curtha orainn ag gardaí na Stát Aontaithe.

Tá coláiste in Buffalo a dtugtar 'Trocaire' air. Mar is léir, is ionann an teideal sin agus an focal Gaeilge 'trócaire' agus is le hOrd na Trócaire a bhaineann an coláiste. Tá nasc idir an coláiste sin agus Coláiste Mhuire gan Smál agus bhíodh baill foirne á malartú idir an dá choláiste. Bhí an-áthas orm an deis a bheith agam bualadh isteach chucu, agus cad í mar fháilte a cuireadh romhainn! Chaitheamar an lón ansin agus scrúdaíomar bealaí nua leis an gceangal idir an dá choláiste a neartú.

Ar an turas san a chonac den chéad uair conas mar a oibríonn raidió áitiúil. Rinne mé agallaimh i Nua Eabhrac, Chicago agus Buffalo. B'iontach an tsuim a bhí ag na craoltóirí agus ag an lucht éisteachta sa chuairt a bhí á déanamh againn, agus nuair a bhíodh deireadh leis an gclár, thugadh an léiritheoir beart leathanach dom ar na glaonna a bhí tagtha isteach. In agallamh amháin a dheineas ar Buffalo AM, bhí seanadóir bocht romham agus bhí gach éinne ag tabhairt faoi mar gheall ar dhúnadh na muilte cruach agus an dífhostaíocht a bheadh ann dá bharr. Bhí trua agam dó agus bhíos buíoch nach agallamh dá leithéid a bhíothas le cur ormsa. B'iontach an spéis a bhí sa nasc idir Erie agus Contae Luimnigh agus ba líonmhar an slua den chine Éireannach a bhí sa taobh sin tíre agus cuid mhaith acu ag obair sna muilte cruach. Sa bheart leathanach a tugadh dom, bhí cuirí chun dinnéir agus chun lóin. D'fhéadfaimis fanacht ann ar feadh míosa! Bhí cinn eile ar nós: nuair a bheidh tú ag gabháil thar a leithéid seo d'áit sa bhaile, glaoigh isteach ar mo chol ceathar. Thaitnigh an rud go léir go mór liom. Bhí sé an-phearsanta agus b'iontach an chumarsáid a bhí ann idir na craoltóirí agus an lucht éisteachta.

Faoi dheireadh, bhí sé in am filleadh ar Nua Eabhrac agus ansin abhaile. Mí Eanáir agus tús Feabhra a bhí ann, agus nuair a bhíomar ag dul amach, bhí chuile dhuine ag tabhairt rabhaidh dúinn go mbeadh an aimsir go huafásach. Bhí an aimsir i Nua Eabhrac go gleoite. Ach dúirt gach éinne, 'Fan go sroichfidh tú Chicago.' Bhí clúdach beag sneachta ann, beagáinín cosúil leis an lá nó dhó a gheibhimid in Éirinn uair nó dhó sa bhliain. Bhí cineál diomú orainn nach raibh sneachta tiubh ag titim! Ach arís, dúirt gach éinne, 'Fan go sroichfidh sibh Buffalo.' An scéal céanna ansin: clúdach tanaí sneachta, an ghrian ag taitneamh ach beagán gaoithe. Nuair a shroicheamar Nua Eabhrac, cé nach rabhamar ag dul lasmuigh den aerfort, bhí an ghrian fós ag taitneamh. Tamall tar éis dom filleadh, bhuaileas le bainisteoir Aer Lingus i Luimneach, Gerry Boland, a bhí ina mhac léinn agam i Sráid Seasnáin, agus bhí sé ag fiafraí díom conas mar a d'éirigh liom sna

Stáit. Luas an cineal diomú a bhí orainn faoin aimsir. Gháir sé. An lá tar éis dúinn imeacht ó Nua Eabhrac, tháinig seisean aníos ó Florida agus ní fhéadfaidís tuirlingt ag JFK mar gheall ar stoirm shneachta agus an méid de a bhí ar na rúidbhealaí. Diomú? Nach raibh an t-ádh linn.

Táthar ann a bhíonn de shíor ag cáineadh comhairleoirí contae agus cathrach mar gheall ar *junkets* thar sáile agus cuid den cheart acu. Níor chosain mo thuras oiread is pingin rua ar an gcathair. Fuaireas bronntanas na dticéad tras-Atlantach ó Aer Lingus. Ní raibh orainn íoc as an óstán i Chicago, ach d'íocas-sa as chuile rud eile dom féin agus d'Áine. Níor chuir sin isteach orm, mar bhaineamar an-thaitneamh as an turas. Agus an phoiblíocht agus an bholscaireacht don chathair? Ní fhéadfadh an bardas íoc as, dá ngearrfaí an costas orthu! Bhí Bardas Luimnigh an-thíosach faoi chúrsaí airgid agus an ceart ar fad acu. Le linn dom a bheith ar an gcomhairle chathrach (seacht mbliana déag), ba bheag turas in Éirinn nó thar sáile a deineadh. Agus fiú rudaí cosúil le cártaí Nollag ag dul amach ó oifig an mhéara, mé féin a d'íoc astu siúd chomh maith, cé go rabhadar á seoladh ar mhaithe leis an gcathair. Rud eile suimiúil faoin ngnó seo ar fad ná nuair a chuirfeadh an méara fáilte roimh chuairteoirí nó roimh dhream éigin a bhuaigh gradam de chineál ar bith, b'airsean a thit an costas. Níor chuir na rudaí sin isteach orm, ach luaim iad mar gheall ar an gclamhsán agus ar an gcnáimhseáil a dheintear faoi chomhairleoirí. N'fheadar conas mar atá cúrsaí anois nuair atá tuarastal acu.

Lean an bhliain ar aghaidh agus mé gnóthach an t-am ar fad. Rud amháin a thaitnigh liom go mór ná an chuairt a thugann an méara ar na scoileanna. Sin traidisiún atá sa chathair leis na cianta, agus ba mhór ag na scoláirí an leathlá saor a bhronnfadh an méara orthu. Bhí an-fháilte romham sna scoileanna uilig, go háirithe i Scoil Mhainchín, an bhunscoil a ndearna mé féin freastal uirthi, agus i Sráid Seasnáin, an mheánscoil inar chaitheas sé bliana mar mhac léinn agus trí bliana déag mar mhúinteoir. Cuireadh an-fháilte go deo romham i Scoil na Sailíseach agus tá fós agam leabhrán beag filíochta a chum na mic léinn sa bhunscoil dom. Bhí meánscoil amháin agus nuair a thosaíos ag labhairt i nGaeilge, bhí cineál sioscadh cainte ann. Chuireas an cheist 'Dá mbeadh Méara Phárais ar cuairt ar scoil sa chathair sin, cén teanga a labhródh sé? Cén teanga a labhródh Méara Bheirlín dá mbeadh sé i scoil sa chathair sin?' Bhí tost san áit. Ba chuma liom faoi sin, ach bhí súil agam gur chuireas ag smaoineamh iad.

B'éigean an t-ullmhúchán a dhéanamh don tSeachtain Chathartha agus Damhsa Bliantúil an Mhéara. Pé brabús a bheadh air sin, rachadh sé chuig eagraíocht charthanach éigin. Bhí an damhsa sa Limerick Inn agus i measc na n-aíonna a bhí agam bhí toscaireacht faoi leith ó Erie County agus ó Quimper. Bhí Méara Dhoire, an Seanóir William O'Connell, i láthair, mar aon leis an rúnaí cathrach, duine de mhuintir Uí Ghadhra ó Luimneach. Agus, dar ndóigh, bhí maithe agus móruaisle Luimnigh ann chomh maith. San óráid a dheineas an oíche sin, dúras gur fhéachamar ar Éirinn i gcónaí mar thír ar imeall na hEorpa, ach an oíche sin bhí sí i gceartlár na cruinne agus í mar cheangal idir domhan nua Erie agus sean-Eoraip Quimper, agus gur chóir ár straitéis eacnamaíochta agus turasóireachta a bhunú ar an smaoineamh sin.

Banna Ceoil an Gharda Síochána a chuir an ceol ar fáil dúinn agus ba mhaith mar a chruthaíodar. Ach rinne an stiúrthóir tuaiplis uafásach amháin. Dúirt sé go raibh an banna ceoil chun an 'Londonderry Air' a chasadh – bhí mise im phoblachtach, ball den SDLP a bhí i Méara Dhoire agus ba náisiúntóirí baill na toscaireachta uilig ón gcathair sin, cé is moite d'oifigeach amháin. Cén chúis a bhí leis an masla a bhí á thabhairt aige dom aíonna aduaidh? An raibh orduithe faighte aige ón rialtas? An rabhamar ar ais in aimsir an chomhrialtais, ina raibh Conor Cruise O'Brien agus é ag iarraidh gach uile bhlas náisiúnachais a bhrú faoi chois? Níor ghá don stiúrthóir ach a rá go raibh siad le 'Danny Boy' nó 'Maidin i mBéarra' a sheinnt agus ní bheadh aon chlamhsán ag éinne. Bhíos féin ar buile.

Thugas féin agus Áine, mar aon leis an mbainisteoir cathrach, Tom Collery, agus a bhean siúd, turas ar Dhoire ina dhiaidh sin agus caitheadh go rímhaith linn. Bhí Dinnéar an Mhéara sa Guildhall agus bhíos ag suí taobh le Méara Dhoire an Seanóir William O'Connell, agus ar an taobh eile díom bhí seanóir aondachtach. Bhain an Méara leis an SDLP agus ní raibh aon easpa comhrá eadrainn, ach bhí ag teip glan orm an duine eile a mhealladh isteach sa chaint. Nuair a thángthas timpeall leis an bhfíon, dúras go mbeadh deoch oráiste agam agus roghnaigh seisean an rud céanna. 'Nach aisteach,' arsa mise, 'mise im phoblachtach agus tusa id aontachtóir, ach is fir oráiste an bheirt againn!' Bhain sé an-thaitneamh as agus bhí comhrá an-bhreá eadrainn ina dhiaidh sin.

Ceann de na teidil atá ag Méara Luimnigh ná gurb é Aimiréal na Sionainne é! Níl ciall ar bith leis inniu ach in aoiseanna eile bhí sé de cheart ag an méara éileamh a dhéanamh ar chuid de na hearraí a bhíodh ag teacht isteach sa chalafort m.sh. méid áirithe salainn agus guail. Go dtí an lá inniu, tá Ciste Guail an Mhéara ann, a roinneann sé ar na daoine bochta um Nollaig. Ar aon nós, chuir an tAire Mara, Brendan Daly, glaoch orm lá, ag fiosrú ar mhaith liom, mar Aimiréal na Sionainne, turas a dhéanamh síos an abhainn ar choirbhéad de chuid Chabhlach na hÉireann. Dúras go mba bhreá liom agus go bhféadfainn ga airgid a chaitheamh isteach san inbhear chun mo chuid forlámhais ar an tSionainn a chur in iúl don domhan uilig! Rud traidisiúnta ab ea an nós sin, agus na huaireanta fánacha a deineadh é chuirfeadh sé comhairleoirí Chiarraí ar buile. Ba leosan a gcuid féin den tSionainn. Bhí an mhaidin go haoibhinn. Fuaireas hata aimiréil ón iarsmalann agus ar bord liom le mo chearta ar mo chuid críoch mara a chosaint! Bhí an turas síos an abhainn go hálainn agus smaoiníos gur thrua nach mbíonn an deis ag muintir Luimnigh agus mórán eile turas mar é a dhéanamh. Nuair a shroicheamar Tairbeart, chuas chun tosaigh agus chaitheas an ga airgid isteach san uisce. Bhí mo cheannas ar an tSionainn fógartha agam. Ní raibh sa gha ach píosa adhmaid agus scragall airgid casta timpeall air! Dar ndóigh, bhí an lasóg sa bharrach agus níobh fhada gur thosaigh an clamhsán i gCiarraí. Ní raibh sa rud ar fad ach píosa spraoi, ach ceapaim féin gur cóir na seantraidisiúin a choinneáil beo agus bhí áthas orm an deis a bheith agam an turas sin a dhéanamh.

Ar an turas san, tharla rud a léiríonn chomh beag is atá an tír seo. Ag an lón ar bord na loinge, bhíos ag caint leis an Leifteanant Laune agus d'fhiafraigh sé díom cén áit a dtéimis ar saoire.

'Ní bheadh aithne agatsa air,' arsa mise, mar bhí sé tar éis a rá liom gurbh as Baile Átha Cliath dó, 'áit i gCiarraí.'

'Cén chuid?' ar seisean.

'In aice le Baile an Fheirtéaraigh,' arsa mise.

'Cén áit go díreach ansin?' ar seisean.

'Na Gorta Dubha,' arsa mise.

'Chaitheas mórán laetha taitneamhacha ansin le m'uncail,' ar seisean. 'B'fhéidir go bhfuil aithne agat air: Páid Kavanagh.'

Bhí aithne mhaith agam air agus ar a bhean Mary – fiú d'fhanamar sa teach a thóg sé dó féin agus dá bhean nuair a d'éirigh sé as an obair. Bí ag caint ar bhualadh le daoine go cinniúnach.

Rud eile taitneamhach a tharla dúinn ná an cuireadh a fuaireamar ón Uachtarán Pádraig Ó hIrghile cuairt a thabhairt ar Áras an Uachtaráin. Bhí sé amuigh in Iarsmalann de Valera i mBrú Rí agus bhí slua mór ann an oíche chéanna, ina measc Brian Ó Cuív agus a bhean Eimear (*née* de Valera). Bhí seanaithne agam ar an Uachtarán agus le linn ár gcomhrá thug sé cuireadh dom féin agus d'Áine cuairt a thabhairt air. Dúras go mbeadh an-áthas orm dul agus fágadh an scéal mar sin. Cúpla lá ina dhiaidh sin, fuaireas glaoch óna rúnaí, Micheál Ó hOdhráin, ag fiafraí díom cathain a bheimis ag teacht. Bhí Micheál ar an ollscoil liom i nGaillimh agus shocraíomar ar lá agus ar am. B'iontach an mothú a bheith ag tiomáint isteach go hÁras an Uachtaráin, daoine de ghlúin nua a rugadh i dtír neamhspleách (an chuid ó dheas de) ag glaoch ar uachtarán na tíre sin sa teach inar chónaigh leasrí na himpireachta tráth. Chuir Micheál fáilte romhainn agus seoladh isteach sinn i bparlús an Uachtaráin. Bhí an-chomhrá eadrainn go dtí gur tháinig an tUachtarán isteach. Bhí an cupán tae réidh dúinn. Lean an comhrá faoi mhórán rudaí. Bhí an-shuim ag an Uachtarán i nGaeilge iarthar an Chláir, áit a raibh cainteoir dúchais nó dhó beo fós. Tar éis tuairim is leathuair an chloig, bhuail an aide-de-camp isteach agus mheabhraigh don Uachtarán go raibh cruinniú eile aige. D'éiríomar ach chuir an tUachtarán inár suí sinn agus dúirt leis an oifigeach go mbeadh sé amach ar ball. Ba í críoch an scéil go rabhamar ann ar feadh dhá uair go leith. Ansin thóg sé amach sinn timpeall ar na gairdíní. Tháinig Micheál amach agus tógadh grianghraif dínn leis an Uachtarán. Bhí sé thart ar a sé a chlog nuair a d'fhágamar slán aige, tar éis tráthnóna fíorthaitneamhach a chaitheamh leis. Gaeilge ar fad a labhraíomar. I ndáiríre, bhí Gaeltacht bheag san Áras, díreach mar a bhí in am Dev.

Bhí deacrachtaí ann i rith na bliana chomh maith. Fógraíodh go raibh Ranks le dúnadh. Cuid de dhlúth agus d'inneach na cathrach ab ea Ranks, na muilte plúir a bhí ar na duganna. Formhór na n-oibrithe ann, thángadar ó iarthar agus ó iarthuaisceart na cathrach agus lean an chlann an t-athair agus an seanathair. Ba chomharthaí aiceanta ar íor na spéire na sadhlanna móra ag éirí aníos ó na duganna. I mí Mheán Fómhair, bhíodh na leoraithe móra lena n-ualaí cruithneachta ag síneadh feadh na nduganna, ag feitheamh lena lastaí a dhíluchtú. Bhí na muilte plúir mar cheangal idir an chathair agus an tuath. Bhíos an-mhór le Michael Manning, a bhí ina bhainisteoir ar Ranks, agus d'iarr sé orm mo dhícheall a dhéanamh an áit a choimeád ar oscailt. Labhraíos le Gordon Bull, an príomhfheidhmeannach a bhí i Sasana, agus bhraitheas uaidh go mba mhaith leo fanúint i Luimneach, dá bhfaighidís cúnamh éigin. Scríobhas mar Mhéara Luimnigh go dtí an Taoiseach Garret FitzGerald, an tAire Talmhaíochta Austin Deasy, agus an tAire Tionscail John Bruton.

Freagra amháin a fuaireas, ó Austin Deasy, ag cur in iúl dom nach raibh ar a chumas aon ní a dhéanamh. Ar a laghad, bhí sé cúirtéiseach le hoifig an mhéara. Labhraíos leis na ceardchumainn freisin, ach bhraitheas gur mhó an tsuim a bhí acu ag an am san airgead scartha a gheobhaidís nuair a dhúnfaí an áit. Ba í críoch an scéil gur dúnadh í, agus chaill Luimneach ceann de na tionscail ba dhúchasaí a bhí aici. Tá ceann de na sadhlanna fós ann, ina leacht cuimhneacháin ar a raibh ann. Bhí an-dhua ag baint leis na cinn eile a leagadh, mar bhí falla crua laistigh den stroighin agus theip orthu am i ndiaidh a chéile iad a scrios le pléascáin.

Ach bhí an-chuid tógála ar siúl chomh maith. D'osclaíos scéim thithíochta Craeval Park agus an malartán nua teileafón i Sráid an Róistigh, mar aon le monarchana ar nós Atari agus an fhorbairt a deineadh ar Verbatim. Ag an am sin freisin a deineadh an t-athchóiriú ar an Granary, atá mar sheod anois ar an taobh sin den chathair. D'osclaíos trí thaispeántas déag ealaíne i rith na bliana chomh maith. Bhí an-áthas orm a bheith i láthair nuair a seoladh trí leabhar, *The Mackey Story* le Séamus Ó Ceallaigh agus Seán Murphy, *Portrait of Limerick* le Mainchín Seoighe agus *Lilí agus Fraoch* le Pádraic Breathnach, léachtóir le Gaeilge i gColáiste Mhuire gan Smál. Cheannaíos an-chuid cóipeanna de *Portrait of Limerick* agus de *The Mackey Story* chun iad a bhronnadh ar chuairteoirí go Luimneach nó chun iad a thabhairt liom mar bhronntanais thar sáile. Shocraíos freisin go bhfoilseofaí *Historic Limerick* le Laurence Walsh mar chuid de shraith ar dhúchas na hÉireann, The Irish Heritage Series. D'éirigh go maith le cúrsaí ealaíne agus saoithiúlachta i rith na bliana.

Rud amháin a rinneas ag tús mo mhéarachta, agus gur chúis áthais dom go ndearna mé é, ná síocháin a dhéanamh leis an gcomhairle chontae. Bhíodh aighneas go minic idir an chomhairle chathrach agus an chomhairle chontae, agus le Comhairle Chontae an Chláir chomh maith. Níl teorainneacha na cathrach sínte amach fada go leor, agus dá thoradh san tá cuid mhaith de bhruachbhailte na cathrach suite sa chontae nó i gContae an Chláir. Ní oireann sé d'fhorbairt ná do dhul chun cinn an réigiúin go mbeadh trí cinn d'eagraíochtaí reachtúla neamhspleácha i gceist maidir le cúrsaí iompair, tógála agus pleanála. An rud atá ag teastáil ón gcomhairle chathrach le fada ná go leathnófaí teorainneacha na cathrach amach sa chontae agus isteach i gContae an Chláir. Ní dhéanfadh Ian Paisley féin an chosaint chéanna ar theorainn an tuaiscirt is a dhéanfadh an dá chomhairle chontae ar a dteorainneacha siúd!

Bhí Liam Hickey tofa ina chathaoirleach ar an gcomhairle chontae. Cosúil liom féin, bhain sé le Fianna Fáil, agus shocraíomar ar theacht le chéile féachaint an bhféadfaimis bealaí comhoibrithe a leagadh síos ar feadh na bliana. Dheineamar moltaí i scríbhinn a chur os comhair an dá chomhairle agus glacadh leo. I rith na bliana, bhíodh cruinnithe agam féin agus Tom Collery, an bainisteoir cathrach, le Liam agus leis an mbainisteoir contae, Dick Haslam, agus d'éirigh ar fheabhas leis an socrú sin. Ba thrua nár leanadh leis an nós imeachta sin tar éis dom féin agus do Liam ár dtéarmaí a chríochnú.

Bhí an bhliain ag druidim chun deiridh, agus de réir mar a bhí socraithe bheadh comhairleoir den Lucht Oibre ina mhéara im dhiaidh. Níor roghnaigh Fianna Fáil aon iarrthóir, de bhrí go rabhamar ag cloí leis an socrú a bhí againn leis an Lucht Oibre. Mick Lipper a roghnaigh siad siúd, ce gur theastaigh an t-ainmniúchán ó Frank Prendergast. Nuair a bhí m'óráid déanta agam agus na deasghnátha eile críochnuithe, lorgaíos ainmniúcháin d'oifig an mhéara. Moladh Mick Lipper, agus Terry Kelly d'Fhine Gael. Aisteach go leor, bhí beirt de mhuintir Fhine Gael nach raibh i láthair ag tús an chruinnithe, Gus O'Driscoll agus Pat Kennedy. Dúradar nach rabhadar sásta dul thar phicéad a bhí lasmuigh den doras! D'fhiafraíos an raibh aon ainmniúchán eile ann agus sheas Lipper suas agus dúirt sé go raibh sé ag tarraingt siar i bhfábhar Terry Kelly. D'fhiafraíos an raibh a mholtóir agus a chuiditheoir sásta, agus cé go raibh an-leisce orthu glacadh leis ní raibh an dara rogha acu. Ansin mhol Paddy

Kiely mé féin, agus cuidíodh leis. Bhíos idir dhá chomhairle anois. Dá bhfaighinn an dara bliain, bheadh sé go deas agus bhíos tagtha isteach go maith ar an gcóras. Ar an taobh eile den scéal, bheadh orm socrú nua a dhéanamh le Coláiste Mhuire gan Smál, a bhí tar éis caitheamh go rímhaith liom i rith na bliana. Ghlaos an vóta. Vótáil an Lucht Oibre do Kelly, ach amháin Frank Leddin, a chaith a vóta domsa, agus bhuaigh Kelly. Bhí an-chuid insinte ar imeachtaí na hoíche sin ach n'fheadar cad díreach ba chúis lenar tharla. Tharla rud greannmhar an lá dár gcionn nuair a bhuail comhairleoir amháin a vótáil ar son Kelly isteach in oifig an phoist i nGeata Tuamhumhan.

'Nach uafásach an rud é,' ar seisean, 'Corcaíoch a bheith ina Méara ar Luimneach?'

Bhí seanleaid, Danny Néill, ann agus bhris ar a fhoighne ag éisteacht leis an bhfimínteacht agus leis an mbréagchráifeacht, agus ar seisean, 'Cuir uait an cur i gcéill. Nár thug tusa do vóta di!'

Bhí críoch curtha agam le ceann de na blianta ba thaitneamhaí agus ba chrua, ní hamháin orm féin ach ar Áine agus ar ár gclann, ach ba dheas linn a chloisint go forleathan gur chomhlíonamar ár ndualgais go críochnúil agus go héifeachtach. Bhíodh colúnaí ag scríobh sa *Limerick Leader* ag an am, Spartacus, agus is é a duirt sé:

He has been an outstanding Mayor. And in my humble opinion, Mayor Bromell has been the best ambassador the city has had for many a year. His enlightened, erudite and well-delivered speeches are a refreshing change from the stereotyped mumbo-jumbo that so many politicians are wont to give.

On many occasions he has completely outclassed his better-known fellow politicians at the lectern. He has made an invaluable contribution to the high office he holds.

Ó thaobh na polaitíochta de, ba bhlianta suaite iad blianta tosaigh na n-ochtóidí. Bhí corraíl leanúnach i bhFianna Fáil agus trí iarracht i ndiaidh a chéile déanta ag díorma beag, le tacaíocht láidir ó na meáin chumarsáide, in aghaidh cheannaire an pháirtí, Charles

Haughey. Ba í críoch na trioblóide gur caitheadh Des O'Malley amach as an bpáirtí agus bhunaigh sé an Páirtí Daonlathach i 1985. Bhí seisean ina Theachta Dála do Luimneach Thoir ó fuair a uncail, Donogh O'Malley, bás i 1967.

Chomh maith leis an gcorraíl i bhFianna Fáil, bhí míshuaimhneas sa tír agus cúrsaí eacnamaíochta ag éirí níos measa. Bhí trí thoghchán i ndiaidh a chéile ann – Meitheamh 1981, Feabhra 1982, Samhain 1982 – agus gan mórán idir Fianna Fáil agus na páirtithe eile aon uair. I 1982, vótáil Jim Kemmy in aghaidh na cáinaisnéise a chuir comhrialtas Fhine Gael agus an Lucht Oibre os comhair na Dála, agus thit an rialtas. Fógraíodh toghchán eile i Samhain na bliana 1982. Cuireadh brú uafásach orm seasamh d'Fhianna Fáil sa toghchán sin. Bhíos im Mhéara ar Luimneach ag an am agus, mar a dúradar, meas an phobail orm. Tráthnóna Domhnaigh amháin, chaith Frank Wall, Ard-Rúnaí Fhianna Fáil, trí huaire an chloig liom sa bhaile ag iarraidh orm seasamh don pháirtí. Dhiúltaíos, ach ar éigean imithe é nuair a bhuail Michael Herbert isteach chugam agus an port céanna aige. Ansin fuaireas glaoch teacht aníos go Baile Átha Cliath ar an Máirt chun bualadh le Brian Lenihan agus an Taoiseach Charles Haughey. Chaitheas beagán ama leis an Taoiseach ach timpeall dhá uair an chloig le Brian, duine a raibh mé an-chairdiúil leis agus an-mheas agam air le fada an lá. Níor ghéilleas, agus ní mó ná sásta a bhí Brian liom nuair a bhíos ag imeacht ó Theach Laighean an tráthnóna sin.

Bhí brú mór orm roimhe sin seasamh don Dáil sa bhliain 1968, tar éis do Donogh O'Malley bás obann a fháil. D'éirigh ar fheabhas liomsa sna toghcháin áitiúla i 1967, agus nuair a fuair O'Malley bás, bhí an-chuid daoine den tuairim go mbeadh spéis agam dul san iomaíocht agus go mba chóir mé a ainmniú. Ní raibh dream ar bith chomh díograiseach le baill Chumann an tSáirséalaigh agus baill Chumann Seoirse Clancy. Ach níor theastaigh sé uaim. B'aoibhinn liom an pholaitíocht ach níor smaoiníos riamh ar a bheith gafa léi go lánaimseartha. Bhaineas sásamh as a bheith im chomhairleoir agus thaitnigh sé liom freisin nach raibh pingin rua le fáil as an obair sin. D'fhéadfá seasamh go neamhspleách os comhair an phobail agus a dhearbhú nach raibh aon bhrabús á dhéanamh agat as a raibh ar siúl agat – ag cailliúint airgid i ndáiríre. Ach a bheith id Theachta Dála? Ansin bheifeá ag brath ar thoil an phobail le do thuarastal a thuilleamh. Agus an bhfuil aon ní chomh guagach, athraitheach le toil an phobail? Chomh maith leis sin, bhíos tar éis post nua a fháil i gColáiste Mhuire gan Smál agus thaitnigh an post nua agus an dúshlán nua liom. Go háirithe, ba mhór agam Áine is mo chlann agus níor shantaigh mé saol a choimeádfadh scartha uathusan mé formhór an ama. Ghlaoigh Bill Treacy ar Hilda O'Malley, baintreach Donogh, (ba fúithi a chum Patrick Kavanagh 'Raglan Road') agus gheall sí go dtabharfadh sí a tacaíocht dom. Ach dhiúltaíos. Nuair a bhí an chomhdháil ar siúl chun iarrthóir a roghnú, bhíos-sa ag Comhdháil an ASTI agus m'aitheasc uachtaránachta á thabhairt agam ann.

Des O'Malley a roghnaíodh. Cheap Fianna Fáil go gcabhródh an t-ainm leis, ach bhí daoine i bhFianna Fáil nach raibh róthógtha leis, mar bhí sé ráite gur iarr Donogh air seasamh sna toghcháin áitiúla agus gur dhiúltaigh sé. Bhí an feachtas toghchánaíochta géar. Neil Blaney a bhí ina stiúrthóir agus an 'Donegal Mafia' leis. Mick Lipper a roghnaigh an Lucht Oibre agus bhí Jim O'Higgins ina iarrthóir ag Fine Gael. Chuir Blaney an uimhir '77' ar gach cúinne sa chathair i bpéint dhearg agus braonacha fola ag sileadh uaithi – b'in an méid poblachtach a chuir rialtas Chumann na nGaedheal (as ar fhás Fine Gael), agus Kevin O'Higgins ina aire ann, chun báis le linn Chogadh na gCarad – níor chualas riamh Des O'Malley ag cur in aghaidh a raibh déanta ag Blaney. Bhí comhaireamh na vótaí suimiúil. Díbríodh O'Higgins roimh Lipper agus ba iad a chuid vótaí siúd a chuir O'Malley isteach. Ba dhlíodóirí iad O'Malley agus O'Higgins, agus chomh maith leis sin bhí ceangal ag muintir O'Malley leis na Léinte Gorma. Dúirt na fir *tally* go raibh seans maith nach n-éireodh le O'Malley dá ndíbreofaí Lipper níos túisce ná O'Higgins. Nach aisteach mar a tharla ina dhiaidh sin sna seachtóidí, nuair a deineadh aire de O'Malley tar éis Blaney a bhriseadh. Sleamhain iad leacracha an tí mhóir.

Ach oiread le 1968, bhíos daingean sa seasamh a ghlacas nach mbeinn im iarrthóir i 1982. Nach raibh an t-ádh orm agus an ceart agam, i ndiaidh ar tharla d'Áine sé bliana ina dhiaidh sin. Bhí deireadh leis an mbliain mhéarachta ach bhí bliain eile fágtha go dtí go mbeadh na toghcháin áitiúla ann i 1984.

Slabhra álainn, stairiúil, luachmhar a chaitheann an méara ar ócáidí foirmiúla. Bhí nós ann go gcuirfeadh gach méara bonn breise leis ar chríochnú a théarma dó. Ní mórán a dheineann é, faraor. Bheartaíos go gcuirfinn bonn leis, agus nuair a chuala uachtarán Choláiste Mhuire gan Smál é sin, gheall sí go n-íocfadh an coláiste as, mar bhronntanas dom. Ar an mbonn, tá m'ainm greanta mar aon le mo theideal gairmiúil, cláraitheoir Choláiste Mhuire gan Smál. Ar an taobh eile, tá ainm Áine agus ainmneacha ár gclainne: Úna, Declan, Fionnuala agus Éamonn. Ní chaitear an slabhra mór foirmiúil ach ar ócáidí speisialta, ach bhíodh imní orm go minic nuair a bhíodh sé sa ghluaisteán nó sa bhaile agam. Bhí luach mór air ó thaobh an óir a bhí ann, ach ní fhéadfaí luach a chur air ó thaobh na staire de. Bhíodh slabhra óir eile á chaitheamh agam gach lá, slabhra an tSirriam.

Seacht mbliana déag a bhí caite agam ar an gcomhairle chathrach, agus bhíos ag smaoineamh go mb'fhéidir go raibh sé in am dom éirí as. Bhí an-chuid déanta agam agus ba bheag rud nua a d'fhéadfainn a dhéanamh; níor dhuine mé riamh a shuífeadh siar agus mo chuid maidí a ligint le sruth. Ansin tharla rud a chinntigh dom go raibh sé in am bogadh ar aghaidh. Bhí coiste bunaithe le teorainneacha na mbardaí toghchánacha a scrúdú. Bhí ceithre bharda sa chathair agus ceathrar ionadaithe i dtrí cinn acu agus cúigear ionadaithe i mBarda a Dó. Bhíos-sa mar ionadaí i mBarda a hAon, a shínigh ó abhainn na Sionainne ó thuaidh go teorainn na cathrach. Ceann de na téarmaí tagartha a bhí ag an gcoiste ná gan cur isteach ar theorainn aiceanta, dá mb'fhéidir é. Bhíos sásta go bhfágfaí Barda a hAon mar a bhí sé ach gur dhócha go méadófaí an ionadaíocht ó cheathrar go cúigear, rud a chabhródh go mór liom. Cad é mar ionadh agus díomá a bhí orm ansin nuair a mhol an coiste ailp a bhaint as Barda a hAon thar an tSionainn agus í a chur le Barda a Dó chun an ionadaíocht ansin a choinneáil ag cúigear! Ghearr an leagan amach nua mo vóta cruinn díreach ina dhá leath. Bhí Geata Tuamhumhan, Fearann Seoin, Síol Broin agus an taobh sin den chathair bainte díom ionas nach bhféadfadh mo mháthair, fiú amháin, vótáil dom. Neartaigh an rud seo go léir an smaoineamh im aigne go raibh sé in am éirí as. Ach ní fhéadfainn an páirtí a ligint síos agus bhí gach éinne ag áiteamh orm go rabhas ró-éadóchasach. Ach i ndiaidh na mblianta go léir, thuigeas an scéal i bhfad níos fearr ná éinne eile agus b'in díreach mar a tharla sé: chailleas an suíochán. Ní fhéadfadh daoine é a chreidiúint. Bhí daoine eile ag iarraidh cúiseanna éagsúla a lorg don chailliúint, ach ní raibh ach cúis bheag shimplí amháin ann .i. an t-athrú míréasúnta a deineadh ar na teorainneacha. Agus n'fheadar cén fáth? Suimiúil go leor, chuathas siar ar an an leagan amach amaideach ina dhiaidh sin agus anois tá teorainneacha Bharda a hAon ar ais go dtí an tSionainn, agus cúigear ionadaithe aige. Ná beadh sé suimiúil a fháil amach conas mar a smaoinigh an coiste ar an athrú i dtosach, nó an raibh aon bhrú air réiteach míloighciúil, nach raibh de réir a théarmaí tagartha, a mholadh? Ní dócha go bhfaighimid freagra na ceiste sin riamh.

Ar aon nós, bhí deireadh leis an mír sin dem shaol. Bheadh aiséirí beag ann ar ball, ach sin scéal eile.

VIII

FICHE BLIAIN FAOI BHLÁTH

Pósadh Áine agus mé féin ar an 4 Aibreán 1961, ach níor shocraíomar síos go suaimhneach síochánta ina dhiaidh sin! Bhíomar beirt an-ghnóthach. Bhí Áine i mbun na scoile rince agus bhí daoine ag impí uirthi brainsí den scoil a oscailt anseo is ansiúd. Dhiúltaigh sí ach amháin i gcás na scoile i gCill Mochellóg. An tAthair Tim Culhane a bhí ina shagart paróiste ann agus ní fhéadfadh sí diúltú dó. Bhíos ag múineadh ar an Satharn ag an am agus d'fhág san go mbíodh orainn a bheith ar an mbóthar díreach i ndiaidh an lóin. Ní raibh sé ro-olc sa samhradh ach b'fhearr go mór suí cois tine sa gheimhreadh. Ní raibh ar chumas Áine tiomáint agus ní raibh ach an t-aon ghluaisteán amháin againn. Uair amháin, thug sí faoin tiomáint. Chomhairlíos di duine eile seachas mise a fháil chun í a mhúineadh, rud a rinne sí. Bhí ag éirí cuíosach maith léi, ach ar a bealach abhaile ón bhFrainc di uair amháin d'éirigh sí tinn i bPáras, agus nuair a shroich sí baile b'éigean di dul isteach san ospidéal lena máilín domlais a bhaint amach. Chuir sin isteach ar a saol tiomána agus níor bhac sí leis an tiomáint ina dhiaidh sin. Dúras-sa go raibh an-áthas ar an ngluaisteán! Faoin am sin, bhí roinnt mhaith scríob ar dhá sciathán na cairte.

Bhí an-éileamh uirthi freisin mar mholtóir, agus ba bheag deireadh seachtaine ná bímis ar an mbóthar chuig feiseanna ar fud na tíre. Agus ansin bhí na feiseanna agus na féilte thar sáile. Bhíomar beagnach coicíos i Londain uair amháin agus ba bheag den chathair nach bhfacamar. Bhíomar ag cur fúinn in óstán i Russell Square ach bhí an fhéile ar siúl san East End, i Whitechapel. Bhíodh an mholtóireacht le déanamh aici ó a sé a chlog ar aghaidh um thráthnóna agus ansin ar feadh an tSathairn agus an Domhnaigh go léir. Dá thoradh san, bhíomar saor fada go leor chun an chathair a fheiscint. Thógas grianghraf d'Áine lasmuigh de 10 Downing Street agus os comhair Buckingham Palace. Bí ag caint ar shábháilteacht! Bhí Whitechapel agus an dúthaigh mórthimpeall thar a bheith suimiúil. Sa séipéal, sloinnte Éireannacha ar fad a bhí ar na sagairt, beo agus marbh díobh, ach daoine gorma ar fad a bhí ina gcónaí sa cheantar. Díreach cosúil leis an Bronx i Nua Eabhrac, bhí na Gaeil bailithe leo chuig na háiteanna deisiúla agus na Gormaigh tagtha ina n-áit. Caitheadh go fial agus go flaithiúil linn ann.

Ar na turais eile a dheineamar, bhí an ceann go Dún Éideann, áit a raibh Áine ag moltóireacht ag Féile Dhún Éideann. Cathair fhíorálainn a bhí inti ach easpa cairdiúlachta le mothú ann. Bhí chuile áit dúnta ar a leathuair tar éis a deich agus gan fáil fiú ar an gcupán tae san óstán ar fhilleadh ar ais dúinn san oíche. Thángamar ar ais trí Ghlaschú, agus cé nach raibh aon chomparáid idir an dá chathair ó thaobh áilleachta de, bhí cairdiúlacht i bhfad níos mó le mothú i nGlaschú.

Ag an am seo, leis, a thosaigh an scoil rince ag taisteal thar sáile chuig féilte ar an Mór-Roinn, go mór mór go dtí an Spáinn agus an Fhrainc. Bhí scéal an-ghreannmhar faoi thuras amháin a thugadar go Dijon na Fraince. Féile finiúna a bhí ann agus bhí raidhse fíona agus seaimpéin ar fáil. Bhí beirt ar fhichead rinceoirí ann agus Áine agus a deirfiúr Máirín leo. Bhí an chuid ba mhó de na rinceoirí thart ar sé bliana déag nó seacht mbliana déag, agus sna seascaidí ní bheadh éinne den aois sin ag ól. Agus ba réadóirí iad Áine agus Máirín. I ndáiríre, ní raibh ach beirt nó triúr de na daoine ba shine ag ól. Bhí mo dheirfiúr Anne leo chomh maith. Tharla go raibh méara na háite pósta le bean ó Bhaile Átha Cliath agus cuireadh fáilte faoi leith roimh na hÉireannaigh agus tugadh cuireadh amach dóibh chuig fíonghort an mhéara. Taispeánadh na cineálacha éagsúla fíona agus seaimpéin dóibh, na cinn shaora thíos faoin talamh agus na cinn dhaora thuas in aice leis an díon. Bhí tráidirí gloiní os a gcomhair ach tugadh faoi deara nach rabhadar ag ól ach fíorbheagáinín. Measadh nár thaitnigh an fíon leo agus cineál masla ab ea é sin. Bhí Áine ag iarraidh a mhíniú dóibh gur réadóirí iad agus nár óladar deochanna meisciúla. Bhí sé deacair ar na Francaigh a leithéid a thuiscint agus bhí ag dul díobh ciall ar bith a bhaint as an scéal, go dtí gur las aghaidh duine amháin agus ar seisean, 'Tuigim, *Alcoholics Anonymous*.'!

B'iontach na deiseanna a bhí ag na rinceoirí taisteal ó thír go tír agus bualadh le rinceoirí na dtíortha éagsúla eile. Méadaíodh ar an taisteal le himeacht na mblianta, agus nuair a bhí ár gclann féin fásta, ba bheag samhradh nach mbídís i gcéin. Ba mhinic iad sa Ghearmáin, go mór mór thart ar München. Bhí an-thóir agus an-mheas ar an gceol Gaelach agus ar an rince Gaelach ann. Oíche amháin dá rabhadar istigh i halla mór beorach i München, iarradh orthu cúpla amhrán a chanadh agus chríochnaíodar le 'A Nation Once Again'. Sheas na céadta sa halla agus iad ag canadh leo, ag greadadh cos is ag bualadh bos. Cúis amháin a luadh leo faoin meas a bhí ar an gceol Gaelach agus ar na bailéid ná an gaol a bhí eatarthu agus ceol traidisiúnta na Gearmáine, go mór mór ceol traidisiúnta na Baváire. Ghlac na Naitsithe an ceol sin chucu féin ar mhaithe leis an bpolaitíocht agus d'fhág san leisce ar na Gearmáinigh aon bhaint a bheith acu leis. Dá thoradh san, thógadar chucu féin an ceol agus an amhránaíocht Ghaelach, a raibh an fuinneamh agus an náisiúnachas céanna ag baint leis. B'iontach an spórt agus an spraoi a bhíodh ag gach éinne. Bhíodar ina dtaidhleoirí d'Éirinn gach áit ar chuadar, agus ba mhinic daoine ón iasacht ag teacht chugainn mar gheall ar an gcaradas a chothaigh na rinceoirí leo ag na féilte éagsúla thar lear.

Tá an-chreidiúint ag dul do na múinteoirí rince, a shlánaigh agus a choinnigh an rince Gaelach beo sa tír agus a leathnaigh é thar sáile chomh fada leis na Stáit Aontaithe, an Astráil agus an Nua-Shéalainn. Agus ní bhfuaireadar aon tacaíocht ón stát. Deineadh faillí ar an gcultúr Gaelach a chothú sna scoileanna – an rince, an ceol, an scéalaíocht – agus is in olcas atá sé ag dul faoi láthair. Na múinteoirí rince agus na tuismitheoirí – cuid acu ar éigean a raibh an cúpla pingin táille acu – a chothaigh an rince agus a scaip ar fud na tíre é. Ansin, bhí na hOireachtais Chúige ann, agus Oireachtas na hÉireann. Le leathnú an rince ar fud an domhain, bunaíodh Oireachtas Rince na Cruinne agus na mílte ag iomaíocht ann ó chuile áit ar domhan.

Bhíothas ann a lochtaíodh an rince, ag rá go raibh sé rórighin, dolúbtha, gan lúcháir ná spraoi. Ach bhíodar ag meascadh dhá rud éagsúla: an comórtas, nuair a bhí sé riachtanach gach uile chéim agus buille agus casadh a dhéanamh go cruinn ceart; agus na céilithe agus aon tabhairt amach eile, nuair a bhíodh an spórt agus an spraoi faoi lántseol. Agus an-chreidiúint freisin ag dul do na múinteoirí mar gheall ar an gcumadóireacht, an athnuachan agus an dul chun cinn a bhí ar siúl i gcónaí maidir leis na rincí. Bhíodh comórtais ann i gcónaí do rincí nuachumtha – agus chum Áine agus Máirín cinn den scoth, mar a rinne a máthair agus a n-aintín rompu. Níor buadh riamh ar na *Kerry Dances*, agus i 1986 léirigh an scoil dráma rince in ómós don chuimhneachán seachtó bliain ar Éirí Amach na Cásca, ag Comórtas Rince na Cruinne, agus sheas an 1,500 lucht féachana sa Savoy ag bualadh bos agus ag moladh an damhsa agus na rinceoirí. Ba leasc leo scaoileadh leis na rinceoirí ón stáitse. Agus bhí an t-uafás rincí nuachumtha eile ag an scoil i rith na mblianta, cinn mar 'The Hurling Boys', 'Speed The Plough', 'The Bridges Of Rosse', 'Sive' agus mórán eile nach dtagann chun cuimhne chugam anois. Agus bhí an scéal mar an gcéanna ar fud na tíre i scoileanna cosúil le McTaggart's, Maitiú Ó Maoiléidigh, Scoil Uí Shé, gan trácht ar na scoileanna thar sáile a tháinig chun cinn go mór sna hochtóidí agus na nóchaidí.

Táthar ann anois a dhéanfadh iarracht a áiteamh ort nach raibh cáil fhorleathan ag an rince Gaelach go dtí gur saolaíodh

Riverdance. Cinnte, tharraing *Riverdance* pobal nua isteach chun blaiseadh de ghné amháin de shaibhreas cultúrtha na hÉireann. Ar an mbealach sin rinne sé an-mhaitheas don rince Gaelach agus thug sé deis do rinceoirí airgead a thuilleamh as an gcaitheamh aimsire a bhí acu. Ach na rinceoirí ar fad, nach mór, a bhí páirteach i *Riverdance* nó *Lord Of The Dance* agus na cinn eile a d'eascair astu siúd, thángadar ó na scoileanna rince traidisiúnta ar fud na tíre agus i gcéin. Scoth na rinceoirí ab ea na daoine sin, a raibh Craobh na hÉireann agus Craobh na Cruinne bainte amach acu roimhe sin. Agus an cineál rince féin? Nuair a bhreathnaím anois ar fhístéipeanna de bhainiseacha ár gclainne féin agus 'Step Down the Line' ar siúl acu, is é atá ann ná an bunús de *Riverdance* agus a leithéid. Ní ag lochtú an dul chun cinn atáim ach ag taispeáint nach ndearna na damhsaí nua an branar a chur, ach gur bhaineadar an fómhar ón ithir shaibhir a bhí treafa go maith roimhe sin.

Agus ba chóir aitheantas faoi leith a thabhairt don Choimisiún le Rincí Gaelacha, a bhunaigh aontas i measc na scoileanna éagsúla agus a leag síos na bunchaighdeáin do mhúinteoirí agus do mholtóirí.

Chomh maith leis an rince, bhí an-éileamh ar amhránaíocht Áine ag coirmeacha ceoil agus ag taispeántais ar fud na tíre agus i gcéin. Rinne sí cúpla craoladh ó Raidió Éireann. Is cuimhin liom ceann amháin díobh go rímhaith, mar tharla sé ar an lá a cuireadh na saighdiúirí a maraíodh sa luíochán ag Niemba sa Chongó. Bhí an craoladh le déanamh ón stiúideo i mBaile Átha Cliath, agus d'fhágamar Luimneach go luath ionas go mbeimis in am don tsochraid. Nuair a shroicheamar bruach na cathrach, cuireadh ar mhalairt slí isteach sinn ar bhóithre nach raibh ar eolas agam agus nach raibh aon chomharthaí breise curtha orthu. Ar aon chuma, tar éis casadh agus timpeallú cén áit a shroicheamar ach na céanna, bealach na sochraide! Thiomáineamar linn gur bhaineamar Sráid Uí Chonaill amach, agus tar éis an gluaisteán a pháirceáil ansin, sheasamar leis an slua ag feitheamh leis an tsochraid. Bhí an ócáid ar fad sollúnta agus goilliúnach ach ar an taobh eile mhúsclódh sé bród agus uabhar ionat. Bheadh trua agat do ghaolta na saighdiúirí a maraíodh agus uaigneas ort ag féachaint ar an gcarráiste gunna ag iompar chorp an Leifteanaint Ó Gliasáin. Rud eile a chuaigh i gcion go mór orainn ná ciúnas agus ómós an tslua, cruinneas an airm agus sollúntacht an cheoil.

Rinne Áine mórán craoltaí ar Raidió Éireann, ó Bhaile Átha Cliath agus ó Chorcaigh. Rinne sí taifeadadh do Chiarán Mac Mathúna in óstan an Shannon Arms i Luimneach i 1958, áit ar chan sí 'The Leaving of Limerick', agus go dtí le fíorghairid sheinneadh Ciarán an t-amhrán ar an gclár *Mo Cheol Thú* gach maidin Domhnaigh, fiú ar a chlár deiridh i 2005. Chuireadh sé iontas orm i gcónaí méid an lucht éisteachta a bhíodh aige ag an am sin ar maidin. Ag dul ar Aifreann dom, luadh daoine liom gur chualadar Áine ar an gclár amhail is dá mba í féin a bhí ann. Níos déanaí, nuair a tháinig an teilifís, rinne sí féin agus na rinceoirí cláracha, go mór mór do Liam Ó Murchú ar *Trom agus Éadrom*. Agus cad a rinne RTÉ ach an chuid is mó de na taifeadtaí sin a scrios! Bí ag caint ar ár ndúchas a chaomhnú.

Bhí ardmheas ag an bpobal ar an gceol agus ar an rince Gaelach – táimse ag caint ar am sarar bunaíodh Comhaltas Ceoltóirí Éireann agus sarar chualathas tada faoi na Clancy Brothers. Bhí an traidisiún Gaelach mar chineál srutha faoin talamh; drochmheas air ag daoine údarásacha ach é buan go maith ar fud na tuaithe. Díreach cosúil leis an rince, bhí an ithir saibhrithe agus cothaithe go maith ag daoine ar nós Áine agus í réidh don lá nuair a bheadh sé faiseanta a bheith ag freastal ar fhleadhanna ceoil agus ar choirmeacha ceoil Gaelacha. Bhí an roth casta agus gura fada a mhairfidh sé.

I 1963 ar an 23 Iúil, rugadh Úna, ár gcéad leanbh. Níl áireamh ar an bhfáilte a cuireadh roimpi uainn féin dar ndóigh, ach óm mháthair agus óm athair, ó aintíní Áine agus ónár ngaolta agus ár gcairde go léir. Bhí mo bheirt dheirfiúracha, Celine agus Anne, ina n-aintíní anois, mar aon le deirfiúr Áine, Máirín, agus a beirt dheartháireacha, Gearóid agus Antóin, ina n-uncailí. In ospidéal Bedford Row a rugadh í. Ní gá dom a rá nár ceadaíodh d'aithreacha a bheith i láthair ag an mbreith ag an am sin, buíochas le Dia! Fiú amháin cuireadh amach as an ospidéal mé thart ar a haon déag a chlog agus dúradh liom gan glaoch orthu mar go mbeidís gnóthach ar feadh na hoíche.

Ar a seacht a chlog an mhaidin dár gcionn, bhíos istigh san ospidéal agus b'in an chéad uair a chonac Úna. B'aisteach breathnú uirthi ina codladh sa chliabhán go suaimhneach síochánta – ní mhairfeadh sin i bhfad! Bhíomar ag súil léi le naoi mí, ach ag féachaint uirthi ansin shamhlófá go raibh sí ann i gcónaí. Ba chuid den teaghlach í cheana féin. Bhí Áine féin ag féachaint ar fheabhas ainneoin ar chuaigh sí tríd ón lá roimhe sin. Bhí uirthi a bheith san ospidéal an lá sin ar a hocht a chlog ar maidin, mar bhí sí thar am. Bhí an lá sin fada, tuirsiúil. Ach bhí dearmad déanta ar an bhfulaingt go léir. Bhí Úna tagtha agus bhí Áine ag tnúth leis an slua teacht isteach. Agus thángadar. Ar a haon déag, bhí an seomra lán agus Aintín Baby agus Mary Phillips ag caitheamh toitíní gan stop! Isteach leis an mátrún agus chuir sí an ruaig ar a raibh istigh agus d'ordaigh dóibh gan filleadh go dtí i ndiaidh an lóin. Sall trasna na sráide chuig óstán Thuamhumhan a chuamar chun sláinte an linbh nua a ól, ach d'éalaíos-sa ar ais tar éis tamaillín.

Bhí ceiliúradh eile againn nuair a tháinig Áine is Úna abhaile, agus nuair a bhí gach éinne imithe an oíche sin bhíomar fágtha inár n-aonar chun aire a thabhairt don bhurla beag taitneamhach nach raibh gíog aisti ar feadh an tráthnóna. Bhí sé in am di dul a luí. Nach iontach deacair é naipcín a chur ar leanbh! Ach bhí sí réidh don oíche. Cúpla nóiméad ina dhiaidh sin, bhí béic aisti, agus nuair a chuamar suas chuici bhí a raibh ólta aici caite aniar aici. Naipcín eile agus buidéal eile. Nuair a bhí sin déanta den tríú huair againn, thit a codladh uirthi ar feadh uair an chloig! Le scéal gearr a dhéanamh de, níor chodail sí ar feadh trí bliana – ná sinne ach an oiread.

Bliain is lá ina dhiaidh sin, ar an 24 Iúil 1964, rugadh Declan. Bhí a theacht siúd i bhfad níos réidhe ná teacht Úna agus chodail seisean an t-am ar fad. Bhí Úna fós in aon tseomra linne ach chuireamar Declan isteach ina sheomra féin ón tús. Ach cé gur chodail seisean go suanmhar, bhímis isteach is amach chuige ar eagla go raibh rud éigin cearr leis, nuair nach raibh sé ag béiceadh. Ní féidir tuismitheoirí a shásamh!

Rugadh Fionnuala ar an 8 Meán Fómhair 1966, agus díreach cosúil le hÚna níor chodail sise ach an oiread. Uair dá raibh sí thíos tigh mo mháthar nuair a bhíomar as baile, dúirt m'athair go bhfaigheadh sé an Boherbuoy Band chun í a thionlacan abhaile! Ansin, ar an 15 Márta 1970, saolaíodh Éamonn, agus buíochas le Dia gur lean sé bealaí codlata a dhearthár. Níorbh ionann san is a rá nár chuir siad sceon orainn uaireanta. Maidin amháin, bhuail an chomharsa béal dorais linn ar an doras agus dúirt go raibh Declan ag seasamh ar leic na fuinneoige thuas staighre. Bhí sé thart ar aon bhliain d'aois ag an am. Anairde staighre linn chomh ciúin agus a d'fhéadfaimis agus b'in ansin é ar leic na fuinneoige agus a phitseámaí thíos fan a chuid rúitíní. Bhí aingeal coimhdeachta aige agus comharsa mhaith!

Bhí ceathrar clainne orainn anois agus ba leor sin chun sinn a choimeád gnóthach. Ach leanamar leis na rudaí eile go léir a bhí ar siúl againn. Bhí an t-ádh dearg orainn go raibh aintíní Áine ann, agus go mór mór mo mháthair, chun aire a thabhairt dóibh nuair a bhíomar beirt gafa le rudaí áirithe ag an am céanna. Fuair m'athairse bás i 1969 agus ba bhreá le mo mháthair teacht anonn chugainn san oíche chun aire a thabhairt dóibh dá mbeimis ag dul ar thabhairt amach éigin. B'iontach an fuinneamh a bhí inti, mar i rith cuid den am sin bhí sí ag tabhairt aire do chlann mo dheirféar Anne nuair a bhí sise ag múineadh, agus ag déanamh cúraim do mhac mo dheirféar eile Celine. Bhí an-chion aici ar pháistí agus an-mheas acusan uirthi chomh maith. Agus, dar ndóigh, ní raibh éinne chomh maith lena garchlann féin!

Bhíomar féin an-mhórálach as gach duine den cheathrar acu.

Níor chuireadar buairt ar bith orainn riamh agus ba mhór an sonas agus an greann a thugadar go léir dúinn. Ar bhealach, is dócha go raibh Áine níos déine orthu ó thaobh smachta de. Dá gcuirfeadh sí éinne acu a chodladh toisc go raibh siad dána, shleamhnóinn suas an staighre le cúpla milseán nó brioscaí. Mícheart ar fad, dar ndóigh! Ar an taobh eile, nuair a d'fhásadar suas, ba le hÁine a chuadar ag siopadóireacht agus isteach le haghaidh caife. Agus féach mar a dúras 'nuair a d'fhásadar suas'. Na blianta ar fad atá sa chúpla focal sin – blianta sonasacha, geala, taitneamhacha ach beagán den imní agus den bhuairt ag amanna, nuair a bhídís tinn, mar shampla. Ba mhór againn iontais na mblianta sin: an chéad choiscéim, an chéad Nollaig, an chéad lá breithe, an Chéad Chomaoineach, an Cóineartú agus an t-ullmhúchán agus an gléasadh do na hócáidí móra go léir. Agus b'iontach na scéalta agus an greann. Bhí sé i gceist agam go minic na scéalta fúthu agus na scéalta éagsúla a bhíodh acu a scríobh síos – rud nach ndearna mé – ach d'insínn do cheann roinn an Bhéarla sa choláiste, an tSiúr Marie-Thérèse, iad agus is aici atáid go léir. Ceann amháin a thagann chun cuimhne dom ná Declan agus Fionnuala ag suí cois boird sa chistin agus pictiúr den Chroí Rónaofa os a gcionn. Bhí Declan tosaithe i rang na naíonán agus Fionnuala breis bheag agus dhá bhliain d'aois. Bhí sí ag féachaint ar phictiúr Íosa agus an ghruaig fhada air agus thosaigh an comhrá:

'Dec, is God a man or a woman?'

An freagra go pras: 'He was a woman but he was made man!' B'in an chiall a bhain sé as 'God made Man' agus ba mhinic ina dhiaidh sin gur úsáid mé an scéal sin sna ranganna agam féin, ag cur ina luí ar na hábhair mhúinteoirí a bheith cúramach ag labhairt le páistí ionas go mbeadh tuiscint cheart acu ar a raibh á rá leo. Táimse ag rá le mo chlann féin anois na scéalta a bhíonn ag a gclann siúd a bhreacadh síos, nuair atáid úr. Bhí ceann ag Fionnuala cúpla lá ó shin faoina mac siúd Oisín. Caithfidh go raibh sé ag caint nó ag pleidhcíocht sa rang (rang na naíonán) agus bhí air seasamh ag an líne.

Bhí Fionnuala ag míniú dó gan a bheith ag caint sa rang agus ar sise, 'You'll be good tomorrow?'

'I will.'

'You'll make a special effort?'

'I will.'

Bhí sé ag imeacht uaithi nuair a chas sé timpeall agus ar seisean, 'What's an effort?'

N'fheadar cad a déarfadh na síceolaithe oideachais!

Bhíodar i gcónaí faoi fholáireamh gan aon trioblóid a thabhairt sa rang, go háirithe nuair a bhíodh na hábhair mhúinteoirí amuigh ar chleachtadh múinteoireachta. Lá amháin ag am lóin, bhí sé soiléir go raibh scéal ag Éamonn agus é ar bís chun é a insint. Faoi dheireadh bhris ar a fhoighne agus ar seisean, 'B'éigean dom rud a bhí scríofa ag an ábhar múinteora ar an gclár dubh a cheartú inniu.'

'Ná dúirt mé leat i gcónaí gan a leithéid sin a dhéanamh,' arsa mise.

'Ó,' ar seisean, 'bhíos an-dhea-bhéasach, ach ní fhéadfainn a ligint dó an rud mícheart a mhúineadh don rang!' Bhí sé i rang a dó ag an am!

Ba mhór an sult agus an greann a bhaineamar astu. Sa teach a bhíodh gach ceiliúradh agus gach páirtí againn agus a gcairde ar fad istigh acu. B'éigean an gairdín a athrú nuair a thángadar. Bhí deireadh le ré na mbláthanna agus na nglasraí agus ina n-áit bhí faiche imeartha don iománaíocht, don pheil, don leadóg, don ghalf agus don téadléimneach. Ba mhinic na fuinneoga briste agus níorbh annamh dom féin a bheith ciontach. Is cuimhin liom lá amháin nuair a bhíomar ag ullmhú le dul ar saoire go Ciarraí agus bhí Declan ag imirt le liathróid peile os comhair an tí. Bhíos ag líonadh an bhagáiste isteach sa ghluaisteán agus thugas rabhadh cúpla uair dó a bheith cúramach agus gan aon fhuinneog a bhriseadh. 'Ní dhéanfad,' a dúirt sé, 'nílim ach ag súgradh leis an liathróid.' Ansan a tharla sé: pána mór gloine ina smidiríní ar an talamh! An Satharn a bhí ann agus gan teacht ar éinne chun ceann nua a chur isteach láithreach bonn. N'fheadar conas nár maraíodh é an lá sin. B'éigean dom na toisí a thógaint, an ghloine a fháil agus é a chur isteach mé féin agus ansin tabhairt faoin aistear go Corca Dhuibhne, trí huaire níos moille ná mar a bhí beartaithe. Nach iontach iad páistí leis an bhfoighne a chothú ionat!

In aois a ceathair a thosaíodar ar an scoil. Chuig Naomh Filimíne, in aice le Coláiste Mhuire gan Smál, a chuaigh Úna, Declan agus Fionnuala i dtosach. Lean na cailíní ar aghaidh go Maryville agus ina dhiaidh sin go dtí an Scoil A i gCnoc na Labhras (an Coláiste anois). Chuaigh Declan ó Naomh Filimíne go dtí an JFK agus ina dhiaidh sin chuig Ardscoil Rís. Thosaigh Éamonn i naíscoil na Sailíseach, ar aghaidh go dtí an JFK agus ansin chuig Ardscoil Rís. Bhí gaol fada againn le Cnoc na Labhras; b'ann a chuaigh Áine agus a deirfiúr Máirín, clann iníon Mháirín agus clann iníon mo dheirféar Anne. Agus thosaigh Áine féin i naíoscoil na Sailíseach agus ar aghaidh léi ansin go dtí an Mhodhscoil. Ba í an Scoil A i gCnoc na Labhras an t-aon mheánscoil lán-Ghaelach sa chathair. Bhí an JFK agus Ardscoil Rís sa pharóiste agus an-chóngarach dúinn agus b'ann a chuaigh na buachaillí seachas chuig Sráid Seasnáin. D'éirigh ar fheabhas leo ar fad.

Chomh maith le cúrsaí scoile, bhíodar gafa leis an rince, le ceol agus le drámaíocht. Bhí ar a gcumas acu go léir an rince Gaelach a dhéanamh, ach b'iad Declan agus Fionnuala ba mhó a ghlac páirt ann. Bhaineadar beirt Craobh na hÉireann agus Craobh na Cruinne amach i rincí foirne agus ghnóthaigh Declan a theastas múinteoireachta ann ar ball. Chuaigh an ceathrar acu chuig an Scoil Cheoil sa chathair, iad go léir ag gabháil don phianó ach Éamonn, a roghnaigh an veidhlín. Rinne Fionnuala cúrsa san Urlabhraíocht agus Drámaíocht chomh maith. Bhaineadar go léir grád a hocht amach agus ghnóthaigh Fionnuala an bonn cré-umha sa drámaíocht. Maidir le hÉamonn, bhí an-shuim aige sa cheol traidisiúnta agus fuair sé ceachtanna ó Con Foley, fidléir traidisiúnta cáiliúil. Ina theach féin a mhúineadh Con é, agus nuair a théinn ar ais chun Éamonn a bhailiú, bhíodh an bheirt acu ar dhá thaobh na tine agus iad ag seinm leo. Ba leasc le Con scaoileadh leis agus ní thógfadh sé pingin rua riamh. As sin go léir, tá sé le tuiscint go raibh an gluaisteán ar an mbóthar cuid mhaith den lá agus den oíche. Agus, dar ndóigh, bhí na comórtais ag Féile Luimnigh agus ag an bhFeis Mhaitiú i gCorcaigh. Is cuimhin liom lá amháin i gCorcaigh, nuair a thógas Fionnuala agus a cara Linda Hayes go dtí an Fheis Mhaitiú ann – im shuí sa halla ag éisteacht le 192 iarrthóir faoi bhun sé bliana ag aithris an dáin chéanna, 'I Saw a Mouse'.

Ar scoil, bhí an-bhaint, go háirithe ag Úna agus Fionnuala, le díospóireachtaí, agus bhaineadar beirt Craobh na hÉireann amach ag na comórtais a reáchtáil Gael-Linn ag an leibhéal sóisearach agus sinsearach. Ghnóthaigh Declan duaiseanna sna díospóireachtaí chomh maith, agus d'imir sé féin agus Éamonn iománaíocht. Chomh maith leis sin, bhíodh Declan, Fionnuala agus Éamonn ag taisteal le hÁine agus na rinceoirí chuig féilte ar an Mór-Roinn sa samhradh, agus bhíodh Éamonn ag taisteal le grúpa traidisiúnta ó Ardscoil Rís. Bhíodar gnóthach ach bhaineadar an-spraoi agus spórt as.

I 1983, bhuaigh Úna an chéad duais i gcomórtas filíochta Eorpaí agus bhronn an tUachtarán Pádraig Ó hIrghile, bonn speisialta uirthi. 'Scoite' a thug sí ar an dán:

I ndomhainsuan na hoíche
I measc mo smaointe fánacha,
Shamhlaíos sochraid.
Is bhíos ann i measc an tslua
Is bhíos scoite.
Mar dhearcas ar an gcónra dhubh
Is chonaiceas an tsluasaid chré le chéile.
Nasc an chré le dubh an chónra
Is deineadh díobh araon aon ní.
Is thit an bláth i dtóin poill
Is deineadh de aon ní le cré

Is bhí sé dubh.
Dhúisíos de gheit i dtost an tí,
Scanraithe.

Dar ndóigh, bhí scrúduithe le déanamh: an Mheánteist, an Ardteist agus ansin na scrúduithe éagsúla ollscoile. Ó 1978 ar aghaidh, ní raibh aon bhliain nach raibh scrúdú á dhéanamh ag duine nó beirt acu agus, buíochas le Dia, d'éirigh ar fheabhas leo. Bhí Úna ina ceannródaí agus san Ardteist bhuaigh sí scoláireacht na Roinne Oideachais agus Scoláireacht an Phiarsaigh. Ghlac sí le Scoláireacht an Phiarsaigh. I 1966, bhunaigh an rialtas seacht gcinn de scoláireachtaí mar chuimhneachán ar an seachtar laoch a shínigh Forógra na Cásca 1916. Bronntar Scoláireacht an Phiarsaigh ar an mac léinn a ghnóthaíonn an chéad áit sa Ghaeilge agus sa stair san Ardteist. Bunmhúinteoireacht a theastaigh ó Declan, agus cé go mbíonn an comórtas dian i gcónaí, d'éirigh leis. Bhuaigh Fionnuala scoláireacht na Roinne Oideachais chomh maith, ach de bhrí gur roghnaigh sí an bhunmhúinteoireacht i gColáiste Mhuire gan Smál, agus nach raibh na cúrsaí uilig ansin trí Ghaeilge ag an am sin, ní fhéadfadh sí glacadh léi. Rud suimiúil faoin scoláireacht úd ná an méid den chlann féin a bhuaigh í: mé féin, Úna, Fionnuala, mo dhearthair cliamhain Gearóid agus clann iníon mo dheirféar cliamhain Máirín. Ní raibh ar chumas Declan ná Éamoinn cur isteach ar an scoláireacht toisc nach raibh na hábhair á ndéanamh acu trí Ghaeilge in Ardscoil Rís. Roghnaigh Éamonn an bhunmhúinteoireacht chomh maith.

Dá thoradh san ar fad, chuaigh Úna go Coláiste na hOllscoile, Gaillimh agus chuaigh an triúr eile go Coláiste Mhuire gan Smál i Luimneach. I 1980 a chuaigh Úna go Gaillimh agus is cuimhin liom go maith é. Bhí Gaillimh tar éis buachan ar Luimneach i gCraobh Iománaíochta na hÉireann i mí Mheán Fómhair agus bhí an cluiche ar gach gléas taifeadta ar fud an choláiste! Bí ag caint ar chomh cairdiúil, fáilteach is atá Gaillimh! Bhí an-uaigneas orm an lá céanna, cineál meascáin d'uaigneas is d'áthas – áthas orm gur éirigh chomh maith sin léi agus go bhfuair sí a raibh uaithi;

agus uaigneas go raibh an chéad bhriseadh clainne tagtha agus nach raibh ansin ach an tús. Bhain sí an BA (Gaeilge agus stair) agus an MA (stair) amach agus ina dhiaidh an PhD (stair) in Ollscoil Lehigh (Pennsylvania). Bhain an triúr eile an B.Ed. amach agus oideachas agus Gaeilge acu sa chéim. Tá Úna ag léachtóireacht sa stair i gColáiste Mhuire gan Smál, Declan agus Fionnuala ag múineadh sa chathair agus Éamonn ina phríomhoide ar Ghaelscoil Dhonncha Rua sa tSionainn.

Cár imigh na blianta?

IX

COLÁISTE MHUIRE GAN SMÁL

Bhíos ag baint an-thaitneamh as an saol: thaitnigh an mheán-
mhúinteoireacht thar barr liom; bhíos im uachtarán ar an ASTI;
bhíos tofa im chomhairleoir ar Bhardas Luimnigh; bhí ceithre
Harty Cup agus dhá Chraobh na hÉireann buaite ag Sráid
Seasnáin – ní rabhas ag smaoineamh go mbeadh aon athrú mór
eile im shaol. Ansin, deireadh na bliana 1967, chonac fógra ar an
nuachtán go raibh an coláiste oiliúna[1] Coláiste Mhuire gan Smál
ag lorg léachtóra sa Ghaeilge nó, mar a bhí ar an bhfógra, Ollamh
le Gaeilge. Léas é agus d'fhágas i leataobh é, ach bhí ag cliseadh
orm é a bhrú as m'aigne. Lean sé mar chineál gairme i gcúl mo
chinn. Cén saghas coláiste ab ea an coláiste oiliúna seo? Ba bheag
aithne nó cur amach a bhí ar an gcoláiste i Luimneach, cé go raibh
sé bunaithe ó 1898. An 'Training College' a tugadh riamh air, ach
ní raibh tionchar mór aige ar an gcathair agus ba bheag mac léinn
ón gcathair a d'fhreastail air. Bhí fallaí arda timpeall air agus ní
fheicfeá na mic léinn ach anois is arís, nuair a bhídís amuigh ag
siúl. Dar le cuid mhaith de mhuintir na cathrach, coláiste do
mhuintir na tuaithe a bhí ann! Ar aon chuma, dheineas roinnt
taighde agus bheartaíos ar iarratas a chur isteach ar an bpost.
Níorbh fhada go bhfuaireas glaoch chun agallaimh.

---

[1] 'Coláistí oiliúna' a bhí ar na coláistí oiliúna do mhúinteoirí bunscoile suas
go dtí tús na seachtóidí. Thugadar 'coláistí oideachais' orthu féin ansin.
Dar ndóigh, sa lá atá inniu ann, tá i bhfad níos mó ar siúl iontu ná oiliúint
mhúinteoirí bunscoile amháin.

Agallamh! Níor cuireadh faoi agallamh riamh mé do phost. An post a bhí agam i Sráid Seasnáin, dúradh liom go mbeadh sé ann dom nuair a bheadh críochnaithe agam sa Ghaillimh. B'éigean dom taighde breise a dhéanamh ar an gcoláiste agus ar an mbunmhúinteoireacht. An bhunmhúinteoireacht? Agus an ASTI de shíor ag clamhsán faoin INTO! Agus mise, im uachtarán ar an ASTI, ag cur isteach ar phost sa choláiste oiliúna a bhí mar dhaingean cosanta ag na bunmhúinteoirí. Nárbh ait an mac an saol! Gheal an lá faoi dheireadh. Shiúlas suas na céimeanna éibhir go dtí an príomhdhoras. Ina dhiaidh sin, fuaireas amach nach n-úsáidtí an doras sin ach ar ócáidí stairiúla! Bhuail siúr liom agus rinneadh mé a thionlacan isteach go dtí an seomra agallaimh.

Bhí triúr os mo chomhair: uachtarán an choláiste an tSiúr Loreto Ní Chonchubhair, an tSiúr Cabrini Ní Mhaoldomhnaigh, a bhí i bhfeighil ar chúrsaí oideachais, agus Gearóid Ó Súilleabháin, a bhí ina phríomhchigire ag an am. Mhair an t-agallamh thart ar uair an chloig. Bhíos ar mo shuaimhneas agus mheasas gur éirigh go maith liom. Deacracht amháin a bhí agam ná na ceisteanna faoi mhúineadh na Gaeilge. Níor thuigeas go mbeadh cúram mhúineadh na Gaeilge, chomh maith leis an nGaeilge féin, ar an té a cheapfaí. Bhí trí bliana déag caite agam ag múineadh Gaeilge san Ardteist ach teoiric mhúineadh na Gaeilge do naíonáin? Ar aon chuma, caithfidh gur chruthaigh mé go maith, mar fuaireas an post. Ach bhí fadhb ansin agam, mar theastaigh uathu go dtosóinn láithreach. Ní fhéadfainn sin a dhéanamh i mí Eanáir agus ranganna Ardteiste sa Ghaeilge agus sa Mhatamaitic a fhágaint im dhiaidh i Sráid Seasnáin. Chomh maith leis sin, bhíos im uachtarán ar an ASTI agus bhí dualgais bhreise orm dá bharr san. Socraíodh ag an deireadh go ndéanfainn cúpla uair an chloig sa choláiste um thráthnóna go dtí an samhradh agus go dtosóinn go lánaimseartha i mí Mheán Fómhair 1968.

Bhí an margadh déanta, agus cé go rabhas an-shásta, bhí beagán imní agus roinnt cumha orm ag fágaint Shráid Seasnáin agus ag imeacht ón ASTI agus na cairde ar fad a bhí againn. Ach bhí dúshlán eile le sárú agam, agus thaitnigh dúshlán riamh liom.

Cuireadh an-fháilte romham féin agus roimh Áine agus ár gclann. Bhí an coláiste an-bheag, 200 mac léinn ann, 100 i ngach bliain – agus cailíní ar fad, dar ndóigh. Mná rialta ar fad a bhí ag teagasc ach amháin Evan Morrissey, a bhí ina léachtóir le healaín. Bhí sé aisteach domsa gan a bheith os mo chomhair amach ach cailíní, agus iad chomh dea-bhéasach sin: gach duine ina seasamh nuair a shiúlainn isteach agus shuídís ansin nuair a shuínn! Bhí saol dian acu. Ba dhaoine an-mheabhrach iad, mar bhí dianchoimhlint ann le háit a fháil sa choláiste. Bhíodar ag obair ar feadh an lae ag léachtanna agus ag ranganna, agus bhí ranganna ar an Satharn go dtí a haon. Chónaíodar uilig sa choláiste agus ní raibh aon cheist faoi dhul abhaile ag an deireadh seachtaine ná ag am ar bith eile. Ina choinne sin, bhíodar ar fheabhas ar fad ag eagrú siamsaí, ceolchoirmeacha agus díospóireachtaí, agus b'iontach na buanna a bhí acu go léir. Dá thoradh san, cothaíodh an-spiorad iontu, agus ar an gcaoi sin d'éirigh leo an dianobair agus an saol cúng, teoranta a bhí acu a shárú.

Nuair a thosaíos go lánaimseartha, ba dhuine nua mé agus b'fhear mé! Chothaíos ceangal leo agus mholas dóibh teacht chun cainte liom dá mbeadh aon deacracht acu, agus choinníos an ceangal agus an caidreamh sin leis na mic léinn ar feadh mo thréimhse ar fad ann. Ba mhaith an rud go rabhas pósta, mar bhínn ag séideadh faoi Áine go rabhas i ngrá leo go léir! Agus Lá 'le Vailintín, bhíodh an-chuid cártaí fágtha dom ach gan aon ainm orthu, agus iad uilig an-ghreannmhar. Tagann véarsa amháin chun cuimhne chugam as dán amháin a fuaireas:

> Mr Bromell, sir, you're a bit too old
> To be our Valentine,
> But if you change from Fianna Fáil,
> We'll make exception this one time!

Ba dhaoine den scoth iad, ach bhí sé riachtanach go bhfaighidís breis saoirse agus go dtiocfadh forbairt agus fás pearsanta orthu mar a bhí ag tarlú le mic léinn ollscoile agus leo siúd a bhí amuigh ag obair cheana féin.

Cleachtadh múinteoireachta a bhíodh ar siúl i mí Mheán Fómhair don dara bliain. Bhí mí iomlán le caitheamh acu ag múineadh i scoil ina gceantar féin sa bhaile. Dhéanadh na léachtóirí feitheoireacht orthu, agus b'éigean dóibh a bheith amuigh gach lá ar feadh na míosa. Bhuaileas suas go dtí an coláiste an chéad lá tar éis dom Úna agus Declan a fhágaint isteach i scoil Naomh Filimíne. Bhí Declan ag tosú ar an scoil an lá sin agus bhí Áine sa Fhrainc ag féile rince. Ní gá a rá go raibh rírá sa teach an mhaidin sin! Bhí an tSiúr Hilary ag teacht liom, agus nuair a tháinig sí amach go dtí an gluaisteán bhí mála dubh aici agus fleasc ag gobadh aníos as. Bhí ceisteanna ag rith tríom chloigeann agus arsa mise, 'Cad atá sa mhála agat?'

'Mo lón,' ar sise.

'Níl tada agamsa,' arsa mise, mar mheasas go rachaimis isteach in óstán éigin le haghaidh an lóin. Isteach léi agus fuair sí an lón domsa, ceapairí agus fleasc tae. Bhí sé blasta mar lón an chéad lá, ceart go leor an dara lá, ag éirí bréan de an tríú lá ach, a thiarcais, cad é mar lón gach lá ar feadh míosa! Rinneadh iarracht ar mé a shásamh leis an bhfeoil agus an sailéad a chur ar phláta in áit ceapairí a dhéanamh de! Lá amháin, bhíos féin agus an tSiúr Angela i scoil an chlochair sa Tulach i gContae an Chláir. Bhí sé ag teacht gairid d'am lóin agus bhíos ag smaoineamh nach scaoilfí amach sinn gan lón a thabhairt dúinn. Nuair a bhínn ag déanamh na mbéalscrúduithe don Ardteist, ba bhreá liom a bheith i scoil chlochair am lóin, mar bhíodh lón sármhaith ar fáil i gcónaí. Bhí an ceart ar fad agam.

'Tagaigí isteach don lón,' arsa an príomhoide.

'Ní rachaimid,' arsa Angela, 'tá ár lón féin againn!' Amach an bóthar linn agus d'itheamar ár gceapairí. N'fheadar cén fáth nár mharaíos í an lá sin! Nuair a bhí an tréimhse mhúinteoireachta thart, thosaigh an bhliain acadúil, le léachtanna agus ranganna teagaisc. Bhí coicíos um Nollaig agus um Cháisc don chleachtadh múinteoireachta chomh maith, ach sna bunscoileanna sa chathair a bhíodh an cleachtadh sin.

Nuair a bhíodh léacht tugtha agam, ní bhíodh aon áit le dul chun ceartúcháin nó ullmhúchán a dhéanamh, nó fiú an nuachtán a léamh, ach isteach i Seomra Naomh Bríd. Ach bhí na mná rialta ar fad istigh ansin agus ní rabhas féin ar mo shuaimhneas ann. Is dócha nach rabhadar siúd ar a suaimhneas ach an oiread! Chuas chun cainte leis an uachtarán agus fuaireas m'oifig féin ar shiúltán Lourdes – an chéad duine, cé is moite den uachtarán, a raibh a oifig féin aige. An lá atá inniu ann, ní smaoineofaí ar gan a oifig féin a bheith ag gach duine, ach ba mhór an dul chun cinn é ag an am sin.

Bhí fadhb bheag eile agam freisin nuair a thosaíos sa choláiste. Nuair a bhreathnaíos ar an scála tuarastail, mheasas go mbeadh ardú beag le fáil agam ar an tuarastal a bhí agam mar mheánmhúinteoir i dtosach, ach go n-éireodh níos fearr liom ina dhiaidh sin. Rud amháin a bhí ag cur isteach orm ná go raibh a fhios agam go mbeadh postanna freagarthachta ag teacht isteach sa mheánscoil agus breis tuarastail ag dul dóibh. Ní rabhas ag súil le hísliú pá! Bhí nós an-aisteach ar fad acu (an Roinn Oideachais ba chúis leis) leis an bpointe cuí ar an scála tuarastail a dhéanamh amach. Ag aois tríocha bliain, chuirfí ar an gcéad phointe tú agus mar sin de ar aghaidh. Chuas chun cainte le Rúnaí na Roinne Oideachais, Seán Mac Gearailt, agus deineadh socrú nua go gcuirfí duine ar an gcéad phointe den scála ag aois cúig bliana is fiche. Thug sin cúig phointe breise dom ar an scála. Bhí an cheist tuarastail réitithe agus m'oifig féin agam – dhá bhua agus gan mé ach tagtha isteach an doras.

Bhíos tar éis teacht ó Shráid Seasnáin agus bhí aithne agam ar mhic léinn den scoth a théadh go Coláiste Phádraig i mBaile Átha Cliath bliain i ndiaidh a chéile, le bheith ina mbunmhúinteoirí. Mheasas nach raibh aon chiall leis an socrú sin nuair a bhí coláiste i Luimneach a bhféadfaidís freastal air. Bheadh sé i bhfad níos áisiúla dóibh agus bheadh an costas níos ísle. Labhraíos leis an uachtarán agus mholas go nglacfadh an coláiste le buachaillí chomh maith le cailíní, ainneoin rialacha na Roinne Oideachais. Ní raibh na hargóintí a bhí aici i gcoinne a raibh á mholadh agam róshubstaintiúil, agus de réir mar a bhí an comhrá ag dul ar aghaidh mhothaíos go raibh sí ag teacht ar aon intinn liom. B'iontach an duine í chun glacadh le smaointe nua dá mbeadh cúiseanna maithe mar thacaíocht leo. Ó thaobh an choláiste de, bhí cuairt tugtha aici féin agus ag na mná rialta eile ar choláistí i Sasana, ar an Mór-Roinn agus sna Stáit Aontaithe, agus na modhanna múinte ab fhearr agus ba nua-aimseartha a chonacadar sna háiteanna sin curtha i bhfeidhm acu i gColáiste Mhuire gan Smál – bhí prionsabail an churaclaim nua á gcur i bhfeidhm ag iarscoláirí Choláiste Mhuire gan Smál i bhfad sarar fhoilsigh an Roinn Oideachais an curaclam céanna sna seachtóidí. Pé scéal é, ghlac an Roinn leis an moladh faoi bhuachaillí a ligint isteach sa choláiste agus tháinig an chéad dream isteach i 1969. Naonúr a bhí ann i measc 200 cailín! Cad é mar rogha a bhí acu! Ba dhream an-chúthaileach iad, i dtosach ar aon chuma.

Bhí cailín fíordheas sa choláiste ag an am, Cris Ághas, ó Bhaile na nGall i gCiarraí. Bhuaileas léi lá agus arsa mise léi, 'Cad a cheapann tú de na buachaillí?'

'Ó, Íosa príosta,' ar sise, '*handpicked*!'

Ní rabhadar, dar ndóigh, mar thángadar isteach díreach cosúil le gach duine eile ach, mar a dúras, bhíodar báite i measc thonnta na gcailíní. Ach chabhraigh na buachaillí go mór leis an gcoláiste a oscailt agus a leathnú. Bhíodar ag cónaí lasmuigh den choláiste ar lóistín, murab ionann is na cailíní, a raibh orthu cónaí sa choláiste féin. Ina dhiaidh sin, nuair a tháinig méadú mór ar líon na mac léinn, bhí cailíní agus buachaillí ar lóistín lasmuigh den choláiste. Chaith an Roinn Oideachais go maith i gcónaí leis na mic léinn sna coláistí oiliúna, mar a ghlaoití orthu ag an am. Bhí na táillí an-íseal, agus ar an táille fuair an mac léinn oideachas agus oiliúint, lóistín agus béilí. Fiú na daoine a bhí amuigh ar lóistín, an coláiste a d'íoc as an lóistín. Bhí an córas sin an-áisiúil do na mná tí, mar thagadh an tseic díreach ón gcoláiste chucu gach mí. Ní raibh éinne ag éalú uathu! Tháinig deireadh leis an gcóras báúil sin i 1975, nuair a dúirt an tAire Airgeadais ag an am, Richie Ryan, go mba chóir na táillí céanna a ghearradh ar mhic léinn na gcoláistí oideachais is a bhí á ngearradh ar na mic léinn ollscoile. Bhí deireadh leis an gcóras a thug deis do dhaoine oideachas tríú leibhéal a bhaint amach ar chostas an-réasúnta. Agus b'iad muintir na tuaithe ba mhó a bhain leas agus tairbhe as ag an am agus an-chreidiúint ag dul dóibh gur bhain.

Níorbh fhada sa choláiste dom, nuair a d'iarr an t-uachtarán orm dul léi féin agus an tSiúr Assumpta chun coláistí a fheiscint agus a scrúdú i Learpholl agus sa dúthaigh sin. Ghlacas go fonnmhar leis an gcuireadh – b'in mo chéad turas in eitleán! Bhí na háiseanna sna coláistí a chonaiceamar ar fheabhas. Ba sheod críochnaithe é Christ the King College i Learpholl maidir le suíomh an choláiste, na foirgnimh bhreátha a bhí ann agus na háiseanna a bhí ar fáil do na mic léinn. Níorbh fhada sa bhaile dúinn nuair a dúnadh an coláiste agus scaipeadh an fhoireann gan aon chúiteamh a dhéanamh leo nó gan aon phost eile a sholáthar dóibh. Bhí an scéal dochreidte, ach bhí gearradh siar dian i Sasana ag an am. Nuair a bhíomar ann, bhíomar in éad leo as a raibh acu, ach nuair a chualamar an drochscéala bhí áthas orainn nach i Sasana a bhíomar.

Bhí an tSiúr Loreto agus an tSiúr Assumpta tógtha go mór leis na mic léinn ar bhuaileamar leo. Daoine fíordheasa a bhí iontu, ach i mo bharúil féin bhíodar ag cur go mór lena bhfiúntas agus lena gcráifeacht! Bhí an bheirt shiúracha de shíor ag rá go rabhadar níos fearr fiú ná ár muintir féin sa bhaile. Oíche amháin, thángamar tríd an mbeár – sea, bhí ceann ag na mic léinn an t-am sin – agus ina dhiaidh sin níor cualathas an méid céanna molta ar na mic léinn! Bhí an turas an-thairbheach agus thar a bheith suimiúil. Bhí Learpholl féin suimiúil, cosúil go maith le Baile Átha Cliath ag an am, leis na foirgnimh mhóra bhrící dearga ach dúthaí áirithe agus na hárasáin ag titim anuas. Bhíomar ar bhus lá, agus cé gur thairgíos an táille don fhear ticéad cúpla uair, ní ghlacfadh sé uaim é. Fuaireamar amach ina dhiaidh sin gurbh Éireannaigh iad an chuid ba mhó de na fir ticéad agus ní ghearrfaidís aon táille ar an gcléir! De bhrí go raibh cóta mór dubh ormsa, cheap mo dhuine gur sagart a bhí ionam agus an bheirt shiúracha in éineacht liom! Bhíos istigh sa chathair oíche amháin agus ag gabháil timpeall ar an ardeaglais dom, chualas ceol Gaelach. Isteach liom san áit agus bhí an-sheisiún ar siúl ann. Ba leasc liom an áit a fhágaint chun an bus a fháil ar ais go dtí an coláiste. B'éigean dom díol as an uair sin de bhrí nach raibh na siúracha liom.

Ní raibh aon chóras ceart riaracháin sa choláiste ná sna coláistí oiliúna eile ag an am. Ní raibh aon chóras ceart cléireachais ann ach an oiread. Bhí sean-Gestetner ann chun páipéir scrúdaithe agus a leithéid a chóipeáil, ach ba mhinic níos mó den dúch ar do lámha ná ar an bpáipéar! An t-uachtarán a bhí i gceannas agus gan aon riarachán eile ar fáil. Sa bhliain 1970, leagadh amach scéim nua riaracháin ina mbeadh cláraitheoir agus rúnaí acadúil ar aon dul leis an leagan amach a bhí i gColáiste na hOllscoile, Gaillimh ag an am. Ceapadh mise im chláraitheoir agus an tSiúr Colmcille Ní Chonáin ina rúnaí acadúil. Bhí ré nua forbartha ag tosú sa choláiste agus bhí áthas orm go mbeadh baint dhíreach agam leis. Níorbh fhada tar éis domsa, tuatach, a bheith ceaptha mar an gcéad chláraitheoir in aon cheann de na coláistí, gur ceapadh cláraitheoirí i gColáiste Phádraig, Droim Conrach agus i gColáiste Bhantiarna na Trócaire, An Charraig Dhubh. Ba mhinic Luimneach chun tosaigh ar na coláistí i mBaile Átha Cliath agus b'in mar a tharla i gcás an chláraitheora de, agus maidir le buachaillí agus cailíní a ghlacadh isteach sa choláiste.

Bhí ré nua saoil ag tosú dom féin ansin. Níor thugas suas an léachtóireacht, mar thaitnigh an mhúinteoireacht agus an comhoibriú le mic léinn go mór liom, ach bhí amanna ann nuair ab éigean dom i bhfad níos mó ama a chaitheamh le cúrsaí riaracháin. Uaireanta, ba bhreá liom éalú ó na dualgais riaracháin isteach i suaimhneas an tseomra léachta! Ní raibh aon struchtúr ann dom, rud a thug deis dom mo leagan féin a chur ar oifig an chláraitheora. Bhí rudaí beaga le déanamh, cosúil le cártaí cláraithe agus cáipéisí cláraithe a leagadh amach agus a chur ar fáil, ionas go mbeadh eolas ar fáil ar chúlra oideachais agus ar dhul chun cinn gach uile mhic léinn agus go mbeadh an t-eolas sin ar fad i gcomhad in almóir comhad im oifig féin. Gháirfeadh daoine faoi na rudaí beaga suaracha sin anois, in aois an ríomhaire agus an idirlín, ach i 1970 bhíomar ag tosú ar struchtúr nua a bhunú agus gan mórán áiseanna ná tacaíochta againn. Bhí cailín amháin mar chléireach sa choláiste, Kathleen Kelly, agus cailín eile, Eileen Moloney, ag tabhairt lámh chúnta di ó am go chéile. Fostaíodh Nellie O'Shaughnessy (Miss O) do chúrsaí teileafóin agus dheineadh sí siúd clóscríobh chomh maith.

Dualgas amháin a bhí orm ná an tráthchlár a leagadh amach. Mheasfadh éinne nach mbeadh móran dua lena leithéid i gcoláiste beag, ach bhí an cúrsa oideachais chomh hilghnéitheach sin gurbh éigean an líon bliana mac léinn a roinnt ina dhá chuid ar uairibh, ina thrianta uaireanta eile, agus ina cheathrúna uaireanta eile agus fiú ina ochtuithe! Bhí an tSiúr Assumpta ar fheabhas ag an obair, agus murach í thógfadh sé i bhfad níos mó ama orm teacht isteach ar an ngné sin den obair.

Bhí Coláiste Mhuire gan Smál ina cheannródaí i gcúrsaí oideachais sa tír agus bhíomar ag smaoineamh ar an todhchaí agus ar a mbeadh i ndán d'oiliúint mhúinteoirí. Bhí an-dhul chun cinn á dhéanamh sa tír sna seascaidí ó thaobh cúrsaí eacnamaíochta agus tionsclaíochta de. Bhí an chéad chlár eacnamaíochta fógartha ag an Taoiseach Seán Lemass agus ag T.K. Whitaker. Ní hamháin go raibh an clár foilsithe ach bhí sé á chur i gcrích. Bhí spiorad nua sa tír agus dóchas agus muinín nua múscailte. Den chéad uair le breis agus céad bliain bhí an daonra ag dul i méid agus an inimirce níos mó na an eisimirce. Foilsíodh *Taighde ar Oideachas / Investment in Education* (tuarascáil ón OECD faoin Ollamh Patrick Lynch) agus bhí na húdaráis ag caint faoi chomh tábhachtach is a bheadh cúrsaí oideachais don tír sa todhchaí. Agus bhí saor-iarbhunoideachas agus saorthaisteal curtha i bhfeidhm ag an rialtas. Sa mhúscailt suime sin ar fad san oideachas, bhí sé riachtanach go mbreathnófaí ar oiliúint na múinteoirí.

An tÚdarás um Ard-Oideachas (Higher Education Authority – HEA)

Níorbh fhada dom i gColáiste Mhuire gan Smál nuair a fuaireas glaoch gutháin lá ó Rúnaí na Roinne Oideachais, Seán Mac Gearailt. Dúirt sé go raibh sé ag moladh don Aire Oideachais, Brian Lenihan, mé a cheapadh mar bhall den Údarás um Ard-Oideachas (HEA). Bhí sé bunaithe ag an Aire i Lúnasa na bliana 1968 agus ar na téarmaí tagartha a leagadh síos dó, bhí:

1. Scrúdú a dhéanamh ar an soláthar a bhí ar fáil i gcúrsaí ardoideachais agus moltaí a dhéanamh don Aire fúthu.
2. Buiséid na n-institiúidí ardoideachais a scrúdú.
3. Comhairle a chur ar an Aire faoi roinnt an airgid a chuirfeadh an Dáil ar fáil do na hinstitiúidí.
4. Athbhreithniú leanúnach a dhéanamh ar riachtanais na tíre maidir le hardoideachas.
5. Scrúdú a dhéanamh ar na fadhbanna a bhain le cúrsaí ardoideachais, agus toradh an scrúdaithe sin a fhoilsiú.

Ceithre dhuine déag agus cathaoirleach a bhí ar an HEA agus iad uilig ainmnithe ag an Aire. Tarlach Ó Raifeartaigh, iar-Rúnaí na Roinne Oideachais, a bhí ina chathaoirleach. Bhí áthas orm glacadh leis an gcuireadh óm thaobh féin de agus ó thaobh an choláiste de, mar bheadh guth ag an gcoláiste anois ar an gcoiste ardoideachais ba mhó tábhacht sa tír. Chomh maith leis sin, bheadh baint an-mhór ag an HEA leis an gcoláiste nua tríú leibhéal a bhí molta do Luimneach.

B'iontach an dream daoine a bhí ar an HEA agus d'oibríomar

go díograiseach leis na téarmaí tagartha a bhí againn a chomhlíonadh. Bhí sé suimiúil freisin go raibh beartaithe againn go léir a bheith neamhspleách ar an Aire Oideachais, cé gurbh é an tAire a d'aimnigh gach éinne mar bhall. Is féidir liom a dhearbhú nár chuir an tAire riamh isteach ná amach orm agus bhíos-sa mar bhall ar feadh dhá bhliain déag faoi airí agus rialtais éagsúla. Ar bhonn *ad hoc* a bhí sé ar feadh dhá bhliain go dtí gur bunaíodh é go reachtúil.

Ceann de na rudaí ba thaitneamhaí faoin HEA ná a dhíograisí is a rinne sé iniúchadh agus scrúdú ar chúrsaí oideachais ag an tríú leibhéal. Ceann díobh sin ab ea an *Report on Teacher Education*, a foilsíodh i mí Mheán Fómhair 1970. Cuireadh ar an bhfochoiste mé chun scrúdú a dhéanamh ar oiliúint gach cineál múinteora sa chéad agus sa dara leibhéal. Bhí an-áthas orm a bheith páirteach san iniúchadh sin mar bhí baint agam leis na craobhacha éagsúla agus taithí agam ar na deacrachtaí a bhain leo. Bhíos im chláraitheoir ar choláiste oiliúna, im iar-mheánmhúinteoir agus iaruachtarán ar an ASTI, im chathaoirleach ar Choiste Gairmoideachais Chathair Luimnigh, agus bhíos im bhall de choiste faoin Roinn Oideachais a rinne scrúdú ar oiliúint ghairm-mhúinteoirí i 1966. D'fhág san go raibh tuiscint an-mhaith agam ar gach gné den mhúinteoireacht. Bhí áthas ar chathaoirleach an fhochoiste, an tOllamh Patrick Lynch, agus thug sé cead mo chinn dom. Chuir na heagrais éagsúla a dtuairimí isteach chugainn i scríbhinn nó ó bhéal. Mé féin agus leasrúnaí an HEA, Michael Hallinan, a chuir an chuid ba mhó de dhréacht na tuarascála le chéile, agus nuair a bhí sé scrúdaithe agus faofa ag an bhfochoiste, cuireadh ar aghaidh é go dtí baill iomlán an HEA. An nós imeachta céanna a bhí ansin, agus nuair a bhí gach éinne sásta, cuireadh an tuarascáil chuig an Aire. Is fiú breathnú ar chuid de na moltaí a deineadh, go mór mór iad siúd a bhain leis an mbunmhúinteoireacht, agus conas mar a chuadar i gcion ar Choláiste Mhuire gan Smál, agus ar na coláistí eile ina dhiaidh sin:

1. An cúrsa dhá bhliain a mhéadú go trí bliana.
2. An chéim B.Ed.Sc. a bheith le fáil ag na mic léinn ag deireadh na dtrí bliana.
3. Cúrsa bliana breise deonach a bheith ar fáil chun M.Ed.Sc. a ghnóthú.
4. Na coláistí i Luimneach agus i mBaile Átha Cliath a atheagrú mar choláistí oideachais le struchtúr nua, neamhspleách riaracháin.
5. Deontais a bheith ar fáil do mhic léinn na gcoláistí
6. Mic léinn lánfhásta a ghlacadh mar ábhair mhúinteoirí.
7. Mar a bhí déanta ag Luimneach, buachaillí agus cailíní a oiliúint le chéile.
8. Na coláistí beaga i Marino agus i bPort Láirge a dhúnadh ach an coláiste a bhain le hEaglais na hÉireann a choinneáil, ar chúiseanna creidimh.

Bhí moltaí faoi oiliúint mhúinteoirí ag an dara leibhéal freisin ach ní thugaim anseo ach ceann amháin, de bhrí gur bhain sé le Coláiste Mhuire gan Smál:

Ba chóir na cúrsaí a bhaineann le hoiliúint mhúinteoirí speisialta (adhmadóireacht, miotalóireacht, srl.) a lonnú san Institiúid nua i Luimneach agus socrú a dhéanamh le Coláiste Mhuire gan Smál maidir le cúrsaí oideolaíocha.

Ba thrua nár glacadh leis an moladh sin ag an am, mar dá nglacfaí, ní bheadh na fadhbanna céanna ag Coláiste Thuamhan ina dhiaidh sin is a bhí.

Bhí moladh iontach tábhachtach eile sa tuarascáil freisin: foras oideachais a bhunú chun oiliúint mhúinteoirí a mheas, oideachas agus gairmiúlacht na múinteoirí a chur chun cinn agus comhairle a chur ar an Aire faoi na nithe sin. Ghlac an tAire go fonnmhar leis an tuarascáil, agus ansin bhunaigh sé coiste leis na moltaí a scrúdú! Ach maidir leis na moltaí eile ón HEA, bhí sé i gceist ag Coláiste Mhuire gan Smál an deis a thapú agus a raibh molta a chur i gcrích.

Coláiste Mhuire gan Smál agus Ollscoil na hÉireann

Bhí Coláiste Mhuire gan Smál ag smaoineamh ar feadh i bhfad ar an gceist seo faoi chéim a bheith ar fáil do na bunmhúinteoirí – bhí cómhráití fiú le Coláiste na hOllscoile, Gaillimh. Tuigeadh dúinn ón acht ag bunú Ollscoil na hÉireann i 1908 go raibh údarás ag Coláiste na hOllscoile, Corcaigh ar Chúige Mumhan ach gur ag Gaillimh a bhí an t-údarás ar Chontae an Chláir. Bhíomar ag smaoineamh ar oifig, a bhainfeadh le Gaillimh, a thógáil in aice le Droichead Lansdúin, díreach lasmuigh de theorainn Chontae Luimnigh! Nuair a d'fhoilsigh an tÚdaras um Ard-Oideachas an tuarascáil ar oiliúint mhúinteoirí, thug sin an-mhisneach dúinn agus do na coláistí eile chomh maith. Bhí an INTO go mór i bhfábhar céim a bheith ag na bunmhúinteoirí. Bhí cur is cúiteamh ann ar feadh tamaill go dtí go raibh cruinniú i mBaile Átha Cliath i Meitheamh 1973 idir na coláistí ar fad agus Rúnaí na Roinne, Seán Ó Conchubhair. Uachtarán an choláiste an tSiúr Loreto agus mé féin a bhí ann thar cheann Choláiste Mhuire gan Smál. I ndiaidh an chruinnithe sin, scríobh an Rúnaí chuig uachtarán UCC, ag iarraidh air comhráití a thosú le Coláiste Mhuire gan Smál maidir le céim a bheith ar fáil do mhic léinn an choláiste. Fuair uachtarán UCD litir den chineál céanna faoi Choláiste Phádraig, Droim Conrach agus faoi Choláiste Bhantiarna na Trócaire ar an gCarraig Dhubh (Carysfort). Bhí ceangal beag idir na coláistí agus Ollscoil na hÉireann ó na fichidí. Ar choinníollacha áirithe, d'fhéadfadh mac léinn an chéad bhliain ollscoile a ghnóthú ar thorthaí scrúduithe ceann cúrsa. Bhí ceangal freisin idir choláiste Eaglais na hÉireann agus Coláiste na Tríonóide.

I UCC, bunaíodh fochoiste den bhord acadúil chun eolas a bhailiú ar Choláiste Mhuire gan Smál. An tOllamh Alan McClelland (oideachas), an tOllamh Breandán Ó Mathúna (fealsúnacht) agus an tOllamh Seán Ó Tuama (Gaeilge) a bhí ar an bhfochoiste. Tháinig an tOllamh McClelland agus an tOllamh

Ó Mathúna go dtí an coláiste ar an 10 Iúil 1973 agus bhuail an tSiúr Loreto agus mé féin leo. D'éirigh go maith leis an gcruinniú agus tugadh doiciméid dóibh ar an gcoláiste, ar na cúrsaí a bhí á dtabhairt ag an am, ar an bhfoireann acadúil, ar líon na mac léinn, ar an leabharlann agus ar an gceangal a bhí ag an gcoláiste leis an Roinn Oideachais. Cinneadh go n-ullmhódh an coláiste iarratas ina leagfaí amach struchtúr acadúil do chéim trí bliana, mar aon leis an gcúrsa i ngach ceann de na hábhair éagsúla.

Chuir ullmhú an iarratais sin an-bhrú ar gach éinne sa choláiste, ach b'iontach an comhoibriú a tháinig ó chuile dhuine. Cuireadh an cháipéis chuig UCC i mí Dheireadh Fómhair na bliana 1973. Bhí cruinniú againn i UCC ar an 3 Nollaig 1973 – an fochoiste thuas i.e. an tSiúr Cabrini, Dónal Ó Conchubhair agus mé féin, agus an tSiúr Loreto. Bhí dream UCC an-fhábharach don iarratas a bhí curtha chucu againn, ach moladh dúinn smaoineamh ar chóras aonad nó módúlach agus an t-iarratas athchóirithe a chur chucu roimh 1 Eanáir 1974. Bhí sé sin olc go leor, ach ar an 21 Nollaig chuir an tOllamh Ó Mathúna glaoch orm ar an bhfón agus dúirt sé go raibh cruinniú neamhfhoirmiúil ag an bhfochoiste leis an uachtarán acu féin agus gur iarradh air na pointí seo a leanas a chur in iúl dom:

1. Cúig ábhar a bheith ag gach mac léinn (nó méid áirithe aonad i ngach ábhar) sa chéad bhliain.
2. Sa dara bliain agus sa tríú bliain, dhá ábhar a bheith ag gach mac léinn: oideachas agus ábhar amháin eile i gcoibhneas 2:1.
3. Baineadh ealaín den liosta ábhar.
4. Moladh corpoideachas, drámaíocht, srl. a bheith mar chuid d'oiliúint ghairmiúil an mhúinteora *while not being regarded as constituent elements of the degree structure.*

Ar an 1 Eanáir 1974, cuireadh an doiciméad nua chucu, mar aon leis an leagan amach ar an gcúrsa nua san oideachas. Bhí cruinniú againn ar an 8 Eanáir agus cinneadh ar an doiciméad nua a chur ar aghaidh go dtí an chomhairle acadúil i UCC chomh maith le tuairimí fhochoiste UCC faoi.

Is suimiúil breathnú ar chuid de na pointí a bhí sa doiciméad a chuir Coláiste Mhuire gan Smál le chéile. Bhíomar ag cloí go docht lena raibh molta ag an HEA faoi oiliúint mhúinteoirí agus dá bhrí sin an chéim B.Ed.Sc. a bhí san iarratas againn. Luamar nach raibh aon chéim sa tír ar aon dul leis an gceann a bhí á moladh againn, mar gur chéim í a bhí dírithe ina hiomláine le múinteoirí a oiliúint agus go raibh gá leis an oiliúint ghairmiúil a fhí le forbairt phearsanta an duine. Dheineamar na hábhair a bhí á múineadh sa choláiste a liostáil: oideachas, Gaeilge, Béarla, creideamh, stair, tíreolaíocht, ceol, Fraincis, Spáinnis, fealsúnacht, Laidin, ealaín, drámaíocht agus corpoideachas. Nach suimiúil go ndúramar go raibh na hábhair go léir ach amháin Béarla, creideamh, fealsúnacht agus drámaíocht á dteagasc trí Ghaeilge, agus nach raibh sé beartaithe aon mhórathrú a dhéanamh ar an bpolasaí sin. Thuigeamar go mbeadh deacrachtaí ann ó thaobh foirne de, ach bhíomar dóchasach go mbeadh breis foirne ar fáil, go mór mór leis an méadú ar an líon mac léinn nuair a mhéadófaí an tréimhse oiliúna ó dhá bhliain go trí bliana. Fiú amháin bhí na huimhreacha ag fás cheana féin chun a dhéanamh cinnte de nach mbeadh aon ghanntanas múinteoirí ann nuair nach mbeadh éinne ag teacht ón gcoláiste i 1976.

Dúradh gurbh é an t-oideachas an príomh-'*area of concentration*' ach go mbeadh aonaid ó ábhar/ábhair eile ann ach go mb'fhearr gan an t-ábhar eile a bhriseadh suas an iomarca. Bhíomar ag smaoineamh go mbeadh coibhneas 2:1 idir an t-oideachas agus an t-ábhar eile.

Mholamar comhbhord staidéir idir an dá choláiste agus ionadaithe ón dá choláiste air. Maidir le scrúduithe, mholamar gurbh í foireann Choláiste Mhuire gan Smál a cheapfadh na ceistpháipéir chun iad a chur chuig na scrúdaitheoirí seachtracha, gurbh í an fhoireann a dhéanfadh na freagairleabhair a cheartú agus sampla díobh a chur go dtí na scrúdaitheoirí agus go rachadh na torthaí ina n-iomlán chuig cláraitheoir Choláiste Mhuire gan Smál agus uaidh sin chuig cláraitheoir UCC.

Dheineamar tagairt freisin don tuarascáil ón HEA agus an moladh a bhí ann faoin bhforas oideachais, agus an dualgas a cuireadh ar an bhforas an cheist faoi ligint do mhúinteoirí lánoilte múineadh sa bhunscoil nó sa mheánscoil, a chíoradh. Bhí a fhios againn nach dtaitneodh sin leo i UCC toisc an tArd-Teastas in Oideachas a bheith acusan, ach ba leasc linn scaoileadh le haon bhuntáiste a chonacthas dúinn i moltaí an HEA.

Bhí tuairimí fhochoiste UCC ar an doiciméad uainn an-shuimiúil freisin. Na téarmaí tagartha a bhí acu ná eolas a bhailiú faoin gcoláiste agus ar na cúrsaí a bhí ann, ach tar éis dóibh an t-iniúchadh a dhéanamh, bhíodar den tuairim gur chóir dóibh moltaí a dhéanamh don chomhairle acadúil mar seo a leanas:

1. Gur chóir don chomhairle acadúil bunú na céime B.Ed.Sc. a mheas dáiríre.
2. Comhbhord staidéir, le hionadaithe ón dá choláiste, a bhunú.
3. Painéal ábhar, sna hábhair éagsúla, a bhunú, ar a mbeadh baill chuí den dá fhoireann acadúil.

An structúr céime a mholadar ná oideachas agus ábhar/ábhair eile i gcoibhneas 2:1. Maidir leis na hábhair seachas oideachas, bheadh breis foirne riachtanach le go nglacfaí le cuid acu.

Bhí ag éirí go maith linn agus bhíomar an-shásta le tacaíocht an fhochoiste. Bhí buntáiste eile againn. Bhíos féin agus cláraitheoir UCC, an tOllamh Tadhg Ó Ciardha, ar an Údaras um Ard-Oideachas agus bhí an deis againn aon fhadhb a chíoradh agus réiteach a mholadh. Chomh maith leis sin, dar ndóigh, bhí an bheirt againn tar éis glacadh le tuarascáil an Udaráis faoi oiliúint mhúinteoirí. An rud nach rabhamar ag súil leis ná an mhoill a cuireadh lenár n-iarratas a chur go dtí an chomhairle acadúil. Faoi dheireadh, bhí cruinniú againn i UCC ar an 8 Bealtaine 1974 agus ag an gcruinniú sin bhí uachtarán UCC, an Dr Dónal Mac Cárthaigh, mar aon le Tadhg Ó Ciardha, baill an fhochoiste agus ollúna eile. An ceathrar céanna ó Choláiste Mhuire gan Smál a bhí ann: an tSiúr Loreto, an tSiúr Cabrini, Dónal Ó Conchubhair agus mé féin. Bhí an cruinniú fada agus dian go maith, ach ní raibh aon amhras orainn ach go raibh glactha le Coláiste Mhuire gan Smál agus go mbeadh an chéim ar fáil dár mic léinn. Bhí athrú mór amháin á mholadh dúinn faoi structúr na céime. Bhí UCC tar éis athrú go structúr 4-2-2 sa chéim BA acu féin (ceithre ábhar sa chéad bhliain agus dhá ábhar sa dara agus sa tríú bliain) agus ní raibh aon fhonn orthu imeacht ón leagan amach sin. Den chéad uair riamh, bhíodar sásta glacadh leis an oideachas mar ábhar céime, agus bhíodar toilteanach go bhfaigheadh sé dúbailt ama agus marcanna sa dara agus sa tríú bliain. Socraíodh conas mar a dhéanfaí na scrúduithe a eagrú agus mar a dhéanfaí aitheantas a thabhairt d'fhoireann Choláiste Mhuire gan Smál mar léachtóirí agus mar scrúdaitheoirí. Leagadh síos an nós imeachta maidir le léachtóirí a cheapadh, agus aontaíodh gurbh í an chéim chéanna a bheadh ar fáil ó sheanad Ollscoil na hÉireann do na coláistí oideachais ar fad. Dúradh linn an t-iarratas a bheith réidh – agus na hathruithe cuí déanta – le dul chuig cruinniú den tseanad ar an 10 Iúil 1974.

Bhí obair mhór fós romhainn. Ach ansin baineadh siar asainn ag cruinniú i gColáiste Mhuire gan Smál ar an 9 Iúil, nuair a dúirt Dónal Mac Cárthaigh nach raibh an t-iarratas imithe tríd an gcomhairle acadúil i UCC fós, cheal ama! Chomh maith leis an uachtarán, bhí Tadhg Ó Ciardha, Risteard Breathnach, Alan McClelland agus Paddy Barry ann ó UCC. An tSiúr Loreto, Dónal Ó Conchubhair agus mé féin a bhí ann do Choláiste Mhuire Gan Smál. An tuairim a bhí ag uachtarán UCC ná nach rachadh an t-iarratas tríd an gcomhairle acadúil ansin go mí Mheán Fómhair agus ansin chuig seanad Ollscoil na hÉireann ar an 31 Deireadh Fómhair. Ní mó ná sásta a bhíomarna, mar bhí sé i gceist againn tosú ar an gcúrsa céime roimh an dáta sin. Bhíomar buartha go maith, ach ina choinne sin bhí a fhios againn go raibh glactha le Coláiste Mhuire gan Smál agus gur ghá dúinn foighne a bheith againn. Ach ní rabhamar sásta aon mhoill a chur ar theacht isteach na mac léinn ar an gcúrsa nua céime don bhliain acadúil 1974-5. Agus d'éirigh linn, cé nach raibh na fadhbanna go léir réitithe nuair a cláraíodh na mic léinn i mí Dheireadh Fómhair 1974. An rud a tharla ná gur dhíríomar ar chlár na chéad bhliana agus d'fhág san dóthain ama dúinn chun clár an dara bliain agus an tríú bliain a scrúdú agus a phlé le UCC. Ach ní cláracha acadúla amháin a bheadh á bplé ag an seanad. Ghlacfaí le coláiste mar choláiste aitheanta de chuid Ollscoil na hÉireann ar choinníoll:

Go bhfuil an Seanad sásta le carachtar agus le staid airgeadais an Choláiste ina iomláine, le feiliúnaí líon agus cáilíochtaí a mhúinteoirí, le caighdeán Ollscoile a theagasc, le cóiriú oiriúnach saotharlann agus gach gléas is riachtanach le teagasc a thabhairt sna hábhair a bhfuil aithint á beartú ina leith, leis na coinníollacha aoise agus earmaise ar a ligtear mic léinn ann, le huimhir na mac léinn ann atá, nó is dócha a bheas, ag gluaiseacht chun céim Ollscoile agus dála an Choláiste mar a bhaineas le haon Ollscoil eile.

Bhí orainn structúr nua a chur i bhfeidhm i gColáiste Mhuire gan Smál maidir le bord acadúil agus bord rialaithe a bhunú. Roimhe sin bhí bord acadúil beag againn, ach ó thaobh na Roinne Oideachais, ba é Easpag Luimnigh a bhí ina bhainisteoir ar an gcoláiste, cé gurbh í an t-uachtarán a bhí i gceannas. Ó ceapadh mé féin mar chláraitheoir agus an tSiúr Colmcille mar rúnaí acadúil, bhíomar triúr i mbun riaradh an choláiste go praiticiúil. Bhí gá leis na hathruithe, mar bhí an coláiste ag fás agus bhí sé riachtanach go mbeadh structúr nua leagtha síos a bheadh oiriúnach d'fhorbairt an choláiste sa tsaol nua-aimseartha a bhí ag leathnú ar fud na tíre.

D'éirigh deacracht amháin maidir le ceapadh léachtóirí sa chreideamh, san fhealsúnacht agus i bhfealsúnacht an oideachais. Theastaigh ón Easpag go mbeadh baint dhíreach aige siúd i gceapadh na ndaoine sin ach, dar ndóigh, níor réitigh sé sin leis an socrú a bhí déanta againn le UCC agus le hOllscoil na hÉireann. Thángthas ar réiteach ar deireadh nach gceapfaí éinne sna hábhair sin gan dul i gcomhairle leis an Easpag ach, mar a tharlaíonn go minic, níor éirigh aon deacracht riamh faoi cheapachán ar bith.

Bhí glactha ag seanad Ollscoil na hÉireann leis an gcoláiste mar choláiste aitheanta, ach bhí rudaí tábhachtacha fós le socrú, an ceann ba mhó ná onóracha a bheith ar fáil sa chéim. Bhíomar go mór i bhfábhar onóracha a bheith ar fáil ach bhí dream mór san NUI ina choinne. Bhíomar ag áiteamh go raibh cáilíochtaí na mac léinn ag teacht go Coláiste Mhuire gan Smál i bhfad níos airde ná a macasamhail, i ndámh na ndán mar shampla, san NUI; go raibh an cúrsa céime a bhí leagtha amach incurtha le céim trí bliana ar bith eile san NUI; go mbeadh sé éagórach onóracha a dhiúltú dóibh dá sroichfidís caighdeán onóracha agus go mbeadh daoine ann nach dtiocfadh go Coláiste Mhuire gan Smál muna mbeadh onóracha ar fáil. Bhí an tOllamh Ó Cinnéide, cláraitheoir UCD, go mór ar thaobh onóracha a bhronnadh agus d'áitigh sé ar an seanad glacadh leis an moladh sin. Faoin am sin, bhíos féin ar bhord staidéir an NUI agus ainmníodh mé ar sheanad Ollscoil na hÉireann. Bhíos i gceartlár an aonaigh!

Bhí na mic léinn dall ar an obair ar fad a bhí á déanamh ar a son, ach bhí lúcháir orthu nuair a dúradh leo go mbeadh onóracha ar fáil sa chéim – blianta ina dhiaidh sin dúirt Tadhg Ó Ciardha go mbeadh sé níos fusa an Grand National a bhuachan ná onóracha a fháil sa B.Ed.! Le céadonóracha a bhaint amach, bhí ar an mac léinn 70% a fháil sa scrúdú iomlán, 62% i ngach ceann den dá ábhar céime – oideachas agus pé ábhar acadúil a bhí roghnaithe aige nó aici, 55% sna páipéir oideachais agus A nó B sa chleachtadh múinteoireachta.

D'éirigh an-chomhghuaillíocht idir foireann Choláiste Mhuire gan Smál agus foireann UCC agus ba bheag achrann a tharla. Bunaíodh comhbhord idir na coláistí chun deacrachtaí a réiteach ach ba mhinic nach raibh mórán ar an gclár oibre. Suimiúil go leor, nuair a bhí NIHE Luimneach ina choláiste aitheanta ag Ollscoil na hÉireann agus ag obair trí UCC, ní raibh an gaol ná an comhoibriú céanna eatarthu. I ndáiríre, fad is a chomhlíonamar rialacha an NUI maidir le cúrsaí acadúla agus scrúduithe, bhíomar neamhspleách. Bhíomar neamhspleách freisin ar an NUI ó thaobh airgid de, ach choimeád an Roinn Oideachais na coláistí oideachais faoina cúram féin in áit iad a scaoileadh faoin HEA. Díreach ag an am sin, bhí na coláistí níos fearr as faoin Roinn, mar bhí deis acu breis airgid a fháil chun daoine nua a cheapadh agus chun foirgnimh nua a fháil – agus bhí géarghá le hairgead agus le breis foirne.

Ceadaíodh do Choláiste Mhuire gan Smál 250 mac léinn in aghaidh na bliana a ghlacadh. Chomh maith leis sin, bhí breis agus caoga ag gabháil don Teastas Iarchéime san Oideachas, a bhí oscailte do chéimithe uile na n-ollscoileanna uilig in Éirinn nó thar sáile; agus i 1979 d'iarr an tAire John Wilson ar Choláiste Mhuire gan Smál dream eile céimithe a ghlacadh ag tosú roimh Nollaig na bliana sin. Baisteadh na 'Wilson Grads' ar an dream sin láithreach! Bhí brú ag an am sin breis múinteoirí a chur isteach sna scoileanna chun an coibhneas idir na múinteoirí agus na páistí a ísliú. Bhí borradh i saol an choláiste leis an gcéim nua, an méadú ar líon na mac léinn agus an bhreis foirne a fostaíodh. Ba í Áine Ní Chriagáin an mac léinn a ghnóthaigh an chéad áit ag teacht isteach sa choláiste i 1974 chun tosú ar an gcéim nua, agus bhain sí amach an chéad áit sa chéim i 1977 – tá sí le fada anois ina léachtóir sa roinn oideachais sa choláiste.

Don chéad bhronnadh céime i 1977, tháinig Seansailéir Ollscoil na hÉireann, an Dr T.K. Whitaker, anuas chun na céimeanna a bhronnadh. Ghlacas-sa cúram an lae mhóir sin orm féin díreach mar a ghlacas cúram na scrúduithe agus rinneamar imeachtaí an lae a eagrú, ag coinneáil le rialacha na hollscoile ach ag cur séala an choláiste orthu. B'iontach stairiúil an lá é.

Bhí breis spáis de dhíth go géar ar an gcoláiste agus cheadaigh an Roinn Oideachais dúinn tosú ar Áras an Phiarsaigh a thógáil. Bhuail tinneas an tSiúr Loreto agus bhíos ag feidhmiú mar uachtarán ina háit. Nuair a bhí na pleananna réidh agus an cead faighte, ghlaos le chéile na daoine go léir a mbeadh baint acu leis an tógáil: an tógálaí, an t-ailtire, an suirbhéir cainníochta agus coiste beag tógála a bhí againn féin. Bhí an-chruinniú againn agus ag deireadh an chruinnithe arsa mise, 'Leagfaimid amach anois an *critical path analysis!*' Ba bheag nár thit a raibh i láthair as a seasamh. De bhrí go rabhas ar an HEA, bhí an fhoclaíocht agus an téarmaíocht cheart agam do chúrsaí tógála a bhí sonrach agus éifeachtach. Chuaigh an tógáil ar aghaidh gan stop gan snag. In Áras an Phiarsaigh tá an leabharlann, an léachtlann Ceann Cora, stiúideo teilifíse, seomraí ranga agus teagaisc agus oifigí. B'ann freisin a bhí an chéad ríomharlann. Bhí an spás a tugadh don fháiltiú i bhfad níos mó ná mar a bheifí ag súil leis, mar bhíothas ag smaoineamh an uair sin ar an gcoláiste a chasadh timpeall, ionas go mbeadh an phríomhiontráil ansin. Bhí an ghnáthiontráil – gan an príomhdhoras ar bharr na gcéimeanna éibhir a chur san áireamh – fíorshuarach ag an am. Cúpla bliain ina dhiaidh sin, tháinig glaoch ón Roinn roimh Nollaig go raibh glac airgid ar fáil dá mbeadh scéim ar bith ullamh againn. Bhí! Leis an airgead sin a tógadh an príomhfháiltiú atá ann faoi láthair. An uair sin, dá mbeadh airgead gan chaitheamh ag an Roinn ag deireadh na bliana, bheadh orthu é a thabhairt ar ais don Roinn Airgeadais, ach dá mbeadh coláiste ullamh chun é a chaitheamh, gheobhadh sé é. Bhíodh pleananna réidh againne i gcónaí!

Dul chun cinn ar fad a bhí ann sna seachtóidí. Bhí ranganna againn sa Ghrianán (Summerville); tógadh an t-áras gleacaíochta Tailtean agus leagadh amach na páirceanna imeartha. Bhíomar ag cur go mór leis na cúrsaí acadúla, go mór mór cúrsaí oíche chun freastal ar an bpobal uilig. Bhí trí cinn de dhioplómaí ollscoile á dtairscint agus éileamh mór orthu: Dioplóma san Fhealsúnacht, Dioplóma sa Chaiticeasma agus Dioplóma sa Cheol. Chomh maith leis sin, bhí raidhse cúrsaí eile á gcur ar fáil, ina measc Teastas sa Ríomhaireacht, do mhúinteoirí. Bhí an coláiste beo de ló is d'oíche. Ach tháinig casadh chun donais sna hochtóidí.

Móreachtra amháin, i 1973, ab ea cuimhneachán seachtó cúig bliain bhunú Choláiste Mhuire gan Smál in 1898. Bhí seachtain iomlán de cheiliúradh le léachtanna agus ceolchoirm mhór ar ar thugamar 'an Tóstal'. Bhí aifreann comórtha againn ar an Luan 19 Márta agus an Cairdinéal Mac Conmidhe i láthair. An tSiúr Assumpta agus mé féin a léigh an dá léacht roimh an soiscéal. Bhí aoichainteoirí againn freisin; thug Áine léacht ar an rince Gaelach agus thug rinceoirí Scoil Uí Ruairc taispeántas rince den scoth. Thug an tAire Oideachais, Dick Burke, cuairt ar an gcoláiste. Ní raibh sé ach díreach ceaptha ina aire agus bhí aithne mhaith agam air ón am a rabhamar beirt san ASTI le chéile. Chuireas garda onóra ar fáil dó leis na buachaillí a bhí sa choláiste agus thaitnigh sé thar barr leis! Ag breathnú ar an leabhar ceiliúrtha a cuireadh ar fáil ag an am, níl ach cúigear den fhoireann atá fós ag teagasc sa choláiste. Scríobh Muiris Ó Riordáin, a bhí ar an bhfoireann, dán fíorálainn don cheiliúradh dar teideal 'Do Mhúinteoirí':

Sibhse a threabhann an fód,
A dhéanann an fuirseadh.
Cé a chuireann an síol
Ach sibhse?
Ce leis an geamhar munar libhse?

Libhse an t-earrach úr,
Libhse péacadh bachlóg,
Libhse an mhaidin shéimh,
Cuma cé leis an iarnóin.
Libhse an éirim luaimneach
A thabharfaidh tine don uain,
Libhse an leice is an imníoch,
Libhse an cogar sa chluais,
Libhse an diamhracht sna súile,
Libhse ionadh na n-óg,
Libhse fás agus imeacht,
Libhse dearmad is claochló.

Libhse an fhoighne fhada,
Libhse Tír úd na nÓg,
Cé go dtagann an fómhar oraibh
Agus tuirse tráthnón'.

Cuairt an Phápa

An-thógáil croí do mhuintir na hÉireann fré chéile ab ea teacht an Phápa Eoin Pól II go hÉirinn, agus go Luimneach ar an 1 Deireadh Fómhair 1979, is dócha an rud ba shuntasaí agus ba mhó a mhúscail spiorad na ndaoine ag an am. Agus bhí misneach agus muinín ag teastáil go géar ag an am, go mór mór lena raibh ag titim amach sna Sé Chontae. Bhí ardáthas ar mhuintir Luimnigh nuair a fuarthas amach go raibh sé ag teacht go Luimneach, agus cuireadh leis an ngliondar nuair nach raibh Corcaigh ar a thuras timpeall na tíre! Tuigeadh nach mbeadh sé ach tamall gearr sa chathair agus beartaíodh go dtiocfadh sé go dtí an ráschúrsa, a bhí an uair sin in Greenpark in iarthar na cathrach, agus nach mbeadh ach turas gairid sa héileacaptar le déanamh ag an bPápa go hAerfort na Sionainne – bhí sé le himeacht go Meiriceá tar éis dó a thuras go hÉirinn a chríochnú. Bheartaigh an chomhairle chathrach Saoirse na Cathrach a bhronnadh air agus í a bhronnadh freisin ar an gCairdinéal Tomás Ó Fiaich, an Nuinteas Gaetano Alibrandi agus ar an Easpag Newman. Bhíos ag caint leis an mbainisteoir cathrach, Tomás Mac Diarmada (bhíos im bhall den chomhairle chathrach ag an am), agus d'aontaíomar go mbeadh Coláiste Mhuire gan Smál ar fheabhas mar láthair do thionól na comhairle chathrach agus do bhronnadh Shaoirse na Cathrach ar an triúr eile seachas an Pápa. Bhí na háiseanna ar fad ar fáil ann agus bhí sé gar don ráschúrsa. Bhíos féin ag smaoineamh an mbeadh seans ar bith ann go dtiocfadh an Pápa go dtí an coláiste, ach ní raibh aon dóchas go ndéanfadh sé é sin. Ba é an leagan amach a deineadh ná go dtionólfaí cruinniú den chomhairle chathrach sa choláiste i Seomra Naomh Bríd ar a hocht a chlog ar maidin, go rithfí an rún ag bronnadh Shaoirse na Cathrach ar an bPápa ansin agus go rachadh an chomhairle go dtí an ráschúrsa ina dhiaidh chun an meamram a bhronnadh air ansin.

Cúig bliana is fiche i ndiaidh na hócáide, tá sé deacair an

t-atmaisféar, an mothúchán agus an draíocht a bhain leis an gcuairt a léiriú go cruinn. An oíche roimh ré, bhí na sluaite ag bailiú leo go dtí an ráschúrsa agus dea-aoibh agus fonn comhluadair orthu go léir. Bhí ár gclann leo is mo mháthair agus ár ngaolta ar fad. Bhí Úna sa Ghaillimh ag an gcruinniú do na daoine óga, ach rinne sí a bealach ar ais le bheith i Luimneach chomh maith. Bhí an t-ádh orm féin agus ar Áine mar bhí tacsaí againne chun mise a bhreith go dtí an coláiste agus chun Áine a thógaint díreach go dtí an ráschúrsa. Nuair a bhí an cruinniú den chomhairle chathrach thart, chuamar go dtí an ráschúrsa. Bhí an Pápa mall ag teacht agus bhí an t-aifreann tosaithe ag an Easpag, an Dr Newman, nuair a tháinig sé. Bhí an mheidhir is an lúcháir, mar aon leis an tsollúnacht agus an spiorad cráifeachta agus urnaí, dochreidte. Bhí draíocht ag baint leis an ócáid a bhí, ar bhealach éigin, cineál neamhshaolta. Agus bhí an ceol neamhaí. Samhlaím an t-iomann 'Be Not Afraid' i gcónaí leis an lá sin.

Nuair a labhair an Pápa, thosaigh sé i nGaeilge: 'A phobail dhílis na Mumhan, go mbeannaí Dia dhaoibh.' Fuair sé bualadh bos mór, ach thaispeáin sé go raibh tuiscint dhomhain aige ar dhúchas na tíre nuair a thagair sé don ghuí a bhí sa ghnáthbheannacht idir dhaoine: 'Dia is Muire duit.' Labhair sé faoi thábhacht na ndaoine tuata, agus amhail is dá mbeadh sé ag déanamh tairngreachta dúirt sé:

Caithfidh na Gaeil rogha a dhéanamh inniu faoin todhchaí. ... an ndéanfaidh siad aithris ar náisiúin eile a thugann an iomarca tábhachta d'fhorbairt eacnamaíochta agus don ábharachas, fad is a bhíonn siad ag déanamh faillí ar nithe an spioraid? ... ag malartú dhlí Dé le heitic nua an tsásaimh shealadaigh ... bealach na saoirse bréige nach bhfuil ann ach sclábhaíocht an mheatha.

Agus rinne sé an t-achainí seo:

Coinnígí greim daingean ar bhur bpréamhacha in ithir na hÉireann, ar bhur gclanna agus ar bhur gcultúr. Bígí dílis don chreideamh, do na paidreacha agus do na luachanna a d'fhoghlaim sibh anseo agus déan an oidhreacht sin a bhronnadh ar bhur bpáistí, mar is oidhreacht mhaith shaibhir í.

Nuair a bhí an t-aifreann thart, shiúil an Pápa i dtreo an *Popemobile*. Bhíos-sa ar an líne tosaigh agus shiúlas ina threo. Bhí gardaí agus bleachtairí ar fud na háite ach ní raibh an tslándáil dian – b'in sarar caitheadh leis an bPápa agus i bhfad roimh 9/11. Bhíos i ngiorracht cúig shlata dó. Ní raibh le déanamh agam ach leanúint ar aghaidh agus a lámh a chroitheadh nó a phógadh, ach ní raibh sé de dhánaíocht ionam a leithéid a dhéanamh. Thógas cúpla grianghraf de, ach ina dhiaidh sin bhí cineál aiféala orm nár thapaíos mo dheis, mar ní bhfaighead caoi mar é arís.

Nuair a d'imigh an Pápa go dtí an t-aerfort, d'fhilleamar ar an gcoláiste. Tionóladh cruinniú den chomhairle chathrach i Halla na Tríonóide agus bronnadh Saoirse na Cathrach ar an gCairdinéal Tomás Ó Fiaich, an Nuinteas an Dr Gaetano Alibrandi agus ar an Easpag Jeremiah Newman. Bhí slua mór i láthair, aíonna na comhairle agus an choláiste. Ceann de na laethanta ba shuntasaí agus ab fhiú a choinneáil i gcuimhne ab ea an lá stairiúil sin i saol an choláiste agus i saol Luimnigh nuair a thug an Pápa cuairt ar Luimneach.

Nollaig na bliana 1982, nuair a bhíos im Mhéara ar Luimneach, chuireas cárta Nollag chuig an bPápa. Bhí cinn faoi leith curtha ar fáil agam agus bhí an Pápa ina Shaoránach de chuid na Cathrach. Fuaireas litir ar ais ón Rúnaí Stáit, E. Martinez:

Dear Councillor Bromell,

His Holiness Pope John Paul II has directed me to acknowledge the message of good wishes that you sent to him at Christmas. He is very grateful for this kind gesture.

On his part, His Holiness asks God to fill you and your fellow citizens with joy and peace.

Bhí cárta deas (*La Sacra Famiglia* le Francesco Mancini) leis an litir, agus scríofa ag an bPápa féin:

Apparuit gratia Dei Salvatoris nostri omnibus hominibus.
Joannes Paulus 11
In Nativitate Domini 1982.

X

Áine – Deireadh Ré

B'iontach mar a bhí Coláiste Mhuire gan Smál ag dul chun cinn sna seachtóidí, agus b'amhlaidh dúinn féin agus dár gclann. Bhí dóchas agus muinín againn as na hochtóidí. Bhí an chlann s'againne ag fás agus iad ag dul ar aghaidh go dtí an tríú leibhéal: Úna go Coláiste na hOllscoile, Gaillimh, agus Declan, Fionnuala agus Éamonn go Coláiste Mhuire gan Smál. Bhí Áine ag taisteal ar fud an domhain mar mholtóir agus mar scrúdaitheoir ag an gCoimisiún le Rincí Gaelacha agus bhíos féin im Mhéara ar Luimneach 1982-3. B'iontach a bheith beo!

I 1986, bhíomar pósta le cúig bliana is fiche, ár n-iubhaile airgid, agus bhíos ag smaoineamh ar an gcaoi ab fhearr chun í a cheiliúradh. Tá deich dtigh i Hazeldene. Bhí sé chlann a tháinig isteach le chéile ann: Elli agus Fritz Eckhardt, Grace agus Jim White, Phil agus Pat Hegarty, Emily agus Barry O'Sullivan agus Claire agus Jim Meehan. Tháinig Alice agus Bill O'Brien níos déanaí. Bhíomar go léir thart ar an aois chéanna agus phósamar timpeall an ama chéanna chomh maith. Tharla, dá bhrí sin, go raibh iubhaile airgid gach lánúna ag tarlú i ngiorracht cúpla bliain dá chéile. Smaoiníos ar an gceiliúradh a bheith againne sa choláiste ach gan aon ní a rá le hÁine. Chuas chun cainte leis an uachtarán an tSiúr Cabrini agus leis an gcisteoir Seán Ó Conchubhair, agus dheineas margadh leo faoi chostais bhéile, freastail agus na nithe sin go léir. Ansin chuireas amach cuirí go dtí na daoine go léir a bhí ag ár bpósadh agus a bhí beo fós, go dtí na comharsana agus chuig ár gcairde go léir. Ach cuireadh fainic orthu gan aon rud a ligint orthu le hÁine. Bhí a fhios ag an gclann, dar ndóigh, cad a bhí ar siúl agam agus bhíodar siúd ag cabhrú liom. An leagan amach a bhí ar an oíche ná aifreann i séipéal an choláiste i dtosach, grianghraf den slua ina dhiaidh sin, an béile sa bhialann agus ansin ceol agus amhránaíocht. Dúramar le hÁine go raibh béile curtha in áirithe againn dúinn féin amháin in óstán agus go mbeadh Con (a bhí mór le hÚna) agus Mairéad (a bhí mór le Declan) ann chomh maith. Bhí Áine ag gabháil leithscéil leis na comharsana ná beadh ceiliúradh againn agus iad siúd ann go ceann tamaill eile, agus a gcuireadh ina bpóca acusan!

Gheal an 4 Aibreán 1986 faoi dheireadh. An oíche sin, d'imigh na leaids leo i dtosach agus fágadh Áine is mé féin chun glaoch isteach ar an gcoláiste le deis a thabhairt do na mná rialta comhghairdeas a dhéanamh linn. Aimsir na Cásca a bhí ann agus bhí na mic léinn ar saoire. Bhí an t-ádh linn go raibh comhdháil Chumann Lúthchleas Gael ar siúl sa choláiste agus go raibh an-chuid gluaisteán timpeall na háite nó bheadh an rún scaoilte. Bhuail an tSiúr Cabrini linn agus thionlaic sí go dtí an clochar sinn. Ag gabháil thar an séipéal dúinn, dúras go mbuailfimis isteach chun paidir a rá, agus nuair a d'osclaíomar an doras, bhí an slua ar fad istigh ann agus iad ina seasamh ag bualadh bos agus an ceol á sheinnt ag Declan agus Éamonn. Baineadh siar ar fad as Áine. Ní raibh sí ag súil le rud ar bith mar seo agus ní raibh fiú gaoth an fhocail faighte aici. Bhrúcht deora áthais aníos ina súile agus thug sí póg dom. An ceol a bhí á sheinnt ag Declan agus Éamonn ná 'Seo Chugainn an Bhrídeog' agus an fonn rince 'Madame Bonaparte' fite tríd – ceann de na rincí a dhamhsaigh Áine nuair a bhuaigh sí Craobh na hÉireann ab ea 'Madame Bonaparte'.

Antóin, deartháir Áine, a léigh an t-aifreann agus an tAthair Gearóid Mac Conmidhe mar shagart cúnta aige – bhí an tAthair Mac Conmidhe mar shagart cúnta don Athair Máirtín Ó Domhnaill nuair a pósadh sinn i 1961. Úna, Declan, Fionnuala agus Éamonn a léigh guí an phobail, agus chan Órfhlaith agus Aedín, iníonacha Mháirín, an Alleluia. Máirín agus Eddie Fallon a thug aníos na bronntanais.

I ndiaidh an aifrinn, tógadh grianghraif ar chéimeanna an choláiste, agus ansin bhí an béile againn sa bhialann. Bhí oíche iontach againn le ceol agus amhránaíocht, le caint agus caidreamh. Ag meán oíche, thug mo dheirfiúr Anne císte agus coinnle ar lasadh air isteach, chun breithlá mo mhátharsa a cheiliúradh. Bhí na hochtóidí ar fheabhas, díreach mar a bhí súil againn leo.

Bhí bliain iontach ag Áine i 1987-8 agus í ag taisteal ar fud na hÉireann agus thar sáile mar mholtóir. Bhí sí i Nua Eabhrac agus i gCalifornia. Nuair a bhí sí ansin, chuaigh sí thar teorainn isteach go Meicsiceo áit ar cheannaigh sí, i measc mórán rudaí eile, gúna nua d'Fhionnuala a chaith sí siúd ag Damhsa na Céime 1987.

Ar theacht ar ais go hÉirinn di, chuaigh sí go Gaillimh, áit a raibh Oireachtas Rince na Cruinne ar siúl i rith na Cásca. Ba ghnách léi a bheith as baile i rith na Cásca gach bliain mar ba ag an am sin a bhíodh an tOireachtas Rince ar siúl. Aisteach go leor, d'iarr Áine orm dul go dtí an céilí agus an dinnéar ar an Satharn, agus dá ndéanfainn sin, go dtiocfadh sí abhaile liom agus go mbeadh sí sa bhaile do dhinnéar na Cásca. Bhí oíche iontach againn. An damhsa deiridh a dheineamar an oíche sin ná an Cor Seisear Déag. Níorbh eol dúinn ag an am sin gurbh í sin an uair dheiridh a rincfimis le chéile go deo arís.

Oíche gheal spéirghealaí a bhí ann agus sinn ag teacht abhaile. Bhí amhrán le John McCormack ar siúl ar an téipthaifeadán nuair, gan choinne, rith giorria in aghaidh an ghluaisteáin. Nár polladh an raiditheoir agus amach lena raibh d'uisce istigh ann! Bhíomar taobh le hInis ag am, agus b'éigean dúinn glaoch ar Úna sa bhaile teacht i gcabhair orainn agus sinn a thógaint abhaile. Bhí sé thart ar a dó ar maidin faoin am sin. Bhí Jack O'Brien, céile Mháirín, linn chomh maith.

I rith an deireadh seachtaine, bhí Áine ag ceartú na scrúduithe a bhí déanta ag na hiarrthóirí don teastas múinteoireachta agus don teastas moltóireachta a bhí eagraithe ag an gCoimisiún le Rincí Gaelacha. Bhí díreach críochnaithe aici nuair a bhí sé in am dul go dtí an t-aerfort chun taisteal go Londain. Bhí sí le moltóireacht a dhéanamh ansin ar feadh coicíse ag féile rince.

Mar ba ghnách léi, bhí sí ar an bhfón ar a laghad uair amháin gach lá. Ag teacht chuig deireadh na tréimhse, dúirt sí uair nó dhó nár mhothaigh sí go maith agus go raibh radharc na súl ag cur isteach uirthi. Níor chuir sin isteach orainn ar chor ar bith, mar dúramar go raibh sí caite amach ag an taisteal agus ag an moltóireacht agus go raibh sé in am di sos a ghlacadh agus é a thógaint go bog ar feadh tamaillín. Ar an 2 Bealtaine, d'fhill sí abhaile. Nuair a thuirling sí den eitleán, thuigeas nach raibh sí ar fónamh ach dhiúltaigh sí dul go dtí an dochtúir ag an am sin. Níor theastaigh uaithi ach a bheith ar ais sa bhaile.

Bhí an lón againn le chéile, agus d'oscail sí na málaí (bhí ceann breise faighte aici!) agus bhíodar lán de bhronntanais, mar ba dhual di. D'imíos liom ar ais go dtí an coláiste, agus bhí sí ag suí ar a suaimhneas cois boird agus an fón ina láimh aici.

D'fhilleas thart ar a leathuair tar éis a ceathair, agus bhí an chlann go léir ag teacht isteach de réir a chéile. Ag an am sin bhí Úna ag múineadh i Scoil Chaimín Naofa sa tSionainn, Declan agus Fionnuala ag múineadh i Maigh Rois agus bhí Éamonn sa chéad bhliain sa choláiste. Bhí sé i gceist ag Áine an chamchuairt a dhéanamh chuig a deirfiúr Máirín agus chuig mo mháthair. Ach ní raibh fonn uirthi agus dúirt sí go bhfanfadh sí go dtí an lá dár gcionn.

Níor theastaigh ó Áine dul go dtí an dochtúir, ach ar an gCéadaoin ghlaos ar chara liom, an dochtúir Richard O'Flaherty. Tháinig sé agus bhí sé léi nuair a d'fhilleas ón gcoláiste um thráthnóna. Mhol Richard di x-gha agus trialacha fola a fháil, agus chun í a shásamh mhol sé domsa an rud céanna a dhéanamh! Chuamar beirt chuig Ospidéal Naomh Eoin an lá dár gcionn chun na trialacha go léir a dhéanamh. Ní bhfuaireas mo chuid torthaí féin riamh. Níor thaispeáin na trialacha rud ar bith cearr le hÁine, agus mhol Richard di dul chuig dochtúir comhairleach. Roghnaigh sí Bobby Holmes. Mhol sé siúd di dul isteach in Ospidéal Naomh Eoin. An oíche sin, ghlaoigh Richard ag fiafraí conas a d'éirigh le hÁine. Nuair a d'insíos dó, dúirt sé go nglaofadh sé ar ais orm, rud a rinne sé i gceann cúpla nóiméad. Dúirt sé go raibh áit curtha in áirithe aige d'Áine in Ospidéal Beaumont i mBaile Átha Cliath. Baineadh siar asam.

'Cén fáth?' arsa mise.

'Mar gur ann atá na háiseanna is fearr agus is nua-aimseartha,' ar seisean.

Bhí Áine agus mé féin cois tine ag breathnú ar an teilifís. Chuas isteach chuici agus d'insíos di a ndúirt Richard. Cheapas go ndiúltódh sí glan fiú smaoineamh ar Bhaile Átha Cliath.

'Cad a cheapann tusa?' ar sise.

'Ní theastaíonn uaimse go rachfá in áit ar bith,' arsa mise, 'ach b'fhéidir gurbh fhearr comhairle Richard a ghlacadh.'

'Ceart go leor,' ar sise.

An lá dár gcionn, Déardaoin Deascabhála, chuamar ar aifreann a leathuair tar éis a naoi. Nuair a bhí an bricfeasta thart, b'éigean dom dul isteach go dtí Ospidéal Naomh Eoin chun na x-ghathanna a fháil agus iad a thabhairt linn. Nuair a bhí gach rud réidh, d'imigh an bheirt againn agus Úna go Baile Átha Cliath.

Ní shamhlódh éinne rud ar bith cearr le hÁine, bhí sí ag féachaint chomh hálainn agus chomh sláintiúil sin. Bhí an lón againn i mBaile Átha Cliath. Amach linn ansin go Beaumont, áit nach rabhamar riamh ann cheana ach go gcuirfimis aithne – agus níorbh í an dea-aithne í – air sna laethanta a bhí romhainn amach. Nuair a bhí Áine ag clárú, cuireadh ceist uirthi cé chomh fada agus a bhí sí ag feitheamh le leaba a fháil. 'Ó aréir,' arsa Áine. Bhí aghaidh mhíthuisceana ar an bhfeidhmeannach. Ach bhí a fhios agam go raibh an obair déanta ag Richard!

Bhuaileamar le dochtúir ansin. 'Cé agaibh atá ag teacht isteach?' ar seisean le hÁine agus le hÚna.

'Mo mháthair,' arsa Úna. Bhí Áine ag breathnú chomh maith sin nár thuig an dochtúir fiú, gurbh í a bhí tinn.

Rinne sé mionscrúdu uirthi, agus ar an mbealach go dtí a seomra, ar seisean agus é ag déanamh neamhiontais den rud go léir, 'B'fhéidir gur stróc beag a bhuail í.' Ba bheag nár thiteamar as ár seasamh! 'Ó,' ar seisean, 'bíonn a leithéid ag chuile dhuine agus ní bhíonn a fhios acu go mbíonn.' Fiú amháin ansin, ní rabhamar buartha. Nár fhéach sí ar fheabhas? Cúpla lá san ospidéal, sos beag agus bheadh sí sa bhaile gan mhoill.

Bhí sé thart ar a naoi a chlog nuair a d'fhág Úna agus mé féin í. B'fhearr linn go mbeadh sí linn ag filleadh, ach ní rabhamar buartha. Bhí sí san áit cheart agus níorbh fhada go mbeadh sí sa bhaile slán arís. Lasmuigh den Aonach, mhúch soilse an ghluaisteáin agus thosaigh deatach ag teacht aníos as cúl an rotha stiúrtha. Chasamar isteach ar thaobh an bhóthair. Stop an deatach ach ní oibreodh na soilse. Ag an deireadh, bheartaíomar triail a bhaint as tiomáint tríd an Aonach mar go mbeadh soilse an bhaile againn. Nuair a thángamar chomh fada leis na soilse tráchta, bhí gluaisteán Garda romhainn. Chuas suas chucu agus d'insíos dóibh cad a tharla dúinn, agus d'fhiafraíos díobh an rabhadar ag dul i dtreo Luimnigh. Ní rabhadar. Ach leanamar iad tríd an mbaile agus chomáineadar siúd ar aghaidh agus ar aghaidh gur shroicheamar Caladh an Treoigh ar bhruach Chathair Luimnigh. Ghabhas ár mbuíochas leo. Murach iad, bheimis i bponc ceart.

Bhí CAT scan le fáil ag Áine ar an Aoine ach ní bheadh na torthaí ar fáil go dtí an Luan. Chuaigh Máirín agus Antóin suas chuici ar an Aoine agus chuaigh Gearóid ar an Satharn. Ansin ar an Domhnach, chuaigh Úna, Declan, Fionnuala, Éamonn agus mé féin. Bhí an-lá againn léi. Dúirt sí go raibh an CAT scan sceonmhar, ach cé is moite de sin, bhí sí geal, sona, cainteach. Sarar fhágamar, dheineas socrú léi glaoch orm sa choláiste a luaithe is a gheobhadh sí na torthaí ar an Luan. Ag breathnú siar anois, n'fheadar conas a bhíomar chomh huafásach soineanta sin.

Ach ag teacht abhaile an oíche Dhomhnaigh sin, ní rabhamar ag smaoineamh ach ar chathain a bheimis ag dul suas chun í a thabhairt abhaile.

An lá arna mhárach, 16 Bealtaine, bhí cruinniú den bhord acadúil agamsa sa choláiste. Dúras le mo rúnaí glaoch orm dá mbeadh teachtaireacht dom ar an bhfón. Bhí sé tar éis meán lae nuair a tháinig mé amach as an seomra cruinnithe. Ghlaoigh an fáilteoir orm agus dúirt go raibh an Dr O'Flaherty ar mo lorg. Bhíos ar buile léi nár lorg sí mé, ach rud ba mheasa ná sin, thosaigh taom éadóchais ag brú aníos ionam. Cén fáth gurbh é Richard a bhí ag glaoch orm? An raibh drochscéala aige dom? Cén fáth nárbh í Áine a ghlaoigh? Amach liom láithreach chuig Richard. Bhí sé ag feitheamh liom agus cupán tae réidh aige dom. Bhí na droch-chomharthaí go léir le feiscint. Mhínigh sé dom go raibh meall beag ag fás laistiar de shúil Áine, ach go raibh sé i gcaineál a bhféadfadh an máinlia teacht air. De réir mar bhí sé ag caint, bhí an taom éadóchais agus an easpa muiníne ag fás aníos ionam. Cá raibh Dia? Go mór mór, cá raibh Naomh Antóin, ar ghuigh sí chuige chomh minic sin ar feadh a saoil agus ar thug sí an méid sin airgid dó? Ar loic siad uirthi in am an ghátair? Ghabhas buíochas le Richard agus, i gcoinne a thola siúd, thiomáineas amach an geata.

Ar mo bhealach isteach, bhíos ag smaoineamh ar cad a déarfainn le hÉamonn, mar bhí seisean sa bhaile ag ullmhú do scrúduithe na chéad bhliana. Dúras leis a ndúirt an dochtúir: go mbeadh obráid ag Mam ach go raibh an meall in áit a bhféadfaí teacht air. Ghlaos ar Úna, Declan, agus ar Fhionnuala agus d'insíos an scéal dóibh siúd. Thángadar abhaile láithreach. Bhí rud éigin le n-ithe agam agus sinn go léir ag iarraidh a ligint orainn nach rabhamar buartha.

Ina dhiaidh sin, thugas bóthar Bhaile Átha Cliath orm féin. Theastaigh ó na leaids teacht liom ach d'áitigh mé orthu gurbh fhearr dóibh fanacht go bhfaighimis iomlán an scéil. De réir mar a bhíos ag druidim le Baile Átha Cliath, bhí meascán mearaí ar fad orm: b'fhéidir go raibh an meall caoin, go mbeadh an obráid sodhéanta, nach mbeadh aon bhaol ann, go smaoineodh Naomh Antóin uirthi agus nach ligfeadh sé síos í.

Nuair a chuas isteach ina seomra, bhí Norma O'Donoghue, cara le Fionnuala, léi agus bhí Áine féin ag gol. D'inis sí dom go raibh an máinlia léi ach nach dtabharfadh sé aon eolas di faoin CAT scan go dtí go mbeinnse i láthair. Mheas sí gur dhrochscéala a bhí ann. Dheineas iarracht a bheith chomh geal agus chomh deimhneach agus ab fhéidir liom, ag insint di go raibh ruidín beag laistiar dá súil agus ná beadh stró ar bith ar an máinlia é a bhaint amach. D'imigh Norma, agus chaitheamar an chuid eile den tráthnóna agus den oíche ag caint faoi chúrsaí sa bhaile, faoi chúrsaí rince, agus faoi na gnáthrudaí a mbímis ag caint fúthu sa bhaile. Thart ar a deich a chlog, d'fhiafraigh sí díom cén áit a bhí curtha in áirithe agam don oíche. Bhí sí trína chéile ar fad nuair a fuair sí amach nach raibh aon tsocrú déanta agam. Chuireas ina luí uirthi nár bhaol dom agus go raibh óstán síos an bóthar uainn. Thart ar a leath i ndiaidh a deich, d'fhágas slán aici agus, ar bhealach, bhí sé go maith go raibh sí ag smaoineamh ar lóistín domsa seachas uirthi féin. Nuair a bhíos ag gabháil thar an bhfáiltiú ar mo bhealach amach, chonac liosta lóistín ar an bhfalla. Mhol an fáilteoir ceann amháin dom agus chuireas glaoch. Bhí áit faighte agam. Lánúin an-dheas de bhunadh Thiobraid Árann a bhí i bhfeighil an tí, agus ní raibh sé ach cúpla nóiméad ón ospidéal.

An lá dár gcionn, bhíos istigh le hÁine roimh a hocht, ar eagla go dtiocfadh an máinlia go luath. Bhí beagáinín dóchais ag borradh ionam faoi seo: nach raibh Áine ag féachaint ar fheabhas? Sea, bhí an codladh grifín ar a cliathán ó bharr a cinn go dtí a cos, ach ba bheag san. Bheadh dea-scéala ón máinlia.

Thart ar a leathuair tar éis a naoi a tháinig sé. Jack Phillips ab ainm dó, fear caoin, cairdiúil. Shuigh sé ar an leaba agus mhínigh sé dúinn beirt go raibh sceachaill inchinne ar Áine i gcainéal laistiar dá súil agus go mbeadh ar a chumas í a bhaint amach.

Dhéanfadh sé an obráid ar an Luan a bhí chugainnn. Ghlac Áine réasúnta maith lena ndúirt sé agus an cheist ba mhó a chuir sí air ná cé chomh fada a bheadh sí san ospidéal. Chuas amach an doras leis. B'ansin a fuaireas lom na fírinne den chéad uair: fiú dá n-éireodh leis an obráid, ní raibh i ndán di ach dhá bhliain ar a mhéid; ní bheadh a mianach beatha go maith; agus is ag dul in olcas a bheadh sé de réir a chéile. Bhíos im staic! Conas a d'fhéadfainn bualadh ar ais chuici agus an t-eolas sin im cheann agus ligint orm go raibh chuile rud ina cheart? Agus bhí an ghrian ag gealadh na háite lena cuid solais. Isteach liom chuici.

'Bhuel,' ar sise, 'cad a cheapann tú?'

'Is trua gur gá duit an obráid sin a bheith agat,' arsa mise, 'ach nach iontach gur féidir leo teacht ar an diabhal ruda sin, agus beidh sé go léir thart agus tú ag ullmhú le teacht abhaile i ndiaidh an Luain.'

Chaitheamar an lá ag caint is ag siúl timpeall an ospidéil. Bhí aoibh réasúnta maith uirthi. B'fhada léi go dtiocfadh an Luan agus go mbeadh gach rud thart. Bhí sí buartha go ngearrfaí a folt gruaige don obráid! Bhí sí an-mhórálach as a cuid gruaige!

Lá amháin i rith na seachtaine, lean Úna agus Fionnuala bean a raibh obráid den chineál céanna aici, féachaint conas mar a bhí a cuid gruaige siúd, agus bhíodar ábalta a rá le hÁine nach bhfacadar aon ní cearr leis. Ar an gCéadaoin, nuair a tháinig an máinlia isteach chuici, ceann de na ceisteanna a chuir sí air ná ceist na gruaige! 'Ná bí buartha,' ar seisean, 'ní bheidh an gearradh ach chomh mór le leathchoróin.' Shásaigh sé sin í. Ag breathnú siar anois, féachann sé áiféiseach go rabhamar ag caint faoi ghruaig nuair a bhí an scéal uafásach faoin sceachaill inchinne faighte againn. Ach d'ísligh a leithéid an teannas agus thug sé deis gháire dúinn nuair ba ghann na deiseanna céanna. Agus, dar ndóigh, ní raibh an t-eolas a thug Jack Phillips domsa ar eolas ag Áine ná ag an gcuid eile den chlann. Níor luas é leis an gclann. Bhí cúrsaí dona go leor dóibh cheana féin. Agus cá bhfios? B'fhéidir i ndiaidh na hobráide go mbeadh chuile rud ina cheart. B'fhéidir go dtiocfadh Naomh Antóin i gcabhair uirthi fós agus a cuid paidreoireachta ar fad chuige a chúiteamh léi.

Ar an Déardaoin, nuair a shroicheas a seomra, ní raibh sí ann. Chuas suas chuig stáisiún na mbanaltraí agus dúradar liom go raibh tionóisc aici níos luaithe, gur thit sí sa seomra folctha agus gur briseadh a spéaclaí. Ní rabhadar sásta í a bheith ina haonar níos faide agus d'aistríodar í go seomra os a gcomhair amach. Nuair a chuas isteach chuici, bhraitheas an-athrú tagtha uirthi. An oíche roimh ré, rinne sí mé a thionlacan go doras an ospidéil, ach anois bhí laige ina cois agus ina láimh. Ach ní raibh drochaoibh uirthi.

Bhí an chlann ag dul síos agus ag teacht aníos i rith na seachtaine (agus scrúdú san oideachas le déanamh ag Éamonn bocht), agus cé go raibh sí ag dul in olcas, bhíodh greann agus spórt againn léi. Bhí ag teip uirthi smaoineamh ar fhocail, agus bhíodh cluiche againn léi ag tomhas cén focal a bhí uaithi. Ar an Domhnach, bhí an seomra lán agus tháinig beirt Bhráithre Críostaí isteach. Ní fhéadfadh Áine smaoineamh ar na focail 'Bráthair Críostaí' agus bhí sí ag tabhairt *'chickens'* orthu! Bhaineamar an-shult as sin agus í féin ag gáire chomh maith. Bhí an seomra lán le bláthanna agus leis na céadta cártaí, agus níor stop an ghrian ach ag taitneamh go spleodrach isteach uirthi. Bheadh gach ní ina cheart amárach nuair a bheadh an obráid thart. An oíche sin, chuaigh Úna, Declan agus Éamonn abhaile agus d'fhan Fionnuala agus Máirín agus Antóin liom.

Maidin Luain, 23 Bealtaine 1988, bhíomar thíos ag an ospidéal roimh a hocht a chlog. Bhí Áine ag féachaint go maith agus iad á cóiriú don obráid, agus ansin thógadar síos í ar thralaí. D'imigh sí trí dhoirse agus dhúnadar ina diaidh. Bhí sí ina haonar anois le foireann an ospidéil. An raibh Dia léi? An raibh Naomh Antóin léi?

Bhí an lá sin fada. Chuamar ar aifreann agus d'iarras ar shéiplíneach an ospidéil aifreann faoi leith a léamh di. Cuma cad leis a mbíonn tú ag súil, fiú rud éigin taitneamhach, mothaíonn tú go bhfuil an t-am ag moilliú agus nach dtiocfaidh an spriocam choíche. Ach nuair nach eol duit cad a bheidh ag an deireadh, n'fheadraís an dteastaíonn uait an t-am a bhrostú nó a mhoilliú? Chaitheamar an t-am ag guairdeall thart, isteach is amach, ag féachaint ar uaireadóirí, ag tomhas cathain a bheadh sí ar ais. Bhí sé thart ar a leathuair tar éis a dó nuair a tháinig an máinlia, Jack Phillips, chugainn. Bhí aoibh gháire ar a aghaidh – deachomhartha? Dúirt sé linn nach bhféadfadh sé a rá gur éirigh 100% leis an obráid, ach go raibh áthas air a dheimhniú dúinn gur éirigh go hiontach leis 99%. Ligeamar osna faoisimh asainn. Bhí an duibheagán ag scaipeadh, agus an ghrian a bhí ag soilsiú amuigh, bhí sí ag taitneamh dúinne anois. Ar a bhealach amach, d'iompaigh an máinlia chugam agus ar seisean, 'Tuigeann tú, dar ndóigh, go bhfuil a ndúirt mé leat cheana fíor fós: dhá bhliain ar a mhéid.' Bhíos-sa im staic – bí ag caint ar choilleadh dóchais. Ach nach minic na dochtúirí mícheart? Nach raibh Paddy O'Dwyer i nGeata Tuamhumhan beo fós, cé nár thug na dochtúirí ach sé mhí maireachtála dó fiche bliain roimhe sin!

San aonad dianchúraim a bhí Áine, agus chuamar isteach chuici inár mbeirteanna. B'éigean an cloigín ar an doras a bhrú sara scaoilfí isteach tú. Bhí sí ag féachaint ar fheabhas. Ag breathnú uirthi, ní mheasfadh éinne go raibh sí tar éis sé huaire an chloig a chaitheamh san obrádlann. Bhíos-sa ag súil go n-osclódh sí na súile, go bhfeicfeadh sí go rabhamar ann, go n-abródh sí cúpla focal, fiú. Bhí obráid aici blianta roimhe sin, agus ar a bealach amach as an obrádlann, gháir sí liom agus dúirt i nguth íseal go raibh sí ceart go leor. Agus bhí a cuid gruaige ar fheabhas!

Chaitheamar an tráthnóna ag dul isteach is amach. Tháinig Úna aníos ó Luimneach. Ag deireadh an lae, bheartaíomar go bhfanfainn féin agus Úna ach go rachadh an chuid eile abhaile. Bhí gach cosúlacht ar an scéal go mbeadh fanúint fhada againn i mBaile Átha Cliath agus bhíomar ag rá go mbeadh orainn babhtáil a dhéanamh ar cé a bheadh léi gach lá.

Maidin Dé Máirt, nuair a chuas féin agus Úna isteach, ní raibh

Áine san aonad dianchúraim. Bhí bithiúnach ó Bhaile Átha Cliath, ar scoilteadh a chloigeann le buidéal, ina leaba agus ise i seomra éigin eile. Dheineamar gearán láithreach, ach bhí na banaltraí agus an dochtúir ag iarraidh a áiteamh orainn nár ghá di a bheith san aonad dianchúraim feasta, bhí sí chomh feabhsaithe sin; go raibh an fearas ar fad bainte di ach sileadh amháin a bhí ar a láimh; go raibh ocsaigin ar fáil di dá mbeadh sí uaithi; go raibh sí díreach os comhair na mbanaltraí chun súil a choinneáil uirthi. Ach ní fhacamar aon fheabhas tagtha uirthi. Cinnte, d'fhéach sí ar fheabhas, ach bhí a súile dúnta agus ní raibh focal uaithi. Labhraíomar léi, ghlaomar uirthi, rugamar ar a láimh agus d'iarramar uirthi ár lámha a bhrú, ach ní raibh aitheantas ar bith uaithi. Bhíomar an-bhuartha ar fad ach lean na banaltraí ag dearbhú dúinn go raibh ag éirí go seoigh léi.

D'imigh Úna an oíche sin. I rith na hoíche, tháinig cineál anró ar Áine cúpla uair. Bhí sí ag ardú a láimhe agus bhí an sileadh ag titim amach. Chuir na banaltraí ocsaigin ar fáil di agus thugadar isteach gaothrán, mar de réir cosúlachta bhí an teas ag cur isteach uirthi. Pé frídín dóchais a bhí fágtha ionam, bhí sé ag trá go tapaidh. Ach lean an fhoireann ag cur ina luí orm go raibh gach rud i gceart. Dá dtabharfadh sí leide ar bith dom gur thuig sí go rabhas ann léi bheinn sásta, ach leide dá laghad níor thug sí.

Thart ar a leathuair tar éis a haon déag, mhol na banaltraí dom dul abhaile agus dreas codlata a fháil. Bhí leisce orm imeacht agus í a fhágaint ina haonar. 'Ní féidir leat tada a dhéanamh di,' a dúradar, 'tá ag éirí go breá léi. Is féidir leat filleadh aon uair is mian leat.'

D'imíos liom ar deireadh. Bhí fonn cainte ar fhear an tí, rud nach raibh ormsa. Ghlacas le cupán tae agus in airde staighre liom go dtí mo sheomra. Bhí piollaí codlata im phóca agam. Richard O'Flaherty a thug do Dheclan iad, le tabhairt domsa, agus chomhairligh sé dom ceann a thógaint le cúpla uair an chloig codlata a fháil. Bhíos ag breathnú orthu ar feadh tamaill agus mé ag smaoineamh gur mhaith an rud cúpla uair chodlata a fháil, éirí ar a sé, b'fhéidir, agus a bheith úr don lá dár gcionn. Faoi dheireadh, thógas ceann agus isteach sa leaba liom. Thit mo chodladh orm ar an toirt.

Mheasas gur támhnéal a bhí orm agus go raibh duine éigin i bhfad i bhfad i gcéin uaim ag glaoch orm. Lean an glaoch agus an cnagadh ar an doras. Ba í bean an tí a bhí ann. Bhí teachtaireacht phráinneach ón ospidéal dul sall láithreach.

Ní cuimhin liom mé féin a ghléasadh, dul síos an staighre agus amach an doras, suí isteach sa ghluaisteán agus tiomáint go dtí an t-ospidéal. An t-aon ní is cuimhin liom ná ag rá leis an bhfear faire agus mé ag dul isteach an doras go raibh glaoite orm. Nuair a shroicheas a seomra, bhí Áine á tógáil go dtí aonad dianchúraim eile agus í á cur ar mheaisín cothaithe beatha. Ní bheadh fiú an dá bhliain againn le chéile. Cad a tharla di idir a ceathrú chun a dó dhéag agus a ceathrú chun a haon ar maidin? Ní bhfuaireas freagra sásúil ar an gceist sin an oíche sin, ná riamh ina dhiaidh sin.

Bhí Áine ina luí ansin agus í ag féachaint chomh dathúil is a bhí sí riamh. Murach na sreanga agus na callairí agus an fearas leighis a bhí timpeall uirthi, ní thabharfá faoi deara go raibh tada cearr léi. Bhí sí ansin amhail is dá mbeadh sí ina codladh go sámh síochánta. Saol osréalach ar fad a bhí ann.

Bheadh orm glaoch ar na leaids sa bhaile. Ach cad a déarfainn? Ní fhéadfainn an fhírinne lom a insint dóibh ar an bhfón ach ní fhéadfainn í a cheilt orthu ach an oiread. Bhíodar sa bhaile ag guí go mbeadh feabhas tagtha ar Áine um an dtaca sin. Ná dúirt an máinlia gur éirigh 99% leis an obráid?

Bheartaíos ar ghlaoch ar Jack O'Brien, céile Mháirín. Bhí sé thart ar a dó a chlog faoin am sin. Órfhlaith a d'fhreagair. D'iarras uirthi a hathair a fháil dom. D'insíos an drochscéala dó agus mhíníos go raibh deireadh ar fad le haon dóchas. D'iarras air dul suas chuig na leaids agus a rá leo go raibh athrú tagtha ar Áine agus go mb'fhearr dóibh teacht aníos. D'iarras air freisin glaoch ar ár muintir ar fad.

Thug na banaltraí seomra beag dom le suí ann agus chaitheas an chuid eile den oíche agus de thús na maidine ag dul isteach is amach ón seomra sin go dtí an t-aonad dianchúraim, ag suí le hÁine. Bhí deireadh dúil bainte dá biseach ach bhí sé deacair glacadh leis. B'fhéidir go n-osclódh sí súil, go gcorródh sí méar, go n-ardódh sí lámh. Bhí sé thart ar a leathuair tar éis a cúig nuair a tháinig na leaids agus Máirín agus Antóin. N'fheadar conas a thángadar chomh tapaidh sin ach dúradar liom ar ball gur bheag riail nár bhris Antóin ar an mbóthar aníos. Tháinig Gearóid ó Ghaillimh i dtacsaí.

Ní raibh tuiscint ar bith againn ar cad a bhí tite amach. Ní raibh aon tsúil lena leithéid is ní raibh freagra le fáil ar an gceist ba mhó a bhí againn: cad a tharla di um meán oíche? Ach bhí rud amháin ríshoiléir: ní raibh aon dóchas fágtha. Más féidir ifreann a bhlaiseadh ar an saol seo, bhí sé á bhlaiseadh againne an tráth sin, sinn beo ach gan ar ár gcumas aon chabhair dá laghad a thabhairt don té ab ansa linn, ina luí ansin gan aithne gan mhothú.

B'fhada an lá é. Tháinig mo dheirfiúr Anne agus a fear céile Georgie aníos ó Luimneach. Chuaigh cuid den chlann ar ais go dtí an teach ina rabhas agus fuaireadar dreas codlata. D'fhan cuid againn sa tseomra beag agus chodlaíomar ansin. Dúradar ar ball gur chodlaíos féin ach go rabhas ag sranntarnach chomh mór sin nach bhféadfaidís néal ar bith a fháil.

Maidin Déardaoin, tháinig Jack Phillips isteach chugainn. Mhínigh sé gurbh é a bhreith siúd go raibh inchinn Áine marbh; go mbeadh air máinlia néareolaíochta eile a fháil chun scrúdú a dhéanamh uirthi, agus dá mbeidís ar aon fhocal, go gcaithfeadh sé an meaisín cothaithe beatha a mhúchadh. Nuair a d'fhill sé, dúirt sé go mbeadh an meaisín á mhúchadh ar a leathuair tar éis a trí. An meaisín á mhúchadh, saol Áine a mhúchadh – ní raibh ann ach cnaipe a bhrú.

Chuamar isteach chuici agus sheasamar timpeall uirthi – í ina luí ansin go síochánta agus í ag féachaint chomh dathúil sin. Bhí an rud ar fad mínádurtha, osréalach. Chuireamar ár ngrá agus ár mbuíochas in iúl di agus d'fhágamar slán aici. Chuamar ar ais go dtí an seomra beag agus d'fhanamar ann gur glaodh orainn. Ar a fiche chun a ceathair, seoladh isteach arís sinn chuig Áine. Ní raibh d'athrú le feiscint ach amháin go raibh an fearas leighis imithe. D'fhágamar slán arís aici. An caoineadh, go mba chóir dó a theacht go nádúrtha, bhí bac curtha leis ag an uafás a bhuail sinn. Bhíomar inár bpleist mharbh. Ar bhealach, ní rabhamar ar an talamh seo in aon chor ach ar phlána eile, ag breathnú ar dhráma nár bhain linn. Níor tháinig éinne chun sinn a thionlacan amach an doras.

Nuair a fuaireamar amach go rabhthas chun an meaisín a mhúchadh ar a leathuair tar éis a trí, bhí a fhios againn go raibh an-chuid rudaí le socrú. Ghlaoigh Antóin ar an adhlacóir Willie Lynch agus dheineamar na socruithe ar fad leis: teacht go Baile Átha Cliath, an cineál cónra, na nuachtáin, uaigh a cheannach. A Dhia na nGrást, uaigh á ceannach againn d'Áine agus í ina luí sa tseomra taobh linn. Bhí an domhan ar fad ina chíor thuathail.

Níor theastaigh ó na leaids ligint dom tiomáint abhaile, de bhrí go rabhas chomh traochta, caite amach sin. Ach bhí a fhios agam gurbh fhearr dom m'aire a dhíriú ar an mbóthar ná a bheith díomhaoin ar feadh an bhealaigh. Shroicheamar an baile timpeall a leathuair tar éis a naoi. Chualamar lá arna mhárach ón adhlacóir go raibh Áine i Luimneach romhainn. Bhí an clog sa tolglann stoptha ar a fiche chun a ceathair. Thosaigh na comharsana agus na cairde ag bualadh isteach chugainn ag déanamh comhbhróin linn. Ní fhéadfaidís a chreidiúint go raibh Áine marbh. Cuid mhaith acu, ní raibh a fhios acu fiú go raibh sí tinn. D'imíomar chomh sciobtha sin go Baile Átha Cliath gur mheas daoine nach raibh sí tagtha abhaile ó Londain fós.

Ba bheag a chodail éinne an oíche sin. Maidin Aoine, bhí mothúchán aisteach, neamhréalaíoch ionam, ag tnúth leis an tráthnóna nuair a chífimis Áine arís agus nuair a bheimis go léir arís le chéile. Ní raibh ann, dar ndóigh, ach seafóid agus áiféis.

Ach ba dheacair scaoileadh leis an mothú – bhí sólás agus faoiseamh de chineál éigin éigiallta ag baint leis. Bhí daoine ag teacht is ag imeacht an mhaidin ar fad agus níor stop an fón ag bualadh. Bhí glaonna ag teacht ó chuile áit ar fud na hÉireann agus ar fud an domhain: Albain, Sasana, na Stáit Aontaithe, an Astráil, an Nua-Shéalainn, Ceanada, an Fhrainc, an Spáinn agus an Ghearmáin – áiteanna a raibh Áine ag moltóireacht iontu nó a raibh sí féin agus an scoil rince ag damhsa iontu. B'éigean dúinn éadaí a chur isteach go dtí an t-adhlacóir di – éadaí dá turas deiridh. Ansin bhí ceist ann faoina cuid fáinní. Theastaigh uaimse go bhfágfaí iad ar a méara, ach dúirt an t-adhlacóir linn gur minic cathú ar dhaoine ar ball, nuair ná beadh na fáinní ar fáil. Ar deireadh, shocraíomar a fáinne pósta a fhágaint ar a méar ach na cinn eile a choinneáil.

Ar a cúig a chlog, chuamar isteach go dtí an mharbhlann. Bhí sí ansin ina luí sa chónra, ag féachaint chomh haoibhinn, dathúil céanna is a bhí sí san ospidéal. Chromas anuas chun í a phógadh – a Dhia!

Phógas do bhéal, is a Dhia nárbh fhuar é.

Bhí a béal fuar, crua is a leicne gan bhogadh. Níorbh í Áine a bhí ina luí ansin sa chónra ach dealbh mharmair di. Bhí a croí mór ina stad, gluaiseacht a fola stoptha, na cosa sin a rinne rince ar fud an domhain, gan lúth, a hanam glanta uaithi agus gan fágtha ach a corp. Den chéad uair riamh, bhuail tuiscint na bhfocal uafásach 'mortal remains' mé.

Thug an t-adhlacóir clúdach litreach dom ina raibh a cuid fáinní agus dlaoi dá cuid gruaige.

Bhí an tsochraid go dtí an séipéal le bheith ann ar a leathuair tar éis a seacht agus shocraíomar a bheith ar ais arís sa mharbhlann ar a leathuair tar éis a sé.

Nuair a thángamar ar ais, bhí na céadta ann cheana féin. Níorbh fhada go raibh an scuaine ag brú amach ón marbhlann, síos Sráid Ghearóid Uí Ghríofa agus ag casadh timpeall go Sráid

Liam. Bhí na mílte daoine ann, ó chian is ó chóngar. Bhí na rinceoirí ann agus iad gléasta ina gculaith rince. Bhí ciúnas an uaignis agus an bhróin le mothú, ainneoin na sluaite a bhí ag sní leo ar a mbealach isteach chugainn. Bhí sé thart ar a ceathrú chun a deich nuair a chroith an duine deiridh lámh linn.

D'fhágamar slán aici ansin agus sinn bailithe timpeall uirthi don uair dheireanach. Nuair a bhí Éamonn á pógadh, nár thit a lionsa as a shúil leis na deora, agus isteach leis i ngruaig Áine. B'éigean dó a cuid gruaige a scaradh chun é a fháil.

Chruinníomar agus ár lámha timpeall ar a chéile nuair a bhí an clár á chur ar an gcónra. Ní fheicfimis Áine go deo arís, ar an saol seo ar aon chuma.

Bhí sé go mór i ndiaidh a deich nuair a shroich an tsochraid Séipéal na Corónach Muire, agus arís bhí an séipéal dubh le daoine, cé go rabhamar trí huaire an chloig déanach. An Moinsíneoir Tynan a d'fháiltigh romhainn agus a ghlac le corp Áine. I láthair freisin bhí an tEaspag Newman agus slua mór sagart. Nuair a bhí na paidreacha ráite, tháinig na sluaite chugainn arís ag déanamh comhbhróin linn, ionas go raibh sé déanach go maith nuair a shroicheamar baile. D'fhágamar Áine inár ndiaidh i dTeach Dé – an raibh sí leis ina theach ar neamh?

Maidin Shathairn, bhíomar go léir le chéile arís i Séipéal na Corónach Muire, agus an séipéal lán go doras. Miondealbh de phobal na tíre a bhí sa séipéal. Bhí aide-de-camp an Taoisigh (Charles Haughey), an tOifigeach Cabhlaigh Laune, ann, mar aon le hairí, Teachtaí Dála agus daoine ó chuile aicme den phobal. Antóin a léigh an t-aifreann. Tháinig seanchara linn, an tEaspag Éamonn Casey, aduaidh ó Ghaillimh chun a bheith i láthair. An tAthair Gearóid Mac Conmidhe a thug an t-aitheasc agus bhí deora i súile a raibh i láthair nuair a bhí críochnaithe aige. I measc na rudaí a dúirt sé bhí:

Áine, one of the country's most prominent figures on the Irish dancing scene, was a household name not only in Ireland but throughout the world wherever Irish dancing was taught ...

Indeed her popularity could be compared to that of the old Limerick hurling team, the Mackeys, the Clohessys, Timmy Ryan and the others. It was true of Áine that she helped, like these great players, to roof churches and build presbyteries, schools and parish halls. ... Áine the dancer was poetry in motion ... Áine the singer had a most beautiful voice, her rendering of traditional songs was something never to be forgotten ... *Slán beo leat, a Áine. Beirimid ár mbuíochas duit as ucht an lúcháir agus an tógáil chroí a fuaireamar id chuideachta. Go gcuire Muire a brat timpeall ort agus go raibh leaba le fáil agat i measc naomh na hÉireann.*

Agus chríochnaigh sé le rann d'amhrán:

> Ach tiocfaidh lá an áthais i bParthas na nAingeal,
> Is cruinneoidh le chéile na cairde go léir,
> Is seinnfear go maorga an ceol sin dob ansa léi –
> Táimse im chodladh is ná dúistear mé.

Léigh Úna an chéad léacht agus Fionnuala an dara ceann. Declan agus Éamonn a léigh guí an phobail. Bhí sé fíordhian orthu seasamh os comhair an tslua, na deora ag sileadh uathu, agus guí ar son a máthar. Ach bhíodar ar fheabhas i gcónaí agus léiríodar misneach thar na bearta an lá sin.

Orfhlaith agus Aedín Ní Bhriain, chomh maith le Denis Liddy, a chas an ceol. Nuair a bhí an chónra á hiompar amach againn, sheinneadar 'Deoraíocht', amhrán faoi Chorca Dhuibhne, a chum beirt mhac léinn ó Choláiste Mhuire gan Smál – ba i gCorca Dhuibhne, sna Gorta Dubha agus ar an mBéal Bán, a chaitheamar laethanta fada taitneamhacha ar saoire.

Bhí Áine anois ar an gcuid deiridh dá haistear chun na reilige. Bhí an trácht stoptha agus na soilse trácta múchta ag na Gardaí agus iad ag seasamh ar aire ag gach crosaire feadh an bhealaigh. Bhí Luimneach ag tabhairt cúirtéise do dhuine de na daoine ba dhílse agus ba cháiliúla dá chathróirí.

Bhailigh slua mór sa reilig. Nuair a bhí na deasghnátha thart, cuireadh na céadta bláthanna agus bláthfhleasc ar an uaigh, agus ansin, de réir a chéile, thosaigh daoine ag druidim leo abhaile.

An bhfuil aon fhocail chomh críochnaitheach le línte na paidre: 'May her soul and all the souls of the faithful departed, through the mercy of God, rest in peace. Amen'? Cuma cad a deirtear faoin mbás agus faoin gcur – ní críoch ach athfhás agus rudaí eile mar sin – níl aon ní chomh mídhaonna, naimhdiúil, barbartha leis. Caithfidh tú casadh ar ais ar an saol agus an té is ansa leat a fhágaint i nduibheagán poill. Tá pian sa bhreith agus sa bhás, ach i ndiaidh na breithe tá an lúcháir; cad atá ann i ndiaidh an bháis?

D'fhilleamar abhaile agus roinnt dár gcairde linn, ina measc an tEaspag Casey agus an Moinsíneoir Tynan. Bhí lón againn a d'ullmhaigh an coláiste dúinn. I rith an lóin, bhí an-chuid cainte agus comhrá faoi Áine, ach anois is arís labhraíodh faoi chúrsaí eile cosúil leis an aimsir, cluichí, na rudaí a bhí ag titim amach sa chathair agus ar fud na tíre. De réir a chéile, bhí an domhan mór ag brú isteach ar an mboilgeog a bhí timpeall orainn le breis agus coicíos.

Bhí daoine ag teacht is ag imeacht ar feadh an tráthnóna is ar feadh na hoíche go dtí nach raibh fágtha ach sinn féin. Bhíomar ag comhrá faoi imeachtaí an lae, faoi na daoine go léir a bhí ann, agus fúthusan nach bhfacamar! B'ansin a dúirt Éamonn gur mheas sé go dteastódh ó Mham go gcríochnódh sé na scrúduithe. Bhí an-áthas orm go raibh sé ag smaoineamh mar sin. Bhí na páipéir oideachais déanta aige ach bhí na páipéir Ghaeilge ar siúl ar an lá a fuair Áine bás. Ní raibh le déanamh aige ach Béarla agus ceol, agus dá n-éireodh leis, ní bheadh le críochnú aige san fhómhar ach an Ghaeilge. Mura ndéanfadh sé iad, bheadh an scrúdú iomlán le déanamh aige san fhómhar. Bheartaíomar ansin go rachaimis go léir ar ais ag obair ar an Luan. Bhíomar ag tabhairt faoin saol arís.

Le linn ár gcomhrá, d'fhiafraíos de na leaids cé againn ba mhó a bhain sult agus taitneamh as an saol, agus d'aontaíomar go léir gurbh í Mam í. Mheabhraíos dóibh ansin gur chaill sise a hathair nuair nach raibh sí ach trí bliana déag go leith agus go bhfuair a máthair bás, arís go hobann, nuair nach raibh sí ach cúig bliana déag. Dúras leo go mba chóir dóibh aithris a dhéanamh uirthi agus gurbh in an rud a theastódh uaithi.

Léigh Antóin aifreann sa teach dúinn ar an Domhnach. I rith an lae, bhí daoine ag teacht is ag imeacht. Tháinig roinnt de chairde Éamoinn ón gcoláiste agus thosaíodar ag caint faoi scrúduithe agus na cineálacha ceisteanna a bheadh ar na páipéir scrúduithe. Ba mhór an tacaíocht a thugadar dó. Bhí Úna luaite le Con agus bhí Declan mór le Mairéad ag an am, agus thugadar siúd an-chabhair dúinn freisin. I ndáiríre, ba mhór an cúnamh dúinn go léir cairde na leaids a bheith timpeall, agus bhí an t-uafás cairde acu.

Ar an Luan, chuamar go léir ar ais ag obair. Bhíos féin faoi chomaoin mhór ag mo rúnaí, Phil Walroth, a ghlac cúram na scrúduithe uirthi féin le cabhair ó dhaoine cosúil leis an tSiúr Angela. Bhí gach rud eagraithe agam féin roimh ré, ach ba mhór an faoiseamh aigne dom go raibh duine chomh cumasach le Phil i gceannas. Cuma cén cruachás ina rabhas féin, bhí sé riachtanach nach dtarlódh rud ar bith do na scrúduithe.

Bhí rothaí an tsaoil mhóir ag casadh arís agus níorbh fholáir dúinn ár nguaillí a chur leis na rothaí céanna, ainneoin an mhéid ar mhothaíomar Áine uainn, agus an t-uaigneas a líonann an folúntas sa chroí.

Bhíomar sásta gur deineadh an rud ceart nuair a chuaigh Áine go Baile Átha Cliath agus bhíomar an-bhuíoch de Richard O'Flaherty, ach bhí easpa mhór éigin ar an ospidéal, easpa daonnachta, easpa croí. Níor chroith éinne lámh linn. Ní dhearna éinne comhbhrón linn. Níor tháinig duine ar bith go doras an ospidéil linn nuair a bhíomar ag imeacht.

Seachtain i ndiaidh a báis, tháinig litir ón ospidéal agus foirm ann le líonadh (bhí sé líonta agam cheana féin dóibh). Ach ar chlúdach na litreach bhí 'The Relict of Áine Bromell'. Bhí m'ainm féin acu dá gcuirfidís de thrioblóid orthu féin é a lorg. An t-ospidéal a rinne bás Áine a chlárú ach dheineadar botún.

Rugadh Áine i 1937 agus bhí sí caoga haon nuair a d'éag sí. An t-eolas a thug an t-ospidéal don chláraitheoir ná gur rugadh í i 1931 agus go raibh sí caoga seacht. Nuair a ghlaos orthu, níor theastaigh uathu an t-eolas ceart a thabhairt don chláraitheoir. 'Cén mhaitheas?' a dúradar, 'cén difríocht a dheineann sé?'

'Dhéanfadh sé difríocht di siúd,' a dúras, agus dheineadar an t-athrú nuair a chonaiceadar nach ngéillfinn. Níl aon chiall le heaspa daonnachta gan trácht ar easpa Críostaíochta.

Chum an tSiúr Colmcille Ní Chonáin dán aoibhinn fúithi:

Mar spréach reatha tríd an gcoinleach
Do chúrsa tríd an saol,
Solas agus gile ar do chonair
Romhat agus in do dhiaidh.

Mar Mhongán Mac Fiachna
A rinc thar muir is tír,
Sciatháin ar a shála
Agus díocas ina chroí.
Chas an chruinne faoi do chosa,
Faoi shál is faoi bharraicín,
Cliotar cos is greadadh fút
Is réiteach leis an bpíob …

Ba mhinic an teanga ina sméaróid,
An cultúr ina luaithreach liath.
Rúisc tú féin an choigilt,
Shéid tú ar an ngríosach bhuí.
Dhearg an sméaróid faoi d'anáil,
Las ina bladhm aniar,
Phreab an dóchas id thimpeall
Agus scéith an mórtas arís.
Rithim an chine sa chuisle,
An ceol ag éirí le gaoth …

Áit a mbíodh gruaim is duairceas
Gháir tú agus d'éirigh grian,
Sprinlíní, sprúillíní sonais

Ina gcaisí ó bhéal is ó chroí.
Mar a bheadh cith gréine mí Aibreáin,
Na braonta ina seoda tríd,
An tuar ceatha ina choróin ort,
Tú eithne an cheana dod mhuirín.
Is gilede neamh do shuairceas,
Is saibhrede é d'anam caoin.

Buanchorn Cuimhneacháin Áine Ní Thuathaigh

Ag Oireachtas Rince na hÉireann 1989, bhronnamar buanchorn cuimhneacháin ar an gCoimisiún le Rincí Gaelacha, le bronnadh gach bliain ar an mbuaiteoir a ghnóthaíonn Craobh na mBan ag an Oireachtas. Caroline Green ó Ghlaschú an chéad rinceoir a bhuaigh an corn, i 1989. Bhain sí le Scoil Rince Mhic Lochlainn.

XI

Ach an Léan seo im Lár . . .

B'uafásach an folúntas a bhí sa tigh. Bhí Áine chomh gealgháireach, cainteach sin go mothófá uait í mura mbeadh sí ach imithe go dtí an scoil rince. Ar an taobh eile den scéal, bhíomar cleachtach ar í a bheith imithe ag moltóireacht in Éirinn nó thar sáile, agus bhuailfeadh an smaoineamh seafóideach mé uaireanta nach raibh sí ach bailithe léi ar feadh cúpla lá agus nárbh fhada go mbeadh sí ar ais arís. Ach d'imigh na laethanta agus ansin na seachtainí, agus cuma cén dallamullóg a chuirfeadh d'aigne ort, imeacht gan filleadh atá sa bhás. Fiú go dtí an lá atá inniu ann, is iontach na cleasa a bhuaileann m'aigne orm ar uairibh. Is minic agus mé ag filleadh abhaile, go háirithe ó Chiarraí, go sleamhnaíonn an smaoineamh isteach im aigne go mbeidh gach rud ina cheart arís ar shroichint an bhaile dom: go mbeidh Áine agus na leaids ann mar a bhídís fadó nuair a bhínn ag filleadh ó Bhaile Átha Cliath. Bíonn an smaoineamh chomh réalaíoch sin go mothaím tonn aoibhnis ag brúchtadh aníos ionam, gur leasc liom scaoileadh leis. Ach beireann an inchinn bua ar áiféis an smaoinimh agus fágtar an folúntas níos doimhne fós sa chroí. Bíonn an mothú cosúil le brionglóid thaitneamhach, nach dteastaíonn uait scaoileadh léi trí do shúile a oscailt. Cuireann sé i gcuimhne dom an dán faoi na Géanna Fiáine ag smaoineamh ar Chorca Baiscinn:

> The whole night long we dream of you,
> And waking, think we're there.
> Vain dream and foolish waking,
> We never shall see Clare.

Tar éis dom filleadh ar an gcoláiste, bhíos gnóthach go maith. Bhí na scrúduithe ag críochnú, agus ansin bhí an ceartú agus an t-ullmhúchán do chruinniú an bhoird scrúduithe. I ndiaidh an chruinnithe sin i gCorcaigh, d'fhilleas abhaile. Tharla nach raibh éinne ann ag an am sin, cé go mbíodh na leaids i gcónaí ag féachaint chuige, i ngan fhios dom, nach mbeinn im aonar. Na blianta eile, bhíodh Áine i gcónaí ag feitheamh liom mar bhíodh aithne aici ar dhuine éigin a bhí faoi scrúdú agus a raibh baint aige nó aici le cúrsaí rince. Ba bhreá léi an dea-scéala a fháil fúthu. Ach ní raibh éinne ann. Ní raibh aon scéal le hinsint.

Bhí buairt eile ag luí go trom orm ag an am uafásach sin. Bhíos fiche bliain sa choláiste agus ocht mbliana déag díobh sin im chláraitheoir. Nuair a chuas isteach ann i dtosach, bhí dream mór ban rialta ann agus gan ach mé féin agus Evan Morrissey mar thuataigh ar an bhfoireann acadúil. Ach faoi 1988 bhí athrú mór tagtha. Tháinig méadú an-mhór ar an bhfoireann acadúil, ach bhí líon na mban rialta ag ísliú an t-am ar fad agus an chosúlacht ar an scéal nárbh fhada uainn an lá nuair nach mbeadh éinne díobh fágtha. Dá thoradh san, ní bheadh bean rialta ar fáil chun post na huachtaránachta a líonadh ná aon phost riaracháin eile. Ar bhealach, ba bhriseadh an-mhór leis an seantraidisiún mo cheapachán mar chláraitheoir i 1970. Tuar ab ea é ar an athrú a bhí le teacht.

I lámha Easpag Luimnigh a bhí ceapadh uachtarán Choláiste Mhuire gan Smál. Go teoiriciúil, is i lámha na n-iontaobhaithe a bhí sé, agus cé gur cuireadh lena líon siúd agus tuataigh ina measc, deineadh mar a mhol an tEaspag, nó mar a d'ordaigh sé! Nárbh aisteach an chumhacht sin a bheith aige? An stát a d'íoc an tuarastal ach ní raibh aon bhaint ag an stát ná ag an Roinn Oideachais leis an gceapachán féin. Dar ndóigh, ba rud traidisiúnta an nós sin, a chuaigh siar go bunú na gcoláistí oideachais. Agus ar feadh na mblianta ba chuma leis an rialtas faoina leithéid mar bhí na scálaí tuarastail chomh suarach sin nach nglacfadh éinne leo ach baill den chléir.

Ceann de na fáthanna nár luigh costais oideachais agus sláinte go trom ar an gcáiníocóir ná na tuarastail ísle a bhí á bhfáil ag cuid mhaith den chléir, agus an méid a dheineadar siúd saor in aisce. Ach faoin am seo, bhí tuarastal an uachtaráin ard go maith mar gheall ar an an méadú a bhí bainte amach ag na tuataigh. Mar sin féin, ní raibh aon athrú tagtha ar an bpróiseas ceapacháin.

I 1979, d'éirigh an tSiúr Loreto as an uachtaránacht. Chuir Easpag Luimnigh, an Dr Jeremiah Newman, glaoch orm agus d'fhiafraigh díom an mbeadh díomá orm muna gceapfaí mé im uachtarán. Dúras gur mhaith liom a bheith im uachtarán ach gur mheasas gur tháinig an tSiúr Cabrini ar ais go dtí an coláiste le bheith réidh don phost. Bhí sí siúd imithe as an gcoláiste ar feadh tréimhse, i gceannas ar Ord na Trócaire, agus nuair a d'fhill sí, bhíos cinnte gurbh ise a a bhí le roghnú agus gur bheag seans a bheadh agam. Dúirt an tEaspag gur leis na mná rialta an coláiste agus mhínigh dom an deacracht a bheadh ann dósan duine eile seachas duine de na siúracha a cheapadh. Dúras leis nár aontaíos leis; go raibh an-chuid airgid á chur isteach ag an stát sa choláiste; gurbh í an Roinn Oideachais a d'íoc na tuarastail ar fad; nár mheasas go gcuirfeadh na siúracha im choinne i ndiaidh a raibh déanta agam ar mhaithe leis an gcoláiste; go raibh tréimhse caite agam ag feidhmiú mar uachtarán nuair a bhí an tSiúr Loreto tinn agus gur chruthaíos go maith; nárbh fhada uainn an t-am nuair ná beadh bean rialta ann le glacadh leis an bpost agus go mbeadh sé níos fearr an forlámhas a ghéilleadh nuair a bhí an rogha aige seachas é a choinneáil go dtí ná beadh. D'admhaigh sé go raibh an ceart agam ach don bhabhta sin gurbh fhearr leis gan an sean-nós a bhriseadh. Ghabhas buíochas leis as ucht glaoch orm. Ceapadh an tSiúr Cabrini ina huachtarán. Duine cumasach, meabhrach ab ea í, fiordhílis don choláiste agus don fhoireann, a lorg agus a ghlac le comhairle agus a bhí i gcónaí toilteanach suí síos agus fadhb ar bith a phlé. Réitíomar ar fheabhas lena chéile, díreach mar a réitíos féin agus an tSiúr Loreto.

Déarfainn gur faoiseamh a bhí ann don Easpag nach rabhas chun aon chlamhsán a dhéanamh mar gheall ar an uachtaránacht agus nach gcuirfeadh sé isteach ar an gcomhoibriú i measc lucht riaracháin. Ba mhinic agus é ag caint liom go díreach nó ar an bhfón go n-abródh sé, 'Nach dtuigeann tú go bhfuilim ag caint leis an gcéad uachtarán eile ar an gcoláiste?' Bhí aithne agam air le fada mar bhíomar beirt ar an Údarás um Ard-Oideachas le chéile, agus bhí seisean ina bhall de Choiste Gairmoideachais Chathair Luimnigh nuair a bhíos im chathaoirleach air. Mar is eol do chuile dhuine, ba mhinic ar meisce é, agus nuair a bhíodh sé mar sin, bhíodh sé níos minicí agus níos díograisí ag gabháil don phort céanna: go mbeinn im uachtarán ar an gcoláiste. Faoi dheireadh, chreideas go raibh sé dáiríre agus go ndéanfadh sé beart de réir a bhriathair nuair a thiocfadh an t-am cuí. Ó 1979 go 1988 d'oibríos féin agus an tSiúr Cabrini le chéile ar mhaithe leis an gcoláiste, go háirithe nuair a bhí bagairt ar an gcoláiste agus faitíos orainn go ndúnfaí é.

Sa bhliain 1988, bhí téarma uachtaránachta na Siúrach Cabrini ag teacht chun deiridh, ach ní raibh focal ar bith faoi cé a cheapfaí ina háit. I measc na foirne bhí an-chuid tuairimíochta fúmsa mar gheall ar na blianta a bhí caite agam sa choláiste mar léachtóir agus mar chláraitheoir. Chomh maith leis sin, bhíos im bhall den HEA ar feadh dhá bhliain déag agus im leaschathaoirleach ar feadh cúig bliana. Bhíos freisin ar sheanad Ollscoil na hÉireann. Agus bhí seanchleachtadh agam a bheith ag déileáil le UCC agus leis an Roinn Oideachais. Ach chun an fhírinne a insint, cé go rabhas ag smaoineamh ar an bpost, ní raibh sé ar m'aigne de ló is d'oíche. Chomh maith leis sin, bhí cineál amhrais orm go raibh cluiche den chineál céanna á imirt an babhta seo is a bhí cheana. Bhí an tSiúr Angela Bugler ina léachtóir sa choláiste, agus ansin bhí sí sa leabharlann. D'fhág sí an coláiste le dul i gceannas ar na nóibhísigh thall i Westbourne. Ansin d'fhill sí ar an gcoláiste mar rúnaí acadúil. Bhí na cloigíní ag bualadh im cheann go raibh sí á hoiliúint le dul i gceannas ar an gcoláiste. Ach nuair a tháinig Áine abhaile ó Londain agus gan í ar fónamh, d'imigh ceist na huachtaránachta glan óm chloigeann. Bhí cúraimí i bhfad níos tábhachtaí orm, cé nár thuigeamar ag an am chomh huafásach is a bhí an scéal. Ghlaoigh an tSiúr Cabrini orm maidin amháin chun bualadh trasna chuici. D'inis sí dom go raibh an tSiúr Angela ceaptha ag an Easpag le bheith ina huachtarán. Mhothaíos an neart ar fad ag tréigint mo choirp, agus an díomá agus an fhearg ag brúchtaíl aníos ionam, mar aon leis an mothúchán gur fealladh orm. Agus bhí a fhios agam cérbh é an feallaire; cérbh é an duine nach ndéanfadh beart de réir a bhriathair; cérbh é an duine nach raibh sé d'fhearúlacht ann glaoch a chur orm, fiú amháin ó thaobh na cúirtéise de; cérbh é an duine a dhéanfadh duine eile a chriogadh nuair a bhí sé in ísle brí agus an duine sin tar éis é a chosaint go minic ar ionsaithe a bhí fíor. Bhí sé dian orm na deora a choinneáil siar mar go bhfacathas dom gur ligeadh síos go dona mé gan cúis dá laghad. 'As seo amach,' arsa mise, 'comhlíonfad mo chuid dualgas oibre, ach puinn eile ní dhéanfad.'

D'imíos ar ais chuig m'oifig féin, ceann de na seomraí ab fhearr sa choláiste, ach bhí an ghile ar fad imithe uaidh. Bheartaíos nach n-abróinn aon rud le hÁine go dtí go mbeadh biseach uirthi. Ach i gceann cúpla lá eile níorbh é post na huachtaránachta a bhí ag goilliúint orm féin ná ar mo chlann.

Tamall tar éis shochraid Áine, bhí cruinniú den bhord rialaithe againn agus d'inis an tEaspag don bhord cé a bhí ceaptha aige mar uachtarán. Rinne daoine comhghairdeas leis an tSiúr Angela. Labhraíos féin ag an deireadh. Dheineas comhghairdeas léi chomh maith, agus ansin arsa mise, 'Murach ar tharla domsa le gairid, bheadh i bhfad níos mó le rá agamsa faoin uachtaránacht agus faoina ndúradh liomsa le blianta anuas.' Chloisfeá biorán ag titim. Ní raibh éinne timpeall an bhoird nár thuig cad a bhí i gceist agam: siúracha, baill den fhoireann agus na daoine a bhí ainmnithe ag na hiontaobhaithe, ach focal ní raibh ó éinne acu. Eagla roimh bhuille den bhachall? Ach bhí an dísle deiridh caite aige. Faoin am go dtiocfadh ceapadh uachtaráin nua arís i 1999, bheadh easpag nua ina chathaoirleach ar an mbord rialaithe, ní bheadh aon tsiúr ullmhaithe le glacadh leis an bpost agus bheadh an chléir, agus go háirithe na hoird eaglasta, faoi scamall mar gheall ar iliomad gearán a chuir ionsaí corpartha agus gnéis ina leith. An donas ná gur deineadh dearmad ar an maitheas ar fad a bhí déanta acu ar son mhuintir na tíre, mar gheall ar mhí-iompar an mhionlaigh.

Bhí an baol ann go gcúbfainn isteach ionam féin agus go ligfinn dom chroí calcadh le díomá agus le fearg ach, buíochas le Dia, níor mar sin a tharla. Bhí geallta agam nach ndéanfainn ach mo chuid coinníollacha oibre a chomhlíonadh, ach níor dhuine mar sin mé. Dá mbeadh rud éigin le déanamh, dhéanfainn é; dá mbeadh comhairle le tabhairt, thabharfainn í. Chomh maith leis sin, ní raibh aon locht agam ar an tSiúr Angela agus réitíomar go maith i gcónaí. Sheachnaíos an tEaspag ach amháin ag na cruinnithe den bhord rialaithe agus a leithéid. Dar ndóigh, níor stop na glaonna fóin chugam nuair a bhíodh sé ar meisce. Oíche amháin, thart ar a leathuair tar éis a deich, bhí glaoch uaidh. An lá sin, ag cruinniú leis na hiontaobhaithe faoi na comhráití a bhí ar siúl le hOllscoil Luimnigh, d'éirigh eadrainn nuair a theastaigh uaidh géilleadh do UL faoi gan an BA a chur isteach i lámhleabhar an CAO. Dhúnas an comhad os mo chomhair amach agus bhí fúm imeacht ón gcruinniú ach gur éirigh leis an Ardeaspag Clifford, Ardeaspag Chaisil, an tsíocháin a choimeád. Ar an bhfón, dúirt an tEaspag nach raibh an ceart aige. *Mirabile dictu!* An rud is annamh is iontach!

Ansin ar seisean liom, 'An ndúras-sa leat go mbeifeá id uachtarán?'

'Go minic,' arsa mise, 'nuair a bhí tú ólta, agus nuair nach raibh aon bhraon istigh agat.' Bhí stad sa chaint agus ansin arsa mise, 'Ní mhaithfidh mé go deo duit gur lig tú síos mé, go mór mór ag an am a tharla sé.' Agus chuireas an glacadóir síos.

In áit gan aon ní a dhéanamh ach mo chuid coinníollacha oibre a chomhlíonadh, is amhlaidh gur luíos isteach ar bhreis oibre a dhéanamh sa choláiste. Bhí Áine marbh, agus leis an bhfolúntas uafásach a líonadh, dheineas níos mó agus níos mó fós ann. Rud amháin a thugas suas ná eagrú aifreann thús na bliana acadúla. Níor chóir aon bhaint ar bith a bheith agam leis sin ach, cosúil le mórán rudaí eile, ghlacas cúram an eagraithe orm féin. Dhiúltaíos aon bhaint a bheith agam leis a thuilleadh agus níor chuas ar an aifreann sin, fiú. Ach bhí an-cheangal idir mé féin agus na mic léinn agus níor mhaith liom iad siúd a ligint síos ach an oiread.

Bhíos ar dhuine de na daoine ab fhaide sa choláiste agus an-bhaint agam leis na mic léinn ón uair a chláraíodar go dtí gur bronnadh a gcéim orthu. Chomh maith leis sin, bhí na siúracha ag imeacht de réir a chéile, agus nuair nach raibh duine ar nós na Siúrach Assumpta ar fáil do na mic léinn, bhí claonadh acu bualadh isteach chugamsa. Tharla, dá thoradh san, go raibh scéalta faoi rún agamsa nach raibh ag tuismitheoirí sa bhaile. Agus ba mhinic gur mise a chuir an chéad ghlaoch abhaile le drochscéal éigin a insint, ionas nach mbeadh an dualgas ar fad agus an sceon ar an mac léinn nuair a shroichfeadh sé nó sí an baile. Bhí tuismitheoirí agus mic léinn buíoch díom dá bharr agus, níos tábhachtaí fós, bhí muinín acu asam nach scaoilfinn a rún le héinne.

Bhí mic léinn ann freisin a raibh sé dian orthu an t-airgead a fháil chun na costais ar fad a bhí orthu a ghlanadh, go mór mór nuair a cuireadh táillí an choláiste ar aon chéim le táillí ollscoile. Fiú na daoine a raibh deontais acu, ba mhinic iad gann. D'éirigh liom ciste a chur ar bun chun cabhrú le mic léinn, agus is mar seo a dheineas é: bhí táillí na scrúduithe d'Ollscoil na hÉireann le bailiú ar an 1 Feabhra. Fuaireas cead ón gcisteoir an t-airgead a chur sa bhanc i gcuntas coigilte go dtí go raibh orm é a chur ar aghaidh go dtí an ollscoil i mí na Samhna. Ón ús a gineadh, mar aon le pé brabús a deineadh ar na scrúduithe, chnuasaíos ciste teann airgid. D'úsáideas an t-airgead chun táillí mac léinn a íoc nó chun deontas nó iasacht a thabhairt dóibh, ag brath ar conas mar a bhí cúrsaí airgid sa bhaile. Bhí cabhair le fáil freisin ag dreamanna a bheadh ag dul chuig Slógadh nó Caidreamh nó teacht le chéile a mbeidís ag déanamh ionadaíochta don choláiste ann. Mo rúnaí, Phil i dtosach agus ansin Carrie, a bhí i bhfeighil an airgid agus féachaint chuige go raibh na cuntais bhainc ceart agus in ord. Bhí sé le maíomh againn nár chailleamar pingin rua riamh agus gur deineadh aisíoc ar gach iasacht a thugamar amach. Bhí iontaoibh againn as na mic léinn agus bhíodarsan buíoch go raibh cabhair ann dóibh dá mbeadh gá acu léi. Ba mhór an leas a baineadh as an airgead agus níor chosain sé tada ar an gcoláiste ná ar an stát.

Is suimiúil mar ab éigean dúinn deireadh a chur leis an gciste. Bhí scrúdú le déanamh ag an Ard-Reachtaire Cuntas agus Ciste ar chuntais an choláiste sna nóchaidí. Cé nach raibh aon bhaint díreach ag an gcuntas sin le cuntais an choláiste, mheas an cisteoir Seán Ó Conchubhair gur chóir é a thaispeáint dóibh. Dúradar nach bhféadfaimis an cuntas a choinneáil a thuilleadh ach an t-airgead a chur isteach i gcuntas ginearálta an choláiste. Bhí deireadh lenár gciste agus deireadh le fóirithint ar na mic léinn in am a ngátair. De réir na rialacha, ní raibh cead againn airgead a ghnóthú ón mbanc ar mhaithe leis na mic léinn, cé nár chosain sé rud ar bith ar an gcoláiste. Bí ag caint ar amaidíocht!

Luas mo rúnaí. Ní raibh éinne agam mar rúnaí i dtosach ach ansin tháinig Phil Walroth chugam. Bhí sí ar fheabhas ar fad, duine cumasach, dílis a bhféadfá a bheith lánmhuiníneach aisti agus í gealgháireach i gcónaí. Ach i 1988 – *annus horribilis* domsa – b'éigean dá fear céile dul ag obair thar sáile agus d'imigh sí féin agus a beirt chlainne leis. Mhothaigh mé uaim go mór í. Bhí sé tamall fada gur tháinig Carrie Ryan chugam. Níorbh fhada gur chruthaigh sí go raibh sise ar fheabhas chomh maith. Bhí an-thuiscint eadrainn agus an-mheas go deo agam uirthi agus dheineamar na deacrachtaí iomadúla sna nóchaidí a shárú le chéile.

Bhí suim ar leith agam sa cheol, sa rince agus san amhránaíocht Ghaelach agus bhailínn grúpa gach bliain le cur isteach ar Slógadh nó ina dhiaidh sin Caidreamh – comórtais a d'eagraigh Gael-Linn. Theastaigh uainn cur isteach ar Scór, comórtas a bhí ag Cumann Lúthchleas Gael, chomh maith ach níor ceadaíodh dúinn de bhrí go rabhamar rómhaith! Bhí an tallann i measc na mac léinn ar fheabhas agus ba thrua gan deis a thabhairt dóibh a gcumas ceoil agus amhránaíochta agus rince a fheabhsú agus a chleachtadh. Bliain amháin, in ionad ligint dúinn cur isteach ar Scór, chuir Cumann Lúthchleas Gael comórtas ar siúl do na coláistí tríú leibhéal, agus bhuamar an chraobh. D'éirigh ar fheabhas linn gach bliain ag Slógadh agus craobh na hÉireann againn do na grúpaí traidisiúnta, na grúpaí amhránaíochta agus na rinceoirí seite. Bhí ag éirí chomh maith sin linn gur chinn Gael-Linn ar chomórtas faoi leith, Caidreamh, a chur ar siúl do na coláistí tríú leibhéal. Bhaineamar amach craobh i ndiaidh craoibhe ansin gach bliain chomh maith. Mic léinn den scoth a bhí sna mic léinn ar gach aon bhealach. Bliain amháin, bhíomar i nDún Dealgan do Slógadh. Nuair a bhí an béile tráthnóna caite againn, isteach sa bheár linn agus bhí seisiún iontach ceoil againn ar feadh dhá uair an chloig agus slua mór bailithe isteach ag éisteacht leo. Ansin, bhí beartaithe acu dul amach ar an mbaile agus theastaigh uathu ar fad go rachainn leo – b'in an cineál daoine a bhí iontu. Bhí an-mheas go deo agam orthu mar dhaoine óga, agus cuma cén áit a ndeachamar, ní raibh puinn trioblóide againn riamh ach spórt agus greann agus an-chomrádaíocht. Gheibhim litreacha agus cártaí fós uathu agus cuirí chuig bainiseacha. Ag caint arís faoi Dhún Dealgan, bhíos amuigh go luath ar maidin chun an baile a fheiscint, agus bhuaileas le duine acu.

'Táir amuigh go luath,' arsa mise.

'Táim,' ar seisean, ach níor lig sé air gur ag dul abhaile a bhí sé!

Sa bhaile, bhí na leaids ar fheabhas. Ag breathnú siar anois, ní bhfuaireadarsan deis ar chailliúint a máthar a chaoineadh i gceart, mar bhíodar ag iarraidh mo bhris a chúiteamh liomsa. Ach, diaidh ar ndiaidh, d'éirigh liom a áiteamh orthu gur ghá dóibh tabhairt faoina saol féin, díreach mar ba mhaith le hÁine go ndéanfaidís. B'éigean d'Éamonn bocht dul go dtí an Ghaeltacht mar chuid dá chúrsa, mí tar éis d'Áine bás a fháil. D'fhéadfadh sé an tréimhse a chur siar go dtí an fómhar, ach ansin bhéadh sé leis féin gan a chairde leis. Bhí Úna le pósadh i 1989, agus d'áitíos uirthi go raibh sé in am tosú ar an réiteach chuige sin a dhéanamh. Bhí sí geallta le Con Quigley. Bhuaileadar le chéile i gColáiste na hOllscoile, Gaillimh, agus i ndiaidh a chéim B.Comm. a bhaint amach, chuaigh sé le cuntasaíocht. Ghnóthaigh sé an chéad áit sa tír ina chuid scrúduithe. Bhí Áine ar bís go mbeidís geallta! Ceiliúradh! Bainis! Réiteach! Siopadóireacht! Máthair na brídeoige! Deireadh seachtaine amháin, dúradar go rabhadar ag dul suas tigh Chon i nGaillimh. Go Baile Átha Cliath a chuadar agus cheannaíodar an fáinne. An Domhnach sin, bhí Áine i mBaile Átha Cliath ag cruinniú den Choimisiún le Rincí Gaelacha. Bhí Úna agus Con ag fanúint go sroichfeadh sí an baile sara dtiocfaidís isteach. Bhíodar istigh tamall fada agus Úna ag casadh a méire ar fud an tseomra go dtí go bhfaca Áine an fáinne. Thosaigh an chaint láithreach faoin sprioclá agus an réiteach. Ach d'fhéach cneámhaire an bháis chuige nach bhfeicfeadh sí an lá mór sin go deo.

Bhí socrú déanta i bhfad roimhe sin ag Fionnuala dul go dtí an Chipir lena cairde Linda Hayes, Mairéad Hayden agus Norma O'Donoghue. Theastaigh uaithi an tsaoire a chur ar ceal ach chuireas ina luí uirthi dul. B'ansin a bhuail sí le hUltan Gogarty.

Bhí Declan mór le Mairéad Hayden agus í ar an liosta ag Áine le bronntanas a thabhairt abhaile chuici! Bhí Éamonn ag múineadh sa tSionainn nuair a bhuail sé le hAntoinette Duffy. Dá thoradh san go léir, bhí aithne ag Áine ar bheirt de na daoine a phós na leaids.

Bhí bainis Úna agus Con ar fheabhas. Lá grianmhar, brothallach a bhí ann, 14 Iúil 1989. Bhí an pósadh inár séipéal paróiste féin, Séipéal na Corónach Muire agus an ceiliúradh in óstán an Castle Oaks. Bhí banna ceoil ann, ach ba é an ceol Gaelach agus an rince

Gaelach ba mhó a thaitnigh le gach éinne agus a rabhthas ag caint faoi le fada ina dhiaidh sin. Nuair a d'fhilleadar ó mhí na meala, chuadar ar aghaidh díreach go Philadelphia. Bhí Con ag dul ann le taithí idirnáisiúnta a fháil ina chuid oibre agus thosaigh Úna ar a Ph.D. in Ollscoil Lehigh. An lá tar éis dóibh imeacht, chuaigh an chuid eile againn amach chucu ar saoire!

Lean na bainiseacha eile de réir a chéile. Pósadh Declan agus Mairéad ar an 6 Iúil 1993 i Séipéal Naomh Muire agus bhí an ceiliúradh in óstán an Woodlands. Pósadh Fionnuala agus Ultan ar an 13 Iúil 1996 i Séipéal na Corónach Muire agus bhí an ceiliúradh sa Castle Oaks. As Béal Feirste d'Ultan agus ag an am sin bhí círéibeacha ar fud na Sé Chontae agus bacainní ar na bóithre ag na dílseoirí agus ag an ngramaisc Oráisteach. Bhí ar mháthair Ultain na cúlbhóithre a thógaint chun dul go dtí an t-aerfort. Bhí cuid mhaith de na haíonna nach raibh ar a gcumas taisteal ar chor ar bith. Chuir deartháir amháin glaoch ar Ultan ó Dhún Dealgan: 'Táimid thar an teorainn!' Chuirfeadh sé falla Bheirlín i gcuimhne duit. Thug sé tuiscint bheag éigin dúinn ar a raibh á fhulaingt ag Caitlicigh na Sé Chontae. Pósadh Éamonn agus Antoinette an bhliain chéanna i Séipéal Charraig an Aire (Cora Chaitlín) ar an 19 Deireadh Fómhair agus an ceiliúradh ina dhiaidh sin sa Clare Inn. Ní raibh an aimsir rómhaith, ach cad leis a mbeifeá ag súil i mí Dheireadh Fómhair? An rud ba shuntasaí faoi na bainiseacha ar fad ná an ceol agus an rince Gaelach.

Bhí an t-ál ar fad bailithe leo. Nuair a thángas abhaile ó bhainis Éamoinn agus Antoinette, mhothaíos an t-uaigneas uafásach sa tigh. Bhí na seomraí ar fad folamh, na seomraí sin ina mbídís ag caint is ag cadráil istoíche agus sinne ag béiceadh suas leo dul a chodladh; na seomraí sin ina mbídís ag léamh go déanach faoi na braillíní le cabhair tóirse; na seomraí sin inar mhalartaíodar scéalta an lae agus rúin iomadúla le chéile nuair a chuadar in aois; na seomraí sin inar chodail a gcairde nó ar urlár na tolglainne muna raibh dóthain slí dóibh – ciúnas na huaighe orthu anois.

O solitude, where are the charms
That sages have seen in thy face?

Den chéad uair ó 1961, bhíos liom féin sa tigh.

Ach bhí an t-ádh orm go raibh cónaí orthu gar dom. Agus ansin tháinig an gharchlann: Éanna, mac le hÚna agus Con, an chéad duine a saolaíodh – tá beirt mhac acu, Éanna agus Conor. Triúr iníonacha atá ag Declan agus Mairéad: Áine (an dara Áine Ní Bhroiméil), Eva agus Ailbhe. Tá Oisín ag Fionnuala agus Ultan. Ní bheifeá uaigneach agus iad bailithe le chéile. Deirtear gur fearr a bheith id sheanathair ná id athair, mar gur féidir na páistí a thabhairt ar ais go dtí na tuismitheoirí nuair a éiríonn tú tuirseach díobh!

XII

Coláiste Mhuire gan Smál agus Ollscoil Luimnigh

I dtús na n-ochtóidí, bhí an tír suaite go maith. Bhí trí thoghchán i ndiaidh a chéile sna blianta 1981-2 agus athrú rialtais i ngach ceann díobh. Faoi dheireadh, toghadh comhrialtas d'Fhine Gael agus an Lucht Oibre, a mhair ó Nollaig 1982 go Márta 1987. Bhí Garret FitzGerald ina Thaoiseach agus Gemma Hussey ina hAire Oideachais. Bhí cúrsaí eacnamaíochta na tíre ag dul in olcas agus mhéadaigh na fiacha náisiúnta ó dhá bhilliún déag go ceithre bhilliún is fiche sa tréimhse sin. An dóchas a músclaíodh sna seascaidí leis an bhforbairt eacnamaíochta agus tionsclaíochta faoi Sheán Lemass agus T.K. Whitaker, bhí sé ag imeacht go tapaidh, agus bhí an imirce agus an dífhostaíocht ag méadú gan stad gan staonadh. Bhí an tír ag druidim ar ais chuig blianta dearóile na gcaogaidí. Rud eile suimiúil a bhí ag titim amach ná go raibh an líon breitheanna ag ísliú go tréan: ag titim ó 74,388 sa bhliain 1980 go 51,659 i 1989. Tar éis mhórghluaiseacht na seachtóidí, ag iarraidh breis múinteoirí a chur ar fáil chun an coibhneas idir múinteoirí agus páistí sna scoileanna a laghdú, thosaigh an rialtas ag gearradh siar ar líon na mac léinn sna coláistí oideachais, agus dúnadh Coláiste Bhantiarna na Trócaire ar an gCarraig Dhubh.

Bhí an bealach inar dúnadh an coláiste sin náireach agus scannalach: fógraíodh an dúnadh sa Dáil sarar cuireadh in iúl don choláiste é! Mar gheall ar iompar an rialtais, bhí sé intuigthe go mbeadh drochmheas ag údaráis an choláiste sin ar an Roinn Oideachais – ina dhiaidh sin dhíol na siúracha an áit le forbróir agus b'éigean don stát é a cheannach ar ais uaidhsean ar thrí oiread an mhéid a thug sé air, chun an Smurfit Graduate School of Business a bhunú ann do UCD.

Agus cúrsaí mar sin, níorbh aon ionadh é go raibh eagla orainn i gColáiste Mhuire gan Smál go dtarlódh dúinne ar tharla do Carysfort. D'iarramar cead bualadh leis an Aire agus ar an 18 Samhain, 1987 bhí cruinniú ag an tSiúr Cabrini agus agam féin leis an Aire, Mary O'Rourke, i dTeach Laighean. Leis an Aire, bhí an Rúnaí Cúnta, Tom Gillen, agus comhairleoir pearsanta an Aire, Margaret Walshe. Chuireamar cáipéis chuici i dtosach, agus bhí an-áthas orainn go raibh sí léite aicise agus ag na hoifigigh agus gur thaitnigh sí leo. Mhíníomar a raibh á dhéanamh sa choláiste le cúrsaí inseirbhíse agus cúrsaí tráthnóna, ní hamháin do mhúinteoirí ach don phobal i gcoitinne. Chuir an tAire an-spéis sna cúrsaí sin agus bhí cineál ionaidh uirthi go raibh áiseanna an choláiste chomh hoscailte sin don phobal. Rinneamar na staitisticí faoin líon múinteoirí a bhí riachtanach a chur ar fáil, a phlé go mion. Léiríomar go raibh suas le 800 múinteoir ag fágaint na seirbhíse gach bliain agus nár ceadaíodh do na coláistí ach glacadh le idir 550 agus 600 mac léinn sna trí bliana deiridh. Dá leanfaí mar sin, bheadh easpa múinteoirí ann i gceann tamaillín. Chomh maith leis sin, cé nach raibh post buan ach ag 15% de chéimithe na bliana sin (1987) ar lá bhronnta na céime, bhí 91% fostaithe mar mhúinteoirí. Mholamar gur chóir a bheith an-chúramach faoi staitisticí a bhain le daonra, agus luamar sampla na Breataine inar dúnadh mórán coláistí agus go raibh ganntanas múinteoirí orthu anois. Mhol an tAire go bhfanfadh Tom Gillen i dteagmháil liom faoi na staitisticí.

Cúpla pointe a dheineamar atá suimiúil: de réir mar a bhí ísliú ag teacht ar an líon mac léinn ar ceadaíodh don choláiste glacadh leo, sea ba ghéire a bhí an choimhlint le háit a fháil sa choláiste agus bhí na pointí chun teacht isteach sa choláiste ag méadú dá réir. D'fhág san go raibh daoine sármhaithe caillte ar ghairm na múinteoireachta, daoine a mbeadh gá leo ar ball, b'fhéidir. Chomh maith leis sin, bhí coláistí i Sasana ag earcú in Éirinn, ag geallúint áiteanna saor in aisce do mhic léinn Éireannacha thall agus cead acusan filleadh agus postanna a fháil in Éirinn. Ceist eile a chuireamar ná arbh fhearr na mic léinn sármhaithe sin a oiliúint mar mhúinteoirí, agus dá mbeadh orthu an loch amach a thabhairt orthu féin, go mbeadh gairm acu agus agus post ar fáil dóibh thar sáile agus go mbeadh ar a gcumas filleadh nuair a thiocfadh feabhas ar chúrsaí in Éirinn.

Ansin luamar an gá a bhí le cúrsa cosúil le BA i réigiún Luimnigh. Dúramar go raibh an dúthaigh go maith as ó thaobh na teicneolaíochta agus na tráchtála, mar gheall ar bhunú an NIHE (deartháir an Aire, Brian Lenihan, a bhunaigh í) ach go raibh easpa mhór cúrsaí sna healaíona ann. Dúramar go bhféadfadh an coláiste freastal ar an riachtanas sin, agus rinneamar na hábhair acadúla a bhí sa B.Ed. a chur in iúl di. Bheimis sásta cabhrú léi le háiteanna a chur ar fáil dóibh siúd a raibh ag teip orthu áiteanna a fháil sna hollscoileanna. Mheasamar go rabhadar an-thógtha leis an gcáipéis agus lena raibh le rá againn agus bhíomar sásta go maith ag filleadh abhaile dúinn. Ar a laghad, bhí a fhios acu go rabhamar ann agus go raibh smaointe againn maidir le pé fadhbanna a bhí ann a réiteach. Agus bhí a fhios acu, leis, nach n-éireodh leo an t-aon choláiste oiliúna bunmhúinteoirí lasmuigh de Bhaile Átha Cliath a dhúnadh gan mórán achrainn a tharraingt orthu féin, fiú dá smaoineoidís air.

Thosaíomar ar phlean forbartha a chur le chéile. Bhí mórán daoine – fiú i measc fhoireann an choláiste – a cheap go rabhamar as ár meabhair, ach chomáineamar linn. Nuair a facthas do chuile dhuine go rabhamar dáiríre, fuaireamar tacaíocht ó gach éinne.

Bhíos féin den tuairim i gcónaí go mba chóir leathnú a dhéanamh ar an réimse cúrsaí a bhí sa choláiste. Bhí cuid de sin déanta againn leis na dioplómaí agus na teastais éagsúla agus na cúrsaí inseirbhíse a bhí ar fáil. Chomh fada siar leis na seachtóidí, bhíos ag áiteamh ar an tSiúr Loreto fiosrú a dhéanamh faoi chúrsaí eitice, mar shampla, a bhunú don lucht leighis san ospidéal réigiúnda agus sna hospidéil eile sa dúthaigh. Ba bhreá liom riamh céim eile ar nós an BA a bheith againn agus bhí sé sin ráite leis an Aire againn. Bhíos cinnte go raibh an baol ann go mbeimis teoranta don oideachas amháin agus go raibh an baol i bhfad níos mó ann anois leis an ngearradh siar a bhíothas á dhéanamh i ngach áit. Ta sé fíorshuimiúil anois breathnú ar an bplean forbartha a cuireadh le chéile agus conas mar a cuireadh i gcrích na moltaí ar fad a bhí ann.

Luadh na cúrsaí ar fad, seachas an B.Ed. a bhí ar siúl sa choláiste, agus ansin dheineamar liosta de na cúrsaí breise ba mhaith linn a thabhairt. Orthu sin bhí:

1. BA.
2. Cúrsaí san oideachas agus sna healaíona do mhic léinn ón iasacht.
3. Cúrsaí iarchéime.
4. Dioplómaí ollscoile agus dioplómaí coláiste do mhúinteoirí bunscoile agus meánscoile.
5. Cúrsaí do na dúthaí faoi mhíbhuntáiste.
6. Cúrsaí sa TEFL.

Dheineamar na háiseanna agus na buntáistí a bhí ag an gcoláiste a áireamh, mar aon leis an obair a bhí á déanamh ag an Aonad Forbartha Curaclaim a bhí bunaithe ag an gcoláiste. Bhí sé fógartha go rabhthas chun ollscoil a ghairm ar an NIHE i Luimneach agus scrúdaíomar cén tionchar a bheadh aige sin ar an gcoláiste. Ní raibh an coláiste ag brath ar an ollscoil nua. Mhaireamar taobh leis an insitiúid ó bunaíodh í agus níor chuir sé isteach orainn. Tharla, le bunú na hinstitiúide, gur fhiafraigh Ed Walsh den choláiste ar mhaith linn bogadh amach go Plassey, ach fuair sé an freagra diúltach go pras. Bhí ócáidí ina dhiaidh sin nuair a rinne an tÚdarás Réigiúnda Forbartha iarracht ar chomhoibriú a chothú idir na coláistí tríú leibhéal ar fad sa chathair – an NIHE, Coláiste Mhuire gan Smál, Coláiste Thuamhan agus an Coláiste Tráchtála, Ealaíne agus Teicneolaíochta (LIT anois) – ach ba bheag a tháinig de. Mar sin féin, tharraingíomar anuas an cheist sa phlean forbartha agus na féidearthachtaí a d'fhéadfadh a bheith ann:

1. An coláiste a bheith mar choláiste oideachais ag an ollscoil.
2. An coláiste a bheith mar choláiste oideachais agus ealaíon san ollscoil.
3. Gaol a bheith idir an dá choláiste.
4. An coláiste a bheith mar choláiste aitheanta de chuid Ollscoil Luimnigh dá gceadódh an t-acht nua a leithéid.

Ní rabhamar ach ag plé na ceiste; ní raibh aon rud faoi leith á mholadh againn. Bhíomar mar choláiste aitheanta de chuid Ollscoil na hÉireann, agus níorbh eol dúinn éinne a bhí ag iarraidh an ceangal sin a bhriseadh. Bhíos féin ar sheanad Ollscoil na hÉireann agus bhí a fhios agam go raibh cur is cúiteamh ann faoi Ollscoil na hÉireann a bhriseadh suas, ach bhíos deimhneach de nach ndéanfaí aon ní ag an am sin ar eagla go gcuirfeadh an tAire isteach ar shaoirse na hollscoile dá dtabharfaí an deis dó. Bhíodar ar bís ag feitheamh go bhfeicfidís an reachtaíocht do na hollscoileanna nua.

Bhí cead faighte againn ón NUI do shraith nua dioplómaí, agus chuireamar na cáipéisí cuí ar aghaidh don BA nua. Faoin am seo, bhí an-chomhoibriú idir an coláiste agus UCC, agus thuigeadar i UCC agus san NUI an caighdeán acadúil a bhain leis na mic léinn. Bhí an-áthas orthu sna coláistí éagsúla céimithe an choláiste a fháil le staidéar a dhéanamh don M.Ed. nó don MA. Bhí dul chun cinn an MA suimiúil. Nuair a thosaíomar leis an NUI i dtosach, bhíodh ar ár mic léinn scrúdú cáilíochta MA a dhéanamh dá mba mhian leo tabhairt faoi MA, ach i gceann tamaill, nuair a chonacthas an mianach a bhí sna mic léinn, cuireadh sin ar ceal. Thuig an lucht teagaisc i UCC an caighdeán a bhí ag ár mic léinn sna hábhair acadúla sa B.Ed.: Gaeilge, Béarla, Fraincis, stair, tíreolaíocht, matamaitic, ceol agus fealsúnacht – agus b'ar na hábhair sin a bhí an BA nua bunaithe. Ní raibh aon cheist ann faoi chaighdeán ach bheadh ceist ann faoi bhreis foirne a fhostú. Chomh maith leis sin, bheadh an chéim nua in iomaíocht le UCC, agus tharraing uachtarán UCC, Tadhg Ó Ciardha, anuas an cheist: an raibh cead na Roinne Oideachais againn? Bhí fadhb againn. Ar chóir cead na Roinne Oideachais nó cead an NUI a fháil i dtosach? Bheartaíomar ar an dá rud a dhéanamh le chéile.

Chuireamar cóip den Phlean Forbartha go dtí an Roinn agus d'iarramar ar an Aire Mary O'Rourke bualadh linn, rud a rinne sí ina hoifig sa Dáil ar an 19 Aibreán 1989. Bhí Tom Gillen léi. An tSiúr Angela agus mé féin, chomh maith le Ciarán Ó Broin agus Liam Irwin, a bhuail léi. Tugadh ardmholadh dúinn agus chomhairligh sí dúinn na moltaí ar fad a bhí againn a chur i ngníomh. Dúirt sí gur mhaith léi, nuair a bheadh sí ag déileáil leis an Aire Airgeadais, a bheith ábalta a rá go raibh na rudaí go léir á ndéanamh againn, seachas a rá go raibh beartaithe againn ar iad a dhéanamh. Bhíomar lántsásta leis sin agus bhí dea-aoibh orainn ag filleadh abhaile. Bheadh ar ár gcumas a rá le UCC go raibh an tAire fábharach dúinn agus dár ngríosadh chun gnímh.

Ar an 11 Bealtaine, ghlaoigh Tom Gillen ar uachtarán Choláiste Mhuire gan Smál, ag deimhniú di go raibh an Roinn fábharach don mholadh a chuireamar faoi bhráid an Aire BA a chur ar fáil sa choláiste. An lá dár gcionn, scríobh an t-uachtarán ar ais chuig an Aire, ag gabháil bhuíochais léi as tacaíocht na Roinne a chinntiú dúinn.

Ba é Michael Mortell a bhí anois ina uachtarán nua ar UCC agus Aidan Moran ina chláraitheoir. Bhí Aidan agus mé féin ag léamh páipéar ag seimineár a bhí á reáchtáil ag an HEA i bPort

Láirge ar an 12 Nollaig 1989. Chuireas glaoch air agus shocraíomar ar bhualadh le chéile ag an seimineár chun an BA a phlé. Dheineamar amhlaidh, agus ag deireadh an lae bhíomar sásta an BA a mholadh do chomhairle acadúil UCC. Bhíos féin ar bhord staidéir agus ar sheanad Ollscoil na hÉireann, agus ar 1 Márta 1990, ghlac an bord staidéir leis an BA. Ar an 5 Aibreán 1990, ghlac seanad Ollscoil na hÉireann leis. Bhí Ollscoil na hÉireann agus an tAire Oideachais ag tacú linn. Dar linn, ní raibh bac ar bith orainn a fhógairt go rabhamar ag tosú leis an BA.

Fad is a bhí an BA ag dul trí Ollscoil na hÉireann, fuaireamar *Exocet* ó Rúnaí na Roinne Oideachais, Noel Lindsay, ar an 6 Feabhra 1990, ag diúltú dúinn dul ar aghaidh leis an gcéim nua. Dar leis, ní raibh cead na Roinne faighte againn, cé gur chuireamar ina luí air, ar an bhfón, go raibh an Rúnaí Cúnta i láthair ag an gcruinniú agus go raibh deimhniú faighte againn go raibh an Roinn fábharach an BA a chur ar fáil. Sa litir, dúirt sé go raibh iarrtha aige ar an Primary Education Review Body moltaí a dhéanamh faoin líon múinteoirí a bheadh ag teastáil sa todhchaí. Ní bheadh an Roinn sásta aon chúrsaí breise a cheadú sa choláiste go dtí go mbeadh na moltaí sin faighte aige. D'iarramar cruinniú leis láithreach. Bhuail an t-uachtarán agus mé féin leis-sean agus le Tom Gillen sa Roinn ar an 13 Feabhra 1990.

Chuireamar in iúl dó na cúrsaí ar fad de bhreis ar an B.Ed. a bhí ar siúl sa choláiste, agus mheabhraíomar dó an tacaíocht a fuaireamar ón Aire agus ón Roinn. Gheall sé nach raibh sé féin ná an Roinn in aghaidh an choláiste ach nach rabhadar sásta cinneadh ar bith a dhéanamh go dtí go bhfaighidís moltaí ón Primary Education Review Body. Bhí sé ag súil leo sin i mí Aibreáin, agus bheadh moltaí le cur os comhair an rialtais aige i mí Mheán Fómhair. Dheineamar gearán faoin easpa cumarsáide idir an Roinn agus an coláiste. Mhol an Rúnaí an plean forbartha a bhí curtha againn chuig an Aire. Dúirt sé go labhródh sé le hOllscoil Luimnigh maidir le comhráití a thosú idir an dá institiúid. Dar leis, ní raibh Ollscoil Luimnigh inmharthana fós, agus mar ollscoil go gcaithfeadh sí cúrsaí sna healaíona a fhorbairt. D'aontaigh sé linn nuair a dúramar gur chóir dámh an oideachais agus dámh na n-ealaíon a bheith ar champas an choláiste dá mbeadh aon cheangal le déanamh leis an ollscoil.

Níor tharla aon rud foirmiúil go dtí go bhfuaireamar an dara *Exocet* ón Rúnaí. I litir chuig an Easpag Jeremiah Newman ar an 20 Meán Fómhair 1990, dúirt sé go mbeadh sé ag déanamh moltaí don rialtas faoi thodhchaí Choláiste Mhuire gan Smál; go raibh an iomarca foirne ann agus an iomad airgid á chaitheamh air; nach bhféadfadh a leithéid leanúint ar aghaidh mar sin; gur rogha inmholta a bheadh ann nasc a dhéanamh le UL; gur chóir grúpa oibre a bhunú, le hionadaithe ón dá institiúid, chun scrúdú a dhéanamh ar an mbealach ab fhearr leis an nasc a chur i gcrích agus chun féachaint chuige go mbainfí an úsáid ba mhó agus ab fheiliúnaí as áiseanna agus foirne an dá áit.

Ba náireach an litir í sin; i ndiaidh a raibh déanta againn agus é go léir curtha in iúl don Roinn agus don Aire, bhí rabhadh sa litir sin: tá an coláiste róchostasach; tosaígí ar chomhráití le hOllscoil Luimnigh nó dúnfar sibh. Bhí an costas ar oiliúint mhac léinn sa choláiste ard mar bhí uimhreacha na mac léinn íslithe ag an Roinn féin ó 800 go dtí 300. Dá thoradh san, dar ndóigh, bhí an t-aonad costais an-ard i gcomparáid leis na hollscoileanna, nach raibh aon bhac seachtrach orthu uimhreacha a mhéadú i ndámhanna cosúil leis na healaíona.

Ba í críoch an scéil gur ainmnigh iontaobhaithe an choláiste Kieran Byrne (ceann roinn an oideachais), John Hayes (ceann roinn na fealsúnachta) agus mé féin (cláraitheoir) mar ionadaithe an choláiste, agus d'ainmnigh Ollscoil Luimnigh Leo Colgan (cláraitheoir), Noel Mulcahy (leasuachtarán agus déan taighde) agus John O'Connor (stiúrthóir airgeadais). Bhí an chéad chruinniú againn ar an 11 Deireadh Fómhair 1990.

Níor chabhraigh litir an Rúnaí linn. Thug seisean le tuiscint go raibh UL chun sinn a shábháil! Chomh maith leis sin, sna comhráití idir UL agus Coláiste Thuamhan, a bhí díreach ag críochnú, bhí ceannas iomlán faighte ag UL agus críoch curtha le Coláiste Thuamhan, an t-aon choláiste oiliúna múinteoirí dara leibhéal a bunaíodh sa stát. Bhíomar anois ar an liosta gabhála!

Ag an gcéad chruinniú, léiríomar mar a d'oibríomar mar choláiste aitheanta de chuid Ollscoil na hÉireann. Níor chóir aon ghá a bheith leis sin, mar bhí UL féin ina coláiste aitheanta cúpla bliain roimhe sin ach níor éirigh go maith leis an gceangal. Dúramar nach mbeimis sásta le socrú ar bith nach dtabharfadh, ar a laghad, an gradam agus an neamhspleáchas céanna dúinn is a bhí againn mar choláiste aitheanta. Ó thaobh UL de, bhí dhá fhoirceann ann: ceannas iomlán a bheith acu (amhail Choláiste Thuamhan); nó go ndéanfaidís-sean na céimeanna agus na dioplómaí a bhí againne a fhaomhadh agus a bhronnadh – ach bhí speictream leathan idir eatarthu. Ag an dara cruinniú, dúirt Noel Mulcahy gurbh é a bhí ag teastáil ná 'neamhspleáchas institiúideach agus comhtháthú acadúil'. Lean na cruinnithe, agus chun an fhírinne a rá, bhíomar dáiríre ag iarraidh réiteach a fháil a bheadh sásúil don dá choláiste. Ach i ndáiríre, ceannas iomlán a bhí mar chuspóir ag UL.

Ach ní rabhamarna gan buntáistí ar ár dtaobh féin. Bunaíodh Coláiste Mhuire gan Smál in 1898, agus rinne sé freastal maith ar mhúinteoirí, ar scoileanna agus ar chúrsaí oideachais i gcoitinne, in Éirinn agus thar lear. Bhí an-mheas agus ardcháil air i measc lucht teagaisc, agus go mór mór i measc na gcigirí ar fud na tíre. Ón am a dheineamar an ceangal le hOllscoil na hÉireann, bhí breis iar-mhac léinn ag dul ar aghaidh agus ag baint amach iarchéimeanna agus bhí éileamh orthusan sna hollscoileanna. Bhaineamar an-úsáid as ár stádas mar choláiste aitheanta agus bhí meas orainn in Ollscoil na hÉireann mar gheall ar fheabhas ár gcuid mac léinn agus feabhas an oideachais a fuaireadar, agus freisin chomh críochnúil is a dheineamar pé gnó a bhí le déanamh againn maidir le scrúduithe, torthaí agus tuarascálacha éagsúla. Agus bhí cuid mhaith cúrsaí nua curtha tríd an NUI againn. Ach an mámh ba mhó a bhí againn ná go raibh a fhios againn go maith nach leomhfadh an tAire aon cheann den dá choláiste oideachais ag an am sin a dhúnadh, mar gheall ar an droch-cháil a ghnóthaigh Gemma Hussey di féin nuair a dúnadh Carysfort. Mar sin féin, ní rabhamar cinnte cén tacaíocht a gheobhaimis ó Rúnaí na Roinne, cé gur dheimhnigh sé go raibh sé ag feidhmiú ar mhaithe leis an gcoláiste.

Ocht gcinn de chruinnithe ar fad a bhí ag na hionadaithe i 1990-1. Rud amháin a chuireadh ar buile sinn ná go mbímis ar aon fhocal faoi réiteach ag cruinniú amháin agus go dtagadh UL ar ais ag an gcéad chruinniú eile agus malairt phoirt acu. Cad iad na rudaí a bhí á bplé againn? I dtosach bhí an nasc nó an ceangal agus an cineál ceangail a bheadh ann. Agus ag glacadh leis go mbeadh nasc éigin ann, cad a dhéanfadh sé do struchtúr acadúil agus riaracháin Choláiste Mhuire gan Smál? Cén gnó a bheadh ag an uachtarán, ag an gcláraitheoir agus ag an gcisteoir? Cad faoin mbord rialaithe, faoin bhfochoiste stiúrtha agus faoin mbord acadúil? Cad faoi na cinn roinne – cé dó a mbeidís siúd freagrach? Bhraith freagra na gceisteanna sin go léir ar an gcineál ceangail a dhéanfaí, dá ndéanfaí ceangal. Dá bhfaigheadh UL forlámhas iomlán ar an gcoláiste, mar a theastaigh uathu, ansin chuirfí struchtúr acadúil agus riaracháin an choláiste ar ceal ar fad. Dá mbeadh ceangal éigin eile ann, cad iad na hathruithe a dhéanfaí?

Ansin bhí ceist an airgid. An dtiocfadh maoiniú an choláiste díreach ón Roinn/HEA go dtí an coláiste, nó go UL mar chuid dá bhuiséad siúd agus go mbeadh orainn ár gcothrom a lorg uathu sin? Arís, bhí neamhspleáchas an choláiste i gceist.

Bhí an-dhíospóireacht faoi na mic léinn. An ndéanfaí iad a chlárú mar mhic léinn Choláiste Mhuire gan Smál nó mar mhic léinn UL? Cé leis a n-íocfaidís a dtáillí? Cén áit a mbronnfaí a gcéimeanna orthu? Ceisteanna praiticiúla ab ea na ceisteanna sin, ach laistiar den phraiticiúlacht bhí neamhspleáchas an choláiste i gceist freisin.

Cé a cheapfadh agus conas a cheapfaí an fhoireann acadúil?

Mhíníomar an bealach a bhí againn le hOllscoil na hÉireann: go raibh bord agallaimh againn; go mbíodh cúigear go hiondúil ar an mbord, beirt ainmnithe ag UCC, uachtarán Choláiste Mhuire gan Smál ina c(h)athaoirleach ar an mbord; go gcuirtí moltaí an bhoird agallaimh go dtí an bord rialaithe chun an ceapachán a dheimhniú. Bhí an fhoireann acadúil freagrach don uachtarán agus don struchtúr acadúil agus riaracháin a bhí sa choláiste. Dheimhníomar nach mbeimis sásta glacadh le nós imeachta ar bith eile nach mbeadh ar aon chéim lena raibh againn cheana.

Bhí an-chuid cainte faoi théarmaíocht: coláiste, dámh, scoil. Bhíodar ag caint faoi choláiste oideachais agus faoi choláiste ealaíon, ach bhíomar ag áiteamh nach raibh ach coláiste amháin i gceist .i. Coláiste Mhuire gan Smál agus go mba chóir an focal 'dámh' a úsáid. Agus bhí an cheist ann ansin cé a bheadh ina mbaill de na dámha éagsúla? Dá ndéanfaí nasc idir an dá institiúid, bhíomar ag brú go mbeadh gach duine den fhoireann oideachais againne ina mbaill den dámh oideachais; go mbeadh gach duine den fhoireann sna hábhair acadúla againne ina mbaill den dámh ealaíon. Bhí eagla ar UL faoi sin, mar go gcaillfidís smacht ar an dá dhámh de bhrí go raibh foireann acadúil níos mó againne ná mar a bhí acusan sna dámha sin. Agus cén campas ar a mbeadh na dámha sin lonnaithe? Dá mbeadh ceangal ann, bhíomar ag argóint go mba chóir iad a bheith ar an láthair s'againne de bhrí gurbh againne a bhí tromlach na léachtóirí agus na mac léinn sa dá dhámh. Bhí ceist eile ann chomh maith: cé a bheadh ina dhéan ar na dámha sin?

Bhí sé suimiúil gur ghlac UL leis ón tús gur bhain an B.Ed. linne, ach ba cheist eile ar fad an BA. Bhí an t-ádh dearg linn go raibh an chéim BA imithe trí Ollscoil na hÉireann agus go raibh ar ár gcumas a rá go raibh sí againn agus gur linne í. Cinnte, níor éirigh linn an chéim a thairiscint do na mic léinn, mar gheall ar bhac an Rúnaí, ach ní rabhamar ag lorg cead acadúil as an nua ó UL.

Bhí rudaí praiticiúla a rabhamar sásta glacadh leo in aghaidh ár dtola agus in aghaidh ár mbreithiúnais acadúil. Bhaineadarsan leis an mbliain acadúil, leis an gcóras scrúdaithe agus leis an gcóras marcála a bhí acu. Bhí an bhliain roinnte acusan i dtrí théarma deich seachtaine agus scrúdú ag deireadh gach téarma. Dar linne, níor oir a leithéid do chúrsa oideachais ná do chúrsa ealaíon. B'fhearr linn go mór an bhliain thraidisiúnta mar a bhí sí againn agus scrúdú ag an deireadh. Leagan amach módúlach a bhí ar na cúrsaí acusan agus grádanna in áit marcanna ina scéim mharcála. Aisteach go leor, bhíodh daoine ag bronnadh marcanna, á n-aistriú sin go grádanna agus á malartú sin arís go pointí chun an QCA (Quality Credit Average – cineál meánmhairc) a fháil! Ach thuigeamar dá ndéanfaí ceangal, go mbeadh orainn glacadh leis na hathruithe sin mar nach bhféadfaí dhá chóras éagsúla a eagrú taobh le chéile, go mór mór dá mbeadh sé i gceist go bhféadfadh mic léinn agus an fhoireann acadúil gluaiseacht ó champas amháin go dtí an ceann eile, dá mbeadh ábhair bhreise ag teastáil ó na mic léinn.

Don tríú cruinniú, ar an 8 Eanáir 1990 (a bhí curtha siar ó 30 Samhain go 18 Nollaig 1990 go 8 Eanáir 1991 ar iarratas UL), bhí páipéar ullamh ag an dá ghrúpa. Bhí an ceann s'againne pléite againn leis an Easpag. Na pointí ba thábhachtaí ann ná:

1. Bheadh Coláiste Mhuire gan Smál, mar choláiste oideachais agus ealaíon, ina institiúid neamhspleách ach ceangailte le UL. Deineadh an neamhspleáchas a mhíniú trí thagairt a dhéanamh don *Scheme of Incorporation* agus don *Instrument of Government:*
   (a) Leanfaí de mhaoiniú an choláiste ón Roinn/HEA agus bhaileodh an coláiste na táillí cuí ó na mic léinn.
   (b) Dhéanfadh an coláiste ceapacháin ar an módh céanna is a bhí ann go dtí seo ach ionadaíocht a bheith ag Ollscoil Luimnigh ar an mbord agallaimh.
2. Bhronnfadh an ollscoil céimeanna san oideachas agus sna healaíona ar mhic léinn an choláiste, agus sa choláiste a bheadh an bronnadh.
3. Le comhoibriú agus forbairt a chothú, ba chóir

trasionadaíocht a bheith ann – bord rialaithe/*governing body*;
bord acadúil/*academic council.*

4. Boird scrúdaitheoirí ar leith a chur ar fáil do na scrúduithe san
   oideachas agus sna healaíona; torthaí na scrúduithe a chur le
   chéile mar a dheintear faoi láthair agus iad a chur os comhair
   na mbord chun iad a dheimhniú; UL a dhéanfadh an bhreith
   faoin gcéim.

5. Bheadh na mic léinn cláraithe mar mhic léinn de chuid
   Choláiste Mhuire gan Smál agus UL.

6. Bheadh cead acu cur isteach ar chúrsaí ar an dá champas.

7. Bheadh deiseanna ag an dá fhoireann aistriú ó champas go
   campas dá mbeadh gá leis.

8. Dar leis an gcoláiste, ní oireann féilire UL do chúrsaí san
   oideachas ná sna healaíona ach ta sé sásta an cheist a chíoradh.

9. Bheadh sé intuigthe go nglacfadh UL le cúrsaí nua ón gcoláiste
   ach iad a bheith ar an gcaighdeán cuí.

Cheap Noel Mulcahy go raibh bunús maith díospóireachta sa
cháipéis, ach bhí an-chuid 'neamhspleáchais' ann dar le Leo
Colgan!

Sa pháipéar a bhí ag UL leagadar amach ceithre rogha:

1. Dhéanfadh UL na céimeanna a mheas agus a bhronnadh.

2. Mar aon le huimhir a haon, ach comhbhord acadúil idir an dá
   institiúid a bhunú le moltaí a dhéanamh do chomhairle acadúil
   Ollscoil Luimnigh. Bheadh ballraíocht ag Coláiste Mhuire gan
   Smál ar an gcomhairle sin.

3. Dlúthcheangal acadúil níos mó a bheith ann ach na córais
   riaracháin a bheith neamhspleách ar a chéile. Bheadh gá le :
   (a) comhbhord sa dámh oideachais.
   (b) comhbhord sa dámh ealaíon.
   Bheadh baill na foirne cuí ón dá institiúid ar na comhbhoird.
   Dhéanfadh na comhbhoird moltaí do chomhairle acadúil na
   hollscoile.   Bheadh ionadaíocht ag an gcoláiste ar an
   gcomhairle.

4. Cónascadh iomlán idir an dá institiúid .i. seilbh iomlán ag UL
   ar an gcoláiste.

Bhí díospóireacht fhada againn faoi na ceithre rogha sin. Dhiúltaíomar glan d'uimhir a ceathair agus dúramar nach raibh an saineolas acu i UL d'uimhir a haon. Mheabhraíomar dóibh a ndúramar go minic: nach mbeadh cónascadh iomlán riamh idir an dá institiúid agus go mbeadh Coláiste Mhuire gan Smál, mar choláiste neamhspleách, ag comóradh a bhunaithe in 1898 i gceann seacht mbliana eile.

Cinneadh ag an deireadh go ndéanfaimis machnamh ar an dá cháipéis agus iarracht a dhéanamh ar chomhpháipéar a chur le chéile.

Ag an gcéad chruinniú eile ar 5 Feabhra, bhí malairt phoirt acusan. Ní ghlacfadh coiste gnó UL le socrú ar bith ach le huimhir a ceathair acusan: cónascadh iomlán nó, i ndáiríre, seilbh iomlán ag UL ar Choláiste Mhuire gan Smál. Ghlacfaidís le huimhir a trí go sealadach go dtí go sroichfí uimhir a ceathair! Nuair a chonacthas dóibh go raibh deireadh leis na comhráití, ghealladar go ndéanfaidís iarracht ar mholadh an choiste a athrú. Theastaigh uathu go mbeadh ionadaí ón Roinn Oideachais agus ón HEA ag na cruinnithe, ach dhiúltaíomar, mar dúramar gur fúinne a bhí sé na fadhbanna a bhí againn a réiteach. Dúramar go bhfacthas dúinne go rabhadar ag iarraidh fáil réidh le struchtúr riaracháin an Choláiste – uachtarán, cláraitheoir agus cisteoir – agus nach dtarlódh sin. Leanadh den díospóireacht ag an gcúigiú cruinniú ar an 14 Márta 1991.

Ag an gcruinniú sin, leiríomar an fhearg a bhí orainn gur cuireadh cosc linn an BA a thosú i 1990, cé go raibh glactha ag seanad Ollscoil na hÉireann leis. Bhí sé cinnte anois nach mbeadh sé ar fáil i 1991 ach chomh beag. D'iarramar go gcuirfí nóta faoi i leabhrán na Lár-Oifige Iontrála (CAO) láithreach, ionas go mbeadh sé ar fáil sa bhliain 1992. Glacadh leis sin agus iarradh orm féin agus ar Leo Colgan teagmháil a dhéanamh le Rúnaí na Roinne, Noel Lindsay, faoi. Chun a léiriú chomh deacair is a bhí sé an rud ba shuaraí a dhéanamh agus na bacanna a bhí romhainn, tugaim anseo ar tharla faoi sin:

Luan 25 Márta

9.30 a.m. Ghlaos ar Noel Lindsay. Ní raibh sé ann ach mhíníos don Rúnaí Cúnta, Denis Healy, cad a bhí uaim.

11.30 a.m. Ghlaoigh Noel Lindsay. Bhí sé tar éis labhairt le hEd Walsh agus d'aontaíodar nár chóir aon rud faoin BA a chur isteach. Dúras leis go raibh sé ag diúltú áiteanna do mhic léinn agus go raibh sé sin in aghaidh pholasaí an rialtais. Bhí sé ag lorg eolais faoi na comhráití agus, dar leis, bhíodar ag dul ar aghaidh rófhada. Ghlaos ar Leo Colgan ach bhí sé ag cruinniú.

Máirt 26 Márta

9.30 a.m. Ghlaos ar an Easpag Newman agus d'insíos dó a ndúirt Lindsay.

10.30 a.m. Glaoch ó Lindsay. Cheap sé go raibh sé ródhiúltach ar an Luan! Cad a cheapfainn faoi *'University of Limerick/Mary Immaculate Training (!) College BA'* a chur sa lámhleabhar? Dúras nach rabhas sásta leis ach go gcuirfinn os comhair na n-iontaobhaithe é ag a gcruinniú siúd. Ghlaos ar Leo Colgan. Bhí sé ag cruinniú. D'iarras go nglaofadh sé ar ais orm. Nuair a rinne sé é sin, níor chuimhneach leis go raibh orainn glaoch ar Noel Lindsay, ach bhí Noel ar an bhfón chuige agus bhí beartaithe aige an rud a phlé ag cruinniú de choiste gnó UL lá arna mhárach. Dúras go mbeadh cruinniú de na hiontaobhaithe againn an lá céanna.

8.30 p.m. Glaoch ón Easpag Newman. D'insíos dó faoin dara glaoch ó Lindsay agus an comhrá a bhí agam le Leo.

Céadaoin 27 Márta

Cruinnithe: an bord rialaithe agus na hiontaobhaithe.

Aoine 12 Aibreán

Ag cruinniú idir an dá ghrúpa, moladh an t-eolas faoin BA a chur isteach sa lámhleabhar. De bhrí nach raibh Coláiste Mhuire gan Smál páirteach sa CAO, b'éigean an fógra a chur isteach faoin ollscoil agus nodaireacht UL a bheith air: LM 47. Bheadh réiltín air a déarfadh go mbeadh sé ar siúl i gColáiste Mhuire gan Smál. Scríobhas chuig Lindsay chun an t-eolas a thabhairt dó.

Máirt 6 Meitheamh
Ghlaos ar Noel Lindsay faoin CAO. Ghlaos ansin ar John McAvoy
sa CAO féachaint an raibh an fógra istigh ó UL. Ní raibh. Ghlaos
ar Leo. Bhí sé díreach á chur isteach aige.

An méid sin dua le ruidín beag bídeach amháin! Ach bhí sé
tábhachtach gur éirigh linn. Thaispeáin sé nach ngéillfimis go
bog. Ach bhí scamaill níos measa ag bagairt.

Ag an séú cruinniú, cinneadh ar iarracht a dhéanamh teacht ar
réiteach ar chinnteidil chomhaontaithe a d'fhéadfaimis a chur
faoi bhráid na n-iontaobhaithe agus UL. D'oibrigh an dá thaobh
ar na cáipéisí, agus nuair a bhuaileamar le chéile ar an 10
Bealtaine (aistrithe ó 6 Bealtaine), chuamar tríothu agus beartaíodh
ag an deireadh go ndéanfaimis machnamh ar a raibh déanta agus
scríofa, duine a ainmniú ón dá thaobh le comhcháipéis a scríobh
agus an seisear againn a theacht le chéile arís ar an Máirt 21
Bealtaine.

Bhuail an triúr againn le chéile agus d'ainmníomar John Hayes
chun bualadh le Noel Mulcahy (ainmnithe ag UL). Rinne John,
ag obair leis an mbeirt eile againn agus leis an Easpag, cáipéis a
chur le chéile. Bhuail sé le Noel Mulcahy ar an Aoine 17
Bealtaine, agus de bhrí nach raibh aon cháipéis ag Noel, chuadar
tríd an gceann a bhí ag John, ag déanamh athrú anseo is ansiúd.
Bheartaíodar ansin dul i gcomhairle lena muintir féin. Bhí
cruinniú againne, agus tar éis cuid mhaith glaonna fóin, bhí
comhcháipéis ullamh do chruinniú idir an dá thaobh ar an 28
Bealtaine (curtha siar ón 21 Bealtaine).

Ar an Déardaoin 23 Bealtaine, fuair John Hayes glaoch ó rúnaí
Noel Mulcahy go raibh Noel ar a bhealach chun na hIodáile, go
raibh sé ag scríobh cáipéis nua agus go mbeadh athruithe ann. Ar
an Aoine 24 Bealtaine, ghlaos ar Leo Colgan agus dúras nach
rabhamar sásta ar chor ar bith lena raibh ag titim amach. Dúirt
seisean nár choimeád Noel Mulcahy Ed Walsh ar an eolas agus
gur thóg Mulcahy air féin aontú le John Hayes. Dúras leis go lom
nár ghlacas leis sin, agus dá ndéanfaí athruithe anois ar a

dtaobhsan, go rachaimis siar ar chuid de na rudaí ar aontaíomar leo, ar mhaithe le réiteach. D'iarr sé go gcuirfí an cruinniú siar go dtí an Aoine 31 Bealtaine.

Ar an Luan 27 Bealtaine, chuir Noel glaoch ar John go raibh sé ag scríobh na cáipéise *'in their style'*. D'aontaíodar bualadh le chéile ar an Máirt 28 Bealtaine. Ag an gcruinniú sin, moladh athruithe ar an dá thaobh.

Bhí cruinniú ag an triúr againne faoin dréacht deiridh den cháipéis, nuair a tháinig glaoch práinneach ó Noel Mulcahy: ní raibh Ed Walsh sásta leis agus d'ordaigh do John O'Connor ceann nua a scríobh! Thug John Hayes an t-eolas nua don Easpag, a bhí ag bualadh le Rúnaí na Roinne ar an Déardaoin. D'fhág an tEaspag cóip den cháipéis leis an Rúnaí. Bhí Ed Walsh ag bualadh leis an Runaí an lá céanna, in éineacht le huachtáráin na n-ollscoileanna eile.

I nglaoch ar an bhfón ar an Aoine 31 Bealtaine, dúirt Leo Colgan liom nach mbeadh aon cháipéis nua uathusan 'mar go raibh cúrsaí ar phlána eile anois'. Thug sé cuireadh chun lóin dúinn ach dhiúltaíomar. An obair ar fad in aisce?

Ghlaoigh Rúnaí na Roinne Oideachais cruinniú den dá ghrúpa sa Roinn Oideachais ar an 11 Meitheamh. In éineacht leis bhí Denis Healy agus Oliver Cussen, Rúnaithe Cúnta. Dúirt an Rúnaí nach ndúnfaí Coláiste Mhuire gan Smál, ar eagla go mbeadh éileamh níos mó ar ball ar mhúinteoirí, ach nach bhféadfaí leanacht leis an gcaiteachas airgid mar a bhí faoi láthair. Gheall sé nach mbeadh aon chónascadh iomlán idir an dá institiúid; lean sé ar aghaidh ansin agus nuair a bhí deireadh ráite aige, ní raibh mórán de neamhspleáchas an choláiste ná den choláiste féin fágtha! Bhí a chuid tuairimí an-chosúil lena raibh ag teastáil ó UL – fiú amháin chuir sé an cheist orainn ar theastaigh uainn go mbeadh uachtarán Choláiste Mhuire gan Smál ina d(h)éan ar an dámh oideachais. Dúramar nárbh é sin cúram an uachtaráin. Ach bhí an cheist suimiúil, mar léirigh sé an cuspóir nár luadh .i. deireadh a chur le Coláiste Mhuire gan

Smál mar choláiste neamhspleách. Tharla an rud céanna faoi phost an chláraitheora. Ag cruinniú amháin, bhí Noel Mulcahy ag smaoineamh ar cén post a d'oirfeadh domsa nó cén ceann ba mhaith liom a bheith agam. Dúras go raibh ceann agam agus nach raibh aon cheann eile uaim, ná nach rabhas ag smaoineamh ar an gceann a bhí agam a thabhairt suas. Chuir sin deireadh leis an gcomhrá, ach tamall ina dhiaidh sin, ag caint liom ar an bhfón, d'fhiafraigh Noel Lindsay díom ar theastaigh post mar dhéan uaim. Fuair sé an freagra céanna uaim. Ach léirigh sé go soiléir an cuspóir a bhí ann: an struchtúr riaracháin a bhí sa choláiste a scrios, agus muna bhféadfaí é a dhéanamh trí na comhráití, b'fhéidir go bhféadfaí fáil réidh leis na daoine a bhí sna postanna úd agus gan iad a líonadh arís.

Dar leis an Rúnaí, bheadh an B.Ed. fós againn, ach bheadh an BA faoi UL, d'fhéadfadh dhá bhord rialaithe a bheith ann ach gan ach an t-aon chomhairle acadúil amháin, chlárófaí na mic léinn mar mhic léinn ollscoile, srl. – bhíomar níos measa as ná mar a bhíomar nuair a thosaíomar! D'iarr an Rúnaí go mbeadh cruinniú eile i gceann seachtaine nuair a bheadh machnamh déanta againn. Cheap sé gurbh fhearr 'to keep the trustees out of it.' Dhiúltaíomar glan agus fágadh dáta an chéad chruinnithe eile fúinn. Bhí fearg, déistean, díomá agus easpa muiníne orainn. Na rudaí nach raibh ar chumas UL a bhaint amach sna comhráití, bhí siad tugtha dóibh ag an Rúnaí.

Ar an gCéadaoin 12 Meitheamh 1991, ghlaoigh an Rúnaí orm ar a leathuair tar éis a trí, le rá go mbeadh litir ag dul amach uaidh go UL agus chugainne ag leagadh síos an bottom line. Smaoiníos dom féin gurbh fhearr dom an fhearg agus an díomá a mhothaíos a scaoileadh leis. Dúras gur gheall sé nach mbeadh cónascadh iomlán idir an dá institiúid, ach cad a mhol sé ag an deireadh: dámh oideachais agus dámh ealaíon agus daonnachtaí ag UL, an bord acadúil imithe nó gan chumhacht, stádas an uachtaráin, mic léinn cláraithe ag UL, srl. D'fhiafraíos de ar thuig sé an difríocht idir mic léinn Choláiste Mhuire gan Smál agus mic léinn UL ar champas an choláiste? Dúras leis go rabhamar ar buile go raibh an obair go léir a bhí déanta againn ag teacht ar chinnteidil chomhaontaithe caite ar leataobh. Dúirt sé gur 'dhuine amháin' ó UL a ghlac leis an gcáipéis. Dúras go raibh sé sin míchóir don duine sin, mar go rabhadar go léir bainteach leis agus go raibh an locht orthu go léir 'munar choinníodar a b*prima donna* ar an eolas mar a dheineamar!' D'aontaigh sé liom go ndearnadar dearmad. Dúras go mbeadh cruinniú de na hiontaobhaithe ann ar an 20 Meitheamh.

Tháinig litir ó Rúnaí na Roinne Oideachais ar an 19 Meitheamh agus cáipéis a leag amach an ceangal idir an dá institiúid. Sa litir, thagair sé arís nár theastaigh uathu aon cheann eile de na coláistí oideachais a dhúnadh ach go raibh orthu réiteach a fháil a bheadh éifeachtach ó thaobh costais de. Ag an gcruinniú de na hiontaobhaithe, bhí an litir agus an cháipéis faoina mbráid.

D'éirigh go han-mhaith leis an gcruinniú. Bhí sé suimiúil de bhrí go raibh daoine níos míleata agus níos coipthe ná riamh. Bhí an tArdeaspag Clifford an-láidir agus dúirt sé nár chóir aon ghéilleadh eile a dhéanamh; gur roghnaíodar ionadaithe chun labhairt ar son an choláiste agus go raibh muinín iomlán acu astu. Bhímis i gcónaí ag ligint orainn le UL nach mbeadh an tEaspag Newman sásta glacadh lena leithéid seo nó lena leithéid siúd, ach i ndáiríre bhí sé i bhfad níos solúbtha uaireanta ná mar a bhíomar. D'éirigh idir an bheirt againn faoin CAO, stádas an bhoird acadúil, clárú na mac léinn, agus go mór mór faoin láthair ina mbronnfaí a gcéimeanna orthu. Ní raibh an tArdeaspag Clifford chomh solúbtha céanna agus bhí claonadh san Easpag Newman géilleadh don údarás! Ba dhuine céimíochta é! Ar aon nós, ghlac na hiontaobhaithe le dréacht de litir a bhí ullmhaithe agamsa mar fhreagra ar an Rúnaí. Ar rudaí a dúradh sa litir bhí: go rabhadar sásta comhráití a bheith ann le UL; gur léiríodar go rabhadar solúbtha agus toilteanach comhoibriú le UL; go bhfacthas dóibh nár cúitíodh a solúbthacht leo tar éis mórán ama a bheith caite leis na comhráití; gur thuigeadar deacrachtaí na Roinne ach gur chuir an coláiste plean forbartha faoi bhráid an Aire i 1989; gur éirigh leis an gcoláiste cuid den phlean a chur i gcrích m.sh. dioplómaí agus mic léinn iasachta; go mbeadh an BA tosaithe ach amháin an cosc a chuir an Rúnaí leis; go raibh cinnteidil chomhaontaithe eile iniata leis an litir, ina raibh cuid de na moltaí a rinne an Rúnaí féin. Dúradh ansin nach mbeadh aon ghéilleadh ann faoi neamhspleáchas an choláiste lena chuid dualgas a chomhlíonadh go héifeachtach ar an gcaighdeán sin, a bhí tar éis cáil náisiúnta agus idirnáisiúnta a ghnóthú dó. Mar seo a chríochnaigh an litir:

> Munar féidir le UL a bheith solúbtha go leor agus glacadh le ceangal nua idir institiúidí tríú leibhéal i Luimneach ar mhaithe léi féin, le Coláiste Mhuire gan Smál agus le saol acadúil agus cultúrtha an mheániarthair, ansin ba chóir ligint don choláiste forbairt agus dul chun cinn a dhéanamh mar choláiste aitheanta de chuid Ollscoil na hÉireann.

Ghlaoigh an Rúnaí agus d'iarr sé cruinniú linn – Kieran Byrne, John Hayes and mé féin – ar an 7 Lúnasa 1991. Tháinig an t-uachtarán an tSiúr Angela linn. Ag tús an chruinnithe, dúirt an Rúnaí gur mhaith leis cáipéis nua a bhí faighte aige ó UL a phlé. Dhiúltaíomar glan. Dúramar nach raibh cead againn ach cáipéis na n-iontaobhaithe a phlé. Dúirt an Rúnaí ansin go raibh sé ag glacadh leis go bhfanfadh an coláiste mar choláiste ann féin; go mbeadh a chóras riaracháin féin aige – uachtarán, cláraitheoir, cisteoir; go mbeadh dhá roinn sa choláiste, ceann don oideachas agus ceann eile do na hábhair ealaíon; go mbeadh déchlárú ann do na mic léinn; agus gur ghlac sé leis an trasionadaíocht a bhí molta ag na hiontaobhaithe. Bhí díospóireacht fhada faoin mbord acadúil agus faoi ionadaíocht an choláiste ar na dámha oideachais agus ealaíon. Maidir leo siúd, ní raibh sé inghlactha go nglaofaí 'coláistí' orthu. Trí bliana a bheadh i gceist leis an B.Ed. agus leis an BA, ach ní ghéillfeadh UL ar cheist an fhéilire. Bhí cuid mhaith rudaí eile, ina measc gur mheas an Rúnaí go mbeadh suas le 1,000 mac léinn sa choláiste i gceann tamaill. Mheabhraíomar dó nach raibh spás againn ach do 750 agus go mbeadh infheistíocht sa bhreis uainn le foirgnimh nua a thógaint. Tríd is tríd, bhíomar sásta go maith leis an gcruinniú. Den chéad uair, mheasas nach raibh an Rúnaí ar aon fhocal le UL.

Ar an 12 Meán Fómhair, tháinig litir ón Rúnaí ina ndúirt sé go raibh cairt ionadaíochta idir an dá institiúid, agus meamram tuisceana ar phointí áirithe á gcur chugainn tar éis na gcomhráití a bhí aige linne agus le UL.

Bheadh ionadaíocht ag Coláiste Mhuire gan Smál ar bhord rialaithe Ollscoil Luimnigh (duine amháin); ar chomhairle acadúil na hollscoile (ceathrar); bheadh baill uilig roinn oideachais an choláiste i ndámh an oideachais; bheadh baill uilig na n-ábhar acadúil sa choláiste i ndámh na n-ealaíon; bheadh uachtarán Choláiste Mhuire gan Smál ainmnithe ar choiste gnó UL.

Maidir le UL, bheadh ballraíocht acu ar bhord rialaithe Choláiste Mhuire gan Smál (duine) agus ar an mbord acadúil (idir ceathrar agus seachtar).

Ar na pointí eile a bhí sa mheamram bhí:

1. Bheadh téarmaí na bliana acadúla mar an gcéanna sa dá institiúid.
2. Dhéanfadh an ollscoil gach clár acadúil a fhaomhadh agus a bhronnadh.
3. Dhéanfaí ceapacháin tríd an mbord agallaimh (cúigear – beirt ainmnithe ag UL) agus bord rialaithe an choláiste agus iad faofa ag bord rialaithe na hollscoile.
4. Bheadh suas le 900 mac léinn sa choláiste, 300 ag déanamh an B.Ed. agus na daoine eile ag gabháil do chúrsaí eile bunchéime agus iarchéime.
5. Dhéanfaí an coláiste a mhaoiniú tríd an ollscoil ach gan cead ag an ollscoil cur isteach ar bhuiséad an choláiste.
   Bheadh cead ag foirne an dá institiúid cur isteach ar na postanna mar dhéan san oideachas nó sna healaíona.
6. Chlárófaí na mic léinn mar mhic léinn an dá institiúid.
7. Dhéanfaí athbhreithniú ar na socruithe tar éis trí bliana.

8. D'fhágfaí socruithe eile le réiteach idir an dá institiúid ach amháin riachtanais agus líon na n-ábhar múinteoirí, a bheadh fós faoin Roinn Oideachais.

Glacadh leis an meamram, agus ar an 1 Samhain 1991 d'eisigh an tAire Mary O'Rourke ráiteas ag fáiltiú roimh an gcomhaontú stairiúil.

Ní raibh gach rud socraithe agus ba mhinic an-achrann faoi rudaí áirithe. Ceann de na fadhbanna ba mhó a bhí le réiteach ná an láthair ina mbronnfaí na céimeanna. Theastaigh ó UL go mbeadh sé amuigh acusan. Dúras gur lá mór é i saol an duine óig filleadh ar an alma mater, bualadh leis na cairde agus leis na léachtóirí agus a dtuismitheoirí a bheith leo. Cad a dhéanfaidís ag dul go dtí áit nach bhfacadar riamh roimhe sin agus ag bualadh le stráinséirí? Ghéilleadar ag an deireadh.

Bhí an-obair le déanamh sa choláiste. B'iontach an saothar a rinne an fhoireann ag athrú na gcúrsaí sa B.Ed. go dtí an córas módúlach tríthéarmach. Chomh maith leis sin, bhí an BA le hullmhú ar an mbealach céanna. Bhí an t-ádh linn go raibh an chéim sin ullamh againn faoi Ollscoil na hÉireann. Chomh maith leis na hábhair a bhí againn cheana – Gaeilge, Béarla, Fraincis, stair, tíreolaíocht, ceol, matamaitic agus fealsúnacht – chuireamar léann na meán agus cumarsáide agus léann an chreidimh leo, agus Gearmáinis ar ball. Cláraíodh na chéad mhic léinn sa choláiste, don B.Ed. agus don BA faoin gcóras nua i mí Mheán Fómhair 1992.

Fadhb eile a bhí againn ná gur ghlacamar leis an t-am ar fad gur chúrsa trí bliana a bheadh sa BA. B'in an tuairim a bhí ag Rúnaí na Roinne agus b'in a dúirt an tAire ina ráiteas, ach ní bhogfadh UL ón gcóras a bhí i bhfeidhm acusan maidir le bliain a chaitheamh lasmuigh den champas, agus b'éigean dúinn glacadh leis ag an deireadh maidir leis an BA.

Lean lucht an dara bliain agus an tríú bliain sa choláiste faoi Ollscoil na hÉireann mar bhíodar cláraithe mar sin. D'fhág san go raibh an dá chóras ar siúl in éineacht ar feadh dhá bhliain.

Ansin athraíodh an bhliain tríthéarmach go bliain dhéthéarmach. Bí ag caint ar dheacrachtaí sa chlár ama!

Bhí an bronnadh céimeanna deiridh faoi Ollscoil na hÉireann i 1994 agus an chéad bhronnadh faoi Ollscoil Luimnigh an bhliain dár gcionn. Bhí ré amháin thart agus tús curtha le ceann nua eile, ach bhí an coláiste slán agus dul chun cinn mór i ndán dó.

Taobh amuigh den chóras nua agus an trasionadaíocht, ba bheag athrú eile a bhí le tabhairt faoi deara. Lean an bord rialaithe, an fochoiste stiúrtha agus an bord acadúil lena gcuid oibre. Rinne an t-uachtarán, an cláraitheoir agus an cisteoir a ngnó díreach mar ba dhual dóibh. Rinne an HEA an coláiste a ainmniú le teacht faoina réimeas siúd seachas faoin Roinn Oideachais, ó thaobh cúrsaí airgid de. Nuair a chuaigh an t-uachtarán an tSiúr Angela, an cisteoir Seán Ó Conchubhair agus mé féin chucu an chéad bhliain chun an buiséad a phlé, tháinig stiúrthóir aigeadais UL, John O'Connor, linn. Níorbh fhada go bhfaca sé nach raibh aon ghnó aige ann agus níor tháinig sé níos mó. Dheineas féin na scrúduithe a eagrú díreach mar a dheineas i gcónaí. (Bhíodh na feitheoirí i gcónaí dár moladh faoi fheabhas na heagraíochta!) Nuair a tionóladh na boird scrúduithe, chuireas ar fáil, mar ba ghnách liom, an t-eolas cuimsitheach, agus deineadh gearán le cláraitheoir UL fúm. Ghlaoigh sé orm ach léirigh mé dó go raibh i bhfad níos mó eolais ar fáil dár muintir ná mar a sholáthraigh UL. Ba í críoch an scéil go raibh muintir UL ag clamhsán nach raibh dóthain eolais á chur ar fáil dóibhsean! Nuair a tháinig an chéad bhronnadh céimeanna, ní raibh de dhifríocht ann ach go raibh uachtarán, cláraitheoir agus cathaoirleach bhord rialaithe Ollscoil Luimnigh ar an ardán in áit mhuintir UCC.

I ndáiríre, choinníomar ár neamhspleáchas agus d'éirigh ar fheabhas leis an BA agus leis na cúrsaí eile céime agus iarchéime a bunaíodh. Cuireadh leis an líon mac léinn sa B.Ed. (nach againn a bhí an ceart nár chóir aon choláiste oideachais eile a dhúnadh) agus sa Dioplóma Iarchéime Oideachais, i dtreo is go bhfuil suas le 2,500 mac léinn sa choláiste faoi láthair.

Cén tairbhe a bhain UL as an nasc? Dheineadar ceangal le coláiste a bhí ann le céad bliain agus a raibh cáil an léinn agus na gairmiúlachta air. Is iad na céimeanna i gColáiste Mhuire gan Smál na céimeanna is mó éileamh in Ollscoil Luimnigh – ba mhór ag ollscoileanna eile an B.Ed. a bheith acu.

An tuairim atá agam féin ná gur mheas UL go bhfaighidís forlámhas ar an gcoláiste de réir a chéile, rud nár éirigh leo a dhéanamh sna comhráití. Dheineadar Coláiste Thuamhan a shlogadh agus thug sin cos isteach dóibh san oideachas, chomh maith leis an líon beag cúrsaí a bhí acu sna healaíona. B'fhéidir gur mheasadar go mbeadh sé fuirist an coláiste a mhealladh isteach nó brú a chur air dul isteach leo ina iomláine. Ach níor mar sin a tharla. Ba i méid agus i bhfeabhas a chuaigh an coláiste agus tá sé níos láidre anois ná mar a bhí sé riamh. Ba chóir do UL a mhaíomh gurbh iadsan ba chúis leis!

Ba thrua ar bhealach nach raibh comhoibriú níos mó idir an dá champas. Chabhródh sé go mór leis an dá institiúid dá ndéanfaí foirne a mhalartú níos mó agus dá gcuirfí deiseanna ar fáil do mhic léinn blaiseadh de chúrsaí éagsúla ar an dá champas dá mbeadh sé uathu. I ndáiríre, is ag coimhlint a bhíonn an dá institiúid, go mór mór i gcás cúrsaí nua sna healaíona, a thosaigh UL in éadan an BA i gColáiste Mhuire gan Smál. Ag breathnú siar anois air, dá nglacfadh UL leis an tairiscint faoi dhámh an oideachais agus dámh na n-ealaíon a bheith ar champas an choláiste, gach uile sheans go mbeadh an dá institiúid níos dlúithe le chéile anois. Dá ndéanfaí sin, bheadh na cúrsaí ar fad a bhain le teicneolaíocht agus gnó ar champas UL (mar choláiste teicneolaíochta agus gnó, i ndáiríre, a bunaíodh an NIHE), agus chun údarás na hollscoile a bheith ar an iomlán, níorbh fholáir ceannas níos mó a bheith aici ar an dá champas.

De réir an mheamraim thuisceana, bhí athbhreithniú le déanamh i 1994. Ag cruinniú den ghrúpa a bunaíodh mar chomhchoiste idir an dá champas, dúirt Noel Mulcahy go raibh gach rud ag dul ar aghaidh ar fheabhas agus nach raibh aon ghá breise le bheith ag iniúchadh an scéil. Ach ansin, i 1996, d'iarr UL go ndéanfaí an t-athbhreithniú. Nuair a bhuail na hionadaithe le chéile (bhí Kieran Byrne ar an taobh eile ina dhéan ar an dámh oideachais), cad a bhí ar an gclár ag UL ach an rogha a bheith againn: (a) faomhadh agus bronnadh na gcéimeanna, nó (b) cónascadh iomlán. Bhíomar ar ais arís i 1990! Leanadh leis na comhráití ach ar éigean a deineadh athrú ar bith ar an leagan amach mar a bhí sé.

Tá Coláiste Thuamhan luaite agam cúpla uair. Nuair a labhraíodh faoi bhunú an choláiste sin, iarradh ar Choláiste Mhuire gan Smál talamh a chur ar fáil dó agus bhí litir ag an gcoláiste ó Michael O'Kennedy, rúnaí parlaiminte an Aire Oideachais ag an am, Pádraig Faulkner, ag gabháil bhuíochais faoin talamh a chur ar fáil. Bhíos istigh tráthnóna amháin le Seán Ó Conchubhair sa Roinn Oideachais, agus an díospóireacht a bhí eadrainn ná ar chóir falla a thógáil idir an dá choláiste ar an láthair s'againne! Bhíos ag áiteamh air nach coláiste nua ba chóir a bhunú ach na háiseanna nua a chur le Coláiste Mhuire gan Smál chun freastal ar na riachtanais a bheadh ag teastáil do chúrsa oiliúna sa chorpoideachas. Cúpa lá ina dhiaidh sin, fógraíodh go raibh an coláiste nua le tógáil ag Plassey. Nuair a ghlaos ar Sheán Ó Conchubhair, dúirt sé go raibh deacrachtaí le comhairdí na talún againne! Ba thrua mar a tharla, mar bhí saol suaite, míshuaimhneach ag an gcoláiste ón tús, agus ag an deireadh fuair UL forlámhas iomlán air. Bhíos féin ar an mbord rialaithe ann.

XIII

AIBHLEOGA DEIRIDH POLAITÍOCHTA

I samhradh na bliana 1988, cuireadh in iúl dom go raibh folúntas i Seanad Éireann agus fiafraíodh díom an mbeadh spéis agam ann. Dúras nach mbeadh, mar nach raibh Áine marbh ach le mí nó dhó agus, ar aon chuma, go raibh deireadh leis an ré sin dem shaol mar ionadaí poiblí. Bhí na leaids ar buile liom agus dúradar go raibh deis faighte agam rud éigin nua a dhéanamh. Smaoiníos air, agus lá dá rabhas i mBaile Átha Cliath, ghlaos isteach ar Frank Wall, Ard-Rúnaí Fhianna Fáil, agus bhí comhrá fada againn. Bhí folúntas ann mar fuair Seanadóir de chuid Fhine Gael, Jack Daly, bás, ach níor ritheadh an rún fós leis an bhfothoghchán a bheith ann. Mhínigh sé dom go mbeadh orm ainmniúchán a fháil ó ghrúpa ainmneoirí agus ansin an t-ainmniúchán a fháil ó pháirtí parlaiminte Fhianna Fáil. Fuaireas liosta na ngrúpaí ainmneoirí uaidh agus mhol sé dom teagmháil a dhéanamh leo. Nuair a thángas abhaile, níor dheineas aon ní ar an bpointe, mar ní bhfaighfeá mórán freagraí i lár an tsamhraidh agus, i ndáiríre, ní rabhas féin cinnte fós ar chóir dom tabhairt faoi.

Tar éis an tsamhraidh, scríobhas chuig na grúpaí éagsúla ainmneoirí agus fuaireas freagraí deasa uathu, cuid acu ag rá go raibh cloiste acu fúm agus gurbh é an dea-scéal a bhí cloiste acu! Ach dúradar go raibh an cinneadh ar ainmniúchán curtha siar acu go gcloisfidís níos mó faoi cathain a bheadh an fothoghchán ar siúl. Ag an deireadh, ba é Albert Reynolds a fuair an t-ainmniúchán dom. Ní raibh le déanamh anois ach an t-ainmniúchán a fháil ó Fhianna Fáil! Scríobhas chuig Teachtaí Dála agus Seanadóirí uile Fhianna Fáil, agus thugas féin, Bill Treacy agus Kevin Reynolds cúpla lá i dTeach Laighean ag canbhasáil. B'iontach an chabhair a fuaireas ón Seanadóir Rory Kiely. Bhí sé ina chara ag gach éinne. Sa deireadh, fuaireas an t-ainmniúchán. Ar na daoine ar bhuaigh mé orthu bhí Micheál Martin agus Mary Hanafin, a bheadh ina n-airí oideachais ina dhiaidh sin.

B'ansin a thosaigh an chanbhasáil i gceart. Is iad na Teachtaí Dála agus na Seanadóirí an pobal toghchánaíochta chun folúntas a líonadh sa tSeanad. Scríobhas chucu ar fad, go háirithe na daoine neamhspleácha, mar ag an am sin bhí rialtas Fhianna Fáil ina rialtas mionlaigh. Ag an olltoghchán i 1987, buaileadh ar chomhrialtas Fhine Gael agus an Lucht Oibre. An toradh a bhí ar an toghchán ná:

Fianna Fáil	81
Fine Gael	51
Páirtí Daonlathach	14
Lucht Oibre	12
Páirtí na nOibrithe	04
Daoine eile	04

Nuair a chruinnigh an Dáil le chéile ar an 10 Márta 1987, toghadh Charles Haughey ina Thaoiseach. Ochtó dó in aghaidh ochtó dó a bhí sa vóta ach chaith an Ceann Comhairle, Seán Treacy, a vóta féin do Haughey. Vótáil Neil Blaney le Fianna Fáil, Jim Kemmy ina gcoinne agus níor vótáil Tony Gregory in aon chor. Chaill Fine Gael go dona sa toghchán, ag ísliú ó seachtó suíochán go caoga haon. Toghadh Alan Dukes in áit Garret FitzGerald mar cheannaire ar Fhine Gael. Tamall ina dhiaidh sin, ag labhairt dó i dTamhlacht, dúirt Alan Dukes nach gcuirfeadh Fine Gael in aghaidh an rialtais fad is a réitigh polasaí an rialtais le polasaí eacnamaíochta Fhine Gael. 'Stráitéis Thamhlachta' a tugadh ar pholasaí nua Dukes. Tugadh an-mholadh dó as leas na tíre a chur in áit leas a pháirtí, ach i ndáiríre ní raibh an dara rogha aige. Cé go dtugtar an-mholadh do FitzGerald, bhí Fine Gael níos measa as ag deireadh a thréimhse-sean mar cheannaire, agus d'fhág sé páirtí a bhí gonta go mór. An rud deireanach a theastaigh ó Dukes ná toghchán agus b'fhéidir breis suíochán a chailliúint. Bhí daoine i bhFine Gael nach bhfaca sin – nó a lig orthu nach bhfaca – agus níor mhaitheadar riamh Straitéis Thamhlachta do Dukes.

Chaill an Lucht Oibre dhá shuíochán, ach ghnóthaigh an Páirtí Daonlathach faoi Des O'Malley ceithre shuíochán déag.

B'in an cúlra a bhí ann nuair a bhíos ag lorg an tsuíocháin sa tSeanad. Bhí an comhaireamh ann ar an 19 Nollaig 1988 agus bhuas. Bhí an toradh mar seo a leanas:

Líon na vótalaithe	225
Líon na vótaí	216
Cuóta	108,001 (áirítear gach vóta mar 1,000)
Bennett, Olga	1,000
Bourke, Jack	1,000
Breathnach, Niamh	25,000
Bromell, Tony	113,000
Hanafin, Mary	3,000
Howard, Michael	68,000

Bhí mórán eile ann chomh maith a fuair vóta amháin nó nach bhfuair aon vóta. B'iadsan na daoine a raibh ainmniúchán faighte acu ach nach raibh aon tacaíocht acu. Orthu sin bhí Micheál Martin. Fuair an Seanadóir Des Hanafin cead a chéad vóta a thabhairt dá iníon Mary. De bhrí go raibh móramh iomlán agamsa, ní raibh aon ghá leis an dara comhaireamh.

Ar na daoine a chaill bhí Niamh Bhreathnach, a bheadh ina haire oideachais ina dhiaidh sin. Tá ceacht ansin in áit éigin faoi na daoine a cheaptar ina n-airí oideachais! Agus an bhliain ba mheasa dá raibh riamh againn ag druidim chun críche, bhíos tofa im Sheanadóir agus an-áthas go deo ar mo chlann.

Bhí an-áthas, leis, ar mhuintir Choláiste Mhuire gan Smál.

Bheadh orm féachaint chuige conas mar a d'fhéadfainn freastal ar chruinnithe an tSeanaid agus gan cur isteach an iomad ar mo chuid oibre mar chláraitheoir an choláiste. Is dócha go raibh meas ar an Seanad i measc lucht acadúil; nach raibh sé shuíochán ag Ollscoil na hÉireann agus Coláiste na Tríonóide, trí cinn acu araon? Nár deineadh socrú scaoileadh leis na daoine acadúla a bhuaigh suíochán, chun freastal ar na cruinnithe? Nach raibh W.B. Yeats ina Sheanadóir tráth? Ní raibh i gceist domsa ach mo chuid dualgas a atheagrú agus deimhin a dhéanamh de go mbeinn i gcónaí ar fáil sa choláiste nuair a bheadh sé riachtanach. Ba chabhair don choláiste mé a bheith im Sheanadóir. Ba é seo an t-am a raibh baol ann go ndúnfaí coláiste eile díreach mar a tharla do Carysfort, agus ba mhór an áis a bheith ábalta ar bhualadh le hairí, agus leis an Taoiseach féin dá mbeadh gá leis.

Bhí cruinniú den Seanad ann ar an gCéadaoin 18 Eanáir 1989. B'éigean dom fanacht lasmuigh den doras go dtí gur inis an Cathaoirleach do na baill eile go rabhas tofa mar Sheanadóir, agus ansin rinneadh mé a thionlacan isteach agus cuireadh mé in aithne don Chathaoirleach, an Seanadóir Tras Honan. Chuir daoine ar gach taobh an-fháilte romham. Ag an am sin bhí seomra comhairle an tSeanaid á athchóiriú agus á mhaisiú agus sa réamhsheomra a bhí na cruinnithe.

Bhí greann i gcuid den fháilte a cuireadh romham. Dúirt an Seanadóir Joe O'Toole, a bhí ina rúnaí ar an INTO, gur chóir dom a bheith ar m'aire mar go raibh amhras ar Fhianna Fáil faoi éinne a bheadh mar urlabhraí don oideachas tríú leibhéal! Lean sé air ag tabhairt rabhaidh do Sheanadóirí Chiarraí mar gheall ar a raibh déanta agam nuair a bhíos-sa im Mhéara ar Luimneach: gur chuas síos i mbád agus gur chaitheas ga i dtreo Chiarraí chun m'fhorlámhas ar an gcuid sin den tír a chur in iúl agus nár mhaitheadar riamh dom é!

Thaitnigh an Seanad thar barr liom. Bhí na díospóireachtaí fíorshuimiúil, ar bhealach níos fearr ná an Dáil, mar nach raibh an choimhlint pholaitíochta chomh géar. Ní hionann sin agus a rá nach mbíodh an corrbhladhm ann, go mór mór ar ord gnó an lae. B'uafásach an chailliúint ama a bhíodh ansin gach lá, go háirithe ó na Seanadóirí neamhspleáchacha. Fuaireadar an-phoiblíocht sna meáin, agus an donas ar fad, gur bheag eile faoi imeachtaí an tSeanaid a gheibheadh oiread is líne amháin sna nuachtáin. Ba thrua sin, mar bhíodh cuid de na hóráidí ar fheabhas, agus ba mhinic leas á bhaint as an Seanad le billí a thionscnamh ann seachas sa Dáil.

Ar an gCéadaoin 8 Feabhra 1989 a labhraíos den chéad uair. Mhol an Seanadóir Jack Fitzsimons rún: 'Go ndéanann Seanad Éireann comhghairdeas leis an Aire Comhshaoil as na háiteacha atá ainmnithe faoi chlár athnuachana na mbailte agus gur chóir an clár a leathnú chuig bailte oiriúnacha eile.' Ghabhas buíochas i dtosach leis an gCathaoirleach agus leis na Seanadóirí as an bhfáilte ó chroí a cuireadh romham sa Teach.

Leanas orm ansin faoin leas a bhí á bhaint ag Luimneach as an gclár athnuachana agus faoin athrú suntasach a bhí ag teacht ar an gcathair dá bharr. Thagair mé do na deacrachtaí a bhí ann sna seascaidí nuair a theastaigh ó Bhardas Luimnigh tithe a thógáil go tapaidh. Bhí sé i bhfad níos fusa dul lasmuigh den chathair agus na tithe a thógáil ar pháirceanna úra seachas a bheith ag iarraidh teacht ar na daoine ar leo foirgnimh agus láithreacha i lár na cathrach. D'fhág san go raibh daoine á gcur amach go dtí áiteanna nach raibh seirbhísí ar bith iontu agus go raibh lár na cathrach, a raibh na seirbhísí ar fad ann, bánaithe.

Mholas an Eaglais Chaitliceach as a raibh déanta aici ar shéipéil agus scoileanna a chur ar fáil sna ceantracha nua nuair a rinne na heagraíochtaí stáit agus na heagraíochtaí áitiúla faillí sa ghnó sin. Léiríos na deacrachtaí a bhí ag scoileanna i lár na gcathracha móra: bhí líon na mac léinn sna scoileanna ag laghdú go tubaisteach, fad is a bhí éileamh ar scoileanna nua sna háiteacha nua.

Mholas an clár athnuachana, ach d'iarras ar an Aire é a leathnú amach chuig áiteacha agus ceantracha eile, go mór mór ceantracha i lár na gcathracha, a bhí ag titim anuas ina bhfothracha. Dúras gur chóir lár na gcathracha a atógáil agus amharclanna agus pictiúrlanna a choinneáil iontu ionas nach áiteacha gan bheocht iad le teacht na hoíche. Luas an Savoy i Luimneach mar shampla den rud a bhí i gceist agam; ba amharclann agus pictiúrlann shómasach den scoth an Savoy le suíocháin ann do 1,500 duine. Dhíol muintir Ranks í agus ní raibh ar chumas an fhir ghnó a cheannaigh í brabús a dhéanamh uirthi. Bhí iarratas anois ag Bardas Luimnigh chun í a leagadh agus cúpla pictiúrlann agus árasáin a thógáil ar an láthair. Dúras gur chreachadóireacht chultúrtha a bhí ann agus d'iarras ar an Aire Pádraig Flynn an ceantar ina raibh an Savoy a ainmniú faoin acht agus go mb'fhéidir go sábhálfadh sin an amharclann.

D'iarras freisin cabhair faoi leith a thabhairt do na bailte agus na ceantracha a bhí ag déanamh tréaniarrachta i gcomórtais ar nós an Tidy Towns. Ba mhinic a chaith daoine a gcuid ama agus airgid ag maisiú agus ag deisiú áite ach a gcuid oibre ar fad millte ag fothrach tí i lár an bhaile agus gan a fhios ag éinne cé leis é. Mholas nach nglacfaí leis go mbeadh cead ag daoine neamhaird a dhéanamh ar a gcuid sealúchais, agus muna bhféadfaí iad a mhealladh, go mba chóir brú a chur orthu. Chríochnaíos mar seo: 'Tá an-áthas orm an deis seo a bheith agam labhairt anseo den chéad uair. Is maith liom freisin gur ag moladh an Aire atáimid ar an ócáid seo. Tá súil le Dia agam go mbeimid á mholadh amach anseo arís i rith na bliana.'

Rinne an Leas-Chathaoirleach comhghairdeas liom agus dúirt gur phléisiúr éisteacht liom!

Thaitin na díospóireachtaí go mór liom. Ón am a bhíos ar an ollscoil nach rabhas páirteach iontu? Chuir sé ionadh orm an méid scripteanna a bhí ag na Seanadóirí agus iad ag léamh a raibh scríofa acu. Thuigeas do na hairí agus do threoraithe na bpáirtithe éagsúla nuair a bheadh bille á mholadh acu, go raibh gá a bheith cúramach faoi phointí teicniúla agus a leithéid, ach don ghnáthdhuine, bhain sé d'úire agus de bhríomhaireacht na díospóireachta nuair a léití na hóráidí. Bhí buntáiste agam ansin. Ar éigean a scríobhas amach óráid riamh. Dhéanfainn machnamh roimh ré ar an ábhar agus bheadh an dréacht im cheann. Uaireanta, bheadh pointí breactha agam ar phíosa páipéir agus dhéanfadh sin cúis dom. Dá thoradh san, bhí ar mo chumas éisteacht leis na daoine eile agus freagra a thabhairt orthu dá mbeadh gá leis. Chomh maith leis sin, d'fhéach sé níos fearr! Nuair a bhíos-sa im mhéara, bhíodh orm labhairt ar iliomad ábhar ag an oscailt seo nó ag an gcomhdháil siúd agus ba mhór an moladh a fuaireas faoi na hóráidí. Ag comhdháil amháin, bhíos ag suí taobh le bean chéile Walton Empey, Easpag Eaglais na hÉireann i Luimneach ag an am. Thaitin m'óráid léi agus d'fhiafraigh sí díom cé mhéid taighdeoir a bhí agam san oifig. Níor chreid sí nach raibh éinne agam. Ach bhí míbhuntáiste gan an óráid a scríobh amach. Ní raibh mórán suime ag na hiriseoirí in imeachtaí an tSeanaid agus ba bheag dá chuid imeachtaí ann a foilsíodh sna nuachtáin ach amháin dá mbeadh achrann ann; ar éigean a d'éistfidís leis na díospóireachtaí. Bhí seans éigin agat cúpla líne a fháil dá dtabharfá script dóibh ach seans dá laghad ní raibh agat gan é sin a dhéanamh.

Leanas orm ag glacadh páirte sna díospóireachtaí éagsúla agus ag baint taitnimh as. Ceann amháin eile is cuimhin liom ná an díospóireacht faoin bPlean Náisiúnta Forbartha. D'fháiltíos roimhe agus dúras:

> I ndáiríre is forbairt é an Plean ar an bplean eacnamaíochta a thosaigh an rialtas nuair a tháinig siad chun oifige dhá bhliain ó shin. D'éirigh go maith leis an rialtas sa phlean eacnamaíochta agus éireoidh go maith leo sa Phlean Náisiúnta chomh maith ach is gá go mbeadh ár dtacaíocht uilig acu.

Is suimiúil cuid de na pointí a dheineas, go mór mór i gcomhthéacs a bhfuil de dhul chun cinn déanta ag an tír ó shin. Dúras go raibh cuspóirí an phlean curtha síos go soiléir i gcaibidil a dó agus orthu sin bhí 'tosú ar an ioncam *per capita* sa tír seo a ardú i dtreo an mheánioncaim *per capita* san Eoraip.' Sa bhliain

1989 ní rabhamar ag súil go mbeadh sé níos airde ar ball sa tír seo. Arís, dúras go raibh sé tábhachtach go mbeimis go léir aontaithe leis na naoi mbilliún punt a fháil ón Eoraip, sa tír féin agus ó fhoinsí príobháideacha chun na tionscnaimh a bhí sa phlean a chur i gníomh. Thugas rabhadh gur ghá a bheith cúramach nach ndéanfaí faillí orainn ar imeall na hEorpa ar mhaithe le forbairt lár na hEorpa, mar gurbh ionann sin agus dul ar ais go dtí Acht an Aontaithe 1800. Luas ansin an fhorbairt a bhí riachtanach sa mheániarthar, agus mholas a raibh ar siúl ag SFADCO agus go raibh an scéim forbartha a bhí leagtha amach acusan mar chuid den phlean náisiúnta. Dúras go raibh an t-aerfort féin ar cheann de na háiseanna ba thábhachtaí a bhí againn. In áit a bheith ar imeall na hEorpa, bhíomar mar chrosbhóthar idir an Eoraip agus Meiriceá. Nuair a bhuail an Taoiseach le Gorbachev ag an tSionainn, léirigh sé an stádas faoi leith a bhí ag an aerfort agus thugas rabhadh gan aon chur isteach a dhéanamh ar an stádas sin. Dheineas tagairt freisin do thuarascáil a d'fhoilsigh an Foras Forbartha i 1983, a dúirt go raibh inbhear na Sionainne ar cheann de na gnéithe aiceanta ba thábhachtaí a bhí againn mar láthair thionsclaíochta, agus ó thaobh doimhneas an uisce de, go raibh an t-inbhear ar cheann de na cuanta loingseoireachta ba bhreátha san Eoraip. Dúras go rabhas ag súil leis an am nuair a thiocfadh an rialtas ar ais go buach ó na comhráití san Eoraip agus ansin go bhféadfaimis oibriú le chéile chun an plean a chur i gcrích.

Ceann de na díospóireachtaí ba thaitneamhaí, dar ndóigh, ná an ceann faoin mbille a bhronn stádas ollscoile ar an NIHE. B'iontach a bheith mar urlabhraí tosaigh an rialtais an lá sin.

Bhí lá mór eile ann ar an gCéadaoin 10 Bealtaine 1989. Ar an lá sin deineadh seomra comhairle an tSeanaid a athoscailt. Bhí an maisiú go hálainn. Bhí ráitis ó na ceannairí éagsúla, agus ansin ar an ord gnó don lá dúirt an Cathaoirleach go raibh ocht gcinn de mholtaí aici do rún scoir an tSeanaid agus go raibh sí ag glacadh leis an gceann a chuireas-sa isteach. Bheadh an rún le moladh agam ag deireadh an lae agus ansin chuathas ar aghaidh le clár an lae. Bhí an dara léamh ann don bhille ar an mBlaoscaod Mór agus bhí an Taoiseach féin, Charles Haughey, i láthair. Bhí sé i gceist sa bhille go ndéanfaí an Blascaod Mór a chaomhnú mar pháirc stairiúil náisiúnta. Is é a dúirt an Taoiseach:

Is scata oileán iad na Blascaodaí amach ó leithinis an Daingin, Contae Chiarraí. Is iad is faide siar de Mhór-Roinn na hEorpa agus tugann siad le chéile, ar bhealach ar leith, áilleacht mhór nádúrtha agus spéis litríochta. . . . Níl aon áit chomparáideach ar éadan na cruinne, le líon chomh beag sin daoine ina gcónaí ann, ina raibh bláthú chomh hiontach sin ar fhéith na litríochta. . . . Cuireann na Blascaodaí duine faoi dhraíocht: baineann áilleacht uasal, nádúrtha leo nach bhfuil a leithéid le fáil in áiteanna eile. Is cuimhneachán beo iad freisin ar an tslí mhaireachtala a bhíodh ag mórán Éireannach thar glúnta gan chomhaireamh. . . . Ba mhaith liom go dtuigfí go soiléir nach í an t-aon chúis leis an reachtaíocht seo an Blascaod Mór a chosaint ó thuilleadh meatha. An phríomhchúis leis an reachtaíocht ná chun eolas ar an saol a bhí ar an oileán a athchur ann agus chun saoráidí nua a chur ar fáil, le cúram agus le cruinneas, a chuirfidh beocht úr san áit a bheidh mar ábhar spéise agus taitnimh do phobal na hÉireann agus do chuairteoirí ón iasacht.

Bhí an díospóireacht ar fheabhas agus ba mhó den Ghaeilge ná den Bhéarla a labhraíodh.

Sarar scoir an Seanad, tógadh an rún a bhí molta agamsa: 'Gur cúis imní don Seanad an bhaint, a deirtear, a bhí ag Rialtas na hAfraice Theas le dílseoirí an Tuaiscirt chun airm a allmhuiriú ann.' Séard a bhí laistiar den rún ná gur rug na Francaigh ar thriúr dílseoirí, Meiriceánach amháin agus oifigeach d'Ambasáid na hAfraice Theas i bPáras agus iad ag malartú eolais a bhí goidte ó Shorts i mBéal Feirste ar mhaithe le hairm bheaga a fháil don Tuaisceart. Scaoileadh saor an t-oifigeach ón ambasáid mar gheall ar a dhíolúine dhioplómaitiúil. Dúras gur chóir gearán a dhéanamh le Rialtas na hAfraice Theas (ní raibh caidreamh dioplómaitiúil againn leo) agus gearán a dhéanamh le Rialtas na Breataine chomh maith. Léiríos an bhaint a bhí ag Rialtas na hAfraice Theas le lastaí arm a chur go dtí an Tuaisceart trí Albain, beag beann, de réir cosúlachta, ar arm nó ar phóilíní na Breataine agus an Tuaiscirt. Dúras gur thrua go raibh 700 oibrí chun a bpost a chailliúint i Shorts agus nach raibh aon todhchaí i ndán don chomhlacht sin dá rachadh drochthuairiscí amach air cosúil leis an scéal a bhí á phlé againn. Dúras gur chóir brú a chur ar Mrs Thatcher, (an t-aon chara a bhí ag an Afraic Theas san iarthar) tríd an gComhaontas Angla-Éireannach, a rá le Rialtas na hAfraice Theas staonadh láithreach ó airm a chur go dtí an tuaisceart. Bhí duine amháin scaoilte saor cheana féin, a dúras, ach an gcuirfí an dlí ar na daoine eile?

Seán Calleary, an tAire Stáit sa Roinn Gnóthaí Eachtracha, a d'fhreagair mé agus dhein sé an obair go léir a bhí déanta ag an Roinn le Rialtas na hAfraice Theas agus na Breataine a áireamh. Bhí Rialtas na hÉireann an-imníoch go raibh baint ag beirt de na dílseoirí le Ulster Resistance agus gur bhall den Territorial Army ab ea an tríú duine agus go raibh duine ó Ambasáid na hAfraice Theas i gcomhráití leo agus nach bhféadfaí glacadh lena leithéid sin d'iompar.

Ba é an lá sin an chéad uair a deineadh imeachtaí an tSeanaid a chraoladh ar an teilifís. Chomh maith leis sin, chuir Brian Farrell clár le chéile ina dhiaidh sin faoi athoscailt an tseomra chomhairle, agus bhíos ann leis. Bhí an t-ádh orm, ní hamháin a bheith ann don lá stairiúil, ach a bheith feicthe ar an teilifís ag glacadh páirt ghníomhach ann chomh maith.

Ar an Déardaoin 1 Meitheamh 1989 a dheineas m'óráid deiridh sa tSeanad, ar an mbille ag bronnadh stádas ollscoile ar an NIHE i Luimneach. Bhí an t-olltoghchán faoi lántseol ag an am sin. Ag léamh siar anois ar an díospóireacht ar an mbille faoin mBlascaod Mór ar an 10 Bealtaine, is suimiúil an rud a dúirt an Seanadóir Shane Ross agus é ag fáiltiú roimh an Taoiseach. Dúirt sé gur ghlaoigh an Taoiseach olltoghchán tar éis dó a bheith sa tSeanad an uair dheiridh roimhe sin agus gur chaill sé. Bhí sé ag cur comhairle air gan aon ní amaideach mar sin a dhéanamh arís! I gceann cúig lá dhéag eile bheadh an t-olltoghchán ar siúl.

Bhí síol an olltoghcháin curtha sa tSeanad nuair a mhol an Seanadóir Ó Dúill rún: 'Go nglaonn Seanad Éireann ar an Aire Sláinte aitheantas faoi leith a thabhairt do na héimifiligh a fuair SEIF nó a bhí VEID-dearfach trí fhuilaistriú truaillithe, agus fondúireacht a bhunú dóibh chun cabhrú leo féin agus a gclann.' Ba bheag duine sa tSeanad nach raibh fábharach don smaoineamh a bhí laistiar den rún mar bhí bá gach éinne leis na daoine bochta, ar milleadh a saol agus gan neart acusan air. Ag cruinniú parlaiminte d'Fhianna Fáil, dúradh linn vótáil in aghaidh an rúin. An phríomhchúis a bhí leis sin ná nach raibh an tAire Rory O'Hanlon sásta idirdhealú a dhéanamh idir na daoine a fuair SEIF nó a bhí VEID-dearfach trí fhuilaistriú nó trí dhrugaí nó trí homaighnéasacht. Dúirt sé gur bhreith mhorálta a bheadh ansin agus nach raibh sé chun é sin a dhéanamh. Bhí díospóireacht fhada faoi agus, i ndáiríre, ní raibh éinne in aghaidh cabhair a thabhairt do na daoine ar milleadh a saol orthu, ach i ndeireadh na dála glacadh leis an moladh vótáil in aghaidh an rúin sa tSeanad. Bhí sé soiléir go mbeadh an bua againn sa tSeanad, ach is cuimhin liom duine ag cur na ceiste faoi cad a tharlódh dá molfaí an rún céanna sa Dáil, áit nach raibh móramh ag Fianna Fáil. Agus b'in díreach a tharla.

Bhí ag éirí ar fheabhas leis an rialtas, cé gur rialtas mionlaigh a bhí ann. Bhí daoine ag déanamh comparáide idir é agus an rialtas mionlaigh a bhí ag Seán Lemass sna seascaidí agus bhí an dul chun cinn ar fheabhas, go mór mór ó thaobh na heacnamaíochta de. Bhí an Taoiseach Charles Haughey sa tSeapáin nuair a cuireadh síos rún sa Dáil ag moladh £400,000 a chur ar fáil do na héimifiligh a fuair SEIF nó a bhí VEID-dearfach trí fhuilaistriú truaillithe. Bhí sé soiléir go mbuafaí ar an rialtas dá gcuirfidís in aghaidh an rúin, ach ní dhéanfadh sin puinn difríochta dóibh mar ní rún muiníne a bheadh ann. Pé scéal é, nuair a d'fhill an Taoiseach ón tSeapáin agus é ar mhuin na muice de bharr chomh maith is a d'éirigh leis ann, an cheist ba mhó a bhí ag Charlie Bird ó RTÉ dó ná cad a dhéanfadh sé dá mbuafaí air sa Dáil. Chuir sin fíor-dhrochaoibh ar an Taoiseach, agus tar éis cúpla seachtain agus daoine ag tomhas an mbeadh olltoghchán ann nó nach mbeadh, scoir sé an Dáil ar an 25 Bealtaine. Mar a dúirt Albert Reynolds blianta ina dhiaidh sin: 'Is iad na rudaí beaga a bhaineann tuisle asat!' Lean an Seanad ar aghaidh, cé go raibh an Dáil ar scor agus dheineas-sa m'óráid deiridh ann ar an 1 Meitheamh 1989.

Olltoghchán 1989

Bhí díomá mór orm gur cuireadh deireadh le mo thréimhse sa tSeanad chomh tapaidh sin agus gan aon chúis leis. Ach bhí rudaí eile ar m'aire anois chomh maith. Nuair a bhuas an suíochán sa tSeanad, bhí sé intuigthe go seasfainn d'Fhianna Fáil ag an gcéad toghchán eile. Níor chuir sin isteach orm ag an am. Mheasas go raibh dó nó trí de bhlianta fós ag an rialtas agus cá bhfios cad a tharlódh faoin am sin. Ó fuair Áine bás ní rabhas ag smaoineamh chomh fada sin amach sa todhchaí, ach anois bhí am na cinniúna tagtha. Tháinig deireadh le mo ré ar Chomhairle Chathair Luimnigh i 1984 agus ní rabhas im ionadaí poiblí arís gur bhuas an suíochán sa tSeanad.

Idir an dá linn, bhí cúrsaí polaitíochta suaite go maith i Luimneach. Bhí Des O'Malley gníomhach sna trí iarracht a deineadh le Charles Haughey a dhíshealbhú agus ag an deireadh bhunaigh O'Malley an Páirtí Daonlathach. San am ba dhéine, bhíos im oifigeach caidrimh ag Fianna Fáil sa chathair. Ar na nuachtáin agus ar chláracha ar nós *Seven Days* ar an teilifís, dheineas an Taoiseach a chosaint agus thugas dúshlán O'Malley glacadh le toil Fhianna Fáil agus a bheith dílis don cheannaire nuair a bhí teipthe air siúd agus an '*Gang of 22*' buachan air. Ba í críoch an scéil gur caitheadh O'Malley amach as Fianna Fáil. Bhunaigh sé an Páirtí Daonlathach, agus san olltoghchán i 1987, bhuaigh an páirtí sin ceithre shuíochán déag. Bhuaigh Fianna Fáil suíochán amháin le cois na gceithre scór. Cad é mar mhóramh a bheadh ag Fianna Fáil murach an páirtí nua a bheith ann, mar ba dhaoine a bhí i bhFianna Fáil cheana a bhuaigh an chuid ba mhó de na suíocháin don pháirtí nua. I Luimneach Thoir, bhuaigh an Páirtí Daonlathach dhá shuíochán: O'Malley féin agus Peadar Clohessy. D'fhág Clohessy Fianna Fáil in éineacht le O'Malley, cé nach róchairdiúil a bhí an bheirt acu le chéile nuair a bhíodar i bhFianna Fáil!

Ba é Willie O'Dea a ghnóthaigh an t-aon suíochán as cúig cinn d'Fhianna Fáil i Luimneach Thoir. Ansin d'éirigh achrann mór i Luimneach maidir le dúnadh ospidéal Barrington's. Institiúid ann féin ab ea Barrington's sa chathair. Ní théadh daoine go dtí an t-ospidéal; théidís go Barrington's! Ach bhí sé sean, agus ag an am sin ceapadh go raibh an iomad leapacha ospidéil i Luimneach, leis an Ospidéal Réigiúnach, Naomh Eoin agus Barrington's. Bhí díospóireacht ann faoi cé acu Naomh Eoin nó Barrington's ar chóir a dhúnadh. Bhí scoilt mhór sa chathair. Bhí mórshiúl mór sa chathair i bhfábhar Barrington's agus na Teachtaí Dála ar fad ag siúl. Ar na daoine a bhí ag máirseáil bhí mo shagart paróiste féin an Moinsíneoir Michael Tynan, ar chaith a dheartháir, a bhí ina dhochtúir, a shaol ar fad ag obair i mBarrington's.

Bhí páirt bheag agam féin sa ghnó. Bhíos ag caint leis an Aire Sláinte Rory O'Hanlon agus d'inis sé dom go raibh tuarascáil faighte aige ag moladh Barrington's a dhúnadh agus ospidéal Naomh Eoin a choinneáil ar oscailt, agus bhí glactha aige leis an moladh. D'iarr sé orm rud a dhéanamh dó: a rá leis an Easpag Jeremiah Newman, a bhí ina chathaoirleach ar Ospidéal Naomh Eoin, gan a ladar a chur isteach sa díospóireacht! Bhí cúlra Protastúnach ag Barrington's agus níor theastaigh ón Aire go gcuirfí crot seicteach ar an scéal dá dtosódh an tEaspag ag eisiúint ráiteas. A rá leis an Easpag Newman a bhéal a choimeád druidte! Ar aon nós, ar fhilleadh abhaile dom chuireas glaoch air agus gan aon eolas faoin gcinneadh a bheith déanta a thabhairt dó, d'éirigh liom a chur ina luí air go mbeadh sé níos fearr dó gan aon ní a rá go poiblí faoi na hospidéil. Agus ní dhearna. Ina dhiaidh sin agus mé i láthair go minic, bhíodh sé ag insint faoi conas mar a choinnigh sé féin Naomh Eoin ar oscailt!

Ach ar ais chuig cúrsaí polaitíochta. Cuireadh rún síos sa Dáil ag moladh Barrington's a choinneáil ar oscailt. Ní raibh ann, dar ndóigh, ach iarracht ar an rialtas a lagú. Vótáil Willie O'Dea don rún agus chaill an rialtas. Ní dhearna sé puinn difríochta, ach chaill O'Dea an fhuip agus bhí Luimneach Thoir gan aon teachta de chuid Fhianna Fáil ar feadh tamaill. B'in mar a bhí an scéal ag an Ard-Fheis i 1988. Bhí rún thíos ag Cumann an tSáirséalaigh faoi chomóradh 1916, agus bhíos féin agus Kevin Reynolds le labhairt. I rith an lae tháinig Frank Wall, Ard-Rúnaí Fhianna Fáil, chugam agus dúirt sé go raibh socrú déanta aige go labhróinn thart ar 7.30 ach gan bacadh leis an gclog agus an slua a ghríosadh. Dhéanfadh Brian Lenihan an gríosadh 'oifigiúil' im dhiaidh agus ansin thabharfadh an Taoiseach a aitheasc uachtaránachta uaidh.

Cad é mar ghríosadh! Labhraíos faoi laochra 1916 agus an dílseacht a bhí iontu don tír, an easpa dílseachta a bhí léirithe ag daoine ar nós O'Malley, an cruatan a bhí á fhulaingt ag náisiúntóirí an Tuaiscirt faoi na póilíní agus arm Shasana. Bhí an cloigín á bhualadh ach bhí Frank Wall ag sméideadh liom leanúint ar aghaidh agus bhí an slua ina seasamh ag liúraigh agus ag bualadh bos. Leanas orm ar feadh tuairim is ceathrú uaire an chloig agus na daoine ina seasamh gach re cúpla nóiméad. Nuair a chríochnaíos, lean an bualadh bos ar feadh breis is nóiméad. Ansin labhair Brian Lenihan agus ina dhiaidh sin an Taoiseach. Bhí ardghiúmar orainn ag filleadh abhaile an oíche sin. B'in mí an Mhárta 1988. I gceann dhá mhí eile bheadh an-athrú chun donais ar an saol dom.

Ach ag brú ar aghaidh go dtí Bealtaine 1989 – bhí uair na cinniúna buailte liom. Ní raibh aon éalú uaidh; bheadh orm seasamh don Dáil. Ar bhealach, bhí réiteach níos fearr déanta don toghchán ag an bhfreasúra ná mar a bhí déanta ag Fianna Fáil. Ní fhéadfadh na Teachtaí ná na Seanadóirí aon ullmhúchán a dhéanamh, mar ní dúirt an Taoiseach go mbeadh toghchán ann. Dá bhrí sin, nuair a glaodh an toghchán, bhí na comhdhálacha éagsúla le teacht le chéile i ngach dáilcheantar leis na hiarrthóirí a roghnú. Bhí cuid mhaith den obair sin déanta ag an bhfreasúra roimhe sin ar eagla na heagla. D'fhág san nach raibh mórán ama agam dul chuig na cumainn éagsúla ná fiú scríobh chucu. Mhol Bill Treacy agus Kevin Reynolds go mba chóir bualadh le Willie O'Dea mar b'aige a bhí an smacht ba mhó ar an eagraíocht i Luimneach. Bhuail an triúr againn leis féin agus beirt eile agus d'aontaíomar gurbh fhearr gan ach an bheirt againn a roghnú mar iarrthóirí ionas nach scoiltfí an vóta an iomad agus go gcabhródh seisean liom an t-ainmniúchán a fháil ag an gcomhdháil. Ach níor mar sin a tharla sé. Ag an gcomhdháil, bhuaigh Eddie Wade orm le cúpla vóta agus roghnaíodh eisean agus Willie O'Dea mar iarrthóirí Fhianna Fáil sa toghchán.

Ar bhealach, ba chineál faoisimh dom an toradh. Dheineas na coinníollacha a cuireadh orm a chomhlíonadh ach bhí bac gan choinne curtha orm. An tráthnóna sin, fuaireas glaoch ón gceannáras i mBaile Átha Cliath, ag rá go rabhthas chun mé a chur leis an liosta. Níor theastaigh sé sin uaim, ach dúradh go raibh pobalbhreith déanta acu a thaispeáin go bhfaighinn an dara suíochán dá seasfainn. Tugadh le fios go mbeadh an-sheans agam post a fháil sa rialtas dá n-éireodh liom é sin a dhéanamh. Ba í críoch an scéil go bhfuaireas mé féin ag siúl ar fud an dáilcheantair ag lorg vótaí (im sheanaois ag 57!), rud ar dhiúltaíos dó ar a laghad dhá uair roimhe sin.

Bhí slua canbhasóirí an-mhaith agam: mo chlann, mo chuid gaolta, mo chuid cairde agus baill Chumann an tSáirséalaigh. Ní raibh aontas dá laghad i bhFianna Fáil, rud a thug mórán daoine faoi deara, fiú daoine lasmuigh den pháirtí. Dúirt Jim Kemmy liom gur chuir sé ionadh air an cáineadh géar a bhíothas á dhéanamh orm ag na daoine a bhí in ainm is a bheith ar an taobh céanna liom. Agus bhí an scéal céanna agam ó mo chairde féin faoi chanbhasóirí ag comhairliú dóibh gan bacadh liom!

Bhí an obair dian. Bhí cleachtadh maith agam ar an gcineál oibre sin ar feadh na mblianta ach bhí sé i bhfad níos déine nuair a bhí ort a bheith amuigh ó mhoch maidine go déanach san oíche agus go mór mór ag lorg vótaí duit féin. Ach bhí an-chomhluadar againn agus bhí an aimsir an-mhaith. Bhí dath na gréine orainn go léir.

Nuair a deineadh na vótaí a chomhaireamh, ní bhfuair Fianna Fáil ach an t-aon suíochán amháin, ceann Willie O'Dea. Fuaireas féin 2,298 vóta den chéadrogha, agus faoin séú comhaireamh bhí 3,025 agam. Méadaíodh an vóta d'Fhianna Fáil ó 25.5% go 32.4%. Thit an vóta a bhí ag an bPáirtí Daonlathach ó 37.1% go 27.2% agus fuaireadar dhá shuíochán! Ach, dar ndóigh, bhí comhoibriú iontach eatarthu siúd agus bhaineadar an fómhar dá bharr. Mothúcháin mheasctha a bhí ionam féin. Cuma cén comórtas a gcuireann tú isteach air, is maith leat an bua a fháil, agus bhíos cineál míshásta nár éirigh liom i ndiaidh a raibh déanta agam do Luimneach ar feadh na mblianta fada. Ina choinne sin, bhí an cinneadh déanta agus bhíos an-shásta nach raibh orm mo phost i gColáiste Mhuire gan Smál a thabhairt suas agus saol ar bhaineas an-thaitneamh as a chaitheamh uaim. Bhíos níos sásta fós nuair a tuigeadh dom an toradh a bheadh ar chomhráití chun rialtas a chur le chéile.

Sa toghchán, chaill Fianna Fáil ceithre shuíochán, ag titim ó ochtó haon go seachtó seacht (uimhir bheannaithe d'Fhianna Fáil de bhrí gur chuir rialtas an tSaorstáit seacht bpoblachtach is seachtó chun báis i rith an chogaidh chathardha). Chaill an Páirtí Daonlathach go tubaisteach, ag ísliú ó cheithre shuíochán déag go sé cinn. Fuair Fine Gael caoga cúig, Lucht Oibre sé déag, Páirtí na nOibrithe seacht gcinn, an Páirtí Glas suíochán amháin agus na neamhspleáigh ceithre cinn. Conas a chuirfí rialtas le chéile? Bhíothas ag caint faoi Fhianna Fáil agus an Páirtí Daonlathach a dhul le chéile agus go mbeadh móramh acu. Ach O'Malley ag aontú le Charles Haughey! Nárbh é an naimhdeas idir an bheirt ceann de na cúiseanna ba mhó le bunú an Pháirtí Dhaonlathaigh?

Nuair a chruinnigh an Dáil le chéile ar an 29 Meitheamh, theip ar na Teachtaí Taoiseach a roghnú. Vótáil na PDs do Alan Dukes. Ansin thosaigh na comhráití i gceart idir Fianna Fáil agus na PDs. Ar thaobh Fhianna Fáil bhí Albert Reynolds agus Bertie Ahern, agus ar an taobh eile Bobby Molloy (a bhí ina aire faoi Fhianna Fáil agus a mhionnaigh nach raibh sé ag imeacht ón bpáirtí go dtí gur shroich sé Gaillimh!) agus Pat Cox (a bhí díreach tofa mar MEP, ach roimhe sin bhí sé ina bhall de Chumann an tSáirséalaigh agus theip go tubaisteach air suíochan a ghnóthú ar Chomhairle Chathair Luimnigh).

Ag cruinniú de pháirtí parlaiminte Fhianna Fáil (bhí an Seanad fós gan scor), bhí díospóireacht faoi na cruinnithe a bhí ar siúl. Léiríodh fearg agus naimhdeas, go háirithe ó Mháire Geoghegan-Quinn, Noel Dempsey agus Noel Treacy. Dúras féin nár cheapas go raibh sé de cheart agamsa aon bhealach faoi leith a mholadh, de bhrí nach mbeinn ann i gcionn míosa eile, agus cé go rabhas in aghaidh aon cheangal a dhéanamh le O'Malley, gur chóir aontas an pháirtí a choinneáil cuma cad a tharlódh. Níor deineadh aon chinneadh díreach agus lean na comhráití ar aghaidh. Ag an deireadh, rinneadh an ceangal, agus ag cruinniú den Dáil ar an 12 Iúil 1989 toghadh Charles Haughey mar Thaoiseach. Fuair na PDs dhá aireacht: Ó Malley agus Molloy, agus Mary Harney ina haire stáit. Rinne Haughey agus O'Malley óráidí ag moladh a chéile. Dar ndóigh, bhí a raibh déanta acu ar mhaithe leis an náisiún! Maidir le fimínteacht, ní raibh sárú na bPDs le fáil. Ach cuma cad a dhéanfaidís, ní bhfaigheadh na meáin chumarsáide locht orthu. Blianta ina dhiaidh sin, thug O'Malley agus Molloy suas a bpinsin aireachta agus bhí an moladh a fuaireadar sna nuachtáin ar feadh bliana; ach nuair a thógadar ar ais na pinsin, ar éigean a bhí focal faoi. Mar a deireadh m'athair: 'Má tá ainm an mhochéirí ort, tig leat fanacht sa leaba ar feadh an lae!' Nach raibh an t-ádh orm nár toghadh mé mar Theachta Dála. Bheinn ansin mar chúlbhinseoir agus O'Malley ag tabhairt cuairte ar Luimneach ina Mherc!

Nuair a toghadh an rialtas nua, bhíos féin agus an chlann go léir thall i Philadelphia, ar cuairt ag Úna agus Con, a bhí díreach tar éis pósadh. Lá amháin chuireas glaoch ar Ambasáid na hÉireann. Bhí Paddy McKiernan ina ambasadóir ag an am agus b'as Luimneach dó. Bhí sé ar saoire ach labhraíos leis an Dara Rúnaí. An cheist a bhí agam ná an bhféadfadh sé pas a fháil dúinn cuairt a thabhairt ar an Teach Bán i Washington D.C. Bhí a fhios agam go mbíodh cuairteanna ar an Teach Bán ag amanna áirithe ach ní raibh a fhios agam conas an cead a lorg. Ach bhíos im Sheanadóir fós go ceann seachtain eile! Chun scéal gearr a dhéanamh de, tháinig glaoch ar ais ón Dara Rúnaí go raibh socrú déanta dúinn a bheith ag an Teach Bán ar a leathuair tar éis a haon an Satharn a bhí chugainn. Bheadh na cuairteanna poiblí thart ag an am sin agus thógfaí timpeall sinn ar chuairt phríobháideach.

D'fhágamar go luath ar an Satharn, ach cuireadh an-mhoill orainn lasmuigh de Baltimore agus bhí sé beagnach leathuair tar éis a haon nuair a shroicheamar geataí an Tí Bháin. Bhí sé a fiche chun a dó sara rabhamar ar ais ag an ngeata, tar éis dúinn áit pháirceála a fháil. Ní thabharfaí cead isteach dúinn. Thaispeáineas mo chárta Seanadóra agus d'iarras cead cainte leis an té a bhí i gceannas – dar ndóigh, is cumhachtach an teideal é Seanadóir sna Stáit. Níorbh fhada gur tháinig an Coirnéal Appleward chugainn. Fear iontach deas a bhí ann. Mhíníomar faoin moill a cuireadh orainn thart ar Baltimore agus cháin sé an taobh sin tíre mar gur mhinic a cuireadh moill air féin ann. Mhínigh sé dúinn go raibh fadhb ann mar go raibh scrúdú sábháilteachta déanta ar an áit tar éis do na cuairteoirí a bheith imithe agus go mbeadh air an garda sábháilteachta a ghlaoch ar ais arís dá dtógfadh sé isteach sinn. Dúirt sé linn fanacht ar feadh cúpla nóiméad agus d'imigh sé leis. Nuair a d'fhill se, dúirt sé go raibh chuile rud ina cheart agus thóg sé isteach sinn.

Chaith sé beagnach dhá uair an chloig linn, ag taispeáint na rudaí suimiúla ar fad dúinn agus go háirithe na hathruithe a bhí déanta ag John F. Kennedy agus a bhean Jackie. Bhí crainn solais ghloine iontacha sna seomraí éagsúla ach bhí díomá orainn nach raibh aon cheann ó Phort Láirge ann. Chuamar amach i nGairdín na Rós agus thógamar grianghraif ann. Ní fhéadfadh an Coirnéal a bheith níos cairdiúla agus níos cabhraí agus thugamar cuireadh chun béile dó ach dúirt sé go raibh sé gafa ar feadh an tráthnóna. Thugamar ár n-ainm agus seoladh dó chun glaoch orainn dá mbeadh sé in Éirinn ach níor chualamar uaidh riamh ina dhiaidh sin. B'iontach an lá é.

Fad is a bhíos sa tSeanad, bhí orm freastal ar na gnáthchúraimí a bhíonn le déanamh ag aon ionadaí poiblí: freastal ar chruinnithe, éisteacht leis na fadhbanna a bhíonn ag daoine, litreacha a scríobh agus iliomad rudaí eile. Bhí taithí mhaith agam ar an obair sin tar éis dom seacht mbliana déag a chaitheamh ar Bhardas Luimnigh. Luan amháin, bhí cruinniú mór in óstán an Parkway faoi dheacrachtaí séarachais i ndúthaigh na Réabóige. Bhí plean séarachais nua-aimseartha curtha ag an mbardas faoi bhráid an rialtais ach ní raibh tada cloiste faoi. Bhí na Teachtaí Dála ar fad ann agus iarradh orainn go léir brú a chur ar an rialtas an plean a chur chun cinn. Bhí an Dáil ina suí ar an Máirt agus mheasas go mbeadh na Teachtaí Dála ar fad istigh leis an Aire sara mbeinnse i mBaile Átha Cliath ar an gCéadaoin do chruinniú an tSeanaid. Nuair a shroicheas Teach Laighean ar an gCéadaoin, chuireas glaoch ar an Aire Pádraig Flynn, agus shocraíos coinne leis ar a cúig an tráthnóna sin. Nuair a bhuaileas leis, dúirt sé gur mise an chéad duine a tháinig chuige mar gheall ar an scéim. Mhíníos dó cad a bhí i gceist agam agus thóg sé amach na comhaid éagsúla a bhí aige. Sna comhaid sin, bhí na scéimeanna a bhí ag dul ar aghaidh chuig Coimisiún na hEorpa ag lorg maoine agus na cinn a bhí á gcoinneáil siar go dtí an chéad uair eile. Bhí scéim na Réabóige sa dara comhad! Chuireas na hargóintí go léir a bhí déanta ag an gcruinniú i Luimneach, faoi bhráid an Aire agus ba í críoch an scéil gur chuir sé scéim na Réabóige isteach sa chomhad le cur go dtí an Coimisiún le maoiniú. Nach orm a bhí an lúcháir! Tamall gearr ina dhiaidh sin, nuair a glaodh an toghchán, chuir Teachta Dála litreacha timpeall na dúthaí sin ag maíomh faoina raibh déanta aige chun maoiniú a fháil don scéim!

Thaitnigh mo thréimhse sa tSeanad liom ach bhí aibhleoga deiridh na polaitíochta ag cailliúint a solais agus a teasa agus ní raibh aon ní ann chun iad a fhadú arís. As san amach ní bheadh aon bhaint agam leis an bpolaitíocht ach trí mo chumann féin, Cumann an tSáirséalaigh.

XIV

CORCA DHUIBHNE

Bhíos sa chúigiú bliain i Sráid Seasnáin nuair a thugas mo chéad chuairt ar an nGaeltacht. Rinne mé an scrúdú don Fháinne an bhliain sin agus tamall ina dhiaidh fuaireas litir ó Chonradh na Gaeilge, ag cur in iúl dom go rabhthas ag bronnadh scoláireachta orm chun mí a chaitheamh i gCúil Aodha i gContae Chorcaí, mar cheannaire. Ghlacas leis go fonnmhar agus i mí Lúnasa d'imíos liom. Ní raibh aithne agam ar éinne eile de na daoine a bhí ar an mbus. Bhí an chuid ba mhó díobh thart ar cheithre nó cuig bliana déag d'aois agus cúpla duine ar aon aois liom féin. Bhí cailíní agus buachaillí ann. Nuair a shroicheamar Cúil Aodha, roinneadh sinn i mbuíonta agus shiúil mo dhreamsa suas go teach Uí Mhulláin i Screathan, tuairim is dhá mhíle ón halla. Tógadh na málaí ar chapall agus cairt.

Bhí an-am againn ann: ranganna ar maidin, an tráthnóna cineál saor agus an céilí i ndiaidh an tae. Bhí an rothar agamsa agus um thráthnóna d'imínn liom ar fud na dúthaí, ag cur aithne ar an áit agus ar na daoine. Taobh amuigh de na mic léinn, ní bhíodh mórán stráinséirí timpeall an uair sin agus ba bhreá leis na daoine labhairt leat. Dóirín Ní Dhuibhginn agus Máire Ní Bhriain a bhí i gceannas orainn. Lá amháin, thug Máire cuireadh dom dul léi ar an rothar chun go dtaispeánfadh sí an áit dom. Síos linn go Baile Bhuirne, agus chuamar isteach i siopa ansin agus chuir sí mé in aithne d'fhear an tsiopa. 'Ó, bhuaileas leis cheana,' arsa an fear, 'is iontach an cainteoir é!' Ní raibh Máire ag súil leis sin ach chumas scéal chun í a shásamh. Bhí múinteoir óg, Siobhán, ag cabhrú lena máthair sa teach agus ba mhinic a théadh an bheirt againn amach ag rothaíocht ar fud an cheantair. Nuair a bhí an mhí istigh, bhí an-aithne agam ar an dúthaigh ar fad. Ba dhaoine fíordheasa iad muintir Uí Mhulláin.

Nuair a bhíos ar an ollscoil sa Ghaillimh, chuireas aithne ar Ghaeltacht Chonamara, agus nuair a pósadh Áine agus mé féin, ba go Gaillimh a théimis ar saoire. D'fhanaimis sa Ghaillimh ach chaithimis na laethanta ar an gCeathrú Rua nó i Ros Muc agus an taobh sin tíre ar fad. Bhí draíocht faoi leith, dar liom, ag baint le Ros Muc agus le teach an Phiarsaigh ann:

Seo an geata, dúirt an fear liom,
Ciúin, a chroí istigh, bí ciúin.

Agus nach samhlódh éinne Eoinín na nÉan ag feitheamh leis na fáinleoga ar an gcreag mhór laistiar den teach? Scrín náisiúnta is ea é. Leanamar ag triall ar an nGaillimh, fiú nuair a tháinig na páistí.

Ansin chualamar go raibh teach ósta nua á thógaint in aice leis an mBuailtín i gCiarraí agus go raibh tithe á dtógáil ann chomh maith, a bheadh ar fáil ar chíos. Dream ó Luimneach a bhí i mbun an ghnó agus Risteard Mac Siacais a bhí ina cheann air. Ní raibh cur amach rómhaith againn ar an áit. Cúpla lá tar éis dom mo chéad ghluaisteán a cheannach, thugas féin agus Áine turas siar ann agus bhí lá iontach againn ann. Lá den scoth ó thaobh na haimsire de a bhí ann agus mheallfadh na tránna agus an áilleacht duine ar bith. Gheallamar go rachaimis ar ais ach, cé is moite de thuras lae nó dhó, ní dhearnamar amhlaidh. Dá bhrí sin, nuair a chualamar faoin óstán nua agus na tithe timpeall air, bhí an-shuim againn ann. Ghlaos ar Risteard Mac Siacais ach bhí na tithe go léir in áirithe. Gheall sé dá ndéanfaí cealú ar cheann díobh, go gcoimeádfadh sé dúinn é, agus b'in díreach mar a tharla. I samhradh na bliana 1968, chaitheamar an chéad tsaoire i gCorca Dhuibhne.

An fhealsúnacht a bhí laistiar de thógáil an óstáin agus na

dtithe ná an deis a chur ar fáil do chlanna a bhí báúil leis an nGaeilge saoire a chaitheamh i gceantar Gaeltachta agus an chaoi a thabhairt do na páistí súgradh le chéile agus an Ghaeilge a labhairt. Bhí na tithe daor go maith – £39 sa tseachtain a bhí ar na cinn mhóra, i gcomparáid le cíos £20-£25 ar theach sa dúthaigh mháguaird – ach bhíodar go hálainn agus na háiseanna nua-aimseartha go léir iontu. Bhí an t-óstán féin mar lárionad agus na tithe tógtha timpeall air. Cuma shráidbhaile bhig a bhí ar an struchtúr ar fad, agus deineadh an tógáil gan an iomad cur isteach ar áilleacht na dúthaí mórthimpeall. Ní raibh aon tarramhacadam ann ach an gaineamh fós lasmuigh den doras agus an ghrian ag glioscarnaigh air. Dath bán a bhí ar na fallaí agus iad siúd ag spréachnarnaigh faoi sholas na gréine. Tír thairngreachta a bhí ann, ag féachaint amach ar na Blascaodaí, an fathach mór ina thromshuan i measc na dtonnta.

B'iontach an tsaoire mhíosa a chaitheamar ann. Bhí an chlann an-óg: Úna cúig bliana, Declan ceithre bliana, Fionnuala dhá bhliain agus Éamonn sa chliabhán iompair. Bhí aithne againn ar chuid de na clanna a bhí timpeall orainn, cuid acu ó Luimneach, clann Uí Chathasaigh agus clann Phúinse. Níorbh fhada gur chuireamar aithne ar mhuintir na háite sa chomharsanacht. Tamall suas uainn ar an mBaile Uachtarach bhí clann Fheirtéar. Thagadh an t-athair timpeall ar an gcairt agus an capall ag díol bainne, prátaí agus glasraí. Dheineadh a bhean Cáit arán donn agus bán agus bhíodh sin le ceannach againn chomh maith. Bhíodh na leaids amuigh go luath gach maidin ag feitheamh leis an 'bhfeirmeoir' agus thugadh sé marcaíocht dóibh timpeall ar na tithe sa chairt. I bhfad Éireann níos fearr ná Merc nó Rolls!

Bliain amháin, bhí cailín a bhí agam mar mhac léinn sa choláiste, Cris Ághas, ansin chun na páistí a thabhairt léi síos chun na trá ar maidin ag súgradh agus ag foghlaim faoi na rudaí go léir a bhí le feiscint cois cladaigh. Gaeilge ar fad a bhí á labhairt acu agus ar bhealach ba i ngan fhios dóibh féin a bhíodar ag foghlaim.

Bhí an t-óstán féin ar fheabhas san oíche, mar bhíodh ceol agus rince seiteanna ann. Nuair a bhí na páistí óg agus ina gcodladh, b'fhuirist dúinn dul suas ar feadh tamaillín agus bualadh síos chucu anois is arís chun deimhin a dhéanamh de go raibh chuile rud ina cheart. Ní raibh ach fiche slat eadrainn. Nuair a d'fhásadar suas, thagaidís linn. San óstán, chuireamar aithne níos fearr ar mhuintir na háite: Cáit Feirtéar, Páid Ó Muircheartaigh agus a bhean Peig, Páid Ó Cíobháin agus a bhean siúd Mary, Ger Ó Cíobháin agus mórán eile a d'fhan mar chairde againn. Dheinimis na seiteanna a dhamhsa leo agus b'aoibhinn leo Áine ag amhránaíocht. Maidhc Dainín Ó Sé a chasadh an ceol ar an mbosca ceoil.

Bliain amháin, chuamar thar sáile ar laetha saoire agus chailleamar ár n-áit ar an liosta chun an teach a fháil don bhliain dár gcionn. Ar aon chuma, bhí athrú ag teacht ar chúrsaí thiar. Díoladh an t-óstán agus na tithe le Gaeltarra Éireann; de réir cosúlachta, an phríomhaidhm a bhí acusan ná airgead a dhéanamh agus deineadh faillí ar cheist na teanga. Thógamar tithe éagsúla sa cheantar, bliain amháin díreach lasmuigh den Bhuailtín, blianta eile in aice le Ceann Trá i dtigh a thóg cara le hÁine, Seán Ó Cuilleanáin, a bhí ina mholtóir rince cosúil léi féin. Ansin, bliain amháin, thairg Páid Ó Cíobháin agus a bhean Mary teach nua dúinn sna Gorta Dubha. Bhí an teach nua tógtha acu chun maireachtaint ann nuair a d'éireodh Páid as an bhfeirmeoireacht. Leanamar ag dul siar go dtí an teach sin go bhfuair Páid bás (sara bhfuair sé an deis éirí as an bhfeirmeoireacht). Chuaigh Mary chun cónaithe sa teach ansin ach nár shocraigh sí le Barney Keating, a raibh teach nua tógtha aige mar theach samhraidh sna Gorta Dubha, é a ligint ar cíos linn agus ba chuig an teach a chuamar gach bliain go dtí go bhfuair Áine bás.

Nuair a bhíomar sa teach i gCeann Trá, chuireamar aithne den chéad uair ar Michael agus Rita Manning agus a gclann Karina, Gerard agus Virginia, agus táid mar dhlúthchairde againn riamh ó shin. As Luimneach dóibh ach tá teach acu sna Gorta Dubha ag féachaint amach ar an mBéal Bán. Cheannaíodar an láthair na blianta ó shin ó Pháid Ó Muircheartaigh. Lá amháin a raibh an ceobhrán anuas orainn agus an t-aer tais, ní thosódh an gluaisteán dom. Bhrúmar amach ar an mbóthar é ach bogadh ní fhéadfaimis a bhaint as. Tháinig an gluaisteán seo i gcabhair orainn. Muintir Uí Mhainnín a bhí ann. Bhí Úna in aon rang le Karina. As sin amach bhíodh an dá chlann ag súgradh le chéile agus anois tá clann ár gclainne ag súgradh le chéile ar an mBéal Bán – tá an traidisiún ag teacht anuas ó ghlúin go glúin.

Cuma cén áit ina rabhamar, bhíodh Óstán Dhún an Óir mar láthair shiamsa agus teacht le chéile san oíche. Bhíodh an ceol agus na seiteanna faoi lántseol ann i gcónaí. Mhairfeadh na seisiúin go déanach san oíche nó go luath ar maidin! Nuair a d'fhás na leaids aníos, bhíodh Éamonn ag seinm ar an veidhlín agus Declan ar an mbodhrán. Oíche amháin, d'iarr an leaid seo le gruaig fhada an bodhrán ar Declan. Bhí leisce ar Declan é a thabhairt dó ar eagla go mbrisfeadh sé é. Cé a bhí ann ach Liam Ó Maonlaí as na Hothouse Flowers!

Bhíodh clann Fhrancach ag seinm ceoil ann chomh maith, Jean, Monique agus a mbeirt chlainne Cristopher agus Sebastian. Tagann siad fós ar ais don samhradh go Corca Dhuibhne agus iad ag gabháil cheoil sa cheantar.

Ba mhinic cuairteoirí againn, go mór mór daoine ón bhFrainc agus ón nGearmáin, agus b'iontach iad a thógaint suas go dtí an t-óstán san oíche. Bhí beirt Ghearmánach linn oíche amháin. Bhí sé i ndiaidh meán oíche agus d'fhógair an bainisteoir go raibh na Gardaí ar a mbealach aníos. Sheas an bheirt Ghearmánach chun imeacht as an áit ach dúirt an bainisteoir leo é a thógaint go bog mar go mbeadh na Gardaí glanta leo i gceann tamaillín. Múchadh na soilse, agus cé go raibh an áit lán, bhí ciúnas na reilige ann. Tháinig gluaisteán na nGardaí isteach agus timpeall an óstáin leo, agus nuair a chonacthas dóibh nach raibh éinne ann, amach leo arís. Ar éigean thar an ngeata dóibh nuair a bhí na soilse ar lasadh arís, an ceol ag casadh agus na seiteoirí ag baint fuaimeanna as tíleanna an urláir. Bhí na Gearmáinigh an-thógtha le meas na nÉireannach ar an dlí!

Ag tagairt do Ghearmáinigh, tagann scéal eile chun cuimhne chugam a raibh baint ag Gearmáinigh leis. Bhíodh Áine, Declan, Fionnuala agus Éamonn ag taisteal thar sáile chuile bhliain le Scoil Rince Uí Ruairc agus bhí an t-uafás cairde acu ar an Mór-Roinn. Ba mhinic a théidís go Valcraiberg, in aice le München, agus chuireadar aithne ar chlann an mhéara ansin agus, dar ndóigh, thugadar cuireadh dóibh teacht go hÉirinn. Bliain amháin, tháinig dream díobh nuair a bhíomar i gCiarraí. Bhí mionbhus acu agus ar a mbealach trí Luimneach, bhailíodar Orfhlaith agus Aedín Ní Bhriain agus cúpla rinceoir eile chun iad a bhreith anuas chugainn. Bhí Mairéad Hayden agus Con Quigley linn cheana féin ach bhí Declan sa Ghearmáin. Ar aon nós, bheadh ocht nduine dhéag againn le haghaidh an lóin ar an lá dár gcionn. Bhí an oíche go dona le gaoth agus báisteach, agus lean an drochaimsir ar feadh an lae. Bhí sé chomh holc san gur mheasamar nach dtiocfadh cuairteoir ar bith chugainn. Theastaigh ó Áine dul isteach chun an Daingin le rudaí éagsúla a cheannach agus d'imíos féin léi i ndiaidh an lóin. Tháinig Úna agus Con inár ndiaidh. Bhí an bháisteach chomh trom san go raibh eagla orm go mbeadh tuilte ar an mbóthar. (Uair amháin roimhe sin, ar éigean a d'éirigh linn éalú tríd an tuile a bhí ar an mbóthar in aice leis an gcrosaire go Baile na nGall.) Agus é sin im aigne agam, thugas bóthar Cheann Trá orm féin agus d'éirigh ar fheabhas linn gur shroicheamar teach clainne Mháire de Barra. Bhí tuile an-dhomhain ar an mbóthar ansin agus cúpla gluaisteán ina stad ann. Dheineas scrúdú gairmiúil ar an tuile – cúpla cloch a chaitheamh isteach ann! – agus mheasas go bhféadfaimis gabháil tríd. Dheineamar amhlaidh agus nuair a shroicheamar an Daingean, chuireas Áine faoi gheasa gan mhoill a dhéanamh. Bhí sé ag clagarnaigh an t-am go léir. Ní rabhamar ann ach ar feadh fiche nóiméad ar a mhéid agus siar ar ais linn arís. Nuair a thángamar go dtí an áit ina raibh an tuile, bhí méadú mór tagtha air agus bhí sé soiléir nach bhféadfaimis dul tríd. Ar ais linn chun triail a bhaint as an mbóthar eile, an ceann a rabhas in amhras faoi. Shroicheamar an áit ina mbíodh an tuile ar an mbóthar sin in aice leis an gcasadh go Baile na nGall. Bhí an tuile ann ach d'éirigh linn gabháil tríd agus mheasamar go rabhamar slán sabháilte ansin. Ach bhí breall orainn. Nuair a shroicheamar tigh Bhric, bhí an abhainnn thar an droichead agus trí nó ceithre troithe de dhoimhneas ann. Bhíomar i sáinn. Bhí leathdhosaen gluaisteán ann agus sinn go léir ag stánadh go díchreidmheach ar an loch mór uisce. Agus seo lár mhí Lúnasa!

'Bhfuil a fhios agat an bealach thar an sliabh?' arsa fear liom.

'Tá a fhios agam é a bheith ann,' arsa mise, 'ach níor ghabhas thairis riamh.'

'Bainimis triail as!' ar seisean.

Nuair a bhí an féar i lár an bhóithrín le feiscint, bhí tú ar do shuaimhneas, ach nuair nach raibh, n'fheadraís an raibh clúdach sé horlaí nó sé troithe d'uisce ann. Ar aon chuma, shroicheas an taobh eile, chasas ar clé agus nuair a bhuaileas le muintir Uí Mhainnín, fuaireas amach go rabhas ag dul ar an mbóthar go Ceann Trá in áit a bheith ag taisteal i dtreo an Bhuailtín! Bhí meascán mearaí orm! Ar ais linn tríd an mBuailtín agus síos i dtreo Dhún an Óir. Bhíomar beagnach sa bhaile. Ag teacht go dtí an casadh go dtí na Gorta Dubha, bhí tuile mhór dhomhain ar an mbóthar nach raibh seans dá laghad againn dul tríd. Bhí seacht gcinn de ghluaisteáin fágtha ar thaobh an bhóthair cheana féin. Ghabhamar aníos an fánán agus pháirceálamar ar thaobh an bhóthair agus d'fhágamar a raibh ceannaithe againn sa ghluaisteán. Ní rabhamar rófhada ó bhaile ach bheadh orainn siúl tríd an tuile. Bhaineamar na bróga dínn agus chasamar ár n-éadaí chomh fada suas agus ab fhéidir linn. Ní raibh aon hata agam ach chuireas mála plaisteach ar mo cheann. Bhí an tuile in airde go dtí mo chromáin ormsa agus go dtí a básta ar Áine. Nuair a shroicheamar an teach, bhí fonn gáire ar Fhionnuala agus ar Mhairéad nuair a chonaiceadar an crot a bhí orainn, ach thugas rabhadh dóibh gur dhóibh ba mheasa é dá ndéanfaidís fiú is draoitheadh beag gáire. Tháinig Úna agus Con inár ndiaidh agus an chuma chaite, fhliuch céanna orthu. Bhaineamar dínn agus tar éis cith a bheith againn agus éadaí úra orainn, shuíomar cois tine móire. 'Ní thiocfaidh éinne inniu,' arsa mise.

Ar éigean na focail as mo bhéal nuair siúd isteach chugainn an slua. Níor thógadar aon cheann den bháisteach. Bhí a fhios ag na Gearmánaigh go mbíodh sé ag cur fearthainne in Éirinn go minic! Thángadar tríd an an gConair agus thógadar grianghraif de na sruthanna ag teacht anuas le fána agus den uisce a bhí ag brúchtaíl aníos cosúil le fuaráin ar na bóithre. D'éirigh leo dul trí na tuilte ar fad gur shroicheadar tigh Bhric. Léimeadar isteach sa tuile ansin agus bhrúdar an mionbhus tríd an uisce. Ar aghaidh leo ansin gur shroicheadar an áit ina rabhamar páirceáilte; d'fhágadar an mionbhus ansin agus shiúladar an chuid eile den slí. Rug duine de na cailíní Gearmánacha barróg orm agus bhíos fliuch go craiceann arís, díreach mar a bhí sí féin.

Ní fhéadfaimis dul go dtí an t-óstán an oíche sin ná go háit ar bith eile ach an oiread, ach bhí togha oíche againn le ceol agus rince agus cleasanna. Bhí spéir ghlan, ghorm ann an lá ina dhiaidh sin agus d'éirigh linn na hearraí ar fad a bhí sa ghluaisteán a fháil. Bhí an-lón againn. Bhí carbradóir an mhionbhus scriosta. Ar ais sa Ghearmáin dóibh, ní ghlacfadh an comhlacht árachais go raibh tuilte in Éirinn i mí Lúnasa agus b'éigean dúinn nóta a fháil dóibh ó na Gardaí ar an mBuailtín.

An lá dár gcionn, bhí na nuachtáin lán den scrios a deineadh ar fud na tíre, go háirithe i gCorcaigh agus i gCiarraí. Loiteadh na siopaí i dTrá Lí nuair a réab an t-uisce agus an séarachas isteach iontu. Scuabadh droichid chun siúil, sciosadh bóithre agus bhí na páirceanna faoi ualach uisce ar feadh i bhfad – samhradh in Éirinn!

Níor chuamar siar go Corca Dhuibhne tar éis d'Áine bás a fháil. Ansin, i 1994, dúirt Úna liom go mba mhaith léi féin agus Con agus a mac óg Éanna dul ar ais go dtí na Gorta Dubha.

D'fhiafraigh sí díom an mbeinn sásta leis sin. Dúras gur bhreá liom go mbeadh an deis chéanna ag Éanna blaiseadh den samhradh san áit thiar is a bhí aici féin agus na leaids eile. D'imíodar leo go teach Barney Keating agus níorbh fhada ann dóibh nuair a bhí sí ag tathaint orm dul síos chucu ar feadh cúpla lá. Ní rabhas ar saoire le cúpla bliain ach ar feadh seachtaine bliain nó dhó i Rinn Mhaoile sa Ghaillimh agus sa Ghleann Garbh i gCorcaigh leis na leaids. Bhí leisce orm dul siar ach chuas sa deireadh. Ní raibh sé éasca i dtosach ag bualadh isteach sa teach, ach b'iontach a bheith ag cur aithne arís ar na seanchairde. Lá amháin, bhí ardáthas ar Úna nuair a d'fhill sí ón Daingean. Dúirt sí go raibh láthair thógála á díol ag Páid Ó Muircheartaigh thíos in aice le muintir Uí Mhainnín; bhí sé fógartha in oifig an reiceadóra Diony O'Connor agus bhí túschead pleanála faighte chun teach a thógáil ann.

'An smaoineofá ar í a cheannach?' ar sise liom.

'Ní chreidfinn go ndíolfadh Páid aon chuid dá thalamh,' arsa mise. 'Ceapaim gur trua leis fós gur dhíol sé an láthair le Michael Manning beagnach tríocha bliain ó shin!'

Bhuaileas suas chuig Páid.

'Tá an láthair thíos an bóthar á díol agat,' arsa mise.

'N'fheadar!' arsa Páid. Dúirt sé nach raibh sé cinnte agus ar deireadh thiar tharraing sé an láthair siar ón reiceadóir.

Bhí dhá láthair eile á ndíol ag mac Pháid Uí Chíobháin, agus chun scéal gearr a dhéanamh de, cheannaíos ceann acu. An lá a chuas siar chun an gnó a chur i gcrích, bhuaileas síos go dtí an Béal Bán agus cé a chasfaí orm ar an mbóthar ach Páid Ó Muircheartaigh. Dúras leis go rabhas thíos chun an láthair a cheannach.

'Is dócha nár tháinig athrú aigne ort faoin áit thíos,' arsa mise. Cad a dúirt sé ach 'N'fheadar'! Bhí comhrá fada againn agus gheall sé dom go dtabharfadh sé freagra cinnte dom ar an Domhnach a bhí chugainn. Bhíos deimhneach de go bhfaighinn an áit uaidh, ach nuair a ghlaos air ar an Domhnach, dúirt sé nach mbeadh sé á díol. Cheannaíos an ceann eile ansin. Lá i mí na Samhna, bhíos thíos ann leis an ailtire. Bhí sé ag stealladh báistí agus bhí an ghaoth chomh láidir sin go raibh an bháisteach ag bualadh go cothrománach inár gcoinne. Ní raibh Ceann Sibéal ná na Triúr Deirféaracha le feiscint in áit ar bith. Scuabadh mo scáth fearthainne uaim agus bhíos fliuch go craiceann. 'In ainm Dé is Muire,' arsa mise liom féin, 'cad atá ar siúl agam san áit mhallaithe seo?' Ach nuair a ghealann an ghrian, níl áit ar dhroim an domhain chomh hálainn léi. Agus tá clann ár gclainne ag súgradh anois sna Gorta Dubha agus ar an mBéal Bán díreach mar a dheineadar féin nuair a bhíodar san óg agus áthas ar gach duine a bheith ann.

Dar ndóigh, is iliomad iad na hathruithe atá tagtha ar an taobh sin tíre le daichead bliain anuas, cuid mhaith acu chun maitheasa ach n'fheadar faoi chinn eile. Tá cuma an rachmais ar an Daingean anois agus an-chuid áiteanna ann le béile a chaitheamh. Cloistear teangacha éagsúla ó chuile cheard den domhan ann, ach cé mhéid den Ghaeilge a labhraítear nó a chloistear ann? Tá forbairt ar an mBuailtín féin ach tá na tréithe dúchasacha, suntasacha a bhain leis an áit ag imeacht de réir a chéile. Tá ollmhargadh beag anois san áit ina raibh an siopa ag Seáinín Ó Conchubhair. Bhíodh Seáinín ag gearradh feola agus an toitín ina bhéal agus an luaith ag titim de! Bhíodh binse lasmuigh den siopa agus ceann eile istigh ann, agus i ndiaidh an aifrinn bhíodh muintir na háite ina suí orthu ag meas agus ag déanamh breithiúnais ar na 'lá breás' agus ar na stráinséirí eile a bhíodh timpeall. Ní bhíodh mórán díobh siúd ann na blianta ó shin. Bhíodh binse freisin i siopa Bhaby Budhlaeir. Na mná is mó a bhíodh ina suí ansin ag cabaireacht. Bhíodh na nuachtáin ar díol ansin. Bhíodh a fhios ag Baby i gcónaí ar bhealach éigin cathain a bheifeá ag teacht, agus bheadh an nuachtán curtha i leataobh aici duit.

Gaeilge ar fad a bhíodh á labhairt ar an mBuailtín agus sa dúthaigh ar fad mórthimpeall. Ní dóigh liom go bhfuil sí chomh tréan anois agus is cinnte nach bhfuil an saibhreas cainte céanna ag baint léi. Na daoine a d'fhás aníos ar aon aois le mo chlann féin, bhíodar ag iompú níos mó ar an mBéarla. Bhí domhan an Bhéarla mórthimpeall orthu, go mór mór ar an teilifís. Bhí an choimhlint teanga ann an uair sin i measc na ndaoine óga, agus ó shin i leith tá an Ghaeilge ag lagú agus an Béarla ag neartú. Ag caint faoi sin le Páid Ó Muircheartaigh lá, duine a bhí fíordhílis don teanga, séard a dúirt sé: 'Tá sé ceart go leor duitse mar tá Gaeilge agus Béarla ag do chlannsa. Tá an Béarla riachtanach dom chlannsa chun go n-éireodh leo sa tsaol.' Agus an ceart ar fad aige i dtír agus i bpobal a bhí ag déanamh faillí i gceist na teanga.

Freisin, tá an-chuid tithe nua á dtógáil sa cheantar. Tithe samhraidh cuid mhaith díobh agus gan aon Ghaeilge ag mórán de na daoine ar leo iad. Chomh maith leis sin, tá daoine ón iasacht tagtha chun cónaithe san áit agus gan aon Ghaeilge acusan ach an oiread. Cé chomh fada is a mhairfidh an Ghaeilge ann? An dtiocfaidh an lá nuair a bheidh an tréith is sonraí a bhaineann le Corca Dhuibhne san uaigh le Peig agus le Tomás Ó Criomhthain? An gcaillfear an saibhreas cultúrtha, a tháinig slán in am an Ghorta agus ainneoin na himirce fad is atá an tréimhse is mó rachmas a bhí riamh againn ag leathnú amach ar fud na tíre agus thar Chorca Dhuibhne siar? A clann féin a dhíol a máthair!

XV

EAGRAÍOCHTAÍ OIDEACHAIS

An tÚdarás um Ard-Oideachas (Higher Education Authority – HEA)

Luas ar ball gur ceapadh mé im bhall den HEA agus an bhaint a bhí agam leis an tuarascáil ar oiliúint mhúinteoirí. Ach bhí an t-uafás oibre eile ar siúl ag an HEA ag an am sin. Ceann díobh sin ab ea an *Tuarascáil ar Atheagrú na nOllscoileanna / Report on University Reorganisation.* Ar an 18 Aibreán 1967, d'eisigh an tAire Oideachais Donogh O'Malley ráiteas go raibh faoi an dá ollscoil i mBaile Átha Cliath a nascadh le chéile. Thug sé trí chúis:

1. Go raibh méadú an-mhór tagtha ar líon na mac léinn.
2. Go raibh an réamhthuarascáil eisithe ag an gCoimisiún um Ard-Oideachas.
2. Go raibh méadú an-mhór ar na hiarratais d'fhoirgnimh nua le freastal ar an líon méadaithe mac léinn.

Bhí an méadú tosaithe cheana féin ar líon na mac léinn sna hollscoileanna, ach leis an saoroideachas iarbhunscoile agus an fhorbairt san eacnamaíocht, bhí sé soiléir go dtiocfadh fás an-mhór faoi na huimhreacha sin. Chuir ráiteas an Aire an lasóg sa bharrach i measc mhuintir an Choláiste Ollscoile, Baile Átha Cliath agus Choláiste na Tríonóide. Ar an 6 Iúil 1968, d'eisigh an tAire an plean chun aon ollscoil amháin a dhéanamh den dá institiúid ollscoile i mBaile Átha Cliath agus chun na coláistí ollscoile i gCorcaigh agus sa Ghaillimh a athchóiriú mar ollscoileanna. Dúirt sé freisin go raibh sé i gceist aige údarás buan a bhunú a dhéileálfadh leis na fadhbanna airgeadais agus eagraíochta san oideachas tríú leibhéal. I Lúnasa na bliana sin, bunaíodh an HEA ar bhonn *ad hoc*, agus ceann de na rudaí ba phráinní a bhí ar an gclár acu ná plean seo an rialtais. Cad é mar thosú – log mianach oideachais!

Bhí UCD agus TCD go mór in aghaidh phlean an rialtais, ach thuigeadar go raibh dualgas orthu teacht ar réiteach a shasódh an rialtas, nach gciallódh go raibh airgead á chaitheamh gan ghá ach a choinneodh neamhspleáchas an dá institiúid. D'fhiafraíodar den HEA an ndéanfadh an HEA scrúdú ar phlean eile chomh maith le plean an rialtais, agus in Aibreán na bliana 1970 chuireadar Comhréiteach UCD–TCD isteach. Tar éis na blianta a chaitheamh ag seachaint a chéile, bhí ar a gcumas comhréiteach a chur le chéile laistigh de dhá bhliain! An obair a bhí le déanamh ag an HEA ansin ná scrúdú a dhéanamh ar an dá scéim agus moltaí a chur chuig an rialtas.

Ar 9 Nollaig 1971, chuir an HEA an tuarascáil ar an atheagrú chuig an Aire Oideachais Pádraig Faulkner. Dúirt an tuarascáil go raibh an-athrú tagtha ar chúrsaí ó d'fhoilsigh an rialtas an plean ollscoile i 1968. An uair sin, bhí bac ar Chaitlicigh freastal ar Choláiste na Tríonóide; bhí líon na mac léinn nárbh Éireannaigh iad an-mhór mar chéatadán den iomlán; ní raibh comhoibriú ar bith idir an dá institiúid ná aon dóchas go smaoineoidís ar a leithéid. Mar gheall ar na hathruithe a bhí ag tarlú, mhol an HEA go gcoinneofaí an dá ollscoil i mBaile Átha Cliath ach go mbeadh ceangal eatarthu le comhbhord reachtúil. Moladh dámha agus scoileanna a roinnt idir an dá institiúid, go mór mór na dámha leighis, fiaclóireachta, dlí agus innealtóireachta. Tugadh rabhadh nach bhféadfadh an dá institiúid leanúint ar aghaidh beag beann ar a chéile, mar go raibh formhór an chostais ag teacht ón gcáiníocóir. Moladh freisin Comhdháil na nOllscoileanna Éireannacha a bhunú chun fadhbanna a bhain leo a réiteach agus chun rudaí ar nós tuarastal, pinsean agus coinníollacha oibre a bheith ar comhchéim sna hinstitiúidí go léir. Ar mholtaí an HEA a leagadh síos bunús an struchtúir atá ar an dá institiúid ó shin.

Tuarascáil eile a chuir an HEA i dtoll a chéile ag an am sin agus a raibh an-bhaint aige leis an oideachas tríú leibhéal i mBaile Átha Cliath ná an *Report on the Ballymun Project.* I mí Feabhra na bliana 1969, bhí cruinniú ag Coiste Gairmoideachais Chathair Bhaile Átha Cliath leis an Aire Oideachais faoi choláiste teicneolaíochta agus tráchtála a bhunú i mBaile Munna. Bhunaigh an HEA grúpa oibre chun an beartas a scrúdú 'i gcomhthéacs an mholta atá déanta faoin institiúid nua i Luimneach; na riachtanais atá i mBaile Átha Cliath; polasaí an rialtais faoi chúrsaí ardoideachais i mBaile Átha Cliath; cúrsaí oideachais sa stát ina iomláine.' Ba chóir a rá anseo gur fhéach an HEA ar an institiúid nua i Luimneach go bunúsach mar institiúid teicneolaíochta agus go mbeadh leath dá cuid cúrsaí faoi bhun cúrsa céime. Deineadh scrúdú ar na Coláistí Teicneolaíochta ar Shráid Bolton agus ar Shráid Chaoimhín agus ar an gColáiste Tráchtála i Ráth Maonais. Glacadh leis go raibh géarghá le teicneoirí i mBaile Átha Cliath; go raibh sé riachtanach na cúrsaí a bhí sna háiteanna éagsúla a chur ar fáil ar aon láthair amháin; go nglacfaí leis an láthair i mBaile Munna ar an gcoinníoll go raibh na húdaráis éagsúla sásta nach raibh rogha níos fearr ann; go raibh sé riachtanach go mbeadh dóthain spáis ann chun freastal ar an bhforbairt a bheadh ann sa todhchaí; go bhfanfadh cúrsaí áirithe do theicneoirí i Sráid Chaoimhín. Cuireadh an tuarascáil sin chuig an Aire ar an 23 Nollaig 1970. Ní foláir nó bhí an-áthas ar Phádraig Faulkner an bronntanas Nollag sin a fháil!

Bhí an HEA thar a bheith gníomhach. Chomh maith leis an dá thuarascáil luaite thuas, bhí an tuarascáil ar oiliúint mhúinteoirí, an moladh maidir leis an gcoláiste i Luimneach (NIHE), an moladh faoi Chomhairle Náisiúnta na gCáilíochtaí Oideachais (NCEA) a bhunú, agus ag an am céanna bhí an struchtúr á leagadh síos faoi mhaoiniú na gcoláistí éagsúla agus an bealach chun caipiteal a chur ar fáil d'fhoirgnimh nua. Faoin mbliain 1974 bhí foirgneamh nua ealaíon tógtha agus in úsáid i UCD, mar aon leis na foirgnimh eolaíochta i UCC agus i UCG. Bhí foirgneamh nua ealaíon á thógáil i TCD agus scrúdú á dhéanamh ar phleananna d'fhoirgneamh dán i UCG agus i Maigh Nuad. Bhíothas ag súil go mbeadh chuile rud réidh chun tosú ar fhoirgneamh nua déiríochta a thógáil i UCC agus ceann nua don talmhaíocht i UCD. Agus bhí pleananna d'fhoirgnimh eile nua faoi bhráid an HEA an t-am ar fad, go mór mór nuair a thosaigh an tógáil don NIHE i Luimneach agus ina dhiaidh sin i mBaile Átha Cliath. Bhíomar an-ghnóthach ach ba mhór an taitneamh agus an tsástacht a bhí ag baint leis an obair a bhí ar siúl againn. Chomh maith leis sin, bhí cineál amhrais ar dhaoine fúinn nuair a thosaíomar i dtosach. Bhí tuairim ag daoine áirithe go mbeimis mar bhac orthu ag dul díreach chuig an Aire agus go gcuirfí moill ar gach rud ar mhaithe leis an Aire. Tháinig an t-athrú nuair a chonaiceadar na tuarascálacha agus an bealach a chaitheamar go cothrom leis na coláistí éagsúla ó thaobh airgid reatha agus caipitil de. Ní hionann san is a rá nach raibh clamhsáin ann, ach tríd is tríd bhí sé amuigh orainn go rabhamar cóir cothrom le gach éinne.

Caithfidh go raibh an tAire agus an rialtas sasta lena raibh á dhéanamh againn chomh maith. Ar bhonn *ad hoc* a bhí an HEA ag obair ó 1968, ach cuireadh bonn reachtúil faoi i 1972 agus labhair an tAire ag an gcéad chruinniú ar an Máirt 23 Bealtaine 1972 i gceanncheathrú an HEA, 21 Cearnóg Mhic Liam, Baile Atha Cliath. Ghabh sé buíochas leis na baill as glacadh leis an gcuireadh a bheith páirteach sa HEA agus dúirt sé go raibh sé féin agus an rialtas faoi chomaoin mhór ag an HEA as an gcomhairle a tugadh agus as na tuarascálacha go léir a cuireadh ar fáil. Dúirt sé go raibh dóchas agus muinín iomlán aige as an HEA agus go raibh sé cinnte go n-oibreodh gach éinne ar mhaithe leis an oideachas tríú leibhéal. Bhí áthas air gur ghlac dháréag as an gcúig dhuine déag a bhí ar an sean-HEA leis an gcuireadh a bheith páirteach sa HEA nua reachtúil, agus ghabh sé buíochas leis an triúr nach raibh ar a gcumas a bheith ann: Moinsíneoir J. Newman, an tOllamh Patrick Lynch agus Don Carroll. Is fiú, dar liom, na baill go léir a ainmniú: Tarlach Ó Raifeartaigh (cathaoirleach), John Garvin, John Grainger, David I.D. Howie, Hugh de Lacy, Eoin McCarthy, C. Russell Murphy, Thomas Murphy, Tadhg Ó Ciardha, Seán A. Ó Broiméil (mé féin), Colm Ó hEocha, an tAthair Tomás Ó Fiaich, Eoin O'Malley, Brendan Senior, Máirín Bean Uí Chinnéide. Bhí James F. Dukes ina rúnaí agus Michael Hallinan ina rúnaí cúnta.

Ó 1977 go 1982 bhíos im leas-chathaoirleach. Ag an am sin bhí Hugh Coveney ina bhall den HEA agus i 1982 toghadh mise im Mhéara ar Luimneach agus eisean ina Ard-Mhéara ar Chorcaigh. Bhí an obair dian ach an-thaitneamhach. Bhí sé níos fearr sna blianta tosaigh mar ba cheannródaithe sinn, agus bhí an taighde agus ullmhú na dtuarascálacha iontach suimiúil. Ní raibh soláthar agus roinnt an airgid chomh tarraingteach sin, go mór mór i rith na seachtóidí nuair a bhí an boilsciú an-ard. Ach bhí an-dhul chun cinn ar siúl agus líon na mac léinn ag ardú bliain i ndiaidh a chéile.

Bhíos féin agus Tadhg Ó Ciardha ag cruinniú a d'eagraigh an OECD i mBonn agus bhíomar ag gearán nach raibh dóthain áiteanna againn do na mic léinn a bhí ag iarraidh teacht isteach sa tríú leibhéal. Sheas Gearmánach amháin suas agus dúirt sé go raibh an t-ádh dearg orainn! An fhadhb a bhí acusan ag an am ná nach raibh dóthain mac léinn acu chun na háiteanna a bhí curtha ar fáil acu a líonadh! Ní raibh an fhadhb sin acu tar éis athaontú na Gearmáine.

Nuair a d'éirigh Tarlach Ó Raifeartaigh as an HEA, ainmníodh Seán Ó Conchubhair ina chathaoirleach. Go dtí sin bhí sé ina Rúnaí ar an Roinn Oideachais. Bhí cuid de na baill amhrasach faoi, mar ba mhinic a thug sé fogha fúinn ag cruinnithe idir an Roinn agus sinn féin. Ach, mar a bhí a fhios go maith agam, ní raibh aon ghá leis an amhras, mar a luaithe is chuaigh sé i gceannas mar chathaoirleach, bhí sé chomh díograiseach céanna ar son an HEA is a bhí sé roimhe sin ar son na Roinne. Chuir sé glaoch orm lá amháin agus d'iarr sé orm dul leis féin agus Jim Dukes go Trá Lí. Theastaigh uaidh scrúdú a dhéanamh ar chóir coláiste réigiúnach teicneolaíochta a bhunú ann. B'as Ciarraí dó féin agus bhí sé meáite ar choláiste a mholadh don áit. Bhíomar ann ar feadh dhá lá ag bualadh le chuile dhuine agus ag éisteacht leis na pleananna go léir a bhí acu. Ba dhaoine fíordhíograiseacha iad agus chuireadar mé féin agus an Coiste um Beart Ollscoile Luimnigh i gcuimhne dom. Ba í críoch an scéil gur mholamar don HEA coláiste a bhunú ann le raon cúng ábhar mar thús agus go bhféadfaí forbairt a dhéanamh ar an gcoláiste de réir a chéile. D'éirigh go maith leis an gcoláiste agus tá eastát tionsclaíochta taobh leis anois agus é ainmnithe i gcuimhne ar Sheán Ó Conchubhair.

D'oibríomar go maith leis na hairí éagsúla agus leis na rialtais dhifriúla. Cúrsaí airgid ba mhó a tharraing achrann, go mór mór sna seachtóidí nuair a chuir deacrachtaí ola isteach go mór ar eacnamaíocht na tíre. Bhíomar istigh lá le haire nach raibh i bhfad ann, John Boland. An uair sin, bhí an stát ag íoc as breis is 90% de chostas iomlán na hollscolaíochta. Leis an scéal le deontais mar a bhí, ní chosnódh sé mórán breise ar an stát táillí in aisce a bhronnadh ar na mic léinn. Níorbh é sin polasaí an HEA ach nuair a bhíomar leis an Aire, dúras go bhféadfadh sé a leithéid a dhéanamh go fuirist. 'Ba chóir duitse a bheith id bhall den USI,' a d'fhreagair sé go cancrach. Dá nglacfadh sé le mo chomhairle – agus eisean ina aire de chuid Fhine Gael – bheadh sé blianta chun tosaigh ar Niamh Bhreathnach!

Bhíos ar an HEA nuair a bhí sé ar bhonn *ad hoc*, agus ansin chaitheas dhá thréimhse cúig bliana air nuair a cuireadh bonn reachtúil faoi. Bhaineas an-shásamh as an obair. Bhí an mothú ann go raibh rud éigin fónta á dhéanamh agat agus go raibh an chumhacht ag an HEA na polasasaithe a bhí á moladh aige a chur i gcrích. Agus bhí na foirgnimh nua le feiscint ar gach campas ar fud na tíre.

Nuair a glacadh le Coláiste Mhuire gan Smál mar choláiste aitheanta de chuid Ollscoil na hÉireann, ainmníodh mé ar bhord staidéir na hollscoile. Ba é an bord sin a dhein iniúchadh ar na moltaí acadúla ar fad a cuireadh chuig seanad na hollscoile. Ansin d'ainmnigh an rialtas mé ar sheanad Ollscoil na hÉireann. Ba mhór an chabhair do Choláiste Mhuire gan Smál mé a bheith ann agus don dá choláiste oideachais eile chomh maith, Coláiste Phádraig, Droim Conrach agus Coláiste Bhantiarna na Trócaire, An Charraig Dhubh. Ba bheag cur amach a bhí ag an seanad ar na coláistí oideachais agus chabhraigh sé leis an seanad agus na coláistí go rabhas i láthair nuair a bhí cinneadh le déanamh ar mholtaí ó na coláistí sin. Bhíodh an t-uafás páipéir os comhair an bhoird staidéir agus os comhair an tseanaid – n'fheadar cé mhéid crann a d'ídíomar! Chomh maith leis sin, bhí an líon céanna páipéir ag gabháil tríd na dámha agus tríd an gcomhairle acadúil sa chomhcholáiste inar thosaigh an moladh – a thuilleadh crann! Léiríonn sampla an pháipéir ceann de na deacrachtaí a bhain le hOllscoil na hÉireann mar ollscoil chónasctha: thóg sé an-chuid ama ón uair a thosaigh moladh sa chomhcholáiste – níos measa fós sa choláiste aitheanta – go dtí gur deineadh é a phlé sa tseanad agus toradh a fháil. Níor chabhraigh an nós imeachta sin nuair a bhí brú ann cúrsaí nua a chur ar fáil chun freagairt ar riachtanas áitiúil nó náisiúnta.

Bhí buntáiste agamsa go raibh aithne agam ar chuid mhaith de na daoine a bhí ar an seanad, go háirithe na daoine ó UCC agus na daoine a bhí ar an HEA liom. Ar an HEA agus ar an seanad chífeá, ar uairibh, an choimhlint idir na coláistí éagsúla, ach b'iontach na láithreacha iad chun deacrachtaí a phlé agus réiteach a fháil.

Nuair a tháinig an tUachtarán Reagan go hÉirinn, bhí easaontas sa tseanad faoin mbealach inar bronnadh céim oinigh air. Dúradh nár lean an Taoiseach Garret FitzGerald, a bhí ina bhall den seanad, an nós imeachta ceart chun breith an tseanaid a fháil. Nuair a bhí an bronnadh thart, scríobh an Taoiseach go dtí an seanad agus gheall sé nach dtarlódh a leithéid arís. Glacadh leis an ngeallúint ach conas a d'fhéadfadh sé geallúint a thabhairt in ainm na ndaoine eile a thiocfadh ina dhiaidh mar Thaoiseach? Tharla rud suimiúil faoin mbronnadh féin i nGaillimh. Bhíos-sa i láthair de bhrí go rabhas ar sheanad Ollscoil na hÉireann. Chomh maith leis sin, ní raibh aon fhadhb agam maidir leis an mbronnadh féin – ní raibh ann ach cúirtéis d'uachtarán tír eile a raibh an-bhaint againn léi agus an-mheas againn uirthi agus a bhí mar chara dúinn i gcónaí. Ach bhí m'iníon Úna ina mac léinn sa Ghaillimh ag an am agus bhí sise amuigh ag léirsiú i gcoinne an uachtaráin agus in aghaidh céim a bhronnadh air. Ag deireadh an tsearmanais, steall an bháisteach anuas orainn. Bhí sé ceart go leor dúinne a bhí istigh sa Quad agus a raibh ar ár gcumas fothain a fháil láithreach, ach maidir le hÚna agus na léirseoirí eile, fliuchadh go craiceann iad!

Scéal eile suimiúil faoi chéim oinigh. Bhí cúpla duine againn a shíl go mba chóir céim oinigh a bhronnadh ar Gareth Peirce, an dlíodóir cáiliúil Sasanach a d'oibrigh chomh héifeachtach sin ar mhaithe leis an Birmingham Six agus na hÉireannaigh eile a ciontaíodh go mídhleathach i Sasana. Ach níor éirigh linn. Is dócha nach raibh ceart polaitiúil ag baint leis ag an am. Blianta ina dhiaidh sin deineadh an rud ceart agus bronnadh céim oinigh ar an ngaiscíoch mná.

Scéal eile faoi chéim oinigh nár bhain le hOllscoil na hÉireann ach a bhain le hOllscoil Luimnigh. Moladh céim oinigh a bhronnadh ar John Hume, ach cuireadh ina choinne muna bhféadfaí duine ón 'taobh eile' a roghnú chomh maith. Ní bhfuair John Hume an chéim ó Ollscoil Luimnigh an t-am sin, ach nach bhfuair sé go leor eile díobh ó ollscoileanna ar fud an domhain? Agus bronnadh céim air i mbliana, 2006, i UL.

Bhínn i gcónaí ag faire amach do Choláiste Mhuire gan Smál agus do na coláistí oideachais eile a bhí ina gcoláistí aitheanta de chuid Ollscoil na hÉireann. Nuair a dhún an rialtas Carysfort, bhíos ag áiteamh ar an seanad gearán ar a laghad a dhéanamh leis an rialtas. Ba é an rialtas a d'iarr ar an ollscoil i dtosach glacadh leis na coláistí. An raibh an ollscoil sásta go ndúnfaí ceann dá cuid coláistí gan dul i gcomhairle léi nó fiú gan aon ní a rá léi? Níor deineadh tada. Ansin nuair a chuir an Roinn Oideachais brú ar Choláiste Mhuire gan Smál comhráití a thosú le hOllscoil Luimnigh – agus ar Choláiste Phádraig le hOllscoil Chathair Bhaile Átha Cliath ina dhiaidh sin – ní dúirt an Roinn tada le hOllscoil na hÉireann ach an oiread. Mheasas gur mhór an masla é sin don ollscoil. Roimhe sin bhí an seanad ag cíoradh conas mar ba chóir struchtúr Ollscoil na hÉireann a fheabhsú agus a chur in oiriúint do shaol na haoise a bhí le teacht. Ach bhí sceon orthu aon athrú ar acht 1908 a mholadh don rialtas ar eagla go dtapódh an rialtas an deis agus athruithe nach mbeadh ag teastáil ón ollscoil a chur i gcrích. Ábhar imní dóibh ab ea na billí sa Dáil ag bunú an NIHE i Luimneach agus i mBaile Átha Cliath, le habairtíní ar nós 'le cead an Aire Oideachais' – agus níos measa fós 'le cead an Aire Airgeadais'! Ach bhí a fhios acu go raibh gá le hathruithe. Bhíos ag moladh gur chóir tosú leis na coláistí aitheanta i dtosach agus polasaí cinnte ollscoile a leagadh síos fúthu. Chuireas meamram faoi na coláistí chuig an seanad ar an 26 Samhain 1990 ina ndearna mé na pointí seo a leanas:

1. Gné suntasach d'Ollscoil na hÉireann is ea na Coláistí Aitheanta. Tá traidisiún fada acadúil ag gach ceann de na coláistí agus neartaíodh an traidisiún sin nuair a glacadh leis na coláistí mar bhaill den Ollscoil. Méadaíodh ar cháil na gcoláistí sa bhaile agus i gcéin.

2. Is cúis díomá é nár thionscnaigh agus nár chuidigh an Ollscoil le forbairt na gcoláistí agus is trua nár deineadh comhcholáiste – ná fiú trácht air go dtí le déanaí – de Choláiste Phádraig, Maigh Nuad. De bhrí gur ghlac an Ollscoil leis an BA i gColáiste Mhuire gan Smál agus i gColáiste Phádraig, Droim Conrach, léiríonn sé tacaíocht an hOllscoile do na coláistí sin.

3. Ach an bhféachann an Ollscoil ar na coláistí sin mar chuid

bhunúsach den Ollscoil nó mar choláistí imeallacha? Maidir leis na coláistí oideachais, d'iarr an Roinn Oideachais ar an Ollscoil glacadh leo. Nuair a dhún an Roinn Oideachais Coláiste Bhantiarna na Trócaire gan aon ní a rá leis an Ollscoil, ní raibh aon ráiteas ón Ollscoil. Cén chúis a bhí leis sin? An bhfanfadh an Ollscoil chomh ciúin sin dá ndéanfaí a leithéid d'aon bhrainse eile den Ollscoil?

4. Faoi láthair, tá an Roinn Oideachais ag cur brú ar Choláiste Mhuire gan Smál ceangal a dhéanamh le hOllscoil Luimnigh, agus ar Choláiste Phádraig ceangal a dhéanamh le hOllscoil Chathair Bhaile Átha Cliath agus imeacht ó Ollscoil na hÉireann. An bhfuil aon rud le rá ag an Ollscoil faoi sin? An bhfuil an Ollscoil sásta le hiompar na Roinne ag cur isteach ar ghaol na gcoláistí leis an Ollscoil?

5. Is é mo thuairim gur chóir stádas na gColáistí Aitheanta a phlé anois nuair atá an díospóireacht faoi thodhchaí Ollscoil na hÉireann faoi chaibidil againn – coincheap iomlán an chórais; an córas a choinneáil nó críoch a chur leis; polasaí forbartha do na coláistí sin laistigh de struchtúr na hOllscoile a leagadh amach.

6. Tá an cheist seo tógtha agam faoi dhó agus iarradh orm foighne a bheith agam go dtí go ndéanfaí cinneadh faoi thodhchaí na hOllscoile. Ach tá práinn le freagra anois agus le polasaí cinnte a leagadh síos faoi choincheap na gColáistí Aitheanta agus dearcadh na hOllscoile i leith na gColáistí Aitheanta atá ann faoi láthair.

Níor ghlac an seanad le mo chomhairle agus leanadh ar aghaidh leis an an díospóireacht faoi ghnéithe eile de struchtúr na hollscoile. Ar an 15 Samhain 1991, scríobh John Nolan, cláraitheoir Ollscoil na hÉireann, chuig an tSiúr Angela, uachtarán Choláiste Mhuire gan Smál, ag fiafraí di an chiall a bhí leis na tuairiscí sna nuachtáin faoi chainteanna idir an coláiste agus Ollscoil Luimnigh!

I lár na díospóireachta faoi thodhchaí na hollscoile, tháinig mo dhara tréimhse cúig bliana ar an seanad chun críche. Seamus Brennan a bhí ina Aire Oideachais ag an am. Ní raibh sé de chúirtéis ann oiread is nóta a scríobh chugam ag insint dom nach raibh sé chun mé a athainmniú mar bhall nó fiú amháin líne bhuíochais féin faoin méid oibre a bhí déanta agam ann ar feadh deich mbliana.

Coiste Gairmoideachais Chathair Luimnigh

Sa bhliain 1967, scoireadh an Coiste Gairmoideachais. Bhí coimisinéir ón Roinn Oideachais, Pádraig Ó Cuilleanáin, ag feidhmiú in áit an choiste ó 1967 go dtí 1970. Moladh go minic don Aire Oideachais an coiste a athbhunú. Tharraing an Teachta Dála Steve Coughlan an cheist anuas go rialta sa Dáil, agus sa deireadh athbhhunaíodh an coiste i 1970. Is í Comhairle Chathair Luimnigh a ainmníonn baill an choiste agus ainmníodh seachtar seanóirí agus comhairleoirí agus seachtar eile nár bhain leis an gcomhairle. Bhíos-sa ar dhuine de na comhairleoirí a ainmníodh. Ba ghnách ainm duine a lorg ón Easpag Caitliceach agus ón Easpag Protastúnach. Tháinig roinnt daoine nár bhain leis an gcomhairle chathrach chugamsa agus d'iarradar orm a bheith im chathaoirleach. Dúradar gur theastaigh uathu gach ní a bheith déanta i gceart agus go n-oibreodh an coiste ar mhaithe le cúrsaí oideachais i Luimneach. Níor theastaigh uathu go gcuirfí an coiste ar scor arís. De bhrí gur fhéachadar orm mar oideachasóir seachas mar pholaiteoir, bhíodar ag iarraidh orm glacadh leis an bpost mar chathaoirleach agus go vótálfaidís siúd domsa.

Ag dul isteach sa chruinniú dúinn, bhí comhrá an-shuimiúil ar siúl laistiar díom idir Steve Coughlan agus Rory Liddy. Theastaigh ó Coughlan a bheith ina chathaoirleach agus bhí sé ag cur brú ar Liddy vótáil dó, cé gur le Fianna Fáil a bhain Liddy. Bhí an-chomhluadar idir na seandaoine a bhí ar an gcomhairle chathrach an t-am sin, ar nós Liddy, Coughlan agus Ted Russell agus iad ag déanamh a ndícheall na daoine nua a choinneáil amach.

Bhí Liddy ag rá go maródh Fianna Fáil é dá vótálfadh sé im choinne agus ní mó ná sásta a bhí Coughlan, agus bhí sé níos míshásta fós nuair a bhuas air.

James O'Donnell a bhí ina phríomhoifigeach feidhmiúcháin ó 1950 i leith, agus nuair a d'éirigh sé as i 1970, ceapadh Muiris (Mossie) Ó Ceallaigh. Bhí an-thuiscint idir an bheirt againn agus réitiomar ar fheabhas lena chéile. Bhí fonn agus dithneas orainn beirt gnó an choiste a bhrú chun cinn sa chathair. Agus fuaireamar tacaíocht iontach ón gcoiste. Bhí Bríd Ní Mhurchú ina príomhrúnaí ar an gcoiste, duine dúthrachtach a chaith a saol ar mhaithe leis an gcoiste agus le cúrsaí oideachais. Cailín óg dúthrachtach, Ann Hurley, a bhí ina rúnaí ag Muiris.

Ar Shráid Uí Chonaill a bhí oifigí an choiste agus b'ann a bhíodh na cruinnithe againn. Ach ba leis an gcoiste foirgneamh an-bhreá ar Shráid Sisil: an Athenaeum. Tógadh an foirgneamh sin thart ar 1830, ach sna caogaidí den aois sin bhí sé in úsáid ag Cumann an Athenaeum – ba iad siúd a thóg an halla taobh leis chun léachtanna poiblí a chur ar siúl ann. Sa bhliain 1898, ghlac Bardas Luimnigh seilbh ar an dá fhoirgneamh dá choiste um theagasc teicniúil, agus sa bhliain 1930 thángadar faoi Choiste Gairmoideachais Chathair Luimnigh, a bunaíodh faoin acht gairmoideachais a ritheadh an bhliain sin. Ar feadh na mblianta bhíodh an 'one day' ar siúl ann. Bhí dualgas ar bhuachaillí Luimnigh (agus Phort Láirge, ceapaim) a d'fhágfadh an scoil ar aois a ceithre bliana déag d'aois, lá amháin scolaíochta a dhéanamh gach seachtain go dtí go mbeidís sé bliana déag d'aois – scéim phíolótach a bhí ann chun oideachas na ndaoine bochta sin a fheabhsú. Bhí an fostóir freagrach as a bpá a íoc leo don lá sin. As sin a tháinig an *one day*. Ach le saoroideachas agus an aois fágála ardaithe go sé bliana déag, ní raibh aon ghá a thuilleadh leis an *one day*. Dheineamar an foirgneamh a athchóiriú, agus ó 1973 i leith is é ceanncheathrú an choiste an foirgneamh breá sin. Le déanaí, deineadh é a athchóiriú agus a mhaisiú arís. Bhí an halla taobh leis ina phictiúrlann – an Royal – ar feadh na mblianta.

N'fheadar an raibh pictiúrlann ag aon choiste gairmoideachais eile ar fud na tíre?

Bhí an-athrú ag teacht ar an scolaíocht dara leibhéal i rith an ama sin. Bhí an saoroideachas agus an saorthaisteal faoi lántseol agus an léarscáil oideachais sa chathair agus sna bruachbhailte ag athrú go mór. Bhí scoileanna cuimsitheacha nua agus scoileanna pobail á dtógáil ar imeall na cathrach, áit a raibh na tithe nua á soláthar mar fhás aonoíche. D'fhág san go raibh na scoileanna sa chathair ag brath ar phobal lár na cathrach agus gan mórán ag teacht isteach chucu ó na bruachbhailte agus go háirithe ón tuath. Ní hiad na gairmscoileanna amháin a bhí thíos leis mar gheall ar an athrú ach meánscoileanna láidre ar nós Choláiste Mhichíl na mBráithre Críostaí i Sráid Seasnáin. Scoil nua a thóg an coiste gairmoideachais ná Coláiste Neasáin Naofa i dtuaisceart na cathrach. Fuaireamar amach go bhféadfaimis úsáid a bhaint as acht 1930 chun a leithéid sin de choláiste a thógáil agus, dar liom, bhí sé ar cheann de na cinn tosaigh a tógadh sa tír. Bhí an-áthas ar an Easpag Jeremiah Newman. Bhí talamh curtha i leataobh aige siúd chun meánscoil a thógáil sa cheantar céanna, ach san am sin bheadh air féin an talamh agus cuid mhaith den airgead tógála a chur ar fáil. Nuair a fuair sé amach go bhféadfadh sé beirt ionadaithe a ainmniú ar an mbord bainistíochta, tharraing sé siar ón meánscoil a thógáil agus thug sé a thacaíocht do Choláiste Neasáin.

Bhí an t-oideachas tríú leibhéal faoin gcoiste ag dul i dtreise go mór, ach bhí sé scaipthe ar fud na cathrach. Lasmuigh de Bhaile Átha Cliath, i Luimneach a bhí an líon ba mhó mac léinn ag gabháil do chúrsaí printíseachta, cúrsaí teicniúla, cúrsaí teastais agus dioplóma. Bhí an scoil ealaíne, an scoil cheoil, an scoil tógála, an scoil raidió mara agus an scoil ghairmiúil (cuntasaíocht, tráchtáil, srl.) scaipthe in áiteanna éagsúla ar fud na cathrach, rud a d'fhág go rabhadar go léir mar chineál poblachtaí iontu féin agus gan aon cheangal ná baint idir na foirne ná idir na mic léinn. Theastaigh ó Mhuiris Ó Ceallaigh agus uaim féin na scoileanna éagsúla a thabhairt le chéile ar aon láthair amháin. Bhí an polasaí soiléir agus bunús maith leis, ach an bhfaighimis an cead agus, níos tábhachtaí fós, an t-airgead? Ní bhfuair Luimneach coláiste teicneolaíochta réigiúnach de bhrí go bhfuair sí an NIHE. De réir na dtéarmaí a leag an HEA síos, bhí sé de dhualgas ar an institiúid nua a leath dá cuid cúrsaí a bheith faoi bhun céime: cúrsaí teastais agus dioplómaí. Bhí cruinniú agam féin agus Muiris le hEd Walsh, a bhí ceaptha ina stiúrthóir ar an NIHE, agus bhí sé soiléir nach raibh suim ar bith aige sin i gcúrsaí faoi bhun céime. Bhíomar sásta cúrsa amháin a ghéilleadh dó ach nuair a thosaigh sé ar an *cherry picking*, fuair sé freagra borb, diúltach ó Mhuiris! I ndáiríre, bhí sé soiléir nach mbeadh mórán tionchair ag an NIHE ar na cúrsaí a bhí á reáchtáil ag an gcoiste. Dá bhrí sin, cad mar gheall ar an aon láthair amháin do na scoileanna éagsúla?

Bhí a fhios againn go raibh an rud a bhí beartaithe againn ag teacht salach ar fad ar phleananna na Roinne Oideachais do Luimneach, cé gur aontaíodar linn go raibh an-chiall lena raibh á mholadh againn. Pádraig Faulkner a bhí ina Aire Oideachais ag an am. Fear cineálta, stuama ab ea é (an-mheas aige ar an nGaeilge), ach bhí sé ag teacht mar chomharba ar bheirt – Donogh O'Malley agus Brian Lenihan – a thionscnaigh an-chuid scéimeanna agus a raibh air siúd an t-airgead a sholáthar dóibh. Níor ghá a rá go mbíodh sé caomhach go maith. Chuaigh Muiris agus mé féin chuige agus fuaireamar cead uaidh talamh a cheannach agus foirgneamh 60,000 troigh cearnach a thógáil. Nach orainn a bhí an lúcháir!

Theastaigh uaimse go mbeadh an coláiste nua i dtuaisceart na cathrach – mo cheantar féin. Labhraíos leis an mbainisteoir cathrach, Tomás Mac Diarmada, faoi láthair a bhí ag an mbardas ach cheap sé nach mbeadh sé oiriúnach. Bhí talamh ag an Provincial Housing Society i Maigh Lis, agus bhí aithne agam ar an bhfear ceannais, Cecil Murray. Bhí cruinniú agam féin agus ag Mossie le Cecil agus a mhuintir siúd tráthnóna amháin. Tríocha acra a bhí i gceist agus bhí ráite ag an Roinn Oideachais gan níos mó ná £2,500 an t-acra a thairiscint.

Theastaigh an talamh uainne agus bhí a fhios againn go dtaitneodh sé le Cecil an coláiste a bheith tógtha ar an láthair sin. Thosaigh an mhargáil, sinne ar £1,500 agus iadsan ar £4,000. Tar éis a bheith ag plé le chéile ar feadh breis agus leathuair an chloig, bhris ar a fhoighne ar Cecil agus ar seisean, 'Cad is féidir libh a thairscint?'

'Dhá mhíle cúig chéad punt an t-acra,' arsa mise.

'*Right*,' ar seisean, 'bíodh sé ina mhargadh!'

Mí Iúil na bliana 1973, shíníos an conradh tógála don choláiste nua, Coláiste Teicniúil Luimnigh. Ní raibh cead againn coláiste réigiúnach a ghlaoch air. Ina dhiaidh sin glaodh COACT air (College of Art, Commerce and Technology), agus faoi láthair Insititiúid Teicneolaíochta Luimnigh atá air. Ní raibh dóthain spáis ann an chéad lá – bhí a fhios againn go maith nach mbeadh – ach ba thosach é, agus is iontach an coláiste atá ann faoi láthair. Ar an láthair chéanna a thóg an coiste gairmoideachais Coláiste Neasáin Naofa.

Bhí baint lárnach agam leis na hinstitiúidí tríú leibhéal ar fad i Luimneach: Coláiste Mhuire gan Smál, Ollscoil Luimnigh agus Institiúid Teicneolaíochta Luimnigh. Gura fada buan iad go léir. Agus bhíos ar bhord rialaithe Choláiste Thuamhan chomh maith. Nuair a bhíos ag síniú an chonartha tógála don choláiste teicniúil nua, dúras go rabhas cinnte go mbeadh oiliúint mhúinteoirí adhmadóireachta agus miotalóireachta ag teacht go Coláiste Thuamhan, agus dá bharr san go mbeadh ionad iontach d'oiliúint mhúinteoirí i Luimneach. Ina dhiaidh sin, mar atá ráite, nascadh an coláiste sin go hiomlán le hOllscoil Luimnigh. Fiú sa bhliain sin 1973, dúras go raibh ollscoil againn i Luimneach leis na coláistí uilig a bhí ann, cé nach raibh an teideal ollscoile ar aon cheann acu ná orthu go léir le chéile.

XVI

Ceangail Idirnáisiúnta Oideachais

Sa phlean forbartha a leag Coláiste Mhuire gan Smál amach i 1989, bhí sé ráite go ndéanfaimis iarracht mic léinn ón iasacht a mhealladh. Bhí ceangal ar feadh i bhfad againn le Coláiste na Tríonóide i gCarmarthen na Breataine Bige. Leis an bplean forbartha a chur chun cinn, d'éirigh linn ceangail a chothú le coláistí sna Stáit Aontaithe, leithéidí Beaver (Pennsylvania), Ollscoil Stáit Frostburg (Maryland), Coláiste Longwood (Virginia), Ollscoil St Thomas (Houston), Ollscoil Regis (Colorado) agus Ollscoil Loyola (Chicago). Uaireanta, bhíodh suas le daichead mac léinn ó na Stáit againn agus ba mhór an tionchar a bhí acusan ar an gcoláiste ag an am, mar bhí líon na mac léinn Éireannach teoranta ag an Roinn Oideachais. Bhí deacracht faoi leith againn leo mar bhí an córas módúlach agus grádanna acusan agus bhí an seanchóras marcála faoi Ollscoil na hÉireann againne ag an am. Ach réitíomar ar fheabhas lena chéile agus bhí dea-thuairisc fúinn á scaipeadh. Tharla cúpla rud a bhí an-ghreannmhar.

I mí Eanáir a tháinig an chéad ghrúpa chugainn ó Frostburg. Dúradh leo thall go raibh aeráid an-chineálta againn i Luimneach agus thángadar go léir agus éadaí samhraidh orthu. Mí-ámharach go leor, bhí ceann de na ceathanna sneachta ba mhó a bhí againn riamh i gcuimhne na ndaoine agus iad ag tuirlingt in Aerfort na Sionainne, agus bhíodar préachta marbh sarar shroicheadar a dtithe lóistín! Mar bharr ar an donas, ní raibh an teas i gcuid de na tithe chomh hard is a bhíodh acu féin sa bhaile agus bhídís ag súil le teacht isteach sa choláiste chun iad féin a théamh! Ach bhaineadar an-thaitneamh as an áit agus ghlacadar páirt i ngach rud a bhí ar siúl.

Thagadh léachtóir le muintir Frostburg i gcónaí. Bhí cluiche mór iománaíochta ar siúl idir Tiobraid Árann agus an Clár thíos i nDurlas uair dá rabhadar anseo agus chuaigh an léachtóir chuige. Bhí na sluaite ann roimhe, agus nuair a shroich sé a shuíochán, fuair sé amach go raibh sé idir lucht tacaíochta an dá fhoireann agus iad go léir ar mire ag screadaigh agus ag béicigh. D'fhéach sé timpeall féachaint cá raibh na póilíní ach oiread is duine amháin ní fhaca sé. Nuair a thosaigh an cluiche, ba bheag nach raibh sé báite idir an dá thaobh den slua agus na daoine ar gach aon taobh á bhualadh ar an drom agus iad ag rá: 'An bhfaca tú sin?', 'Féach sin mar bhligeardaíocht!', 'Tá an moltóir sin dall amach is amach!' De réir cosúlachta, ní raibh aon athair ag an moltóir ná ag éinne dá shinsear roimhe ach an oiread! Agus ní raibh garda le feiscint áit ar bith! Ag leatham shuigh gach éinne síos agus bhí seacláid agus brioscaí agus ceapairí á dtairiscint do mo dhuine ag an dá thaobh agus iad go léir fiosrach faoi cad as a dtáinig sé. Séideadh an fheadóg agus thosaigh an rúille búille arís go dtí go raibh an cluiche thart. Bhí dream amháin tromchroíoch agus an dream eile lúcháireach ach iad go léir ag croitheadh lámh lena chéile agus ag guí go bhfeicfidís a chéile arís. Bhíodar uilig ag tabhairt aire do mo dhuine ar eagla go rachadh sé ar strae nó nach mbuailfeadh sé lena chairde. Bhí lá iontach aige agus an-mheas go deo aige ar na daoine a bhí chomh gríosaithe sin agus ag an am céanna chomh cairdiúil, cineálta. Bhí an dea-scéal á chraobhscaoileadh faoin iomáint agus faoin lucht féachana ar feadh i bhfad ina dhiaidh sin.

Cosúil lenár mic léinn féin, d'éiríodar cleachtach ar bhualadh isteach chugam dá mbeadh fadhb ar bith acu. Bhí an chéad Chogadh Murascaille ar siúl agus tháinig duine de na buachaillí isteach chugam lá. Dúirt sé go raibh air dul abhaile mar go raibh a mhuintir buartha mar gheall ar an gcogadh.

'An dtuigeann siad,' arsa mise, 'go bhfuil tú breis is trí mhíle míle ón gcogadh?'

'Dúras sin leo,' ar seisean.

Bhí a fhios agam nár theastaigh uaidh dul abhaile agus d'iarr sé orm labhairt lena thuismitheoirí ar an bhfón. Rinne mé amhlaidh agus chuireas ar a suaimhneas iad agus cheadaíodar dó fanacht. Bhuaileas leis ar an siúltán an Luan ina dhiaidh sin.

'Gach rud i gceart?' arsa mise.

'Ar fheabhas,' ar seisean.

'Cár chaithis an deireadh seachtaine?' arsa mise.

'B'iontach an deireadh seachtaine a bhí againn i mBéal Feirste,' ar seisean.

An t-am sin, bhí an bhuamáil agus an scrios go dona ó thuaidh ach bhí a thuismitheoirí ar a suaimhneas mar go raibh sé 3,000 míle ó Chogadh na Murascaille!

Reseau d'Institutions de Formation (RIF)

Ar an 24 Bealtaine 1988, ag cruinniú d'airí oideachais na hEorpa, glacadh le rún ar an mBuntomhas Eorpach (*European Dimension*) in oiliúint mhúinteoirí ar fud na hEorpa. Dúradh go bhféadfaí an polasaí a chur i gcrích ar na bealaí seo a leanas:

1. Ábhar múinteoireachta oiriúnach a chur ar fáil.
2. Doiciméidí ar an gComhphobal Eorpach agus ar a pholasaithe a bheith ar fáil.
3. Comhoibriú idir institiúidí oiliúna sna tíortha éagsúla a chothú agus comhchláracha a bhunú a thabharfadh deis do léachtóirí agus do mhic léinn taisteal chuig tíortha eile.
4. Deiseanna a chur ar fáil d'ábhair mhúinteoirí ionas go bhfaighidís tuiscint ar an mBuntomhas Eorpach i gcúrsaí oideachais.
5. Deiseanna a chur ar fáil do mhúinteoirí cúrsaí inseirbhíse a thógaint i dtíortha eile an Chomhphobail.

Iarradh ar Choimisiún na hEorpa cabhair a thabhairt trí:

1. Úsáid a bhaint as cláracha Erasmus le cuidiú le hábhair mhúinteoirí cleachtadh a fháil i dtíortha eile agus comhoibriú a chothú idir lucht oiliúna.
2. Cabhrú le hinstitiúidí oiliúna i dtíortha éagsúla ábhar múinteoireachta ar an mBuntomhas Eorpach a chur ar fáil.
3. Ollscoil samhraidh a eagrú gach bliain ó 1989 go 1992 chun deis a thabhairt do lucht oiliúna múinteoirí bualadh le chéile agus teacht ar bhealaí nua chun an Buntomhas Eorpach a chothú agus a chur chun cinn.

Tionóladh an chéad ollscoil samhraidh sa Hogeschool Interstudie (Gelderland) Nijmegen ar an 2-8 Deireadh Fómhair 1989. Fuair an tSiúr Angela agus mé féin cuireadh chun freastal ar an ollscoil sin, agus cé go raibh an obair dian go maith, chuaigh na moltaí a deineadh ag an ollscoil sin chun tairbhe go mór do Choláiste Mhuire gan Smál agus d'Éirinn. An tuairim choiteann i measc na ndaoine ag an gcruinniú sin i Nijmegen ná nár oir na cláracha Erasmus d'ábhar mhúinteoirí. Ceann de na fadhbanna ba mhó a bhain le hErasmus ná go raibh sé dlite ar an mac léinn trí mhí ar a laghad a chaitheamh i dtír/tíortha eile agus ní raibh aon institiúid oiliúna sásta scaoileadh le mac léinn múinteoireachta ar feadh an ama sin. Chomh maith leis sin, ní raibh aon chomhaontú ann idir institiúidí oiliúna san Eoraip creidiúint a thabhairt do mhic léinn as tréimhse a chaitheamh i gcéin. Cinneadh go raibh gá le gréasán nua a bhunú a bheadh oiriúnach d'ábhair mhúinteoirí agus a chuideodh leis an mBuntomhas Eorpach a chur chun cinn. I ndiaidh na hollscoile, lean comhfhreagras idir na hinstitiúidí a bhí i láthair, agus faoi Mhárta 1990 bhí cinneadh déanta ar cheithre cinn déag de théamaí, agus iarradh ar choláistí áirithe gníomhú mar chomhordaitheoirí ar na téamaí éagsúla. Tionóladh an chéad chruinniú de na comhordaitheoirí ar an 10-11 Bealtaine 1990 sa Bhruiséal. Bhí an tSiúr Angela agus mé féin i láthair mar bhíomar ceaptha mar chomhordaitheoirí ar théama a cúig. Bhí ionadaithe ón gCoimisiún ag an gcruinniú agus ba é a moladh siúd go bhféachfaí ar an ngréasán iomlán mar ghrúpa acmhainne a mbeadh sé mar chúram orthu:

1. Moltaí a dhéanamh faoin mBuntomhas Eorpach a bheith mar chuid d'oiliúint an ábhair mhúinteora.
2. Moltaí a dhéanamh chun deiseanna a chur ar fáil d'ábhair mhúinteoirí taisteal chuig tíortha éagsúla den Eoraip.

Bhí an Coimisiún sásta airgead a chur ar fáil ionas go bhféadfadh na comhordaitheoirí bualadh le chéile faoi dhó gach bliain, agus buiséad beag do gach foghréasán, le scéimeanna a cheapadh chun an téama a bhain leis a fhorbairt.

Faoi Mheán Fómhair 1990, bhí ochtó institiúid san RIF (an t-ainm a tugadh don ngluaiseacht: Reseau d'Institutions de Formation) agus iad roinnte i gceithre cinn déag d'fhoghréasáin agus a théama féin ag gach ceann díobh mar seo a leanas:

1. Cathróireacht Eorpach.
2. An Buntomhas Eorpach san oideachas, cearta daonna agus fiúntas.
3. Oiliúint phríomhoidí scoile sa Bhuntomhas Eorpach.
4. Comparáid idir na córais oideachais agus oiliúna.
5. Ábhair mhúinteoirí a oiliúint chun curaclam bunúsach sa Bhuntomhas Eorpach a chur chun cinn sna bunscoileanna.
6. Bunchuraclam sa Bhuntomhas Eorpach san oideachas iarbhunscoile a fhorbairt.
7. Ábhair mhúinteoireachta san eolaíocht shóisialta a chruthú agus a mhalartú.
8. Ábhair mhúinteoireachta san eolaíocht a chruthú agus a mhalartú.
9. Teangacha nua a fhoghlaim ar mhaithe leis an mBuntomhas Eorpach san oideachas a chur chun cinn.
10. An Buntomhas Eorpach sa teicneolaíocht nua.
11. An Eoraip agus an dúchas cultúrtha.
12. An Buntomhas Eorpach san oideachas agus an timpeallacht.
13. An Buntomhas Eorpach san oideachas agus an ilsaoithiúlacht.
14. An Buntomhas Eorpach san oideachas agus slánú páistí martraithe agus páistí le deacrachtaí acu ar scoil.

Bhí cuid mhaith de na coláistí ar nós Choláiste Mhuire gan Smál: coláistí nach raibh baint acu roimhe sin le hErasmus ná le ceangail a dhéanamh le coláistí eile ar an Mór-Roinn chun cur ar chumas a gcuid mac léinn taisteal i gcéin. B'iontach an dúthracht agus an fuinneamh a bhí i ngach duine. D'fhéachamar orainn féin mar cheannródaithe in eachtra mhór chun aithne agus eolas a chur ar a chéile agus chun an deis chéanna a chur ar fáil dár gcuid mac léinn. Bhí sé an-mhealltach a bheith ag cur aithne ar dhaoine nua, ar shaoithiúlachtaí nua, ar thraidisiúin nua agus ar chórais nua mhúinteoireachta agus oideachais.

Thosaigh gach foghréasán ag obair ar a théama féin. Bhí ceist bhunúsach le plé i dtosach. De réir an Choimisiúin, ba í an phríomhaidhm a bhí le hErasmus ná mic léinn a bheith ag taisteal i dtíortha na hEorpa. Dar leis an RIF, ní raibh sa taisteal ach bealach chun an Buntomhas Eorpach san oideachas a bhlaiseadh agus a neartú. Chomh maith leis sin, thug an té a bhí i gceannas ar an Task Force of Human Resources (de chuid an Choimisiúin), an tUasal Lenarduzzi, le tuiscint ag an gcruinniú i Svendorg ar an 18-19 Eanáir 1991 nach bhféadfaí 'Erasmus d'ábhair mhúinteoirí' a chruthú ach go gcaithfí gníomhartha an RIF a eagrú laistigh de rialacha Erasmus.

Bhí an tSiúr Angela agus mé féin inár gcomhordaitheoirí ar fhoghréasan a cúig agus bhí an chéad chruinniú againn i gColáiste Mhuire gan Smál ar an 30 Samhain-1 Nollaig 1990. Ar na coláistí a ghlac páirt sa bhfoghréasán ag an am sin bhí coláistí ó Luimneach, Winchester Shasana, Patras na Gréige, Páras na Fraince, Bourg-en-Bresse na Fraince, Nottingham Shasana, an Danmhairg, Worcester Shasana, Guadalajara na Spáinne agus Nijmegen na hÍsiltíre. Ag an gcruinniú sin, beartaíodh go dtiocfadh beirt mhac léinn agus léachtóir ó gach coláiste le chéile in Winchester ar feadh míosa i mí Mheán Fómhair 1991; go n-oibreoidís le chéile le ceachtanna a bheadh oiriúnach don bhunscoil agus an téama faoin mBuntomhas Eorpach go láidir iontu; go rachaidís amach ansin chuig bunscoileanna sna ceantracha máguaird agus go múinfidís na ceachtanna sin iontu. Bhí an smaoineamh ar fheabhas. Bhí an Buntomhas Eorpach chun tosaigh ann agus bhí mic léinn ag taisteal ó thíortha éagsúla agus ag teacht le chéile i dtír eile. Ach an mbeadh airgead ar fáil dá leithéid?

An eagraíocht a bhí ag cur comhairle ar an gCoimisiún Eorpach ná an ECYEB (European Community Youth Exchange Bureau). Chomh maith leis sin, bhí an Erasmus Bureau ann agus an Task Force of Human Resources. Cuireadh na scéimeanna go léir a bhí leagtha amach ag foghréasáin an RIF (ár gceann féin ina measc) chucu agus d'iarradarsan cruinniú le hionadaithe ón RIF. Roghnaíodh seisear againn chun labhairt ar son an RIF: Mireia Montane (Barcelona), Yves Beernaert (An Bhruiséal), Guy Fouillade (Páras), Torsten Enemaerke (Odense), Gerard Willems (Nijmegen) agus mé féin. Nuair a chuas chun mo thicéad eitilte a fháil, ní raibh aon cheann saor ar fáil ach cinn sa bhreis ar £500! Chuireas glaoch ar an mBruiséal agus dúras nach rachainn mar gheall ar an gcostas (iad siúd a bhí ag díol as), ach dúirt Francine Vaniscotte liom teacht mar go mothóidís uathu mé mar gheall ar na tréithe áitimh agus argóna a bhí agam! Bhíos chun naomhluan a cheannach ach ar éigean a gheobhainn ceann oiriúnach, bhí mo chloigeann chomh hataithe sin! Tionóladh an cruinniú ar an 12 Márta 1991 sa Bhruiséal. Bhí tuarscáil ar imeachtaí an RIF agus ar an gcostas a bhainfeadh leis na scéimeanna a bhí beartaithe againn curtha le cheile agam féin agus ag Torsten. Ar na daoine a bhí i láthair bhí: Mr Lenarduzzi, Ms Verli-Wallace, Ms Pratt, Ms Vicqueira agus Ms Meldrum. (Task Force Human Resources); Ms Knudsen, Ms Voordeckers (Erasmus Bureau); Ms Vaniscotte, Ms Zanarelli (ECYEB).

Bhí an cruinniú fada agus an phríomhdheacracht a bhí ann dúinn ná na daoine eile a bhogadh ó dhianrialacha Erasmus agus iad a chur ag smaoineamh ar bhealach eile a bheadh níos oiriúnaí d'ábhair mhúinteoirí. Bhí toradh maith ar an gcruinniú. Bhíothas sásta trí cinn d'fhoghréasáin a mhaoiniú i 1991-92 mar chás speisialta. Bhí Lenarduzzi i bhfábhar na ngréasán a bhí ag déileáil le curaclam, agus roghnaigh lucht Erasmus cúig cinn ar fad: a haon, a cúig, a sé, a dó dheag agus a trí déag. Bhí rogha eile le déanamh anois faoi na cinn a thosódh i 1991. Bhí an-áthas ar an tSiúr Angela agus orm féin gur éirigh linne.

An Mheitheal

An rud a bhí beartaithe againn a dhéanamh ná beirt mhac léinn as gach coláiste a bhí páirteach san fhoghréasán a thabhairt le chéile in aon áit amháin, mar aon le léachtóirí ó na coláistí éagsúla. Fuaireamar cuireadh dul go Winchester, agus b'ann a tháinig an chéad mheitheal le chéile. Peadar Ó Croimín a mhol an teideal 'meitheal', agus nuair a míníodh do na daoine an chiall a bhí leis, ghlacadar go fonnmhar leis. Bhí sé an-oiriúnach mar bhí na coláistí, na léachtóirí agus na mic léinn ag comhoibriú le chéile ar feadh míosa agus ina gcónaí le chéile chomh maith. I ndáiríre, domhnán den Eoraip a bhí sa chomhluadar i Winchester idir 2-28 Meán Fómhair 1991, daoine le teangacha, saoithiúlachtaí agus cúlraí éagsúla agus a oileadh ina mhalairt de chórais oideachais, ag obair as lámha a chéile agus a chruthaigh go raibh a leithéid de rud ann is an Buntomhas Eorpach, in áit a bheith ag caint faoi. Naonúr déag mac léinn a bhí ann agus aon léachtóir déag (cuid acu ann ar feadh seachtaine, coicíse nó míosa). Caithfidh go raibh sé dian go maith ar na mic léinn agus ar na léachtóirí. Ní raibh aithne acu ar a chéile roimhe sin, go mór mór na mic léinn, agus anois bhíodar ag obair agus ag maireachtáil le chéile gach lá ar feadh míosa. Bhí plean oibre leagtha amach do gach lá agus do gach seachtain, ach bhí sé an-dhaonlathach!

D'oibrigh na mic léinn agus na léachtóirí as lámha a chéile agus tugadh deis do gach éinne moltaí a dhéanamh. Agus ansin bhí orthu dul amach sna scoileanna agus na ceachtanna a bhí leagtha amach acu a mhúineadh iontu. Ní raibh sé éasca do na páistí agus do na múinteoirí sna ranganna Sasanacha sin ach an oiread – eachtrannaigh ag teacht chucu isteach le guth agus tuin chainte éagsúil agus iad ag cur isteach ar ghnáthobair na scoile. Ach de réir tuairisc gach éinne – léachtóirí, mic léinn, múinteoirí agus páistí scoile – d'éirigh thar barr leis an tionscnamh ar fad. Ní hamháin sin ach bhain na mic léinn an-thaitneamh go deo as an scéim ar fad. Bhí creidiúint faoi leith ag dul do Charly Ryan (Winchester) agus do Pheadar Ó Croimín (Coláiste Mhuire gan Smál) as an obair a dheineadar. Ar na léachtóirí eile a bhí i láthair bhí: Alain Dupre (Bourg-en-Bresse), Robert Dransfield (Nottingham), Michele Virol (Páras), Rini Rubbens (Hogeschool, Gelderland), Eloisa Vivas Arce (Guadalajara), Jose Maria Sanchez Jimenez (Guadalajara), T.T. Papoulia Tzelepi (Patras), George Antonouris (Nottingham), Inge Dahlgaard (an Danmhairg), agus Tony Bates agus Steve Phillipson (Worcester).

Bhí beirt shár-mhac léinn ó Choláiste Mhuire gan Smál ann: Marese Heavin (Baile na Lorgan, Contae Mhuineacháin) agus Susan Fagan (Mala, Contae Chorcaí). Bhí ceol agus rince acu agus bhíodar chun tosaigh sna himeachtaí a bhíodh ar siúl. Thug an tSiúr Angela agus mé féin cuairt ar Winchester agus bhíomar an-thógta lena raibh déanta ann ar feadh na míosa. Cuireadh fáilte croíúil romhainn. Ar na mic léinn eile a bhí ann bhí: Angeliki Garyfallidou agus Anastasia Myrou (Patras), Maria Antonia De Mingo Garcia agus Angela Polo Naranjo (Guadalajara), Nicolien Busschers agus Ton Westra Hoekzema (Nijmegen), Jocelyne Desmaris agus Carole Feud (Bourg-en-Bresse), Nadine Mosrin agus Martine Lauebert (Páras), Joanna Harrisagus Varsa Khubhalbhai (Nottingham), Charlotte Nygaard agus Espen Kehler (Skovlunde, an Danmhairg), Jacquelyn Saunders (Winchester), Sarah L. Hovington agus Peter Blair (Worcester).

Foilsíodh tuarascáil iomlán den Mheitheal, 236 leathanach, inar deineadh cur síos mion ar na himeachtaí ar fad ar feadh na míosa. Choinnigh gach mac léinn dialann agus cuireadh a dtuairimí siúd sa tuarascáil chomh maith. Bhí gach éinne sásta agus d'iarr an Coimisiún ar Ollscoil Nantes scrúdú neamhspleách a dhéanamh ar obair na bhfoghréasán ar fad, agus bhí a dtuarascáil siúd an-fhábharach. I rith na bliana 1991-2, bhí an bheirt mhac léinn Éireannach, Marese agus Susan, i dteagmháil leis na mic léinn eile a bhí ar an Meitheal agus chuireadar nuachtlitir ar fáil.

Bhí na mic léinn an-dhíograiseach agus dúradar gur mhaith leo teacht le chéile arís. Socraíodh an teacht le chéile mar Mheitheal Bheag sa Bhruiséal ar an 5-10 Iúil 1992. Naonúr den dream bunaidh a bhí i láthair agus duine nua amháin. Ní raibh ar chumas na ndaoine eile teacht, de bhrí go rabhadar ag obair, ach chuireadar scéala dea-mhéine go dtí an cruinniú. Dheineadar gach ar tharla ag an Meitheal a chíoradh agus dheineadar moltaí don chéad Mheitheal eile.

Tionóladh an chéad Mheitheal eile in Bourg-en-Bresse i 1993, agus sa bhliain 1994 bhí an Mheitheal i gColáiste Mhuire gan Smál. Den chéad uair bhí ionadaíocht ó thuaisceart na hÉireann páirteach, beirt mhac léinn agus beirt léachtóirí ó Stranmillis, Béal Feirste. Bhí léachtóir ó Ollscoil Oldenburg (An Ghearmáin) ann chomh maith. Tionóladh Meitheal amháin eile i Samklang, Fakse Ladeplads, an Danmhairg, ach bhí ré an RIF ag druidim chun deiridh mar eagraíocht ann féin.

Bhí cruinniú ag ionadaithe an RIF le Louisa Anastopolous a bhí i gceannas ar DGXX11 (Task Force roimhe sin) den Choimisiún. Bean chumhachtach, dheimhneach ab ea í agus dúirt sí amach go díreach go raibh deireadh leis an RIF mar ghréasán ann féin: nach raibh ann ach scéim phíolótach; go raibh deireadh leis anois agus nach mbeadh aon mhaoiniú eile ar fáil ón gCoimisiún mar a bhí ó 1991 i leith; go raibh an-obair déanta ag an RIF agus gur chóir leanúint den obair sin laistigh den ghníomhaíocht nua, Socrates.

Cinnte, ní raibh san RIF ach scéim phíolótach ach d'éirigh ar fheabhas leis. Locht a bhí ar an gCoimisiún ná go ndeintí athruithe cuma cé chomh maith is a bhí ag éirí le rud. Socrates an gníomhaíocht mhór nua a bhí á maoiniú ach bhí an fhoireann a bhí i gceannas ar Erasmus agus Comenius agus a leithéid scaipthe, agus níorbh fholáir tosú as an nua arís le Socrates! Chomh maith leis sin, bhíodh athrú pearsanra ar siúl an t-am ar fad agus a luaithe is a bheadh aithne agat ar dhuine, bheadh duine nua ina áit.

B'iontach an obair a rinne an RIF, agus ní raibh sáru ar an obair a rinne foghréasán a cúig! Tá an-chreidiúint ag dul do na léachtóirí as an obair a rinne siad sna Meithleacha éagsúla, agus dhein an tSiúr Angela an t-uafás oibre mar chomhardaitheoir liom féin ar fhoghréasán a cúig. Bhain Coláiste Mhuire gan Smál an-thairbhe as an rud ar fad. Bhí suas le 200 institiúid ar fud na hEorpa páirteach san RIF, agus de bhrí gur éirigh chomh maith sin linn, bhí ainm agus cáil an choláiste ar fud na Mór-Roinne. Baineadh an-úsáid as na cairde a dheineamar nuair a thosaigh an BA sa choláiste, agus nuair a bhí áit in institiúid thar sáile ag teastáil ó na mic léinn dá gcúrsa seachchampais.

Network of Interuniversity Cooperation Programmes in Education (NICOPED)

Deirtear gurb í an chéad mhír a bhíonn ar chlár tosaigh gach aon eagraíochta in Éirinn ná 'an scoilt'! Níor tharla aon scoilt san RIF ach bhí tíortha san Eoraip, cosúil leis an Iodáil, nach raibh páirteach ann. Fuaireas cuireadh ó Attilio Monasta, a bhí ina ollamh le heolaíocht an oideachais in Ollscoil Firenze, teacht chuig cruinniú in Firenze ar an 11-14 Samhain 1992. Bhí sé i gceist aige gréasán a bhunú, a mbeadh na hinstitiúidí oideachais a bhí gníomhach sna brúchláracha comhoibrithe (intensive cooperative programmes – ICPs), páirteach ann. D'iarr sé orm labhairt leis an tionól faoin RIF. Bhí suas le 150 duine i láthair agus bhí aithne agam ar chuid acu a bhí gníomhach san RIF. Bhí aidhmeanna NICOPED leagtha amach mar seo a leanas:

1. An comhoibriú idir institiúidí ardoideachais maidir le hoiliúint mhúinteoirí a fheabhsú.
2. An taighde ar eolaíocht an oideachais sa Chomhphobal Eorpach a mhéadú.
3. Eolas ar na cláracha comhoibrithe a bhí maoinithe ag an gComhphobal Eorpach a scaipeadh laistigh agus lasmuigh den ghréasán.

Socraíodh ar NICOPED a bhunú, ach bhíos féin ag rá nach raibh aon mhaitheas ann don oideachas dhá eagraíocht a bheadh i gcomórtas lena chéile. Bunaíodh comhchoiste, *Comité de Réflexion*, idir an RIF agus NICOPED. Seisear a bhí ar an gcomhchoiste: Gunter Brinkmann (Freiburg), Dieter Kohlberr (Osnabruck), Gijs Rupert (Grongen, an Ísiltír), Maria Odete Valente (Lisboa), Attilio Monasta (Firenze), agus mé féin. Bhí cúpla cruinniú againn agus d'aontaíomar ar chlár comhoibrithe le cur go dtí an Coimisiún. Ach faoin am sin bhí an scéim nua, Socrates, foilsithe ag an gCoimisiún, agus chuir sin deireadh leis na heagraíochtaí mar eagraíochtaí iontu féin, cé gur leanadh leis na brúchláracha comhoibrithe.

International Council on Education for Teaching (ICET)

Is é atá in ICET ná cumann idirnáisiúnta d'eagraíochtaí agus d'institiúidí oideachais agus é mar aidhm aige oiliúint mhúinteoirí agus gach uile chineál oideachais agus oiliúna maidir le forbairt náisiúnta a fheabhsú. Is eagraíocht í atá neamhspleách ar aon rialtas agus a bhfuil ceangal aici le UNESCO. Bhíos im bhall ó thús na nóchaidí agus iarradh orm páipéar ar an RIF a léamh ag an ollchruinniú bliantúil in Istanbul i 1992.

Bhí na hollchruinnithe bliantúla thar a bheith suimiúil. I

dtosach, bhí daoine ann ó gach ceard den domhan, daoine nach mbuailfimis leo riamh san Eoraip, daoine ón Oirthear agus ón Meánoirthear, mar aon le hionadaithe ó na Stáit Aontaithe, ó Cheanada agus ó Mheiriceá Theas. Bhí sé suimiúil éisteacht leis na deacrachtaí éagsúla a bhí acu ar fud an domhain, daoine áirithe ag gearán nach raibh fiú deiseanna bunoideachais acu agus daoine eile ag tabhairt amach nach raibh go leor áiseanna ar fáil do mhic léinn a bhí ag déanamh taighde le haghaidh dochtúireachtaí. De ghnáth, bhíodh an iomad léachtanna ar siúl agus bhí sé deacair rogha a dhéanamh; ach, ar bhealach, bhí an chumarsáid phearsanta níos tábhachtaí. Ag béile, b'iontach suí le duine ón bPailistín agus éisteacht leis na deacrachtaí a bhí acusan agus ansin, ag béile eile, caidreamh a dhéanamh le duine ó Hong Kong. Rud amháin a bhí soiléir ná go raibh fadhbanna ar fud an domhain ar fad agus ba mhinic gur ghanntanas airgid ba chúis leo – d'fhéadfá a bheith ar ais in Éirinn ag éisteacht leo!

Bhíodh na hollchruinnithe in áiteanna sna mór-ranna éagsúla. Bhíos-sa páirteach sna cinn i bPáras, Istanbul, Amman agus Oman. Bhí na cinn in Istanbul, Amman agus Oman fíorshuimiúil, fiú ó thaobh na n-áiteanna féin de. In Istanbul, bhí an tIarthar agus an tOirthear ag bualadh le chéile agus bhí sé sin sofheicthe ar na sráideanna, go mór mór i ngléasadh na mban. In Oman agus in Amman, bhí an-shuim ag na hArabaigh in Éirinn agus bhí fonn ar dhaoine ar labhair mé leo teacht go hÉirinn chun breis staidéir a dhéanamh. Ag dinnéar amháin ar thrá an óstáin in Oman, tháinig Éireannach chugam a bhí amuigh ansin ag múineadh Béarla. Bhí Béarla an-mhaith ag beagnach gach duine, cuma cén tír as a dtángadar.

Sa taisteal ar fad a dheineas i rith mo shaoil, bhí sé soiléir go raibh an Béarla ag dul chun cinn mar theanga dhomhanda. Na Meiriceánaigh ba mhó ba chúis leis sin. Bhí an t-ádh linne go raibh an Béarla againn, ach cén fáth nach gcoinneoimis ár dteanga féin chomh maith, agus a bheith mórálach aisti? Ag labhairt le daoine ón Danmhairg san RIF uair amháin, dúradar nach bhféadfaidís muintir na hÉireann a thuiscint! Bhíomar i gcónaí ag gearán faoi na Sasanaigh ach bhíomar ag diúltú ár dteanga féin a labhairt! Sa Danmhairg, an chéad teanga a bhí acu sna scoileanna ná an Danmhairgis, ansin an Béarla, ansin an Fhraincis agus ansin, b'fhéidir, an Ghearmáinis. Níor mhaitheadar riamh don Ghearmáin an t-ionsaí a deineadh ar a dtír sa chogadh domhanda. Ag ollchruinnithe ICET, an Béarla an teanga oifigiúil a bhí ann. Bhí ceanncheathrú na heagraíochta in Virginia na Stát Aontaithe.

Rud amháin faoi na hollchruinnithe ná go mbíodh na hóstáin ar fheabhas agus iad faighte ar phraghas an-íseal. An ceann is mó is cuimhin liom ná an Albustan Palace Hotel in Oman. Bí ag caint ar shómas! Bhí an fáiltiú chomh mór le hardeaglais agus boladh túise san aer an lá go léir. Uaireanta, bhíodh buíon cheoil ag seinm agus uaireanta eile fear ar an gcláirseach. D'iarras air siúd fonn Gaelach a sheinm lá agus sheinn sé 'Galway Bay'! Ar an trá a bhí an t-óstán agus an ghrian ag spréacharnaigh ar na ballaí bána. Ar an trá a bhí na béilí againn fiú, ach amháin go mbíodh na dinnéir fhoirmiúla san óstán féin – mí na Nollag 1997, ag ithe dinnéir ar an trá! B'fhiú an t-aistear fada! Nuair a thug an tUachtarán Máire Mhic Ghiolla Íosa cuairt ar Oman, ba san óstán sin a d'fhan sí.

Sna háiteanna sin, bhíodh prionsa den chlann ríoga mar óstach agus bhíodh cúpla fáiltiú oifigiúil ann do na hionadaithe. In Amman, tharla go rabhas taobh leis an bPrionsa Corónach Hassan, deartháir Rí Hussein na hIordáine. Bhí áthas air go raibh a fhios agam go raibh iníon an rí in Éirinn ag an am, ag cur lena cuid scileanna marcaíochta. Cúpla seachtain sara bhfuair an Rí Hussein bás, d'ainmnigh sé a mhac Abdullah mar chomharba air féin in áit Hassan. Murach sin, d'fhéadfainn a mhaíomh go raibh aithne agam ar Rí na hIordáine!

Luas gléasadh na mban in Istanbul ar ball. In Oman agus in Amman, bhí an clúdach Muslamach ar na mná ar fad ach amháin go raibh céimeanna éagsúla de orthu le dathanna agus ábhair éagsúla. Ach ag taisteal faoin tuath, bhí clúdach iomlán dubh orthu agus fiú an aghaidh féin clúdaithe. Conas a chuireadar suas leis an teas? Agus na fir? Bhí an chuid ba mhó acu gléasta i róbaí fada bána scaoilte ach bhí daoine eile agus gan orthu ach léinte éadroma agus muinchillí gearra – tá obair le déanamh ag gluaiseacht na mban sna háiteanna sin! Rud eile a bhí suimiúil faoin gceist sin: ag oscailt oifigiúil nó ag tabhairt amach oifigiúil, bhí nós an-dheas acu. Sheasfadh an Prionsa nó an tAire ag ceann an halla agus chroithfeadh sé lámh leis na daoine go léir a bhí i láthair, fir agus mná. Ach na mná Muslamacha a bhí i láthair – agus seo daoine a bhí ina léachtóirí agus ina n-ollúna – d'fhanfaidís siar agus rachaidís amach ar chúl. Ionannas? Beidh sé i bhfad ag teacht go dtí na críocha sin.

Eachtra bheag a tharla dom féin, léiríonn sé mar a chuirfeadh an tslí a chaitear le mná isteach ort. Bhíos ag siúl trasna go dtí an t-ardaitheoir san óstán in Istanbul agus bhíos ar tí dul isteach, nuair a chonac an bhean seo im dhiaidh agus í clúduithe ó bhun go barr. Éadaí daite a bhí uirthi, dhá mhála lán d'earraí ina lámha agus beirt pháistí i ngreim sciorta uirthi. Bhí a fear céile roimpi, léine oscailte air le muinchillí gearra. Sheasas siar chun í a ligint isteach ach eisean a chuaigh isteach roimpi agus ise fágtha ag casadh go cliathánach ag iarraidh í féin, an dá mhála agus an bheirt pháistí a bhrú isteach. Bhí fonn orm é a chaitheamh amach agus fios a bhéas a mhúineadh dó! Agus ba dhaoine deisiúla iad sin ag fanacht in óstán ardchaighdeánach. Cad é mar shaol atá ag mná a chonac in áiteanna cosúil le Petra agus iad clúduithe in éadach trom dubh ó bhun go barr faoi theas millteanach.

Association for Teacher Education in Europe (ATEE)

Bhí ballraíocht ag an gcoláiste san eagraíocht sin le fada. Bhí an-chuid de na daoine a bhí gafa leis an RIF páirteach san ATEE, agus bhí an cruinniú bliantúil acu i gColáiste Mhuire gan Smál i 1990. D'éirigh chomh maith sin leis gur beartaíodh filleadh ar ais, rud a tharla i 1998. Bhí an chomhdháil sin ar fheabhas chomh maith. An tAire Oideachais Micheál Martin a d'oscail an chomhdháil. Toghadh Ciarán Ó Broin, a bhí ina cheann roinne ar an roinn oideachais sa choláiste, ina uachtarán ar an ATEE.

European University Public Relations and Information Officers (EUPRIO)

Eagraíocht ab ea í sin do na daoine a bhí freagrach as fógraíocht agus poiblíocht do choláistí agus d'ollscoileanna. Ní raibh oifigeach poiblí ag coláiste cosúil le Coláiste Mhuire gan Smál ach, mar a tharla go minic, dhéanainnse pé gnó a bheadh le déanamh. Bhíos im bhall den eagraíocht agus tharla rud an-shuimiúil dom ag cruinniú thall sa Lobháin. Bhíomar i gColáiste na nGael, áit bheannaithe a thugann na Ceithre Máistrí chun cuimhne duit. Ghlac Rialtas na hÉireann cúram na háite air féin, agus deineadh í a athchóiriú agus a mhaisiú, agus úsáidtear anois í ag daoine a bhíonn ag cruinnithe sa Bhruiséal. B'iontach breathnú amach ar an bplásóg féir os comhair an tseomra comhairle agus féachaint ar an gcrann a deirtear atá os cionn uaigh Fhlaithrí Uí Mhaolchonaire. Dá bhféadfadh na ballaí agus an féar labhairt, cad é mar stair a bheadh le hinsint acu!

Tráthnóna amháin, bhuaileas isteach sa tséipéal chun uaigheanna Uí Néill agus Uí Dhomhnaill a fheiscint. Is leis na Proinsiasaigh fós an séipéal. Bhíos ansin ag smaoineamh ar an gcogadh idir Gaeil agus Gall in Uladh agus an phlandáil a lean é agus ar an rian a d'fhág sé fós ar Éirinn, nuair a chuala guth laistiar díom: 'Tony Bromell from Thomondgate?' Manach Proinsiasach a bhí ann dárbh ainm Con Cronin, a rugadh i mBailtíní Uí Dhuibhir i nGeata Tuamhumhan agus a raibh aithne agam ar a mhuintir go léir. Chaitheamar tamall fada ag caint, mise ag tabhairt eolais dó ar Luimneach agus go háirithe ar Gheata Tuamhumhan, agus eisean ag léiriú stair na háite domsa. Ní raibh san áit ach é féin agus beirt sheanshagart a raibh seisean ag tabhairt aire dóibh. Nár thrua an meath a bhí tagtha ar an gcuallacht, a bhí ina loinnir dhóchais do Ghaeil i ndúluachair an tseachtú haois déag.

Coláiste Mhuire gan Smál agus Meiriceá

Is léir go raibh an-dhul chun cinn déanta ag Coláiste Mhuire gan Smál maidir le cáil agus aitheantas idirnáisiúnta a fháil. Chonaiceamar freisin an t-airgead mór a bhí á fháil ag coláistí thar sáile ó chomhlachtaí agus ó fhondúireachtaí éagsúla, go mór mór sna Stáit Aontaithe. Uair dá raibh an tSiúr Angela agus mé féin sna Stáit ar cuairt chuig Ollscoil Frostburg agus Coláiste Longwood, fuaireamar cuireadh chun an dinnéir bhliantúil a bhí ag an American Ireland Fund in óstán an Waldorf i Nua Eabhrac. Bhí an oíche thar barr. Bhí rogha agus togha Ghaeil Mheiriceá, mar aon le maithe agus móruaisle shaol Mheiriceá agus Nua Eabhrac, i láthair. Is é *Per Eruditionem ad Astra* mana na heagraíochta, agus tá an-chuid maitheasa déanta acu. Bhuaileamar le han-chuid daoine ach níor thángamar abhaile le sparáin teann le hairgead. I ndáiríre, ní raibh a leithéid i gceist againn, ach bhí brat an choláiste ardaithe againn.

Bhíos ag fanacht in óstán Lexington ar Ascaill Lexington. A luaithe is a shiúlas isteach sa bhfáiltiú, mheasas go rabhas sa bhaile. Bhí leacht ar an bhfalla agus an scríbhinn seo uirthi: *'Anseo láthair an ospidéil mháithreachais inar rugadh Uachtarán na hÉireann Éamon de Valera.'* Nár dheas an fháilte a bhí romham!

XVII

Agus fiche bliain gur cuma ann nó as! N'fheadar!

Shroicheas tús an cheathrú fiche bliain i 1992 nuair ba chóir dom, de réir an ráitis Ghaeilge, a bheith sásta luí siar agus ligint dom féin imeacht le fána na haoise. Ach na laetha seo, ní mar sin a smaoiníonn formhór an phobail. Maidir liom féin, bhí an méid sin ar m'aire nach raibh an t-am agam a bheith ag smaoineamh ar chúrsaí aoise ar chor ar bith, gan trácht ar an tseanaois. Ó thaobh mo chlainne de, bhí gach rud ag dul ar aghaidh go maith, iad ag pósadh de réir a chéile agus an gharchlann ag tosú ag teacht – ócáidí móra lúcháire agus ceiliúrtha. Aisteach go leor, de réir mar a bhíodh rudaí ag dul ar aghaidh go maith, bhíodh beagáinín imní orm nach mairfeadh sé agus go raibh buille eile i ndán dúinn. Ní hé go mbínn buartha faoi ach bhíodh sé i gcúl mo chinn ó am go chéile. Bhínn ag smaoineamh siar ar chomhrá a bhí agam féin agus Áine cúpla mí sara bhfuair sí bás. Bhíomar cois tine, an teilifís ar siúl agus an bheirt againn ag léamh.

Gan choinne labhair Áine liom agus ar sise, 'Nach bhfuil an t-ádh orainn. Triúr acu agus a gcéimeanna bainte amach acu agus iad ag múineadh sa bhaile, agus Éamonn sa choláiste.'

'Tá Dia ag déanamh cúitimh leat as a ndearna sé ort nuair a bhís óg,' arsa mise. B'annamh a labharfadh Áine faoi bhás obann a máthar agus a hathar, agus chun an dáiríreacht agus b'fhéidir an cumha a bhaint den chomhrá, arsa mise go fonóideach, 'Ach bí cinnte go bhfuil sé ag feitheamh le buille eile a bhualadh orainn nuair is lú a bheidh súil againn leis.'

Agus leanamar ag léamh agus ag breathnú ar an teilifís.

Dhá mhí ina dhiaidh sin bhí Áine marbh. Ní raibh ann, dar ndóigh, ach comhtharlú, ach níor éirigh liom riamh an comhrá sin a chur as mo chloigeann ar fad, agus is mar gheall air sin a thagann an rúidín beag imní orm ar uairibh. Dar ndóigh, tá rothaí móra an tsaoil ag gabháil thart agus n'fheadair éinne an lenár leas nó lenár n-aimhleas é.

Dáiríre, ní raibh mórán ama agam a bheith ag machnamh mar sin. Bhíos an-ghnóthach. Bhí an coláiste ag fás go tapaidh ó 300 ag tús na nóchaidí go dtí breis is 1,700 sa bhliain 1997-8. Bhí fadhbanna againn nuair a bhí na huimhreacha íseal, ach bhí fadhbanna níos mó againn nuair a bhíodar ag ardú chomh tapaidh sin. Ach ba dheas an fhadhb í agus b'iontach liom an dúshlán i gcónaí.

Bhí foirgnimh nua ag teastáil go géar. Cheannaíomar an Grianán (Summerville) ó Shiúracha na Trócaire. Cheannaíodarsan é sna caogaidí. Bhí sé in úsáid ag an gcoláiste sna seachtóidí nuair a bhí an ealaín, roinn an bhéarla agus roinn an cheoil ann. Bhí sé go hálainn sa samhradh na mic léinn a fheiscint ag staidéar faoi scáth na gcrann ar na plásóga féir. Nuair a laghdaíodh ar uimhreacha na mac léinn, ní raibh aon ghá leis an nGrianán a thuilleadh. Ansin nuair a d'ardaigh líon na mac léinn arís, cheannaíomar é agus deineadh é a dheisiú agus a athchóiriú. Foirgneamh breá a bhí ann. D'oscail an tAire Oideachais Micheál Martin go hoifigiúil é ar an 16 Aibreán 1998 mar chuid de cheiliúradh bhunú an choláiste i 1898. Ag an am céanna ceannaíodh seanscoil a bhí trasna an bhóthair ón gcoláiste sa Chnocán. Tá foirgneamh breise ceannaithe ann ó shin.

Bhí an tAire sa choláiste níos luaithe sa bhliain agus bhíomar ag cur ina luí air go raibh foirgnimh bhreise uainn mar gheall ar an méadú mór a bhí tagtha ar líon na mac léinn. Dúirt sé linn plean forbartha a chur chuige chomh luath agus ab fhéidir. Ar éigean é thar an ngeata amach nuair a shuíomar síos leis an ailtire chun an plean a chur ar fáil. Ní raibh aon mhórphlean galánta uainn ag an am ach foirgnimh nua a fháil chomh tapaidh agus ab fhéidir chun freastal ar an líon mac léinn a bhí sa choláiste cheana féin. Bhí, mar shampla, gá práinneach le spás breise sa leabharlann. Tógadh an leabharlann chun freastal ar 750 mac léinn ach bhí 1,000 mac léinn breise ann faoin am sin. Choinníomar an plean forbartha laistigh de shuíomh cúng an choláiste, ionas nach gcuirfeadh sé isteach ar aon mhórfhorbairt a thiocfadh ar ball, rud a bhí riachtanach. Nuair a tháinig an tAire ar an 16 Aibreán, thugamar an plean dó agus mhol sé sinn go mór as a thapúla is a rinneamar é. Ach níor tógadh aon fhoirgneamh nua ach cinn réamhdhéanta nach raibh sa phlean in aon chor!

Bhí fadhb mhór eile againn maidir le tógáil. Ar chaon taobh den choláiste tá Ascaill Summerville agus Ascaill Ashbourne agus an talamh ar chúl an choláiste ag síneadh síos go dtí bóthar na nduganna. Ba le Siúracha na Trócaire an talamh, ach d'fhéachamar ar an talamh sin i gcónaí mar chuid den champas. Bhí cuid den talamh faighte againn mar fhaichí imeartha. Sna hochtóidí, dhíol na Siúracha an talamh, mar mheasadar, agus ní thógfá orthu é ag an am, nach mbeadh sé ag teastáil riamh ón gcoláiste toisc uimhreacha na mac léinn a bheith ag ísliú an t-am ar fad. Bhí sé íoróineach ag an am: dream amháin Siúracha ag lorg cead pleanála do thithe agus dream eile díobh (an coláiste) ina choinne! Fuarthas an cead agus tá tithe (College Gate) tógtha ar na tailte sin anois agus tá garáiste ar bhóthar na nduganna. D'fhág san gur beag talamh a bhí ag an gcoláiste le foirgnimh nua a thógáil muna gcuirfí isteach ar na faichí imeartha. Agus tá na faichí sin chomh tábhachtach san do shaol iomlán an choláiste nach bhféadfaí fiú smaoineamh ar fhoirgnimh a thógáil orthu. Bhí comhráití agam leis an mbardas mar bhí an sean-ráschúrsa le díol agus bhí sé i gceist ag an mbardas láthair spóirt a chur isteach ann. Dá ndéanfaí sin, go mór mór taobh le clochar Westbourne, bheadh sé an-chóngarach don choláiste agus d'fhéadfadh na mic léinn na faichí sin a úsáid, dá mbeadh gá le foirgnimh a thógáil ar fhaichí an choláiste féin. Ach ní raibh aon ghá a bheith ag smaoineamh chomh fadtéarmach sin, mar níor thosaigh aon obair ghearrthéarmach fiú amháin.

Comóradh Céad Bliain

I 1973, dheineamar bunú an choláiste seachtó cúig bliana roimhe sin a chomóradh le clár ceiliúrtha seachtaine. I 1998, bhí comóradh an chéid le ceiliúradh againn agus bheartaíomar ar cheiliúradh bliana a bheith againn. Bhí an-athrú tagtha ar an gcoláiste i rith na gcúig bliana fichead sin. Ní raibh ach trí dhuine dhéag den fhoireann acadúil a bhí ann sa bhliain 1973 fós sa choláiste, agus ní raibh éinne den fhoireann seirbhíse fágtha. Dar ndóigh, bhí fás mór tagtha ar líon na foirne acadúla agus ar an bhfoireann seirbhíse chomh maith. Coláiste aitheanta de chuid Ollscoil na hÉireann a bhí sa choláiste an t-am sin, ach anois bhí an nasc déanta le hOllscoil Luimnigh. Chomh maith leis an B.Ed., bhí an BA agus cúrsaí iarchéime faoi lántseol agus bhí breis ollmhór ar líon na mac léinn ann. Bhí coistí ar leith bunaithe chun an clár comórtha a leagadh amach agus bhí spiorad iontach comhoibrithe ann, mar ba dhual don choláiste i gcónaí.

Bhí an oscailt oifigiúil ann ar an 26 Eanáir 1998 le haifreann in Eaglais Íosaif Naofa. An tEaspag Dónall Murray a léigh an t-aifreann agus bhí Príomháidh na hÉireann an Dr Seán Brady, an Cairdinéal Cathal Daly, Ardeaspag Chaisil an Dr Dermot Clifford agus mórán den chliarlathas i láthair. I ndiaidh an aifrinn, bhí oscailt thaispeántas an chéid sa Ghrianán. Is éard a bhí sa taispeántas sin ná bailiúchán de ghrianghraif, leabhair rollaí, nótaí ceachta, cuntais ioncaim agus caiteachais, litreacha agus pleananna tógála an choláiste, an lián a d'úsáid an tEaspag Ó Duibhir leis an mbunchloch a leagadh agus mórán rudaí eile a bailíodh sa choláiste le céad bliain anuas. Bhí an taispeántas ar oscailt ar feadh na bliana agus bhí an-tharrac ag múinteoirí, daltaí scoile agus iarscoláirí air. Ar a sé a chlog an lá sin, lasadh Lasair an Chéid lasmuigh den phríomhdhoras.

Bhí clár iontach leagtha amach don bhliain ar fad: léachtanna ó léachtóirí náisiúnta agus idirnáisiúnta; ceolchoirmeacha; drámaí, ina measc *At the Black Pig's Dyke*, a léirigh cumann drámaíochta an choláiste; comórtais spóirt – Corn Mhic Giobúin san iománaíocht agus Corn an Phuirséalaigh sa chamógaíocht; laethanta ar leith leagtha amach d'iarscoláirí na mblianta éagsúla; seoladh *Rabhlaí Rabhlaí*, bailiúchán de rannta traidisiúnta don aos óg, leabhar agus dlúthdhiosca/caiséad a chuir Roibeard Ó Cathasaigh in eagar; seoladh *As na Cúlacha*, leabhar le Pádraic Breathnach; comhdhálacha éagsúla ar a raibh comhdháil bhliantúil an ATEE, 24-30 Lúnasa; agus mórán imeachtaí eile, idir mhór agus bheag. Bhí blas idirnáisiúnta ar an mbliain chomh maith. Chomh maith le comhdháil an ATEE, bhí Lá Meiriceánach againn le léachtanna ó uachtarán Ollscoil Frostburg an Dr Catherine Gira, uachtarán Choláiste Longwood an Dr Patricia Cormier, An Dr Philip Allen agus an Dr Maureen Connelly, Ollscoil Frostburg. Bhí Lá Eorpach againn freisin agus léachtanna ó Yves Beernaert (an Bhruiséal) agus Dr Medwin Jones (Carmarthen). Chomh maith leis sin, bhí comhdháil físe idir Choláiste Mhuire gan Smál agus Ollscoil Frostburg. Agus mar léiriú breise ar thábhacht na nuatheicneolaíochta, osclaíodh Computerland, faoi urraíocht Dell, chun deis a thabhairt do pháistí scoile cleachtadh a fháil ar ríomhairí.

Ach níor deineadh faillí sa stair. Bhí siompóisiam ann ar bhunaitheoir an choláiste, an tEaspag Ó Duibhir, agus scríobh an t-iaruachtarán an tSiúr Loreto Ní Choncubhair stair an choláiste, *Passing on the Torch: A History of Mary Immaculate College*. Tháinig Uachtarán na hÉireann Máire Mhic Ghiolla Íosa chun an leabhar a sheoladh ar an 14 Bealtaine 1998. B'iontach an lá é agus ní raibh sárú an Uachtaráin le fáil mar dhuine agus mar chainteoir. Léirigh sí an ceangal a bhí aici le Siúracha na Trócaire i mBéal

Feirste, í ar scoil leo ansin agus cónaí uirthi taobh le hospidéal an Mater. Labhair sí faoi am an toghcháin nuair a bhí sí le dul chuig cruinniú san Astráil d'iar-mhic léinn Ord na Trócaire: nach bhféadfadh sí dul ach gur ghlac sí páirt ann trí chomhdháil físe. Ina dhiaidh sin, bhí suim ar fud na hAstráile sa toghchán in Éirinn. Labhair an tSiúr Loreto faoin gceangal a bhí idir bhunú Choláiste Mhuire gan Smál agus Coláiste Mhuire i mBéal Feirste, agus an comhoibriú a bhí idir an dá easpag, Tomás Ó Duibhir i Luimneach agus Henry Henry i mBéal Feirste. Bhíos im fhear an tí – mar a bhíos i gcónaí – agus ag an deireadh dúras go raibh an-chuid cainte faoi 'chailíní na Trócaire' ach go raibh gá mór ag na fir aontú le chéile agus chuireas fáilte faoi leith roimh an Dr Máirtín Mac Giolla Íosa, fear céile an Uachtaráin. B'in an cineál lae a bhí ann, gach éinne ar a shuaimhneas, gan aon chur i gcéill ná éirí in airde bréagach. Bhí bean ó Ard Eoin i mBéal Feirste ina hUachtarán ar Éirinn agus bhí sí mar cheangal idir Luimneach agus Béal Feirste an lá sin agus bhíomar go léir mórálach aisti.

Níorbh í Máire Mhic Ghiolla Íosa an chéad Uachtarán a thug cuairt ar an gcoláiste. Bhí cuairt againn roimhe sin ó Phádraig Ó hIrghile agus ó Mary Robinson. Ach ní raibh aon chuairt againn ó Thaoiseach go dtí gur tháinig Bertie Ahern mar chuid d'imeachtaí na bliana stairiúla. Cuireadh an-fháilte roimhe. Bhí an fháilte chomh maith sin gur thosaigh tine i gcistin na bialainne sarar tháinig sé agus b'éigean glaoch ar an mbriogáid dóiteáin! Rud amháin a dúirt sé ina chaint a bhí an-shuimiúil ná gur bréagnaíodh a raibh á rá i dtús na nóchaidí go mbeadh an iomad múinteoirí againn agus gur a mhalairt ar fad a tharla. Dúirt sé gur inis an tAire Oideachais agus Eolaíochta dó faoin bplean forbartha a bhí tugtha againn dó siúd agus mheabhraíomar dó go rabhamar ag súil le gníomh gan mhoill.

I rith na bliana, bhí polaiteoirí eile againn ag tabhairt cainteanna, agus orthu sin bhí an tAire Sláinte Brian Cowen, An Coimisinéir Eorpach Pádraig Flynn agus an tIar-Choimisinéir Peter Sutherland, agus na hAirí Stáit Willie O'Dea agus Noel

Treacy. Tháinig Mary O'Rourke chun stampa speisialta céid a sheoladh, agus bhí an tIar-Aire Airgeadais Alan Dukes ann an lá céanna. Cuairteoir tábhachtach eile a bhí againn ná Nuinteas an Phápa, an tArdeaspag Luciana Storero.

Chríochnaigh an bhliain cheiliúrtha ar an 8 Nollaig 1998 le haifreann sa choláiste. An oíche sin, bhí an féasta mór críche againn. B'iontach ar fad an bhliain í.

Bhíomar gnóthach go maith ar feadh na bliana. Bhíos-sa im fhear an tí ag na himeachtaí go léir ach bhí baint níos dlúithe agam le ceann amháin de na himeachtaí. Nuair a thosaíomar ar an mbliain a phleanáil, bhí smaointe éagsúla ag mórán daoine. Bhí na blianta caite agamsa leis na mic léinn, ag cur grúpaí ceoil thraidisiúnta, grúpaí amhránaíochta traidisiúnta agus buíonta seiteoirí le chéile. Bhí craobhacha na hÉireann buaite againn ag Slógadh agus ag Caidreamh bliain i ndiaidh a chéile, agus bhuail an smaoineamh mé go mbeadh sé ar fheabhas dlúthdhiosca/caiséad a dhéanamh. Chuireas an moladh faoi bhráid an fhochoiste agus ghlacadar leis ar an gcoinníoll nach gcaillfimis airgead.

Ní raibh aon chur amach agam ar a leithéid seo oibre ná fiú conas tosú. Chuas i gcomhairle le mo bheirt mhac Declan agus Éamonn, mar bhíodarsan rannpháirteach sa cheol agus sa drámaíocht nuair a bhíodar ar an gcoláiste, go háirithe Éamonn, a chuireadh na grúpaí ceoil traidisiúnta le chéile dom do chomórtais Slógadh. Ansin, d'inis mé a raibh ar intinn agam do na grúpaí a bhí agam do chomórtais na bliana sin (1997), agus bhíodar an-thógtha leis. Scríobhas ansin chuig cuid de na daoine a bhí páirteach liom sna grúpaí ar feadh na mblianta roimhe sin, agus thaitnigh an smaoineamh leo. Ba í críoch an scéil gur tháinig trí dhuine is fiche le chéile sa choláiste an tseachtain deiridh de mhí Lúnasa 1997. I ndáiríre, d'fhéadfadh 200 nó 300 a bheith againn ach bhí orainn teora a chur leis na huimhreacha. Bhailíomar le chéile agus dheineamar a raibh le déanamh a phlé agus ansin d'fhágas eagrú agus cóiriú an cheoil fúthu sin. Agus ba mhaith chuige iad. Sa chúpla lá sin leagadar amach creatlach an diosca: an ceol, foinn rince, foinn mhalla, na huirlisí éagsúla, amhránaíocht agus mar sin de. Bheartaíomar ar theacht le chéile cúpla uair i rith an téarma. Ní raibh sé sin éasca, mar bhí idir mhic léinn a bhí fós sa choláiste agus iarscoláirí a bhí imithe agus ag obair, páirteach san eachtra seo. Agus eachtra a bhí ann! Rud a thaitnigh go mór liom ná go raibh mic léinn, a bhí ag gabháil don B.Ed. agus don BA gafa leis, mar aon le céimithe sa B.Ed. agus sa BA. Na mic léinn a bhí fós sa choláiste, bhí cúraimí scrúduithe agus cleachtadh múinteoireachta orthu agus a gcúraimí féin ag na daoine a bhí ag obair, go mór mór na daoine a bhí tosaithe ar an gcéad bhliain mhúinteoireachta. Ach b'iontach an dream iad. Luas cheana an cineál daoine a bhí sna mic léinn a ghlac páirt i Slógadh agus i gCaidreamh – agus bhí formhór na mac léinn eile sa choláiste mar an gcéanna – ach ba dhream speisialta ar fad an dream seo. Bhí duine amháin a d'éirigh an-thinn i rith na bliana ach an dlúthdhiosca seachas an tinneas a bhíodh ar a hintinn. Bhí cúpla cleachtadh againn i rith an téarma agus um Nollaig.

Bhí an ceol ag dul ar aghaidh go maith, ach cad mar gheall ar an dlúthdhiosca a dhéanamh ó thaobh na teicneolaíochta de? Bhí stiúideo taifeadta sa choláiste, ach níor theastaigh uaim aon bhrú a chur ar an teicneolaí a bhí againn, Micheál Ó Maolcatha. Bhí breis agus a dhóthain le déanamh aige siúd. Chuas i gcomhairle le Denis Allen, an duine a chum 'Limerick, you're a Lady' (Chuir Seán Ó Morónaigh Gaeilge air: 'Luimneach, is tú mo Spéirbhean'.). Bhí stiúideo taifeadta aige féin ach dúirt sé go mbainfeadh sé úsáid as ceann an choláiste chun na mórghrúpaí a dhéanamh i dtosach. Caitheadh deireadh seachtaine nó dhó ar an obair sin. Ní raibh sé fuirist gach rud a bheith i gceart, agus nuair a bhí rud amháin cruinn ceart, bhí locht ar rud eile. Agus bíonn éisteacht an-ghéar ag ceoltóirí! Rudaí nach bhfeicfinn locht ar bith orthu, gheobhaidís siúd fiche botún iontu. Ach bhíodar ar fheabhas, agus faoi dheireadh, bhí críochnaithe leis an mír sin den obair. Chaith Éamonn an t-uafás ama ina dhiaidh sin amuigh ina stiúideo le Denis Allen ag meascadh an cheoil agus ag ullmhú an mháistirdhiosca. Nuair a bhí sé sin déanta, b'éigean é a chur go Baile Átha Cliath chun na dlúthdhioscaí agus na caiséid a chóipeáil. Thóg Evan Morrissey ón rannóg ealaíne sa choláiste na grianghraif, agus comhlacht le mac leis a rinne an dearadh.

Bhí seachtain amháin leagtha amach againn mar Sheachtain an Chéid, agus socraíodh go seolfaí an dlúthdhiosca ar Mháirt na seachtaine sin, an 14 Aibreáin 1998. D'iarras ar Chiarán Mac Mathúna é a sheoladh, agus rinne sé rud orm go fonnmhar. Bhí sároíche againn i Halla na Tríonóide sa choláiste agus an halla lán go doras le mic léinn Éireannacha agus mic léinn ón iasacht, le muintir na foirne agus le cuairteoirí ó chian is ó chóngar. Tar éis do Chiarán an dlúthdhiosca a sheoladh, rinne na ceoltóirí agus na hamhránaithe a bhí ar an diosca é a chasadh ó thús deireadh. Chomh maith leis sin, bhí beirt iarchéimithe, Marese Heavin agus Pádraigín Ní Chiarba, a dhamhsaigh leo féin agus le mo mhac Declan, agus chomh maith leis sin, le Shane Ryan, mac le Carrie, mo rúnaí. Bhí craobh na hÉireann agus craobh an domhain sa rince ag Shane ag an am. Seo a leanas na ceoltóirí agus na hamhránaithe a bhí ar an diosca: feadóg mhór: Bríd Ní Ghormáin agus Máire de Búrca; feadóg stáin: Michelle Ní Ghormáin agus Máire de Búrca; giotár: Éamonn Ó Broiméil; dordghiotár: Shane Phelan; pianó/méarchlár: Íde Ní Mhuirí agus Eilís Ní Mhaignéir; bainseó: Séamas Ó Conaill; bodhrán: Niamh Ní Loinsigh agus Déaglán Ó Broiméil: veidhlín: Éamonn Ó Broiméil, Luisne Ní Neachtain, Shane Phelan, Ian Ó Corráin, Karen Franklin, Gearóidín Nic Fhlanncha, Gráinne Marrinan agus Caitríona Ní Ghormáin; cláirseach: Aisling Ní Neachtain, Sinéad Ní Bhéara agus Íde Ní Mhuirí; bosca ceoil: Tomás Ó Riain agus Gearóid Ó Murchú; consairtín: Martha Nic Fhlanncha agus Caitríona Ní Chadhain; amhránaithe: Sinéad Ní Bhéara, Daithí Ó Sé, Niamh Ní Loinsigh, Íde Ní Mhuirí, Ian Ó Corráin, Michelle Ní Ghormáin, Bríd Ní Ghormáin, Máire de Búrca agus Caitríona Ní Chadhain.

Chomh maith leis sin, Íde Ní Mhuirí a chum an t-amhrán 'Dílleachtaí Chernobyl'; Éamonn Ó Broiméil a chum an dá ríl a sheinn sé féin agus Declan; agus beirt iarchéimithe, Niall de Róiste agus Deasún Ó Liatháin, a chum an t-amhrán 'Deoraíocht'. Nach muid a bhí féinchothabhálach!

An oíche sin, thug na mic léinn, a bhí tar éis craobh na hÉireann sa ghrúpa traidisiúnta, san amhránaíocht agus sna seiteanna a ghnóthú ag Caidreamh i 1998, taispeántas freisin. Na daoine a ghlac páirt ná: Gearóidín Nic Fhlanncha, Edel Ní Ghiobláin, Donna Ní Mhaolcatha, Ian Ó Catháin, Maria Buckley, Christine Lohan, Rena Quelly, Máirtín Mac Fhinn, Meadhbh Ní Scathail agus Áine Ní Riain (Grúpa Traidisiúnta); Lorraine Nic Ghiolla Phádraig, Edel Ní Ghiobláin, Meadhbh Ní Scathail, Clíona Ní Shúilleabháin, Áine Ní Dhochartaigh, Mairéad Áine Ní Urdail, Tomás Ó Cléirigh, Brietta Ní Dhomhnaill (Grúpa Amhránaíochta); Ita Seoighe, Treasa Ní Lionnacháin, Máire Nic an Rí, Helena Ní Mhullaí, Déaglán Ó Deargáin, Gearóid Ó Loinsigh, Séamas Ó Conchúir, Pól Mac Cárthaigh (Seit).

Bhí sároíche againn agus, cé gur mise atá á rá, ní dóigh liom go raibh coirm cheoil Ghaelach chomh maith sa choláiste riamh roimhe sin, agus cinnte ina dhiaidh. Bhronnadar lampa álainn gloine orm agus bhronnadar uaireadóir ar Éamonn. Is mór an trua nach bhfuil na grúpaí traidisiúnta ann faoi láthair. Tá rogha agus togha ceoltóirí agus amhránaithe ann, mar buailim leo nuair a chuirim iad faoin mbéalscrúdú sa Ghaeilge nó ag an agallamh a chuirtear ar iarrthóirí don teastas iarchéime san oideachas. Tá an síol flúirseach. Níl ann ach é a chothú.

Is ait liom nuair a théim ar ais go Coláiste Mhuire gan Smál anois. Ní aithním éinne de na mic léinn agus, dar ndóigh, ní aithníonn siadsan mise. Smaoiním ar Mháirtín Ó Direáin ag dul ar cuairt go hOileáin Árann:

Gan 'Cé dhár díobh é' ar a mbéal
Ná fios mo shloinne acu.

Ní dóigh liom go rabhas chomh gnóthach riamh is a bhíos sa bhliain 1998. Bhí gnáthobair an choláiste le déanamh, agus bhí sí sin méadaithe go mór toisc an fás mór a bhí tagtha ar líon na mac léinn agus ar na modhanna nua scrúduithe a bhí againn i ndiaidh an cheangail le UL. Agus ansin bhí ceiliúradh an chéid ar siúl i rith na bliana ar fad. Ach níor chuir sé isteach orm. Ba bhreá liom an dúshlán i gcónaí. Ach bhí dearmad mór amháin a dheineas. Ó fuair Áine bás, ar éigean a thógas saoire ar bith ach cúpla lá anois is arís. D'fhág san go rabhas sa choláiste i gcónaí, beagnach, agus glacadh leis go mbeinn ann an t-am ar fad chun aire a thabhairt do ghnó ar bith a bheadh le déanamh! Ach bhí na blianta ag sciorradh thart ar chos in airde agus bhí sé dlite domsa éirí as an bpost ar an 31 Lúnasa 1998. Bhíothas ag comhairliú dom féin rudaí a thógaint níos boige agus sleamhnú as an obair de réir a chéile in ionad léim de thuisle. Ach conas a d'fhéadfainn? Bhí obair le déanamh agus b'fhearr liom í a chríochnú chomh maith agus ab fhéidir liom.

I mí na Bealtaine, bhí dinnéar ag foireann an choláiste ar fad sa Limerick Inn chun slán a fhágáil liom féin agus le beirt eile a bhí ag imeacht freisin, Helen Whelehan ó roinn an chreidimh agus Pat Morris ó roinn na bialainne. B'éigean an tabhairt amach a bheith againn chomh luath san chun é a bheith ann roimh thús na scrúduithe, agus ní fhéadfaí é a fhágaint go dtí mí Lúnasa, mar bheadh an-chuid daoine ar saoire. Bhí oíche iontach againn. Bhí Diarmaid Ó Drisceoil ina fhear an tí (bhí ceann de mo phostanna imithe cheana féin!) agus ba mhaith chuige é idir ghreann agus dáiríre. Fuaireas an-chuid bronntanas. Bhronn an t-uachtarán an tSiúr Angela ceann orm ar son an choláiste; Nóirín Uí Loinsigh ar son na foirne acadúla; Carrie Ryan ar son na foirne riaracháin agus cléireachais; Mary O'Brien ar son fhoireann na bialainne agus na seirbhísí eile. Bhí bronntanas faighte agam roimhe sin ó na mic léinn agus ceann eile ón roinn spóirt. Ina dhiaidh sin, bhronn na hiontaobhaithe pictiúr den choláiste orm. Bhí an oíche ar fheabhas. D'fhágas thart ar a trí ar maidin. An donas ná go raibh orm a bheith ag an stáisiún ar a leathuair tar éis a seacht an mhaidin chéanna chun dul chuig cruinniú i mBaile Átha Cliath leis an Roinn Oideachais agus leis an HEA. Ní rabhas saor fós!

Dar ndóigh, ní rabhas saor go dtí an 31 Lúnasa. Agus bhí an-chuid le déanamh i mí Lúnasa féin: réiteach do scrúduithe an fhómhair; dul go dtí an Lár-Oifig Iontrála sa Ghaillimh leis na háiteanna sa B.Ed. agus sa BA don bhliain acadúil 1998-9 a shocrú; cabhrú leis an ullmhúchán do chomhdháil an ATEE a bhí ar siúl ó 24-30 Lúnasa, gan trácht ar na rudaí go léir a bhí bailithe agam le tríocha bliain a chur le chéile agus a thógaint liom abhaile. Cá gcuirfinn sa bhaile iad? Sin ceist nach bhfuil freagra faighte agam uirthi fós!

Gheal an lá deiridh, an Aoine. Tháinig iarscoláire liom, Éilís Magner, isteach chugam chun slán a fhágáil liom. Bhuail Carrie agus an fhoireann a bhí agam i roinn an chláraitheora isteach chugam: Carrie Ryan féin agus Deirdre O'Riordan, Anne Marie Hayes, Noreen Mulcahy, agus Patricia Foley. Bhí bronntanas álainn eile acu dom agus ceann faoi leith ó Carrie féin. D'fhágas slán acu agus thógamar cúpla grianghraf. Ansin bhuail m'iníon féin, Úna, aníos chugam agus a beirt mhac Éanna agus Conor. Grianghraif arís. Bhí sé i ndiaidh a haon a chlog nuair a bhí gach rud réidh agam. Sheasas agus d'fhéachas timpeall na hoifige don uair dheireanach, na comhaid lán de thorthaí scrúduithe agus d'iliomad rún a bhain leis an gcoláiste, dealbh an Phiarsaigh ag breathnú anuas orm, na duaiseanna a bhí buaite againn ag Slógadh agus ag Caidreamh agus ag comórtais eile, na teileafóin agus an ríomhaire, na cathaoireacha ar ar shuigh mórán mac léinn os mo chomhair, cuid acu faoi áthas, cuid faoi bhrón ach a scéal féin ag gach éinne acu agus comhairle á lorg acu nó fiú an focal caoin. I bhfaiteadh na súl, bhí tríocha bliain dem shaol gafa tharam. Dhruideas an doras agus chuireas an glas air. Ní osclóinn go deo arís é. Shiúlas liom siar an siúltán, síos an staighre agus amach an doras. Bhí an áit ciúin mar bhí na mic léinn agus formhór na foirne fós ar saoire. Tríocha bliain roimhe sin, bhíos im aonar ag siúl isteach in áit nach raibh mórán eolais agam uirthi. Bhíos im aonar anois ag imeacht uaithi. Ach cad iad mar athruithe a bhí tagtha orm féin, ar mo shaol agus ar shaol an choláiste idir an dá linn!

B'ionann an deireadh seachtaine agus gach deireadh seachtaine eile ach amháin gach duine ag rá gur mhéanar dom nach raibh orm dul ag obair ar an Luan. Dúradh chomh minic sin é gur bheag nár chreideas féin é chomh maith. Dhúisíos maidin Dé Luain ag an ngnátham, leathuair tar éis a seacht. Ní dhearna mé an clog a shocrú ach bhí an cloigín rabhaidh inmheánach ag insint dom go raibh sé in am éirí. B'ansin a bhuail sé mé i ndáiríre! Cad a dheineann duine nach dtéann ar obair? Rachainn a chodladh ar feadh scaithimh. Dhúnas mo shúile ach ní fhanfaidís druidte. Ba mhinic mé ag smaoineamh agus mé ag éirí go mbeadh sé ar fheabhas cúig nóiméad codlata breise a fháil. Sin a dhéanfainn. Ligfinn orm go raibh orm éirí i gceann cúig nóiméad agus thitfeadh mo chodladh orm! Ach ní fhéadfainn dallamullóg a chur ar m'inchinn. Chasas ar clé ach ní raibh aon mhaitheas ann. Chasas ar dheis agus tharraingíos mo ghlúine aníos chugam ar an mbealach a ndeachas a chodladh gach oíche. Ach theip air sin chomh maith. D'fhéachas ar an gclog. Ní raibh sé ach deich chun a hocht fós.

Chuireas an raidió ar siúl. Bhí eolas ann faoi na malartáin stoic ar fud an domhain – bhí an Dow Jones ag ísliú ach bhí an ISEC ag ardú. Nárbh iontach an t-eolas sin dom! Ansin bhí réamhfhaisnéis na haimsire. Buíochas le Dia, bheadh sé breá grianmhar i rith an lae. Ansin bhí an nuacht ann agus a raibh sna nuachtáin. Tugadh eolas ansin faoin trácht, ach nár chuma liom faoi sin anois agus mhúchas an raidió. Ní raibh sé ach a ceathrú tar éis a hocht fós. Luíos siar ag machnamh ach ní fhéadfainn díriú ar aon ní faoi leith. Chuireas an raidió ar siúl arís. Tar éis cinnlínte na nuachta a thabhairt, tosaíodh ag insint don saol Fódla go raibh na scoileanna ar oscailt i ndiaidh shaoire an tsamhraidh agus bhí comhrá ar siúl le tuismitheoirí agus le páistí, ach mhúchas an raidió arís nuair a thosaigh na síceolaithe ag tabhairt comhairle. Agus ní raibh sé ach a ceathrú chun a naoi fós.

Ansin smaoiníos: ar insíos do Carrie faoin mac léinn Meiriceánach nach raibh ag déanamh scrúduithe an fhómhair? Caithfidh gur inis. Bhíos ar tí an fón a ardú agus an cheist a chur uirthi, ach cén fáth a ndéanfainn é sin? Ní raibh an cúram sin orm a thuilleadh, agus dá mbeadh fadhb ann, dhéanfadh Carrie í a réiteach. Chuireas an raidió ar siúl arís ach nuair a thosaigh an nuacht ar a naoi, mhúchas é agus d'éiríos.

Bhí fadhb eile agam ansin: cé na héadaí a chaithfinn? Chun an cheist sin a fhreagairt, bheadh orm a chinntiú cad a bhí beartaithe agam a dhéanamh. An ndéanfainn obair sa ghairdín? An rachainn ag siúl? An dtiomáinfinn áit éigin? Shocraíos ar éadaí a dhéanfadh cúis cuma cad a bheartóinn!

Nuair a bhíos ag gabháil don bhricfeasta, chuala clog an aifrinn. Rachainn ar aifreann. D'fhéachas timpeall orm sa tséipéal. Seanóirí, daoine ar pinsean ab ea an dream go léir ann. Ansin a bhuail sé mé. Bhíos ar dhuine díobh! Agus bhí an rud céanna á rá acusan fúmsa!

Níor chuimhin liom an sagart ag léamh an aifrinn chomh tapaidh riamh roimhe sin agus bhíos ar mo bhealach abhaile agus gan é ach a leathuair tar éis a deich. Bheartaíos dul isteach sa chathair. Bhíodh na leaids ag insint dom faoi na siopaí nua a bhí oscailte agus faoi na hathruithe ar fad chun maitheasa a bhí ann. Shiúlas suas agus anuas. B'annamh dom ag siúl timpeall na cathrach ach nuair a bhí gá leis. Mheabhraigh sé laethanta mo dhéagóireachta dom nuair a thugainn faoin gcathair tráthnóna Sathairn chun bualadh le mo chairde. Bhuaileas le duine nó dhó ach bheannaigh mórán daoine dom. D'fhéachas ar an uaireadóir. Leathuair tar éis a dó dhéag. Cheannaíos an nuachtán agus abhaile liom. I ndiaidh an dinnéir, bhuail na leaids isteach chugam ar a mbealach abhaile. An oíche sin bheartaíos go raibh gá le plean a leagadh amach. Dhéanfainn an teach a mhaisiú.

Dhíríos ar an obair sin amhail is dá mba ag dul go dtí an coláiste a bhíos. Lá amháin, bhíos ag brostú aníos an staighre ar a deich chun a dó chun an seomra staidéir a phéinteáil, nuair a stadas. Cén fáth an dithneas? Cén fáth nár leanas ag léamh an pháipéir? Ní raibh orm an phéinteáil a chríochnú inniu, amárach, an tseachtain seo chugainn nó an mhí seo chugainn. Ach bhí sé deacair na sean-nósanna a bhriseadh.

Tuarascáil Lios na Graí

Ansin, i Lúnasa na bliana 1999, fuaireas glaoch ó Rúnaí Ginearálta na Roinne Oideachais agus Eolaíochta, John Dennehy, ag rá liom gur theastaigh ón Aire Micheál Martin go ndéanfainn gar dó. Tá ionad i Lios na Graí, ar imeall na cathrach, do pháistí agus do dhaoine óga a bhfuil míchumas éadrom meabhrach orthu. Tá an t-ionad, Naomh Uinseann, faoi stiúir Iníonacha na Carthanachta. Theastaigh ón Aire mé a cheapadh chun léirbhreithniú iomlán a dhéanamh ar an ionad; go mbeadh sé fúm féin mo chlár oibre a leagadh amach; go raibh gá práinneach leis an obair seo; go mbeinn ag cabhrú leis an Roinn dá nglacfainn leis; nach raibh éinne eile chomh cumasach agus chomh hoilte céanna liom féin chun an obair a dhéanamh! Dúras nach raibh aon chur amach agam ar an áit, ach dúirt sé gur dhuine neamhspleách a bhí uathu. Ní rabhas sásta freagra a thabhairt ar an toirt agus dúras leis go nglaofainn ar ais air i gceann lá nó dhó. Bhí an tairiscint an-mhealltach. Bheinn ag obair arís agus bheadh struchtúr ar mo chuid ama. Ach bhíos imníoch faoi conas mar a rachadh na páistí agus na daoine óga i gcion orm. Nuair a chífinn páiste le máchail ar bith, ghoillfeadh sé go mór orm agus bheadh an-thrua agam don pháiste agus dá thuismitheoirí. Rud eile, bhí drochíde ghnéasach curtha i leith daoine san áit, agus cé gur gheall an Rúnaí dom nach mbeadh aon bhaint agam leis sin mar go raibh sé faoi chúram na nGardaí, bhí sé i gcúl mo chinn agam – is ceart a rá nach bhfuarthas éinne ciontach. Tar éis machnamh a dhéanamh ar an scéal ar feadh cúpla lá, ghlaos ar ais ar an Rúnaí agus dúras go ndéanfainn é. Bhí ardáthas air agus dúirt sé go raibh sé féin agus an tAire faoi chomaoin mhór agam! Dúirt sé go mbeadh Liam Kilroy, a bhí ina phríomhoifigeach ar an rannóg oideachais speisialta, i dteagmháil liom chun na socruithe cuí a dhéanamh.

Nuair a bhuaileas le Liam agus leis an gcigire Peadar Mac Anna, fuaireas amach go raibh an tionscnamh i bhfad níos mó ná mar a shíleas, ach níor chuir sin isteach orm. Bhí ceithre ghrúpa i gceist: an tAire Oideachais agus Eolaíochta, an tAire Sláinte agus Leanaí, Iníonacha na Carthanachta agus Bord Sláinte an Mheániarthair. Bhí cruinniú agam leo uilig ar an Déardaoin 31 Lúnasa 1999 agus socraíodh ar na téarmaí tagartha. Bhíodar san fada ach i ndáiríre an dualgas a bhí orm ná léirbhreithniú a dhéanamh ar an ionad iomlán agus ar na seirbhísí a bhí ar fáil ann ó thaobh sábháilteacht agus leas an pháiste de. Bhíos le tosú i mí Mheán Fómhair agus críochnú chomh tapaidh agus ab fhéidir, ach ar a dhéanaí roimh mhí an Mheithimh 2000. Bhí mo thuarascáil agus pé moltaí a bheadh le déanamh agam le cur chuig na daoine thuasluaite.

Ar an Luan 6 Meán Fómhair, bhí cruinniú agam leis na daoine go léir a bhí i gceannas ar na ranna éagsúla i Lios na Graí: príomhfheidhmeannach an ionaid an tSiúr Síle Ní Riain, príomhoide na scoile Máire Ní Dhiolúin, an tSiúr Bernadette McGinn, a bhí i gceannas ar na seirbhísí cónaithe, an príomhléachtóir sa scoil altranais an tSiúr Mary Crosbie. Thugadar san léiriú dom ar a raibh ar siúl san áit agus shocraíomar rudaí praiticiúla, ar nós oifig a bheith agam agus a leithéid. Ina dhiaidh sin, leagas amach clár oibre dom féin. Bheartaíos cuairt a thabhairt ar ar na haonaid go léir chun bualadh leis an bhfoireann agus leis na páistí. Bhí mórán aonad éagsúil ann: an scoil, an láthair um oiliúint ghairmiúil, na haonaid chónaithe, na láithreacha speisialta i dTuar an Daill agus ag Priory

Park, na láithreacha fiontair Tait agus Garvey, an t-aonad sa Cheapach Mhór agus na tithe cónaithe i measc an phobail thart ar Lios na Graí.

Bhíos an-thógtha leis an gcóras a bhí ann. D'fhéadfadh páiste freastal ar an scoil, ansin dul ar aghaidh go dtí an láthair oiliúna, post a fháil i gceann de na hionaid fiontair, áit chónaithe a fháil i gceann de na tithe dá mbeadh gá leis. Bhí an fhoireann ar fheabhas agus cúram na bpáistí agus na ndaoine mar phríomhaidhm acu. Agus na páistí féin, cuid acu ar fheabhas agus cuid eile agus ba mhór an gaisce dóibh an spúnóg a ardú chun a mbéil. Mheasas gur mhór an trua nach raibh i bhfad níos mó eolais ag na daoine lasmuigh de gheataí Lios na Graí ar an áit féin agus a raibh ar siúl ann. Dá bhfeicfeadh na daoine sin a bhíonn de shíor ag clamhsán faoi rudaí beaga cuid de na páistí sin agus a bhfuil le fulaingt acu, b'fhéidir go mbeidís buíoch de Dhia as ar thug sé dóibh.

Chuir gach duine an-fháilte romham. Scríobhas chuig gach duine de na foirne éagsúla: múinteoirí, cúntóirí speisialta, altraí, síceolaithe, fisiteiripigh, teiripigh urlabhra, an fhoireann bhialainne agus ghlantóireachta, tiománaithe agus éinne a raibh baint ar bith aige nó aici leis an áit. Thugas an deis dóibh teacht chun cainte liom ina n-aonar nó ina ngrúpaí, agus baineadh úsáid as an dá mhódh imeachta. Scríobhas chuig na tuismitheoirí chomh maith agus thugas an deis chéanna dóibhsean. Bhí ionadh orm an méid a ghlac leis an gcuireadh, ach d'fhéachadar air mar bhealach le moltaí a chur os comhair duine nua, neamhspleách a bhí sásta cluas a thabhairt dóibh.

Agus bhí fadhbanna ann. Sa scoil, mar shampla, bhíodh an-chuid páistí le Siondróm Down ach bhíodar san anois sna gnáthscoileanna náisiúnta agus ina n-áit bhí páistí le huathachas, a raibh oiliúint de chineál eile ag teastáil chun freastal orthu. Bhí gá le breis síceolaithe agus teiripigh éagsúla. Bhí sé deacair iad a fháil agus iad a choinneáil. Bhí maoiniú breise agus foirgnimh nua ag teastáil. Bhí bealaí nua slándala riachtanach. Bhí modhanna nua riaracháin de dhíth go géar, agus fiú sa bhliain 2000 bhí sé soiléir go raibh an Roinn Oideachais agus Eolaíochta ag caitheamh go míchothrom leis na mná rialta. Bhí an tSiúr Síle ina príomhfheidhmeannach agus í ag obair de ló is d'oíche ag freastal ar gach uile ní; dá mbeadh tuata ina háit, bheadh ar a laghad dhá oiread an tuarastail aige nó aici. Bhí an obair a bhí ar siúl agam dian agus goilliúnach ar uairibh ach an-shuimiúil agus an-tharraingteach.

Caithfidh go raibh gach éinne ann bréan de dhaoine ag teacht isteach chun scrúdú a dhéanamh ar an áit agus, de réir mar a thuigeas, ní bhíodh mórán eolais le fáil ar aon iniúchadh a deineadh. Ach os a choinne sin, fuaireas comhoibriú iomlán ó chuile dhuine. Ceann de na ceisteanna a cuireadh orm nuair a thosaíos ná an mbeadh mo thuarascáil ar fáil. Mhíníos go raibh ormsa an tuarascáil a chur chuig na hAirí, Iníonacha na Carthanachta agus Bord Sláinte an Mheániarthair agus gur acusan a bheadh seilbh na tuarascála ansin, ach go raibh fonn ormsa go bhfaigheadh gach éinne í, ionas go bhféadfaí díospóireacht a thosú faoina raibh inti agus go háirithe na moltaí a chur i gcrích. Thaitnigh an modh imeachta sin le gach éinne, go háirithe le Comhairle na dTuismitheoirí agus Cumann Cairde Lios na Graí. Gheallas dom féin go ndéanfainn gach iarracht ar an obair a dhéanamh chomh tapaidh agus ab fhéidir liom, ach ag an am céanna a leordhóthain ama a thabhairt do gach duine labhairt liom lena gclamhsáin, smaointe nó a moltaí a chur faoi mo bhráid. Chomh maith leis sin, dúirt Rúnaí na Roinne go raibh práinn leis an obair nuair a bhí sé ag tathaint orm glacadh leis an bpost. Bhí go dtí mí an Mheithimh agam de réir na dtéarmaí tagartha, ach chuireas romham an tuarascáil a bheith réidh agam i mí an Mhárta, agus d'éirigh liom é sin a dhéanamh, cé go raibh sé dian go leor uaireanta. Chuireas glaoch ar an Rúnaí go raibh an tuarascáil ullamh agam le cur chuig na daoine cuí. Bhí ionadh air go raibh sí réidh chomh luath san agus d'iarr sé orm cóip a chur chuige i dtosach ionas go bhfaigheadh sé deis ar í a léamh sara gcuirfí chuig na daoine eile í. Dúras go ndéanfainn sin ach nach mbeinn sásta aon athrú a dhéanamh uirthi ach amháin i gcás go raibh botún éigin inti. Bhí sé lántsásta leis sin agus chuireas an chóip chuige. D'imigh seachtain agus coicíos agus ní raibh aon fhocal uaidh. Chuireas glaoch air. Bhí uimhir oifige, uimhir phríobháideach oifige agus fiú uimhir a fhóin phóca tugtha aige dom agus cead agam glaoch air am ar bith. Ní raibh sé ar fáil gach aon uair dár ghlaos air. Ag an deireadh, d'fhágas teachtaireacht ag a rúnaí príobháideach go rabhas chun an tuarascáil a chur chuig na daoine cuí muna gcloisfinn uaidh i gceann dhá lá. Níor tháinig aon ghlaoch riamh uaidh agus chuireas an tuarascáil chuig an Aire Oideachais agus Eolaíochta, an tAire Sláinte agus Leanaí, Iníonacha na Carthanachta agus Bord Sláinte an Mheániarthair.

Ar mhí-ámharaí an tsaoil, bhí athrú ar na hAirí ag an am. Bhí Michael Woods ina Aire Oideachais agus Eolaíochta agus, is dócha, gan eolas dá laghad aige cad ba bhun leis an tuarascáil. Bhí Micheál Martin ina Aire Sláinte agus Leanaí agus dá bhrí sin bhí ceangal fós aige leis an rud ar fad. Ní bhfuaireas ó na hAirí ach admháil, ach fuaireas litir fhada bhuíochais ó Liam Kilroy faoi chomh cumasach agus chomh gairmiúil is a bhí an tuarascáil. Dúirt sé go raibh na moltaí a bhí déanta agam curtha in eagar aige (bhí suas le nócha ann ar fad) de réir mar a bhaineadar le ranna agus le rannóga éagsúla agus go raibh sé ag súil le comhráití a thosú láithreach. Bhí áthas orm faoi sin mar ba dhuine fíordhíograiseach é Liam. Ní bhfuaireas fiú admháil ó Bhord Sláinte an Mheániarthair. Tá a fhios agam gur thaitnigh an tuarascáil cuid mhaith le hIníonacha na Carthanachta agus deirtear liom go bhfuil na moltaí á gcur i bhfeidhm de réir a chéile. Bíonn an-áthas orm nuair a chím fógraí ar na nuachtáin ag lorg breis foirne. Thógfadh cuid de na moltaí am agus bhí tionchar náisiúnta leo – breis teiripeach éagsúil a chur ar fáil, mar shampla. An moladh a bhí agam i gcásanna mar sin ná go rachadh an Roinn Oideachais agus an Roinn Sláinte i gcomhairle leis an HEA agus na hollscoileanna láithreach agus scéim cúig bliana nó mar sin a leagadh amach. Ní raibh aon fhuascailt thar oíche ar fhadhbanna mar sin, ach ní leigheasfaí go deo iad mura dtosófaí ar an mbóthar ceart in áit a bheith ag caint fúthu.

Bhíos féin an-bhródúil as an obair agus as an tuarascáil. An rud ba mhó a thaitnigh liom ná go raibh, de réir mar a thuigeas, muinín ag daoine asam agus gur ghlacadar leis go mbeinn cóir cothrom le gach duine. I ndáiríre, ba chóir go mbuailfeadh i bhfad níos mó daoine isteach ar áiteanna cosúil le Lios na Graí go bhfeicfidís an cúram a thugtar do na páistí agus freisin do na daoine fásta a bhíonn ag obair sna láithreacha fiontair agus ina gcónaí sna tithe máguaird. Mheabhródh sé dúinn chomh maith as is atáimid, ainneoin an chlamhsáin agus an ghearáin.

Bhíos éirithe as obair den dara huair!

Dlúthdhiosca Eile

Bíonn buntáistí áirithe ag duine nuair nach mbíonn air dul ag obair gach lá – is féidir leis machnamh a dhéanamh! Uaireanta, má bhuaileann smaoineamh maith é, is féidir leis beart a dhéanamh de réir an smaoinimh. Lá amháin, thángas ar sheantéip sa bhaile, ceann de na seanchinn a bhí imithe as faisean le fada. Bhí a fhios agam cad a bhí ann mar tháinig mé uirthi cheana, tamall tar éis d'Áine bás a fháil. Bhíodh Áine is mé féin ar an mbóthar go minic ag taisteal chuig coirmeacha ceoil ar fud na tíre. Bhíodh an-éileamh uirthi agus, mar a luaigh an tAthair Gearóid Mac Conmidhe ina aitheasc ag aifreann a sochraide, ba bheag séipéal nó scoil nó halla paróiste a tógadh nár iarradh uirthi a bheith páirteach i gcoirm cheoil, ag amhránaíocht agus ag rince, chun airgead a bhailiú. Dúirt sé go bhfaigheadh sé litreacha ó shagairt pharóiste ag iarraidh air amhránaithe agus aisteoirí a fháil dóibh agus 'Seans ar bith go bhfaighfeá Áine Ní Thuathaigh?' Bhíodh an tAthair Máirtín Ó Domhnaill linn agus a théipthaifeadán Grundig aige. Mise an t-innealtóir agus an dualgas a bhíodh orm ná poll dalláin a fháil leis an gceangal leictreach a dhéanamh! Agus i hallaí áirithe, ní raibh sé sin éasca ag an am.

Oíche amháin go raibh sé ar cuairt againn, d'iarras air téip de rince agus d'amhránaíocht Áine a thabhairt amach chugainn, rud a rinne sé an chéad tseachtain eile. Caitheadh isteach i dtarraiceán é. Nuair a tháinig mé uirthi tar éis d'Áine bás a fháil, thugas liom í go dtí an coláiste agus d'iarras ar an teicneoir Richie Stokes caiséad a dhéanamh dom mar bhí ré na ríleanna móra Grundig imithe. Nuair a tháinig sé ar ais leis an gcaiséad, ní raibh meas ar bith aige air mar go raibh sé lán d'fhothram agus d'fhuaimeanna an lucht éisteachta. Ba chuma liomsa. Bhí caiséad agam a bhféadfainn éisteacht leis. I ndiaidh a raibh de choirmeacha ceoil déanta aici, b'in a raibh againn. Bhí ré an chaiséid beagnach thart anois agus bhíos ag smaoineamh nach mbeadh deis ag ár ngarchlann éisteacht léi muna mbeadh sé ar dlúthdhiosca.

Thógas a raibh agam amach chuig Denis Allen agus d'iarras air an diosca a dhéanamh ach gan aon ghlanadh agus a leithéid a dhéanamh, mar gur bhain na fuaimeanna leis an atmaisféar a bhíodh ag na coirmeacha ceoil sna caogaidí agus sna seascaidí. Bhí agam freisin caiséad a chuir Ciarán Mac Mathúna chugam le ceithre amhrán a rinne seisean a thaifeadadh. Bhí amhrán amháin a chan Áine ag ceiliúradh pósta cúig bliana is fiche a bhí ag col ceathar liom, bliain sara bhfuair sí bás. Ba í críoch an scéil go raibh diosca agam le naoi n-amhrán déag, cuid acu i nGaeilge agus an chuid eile i mBéarla, agus trí cinn de rincí. Thug Ciarán Mac Mathúna clár iomlán dó ar RTÉ agus d'iarr Raidió na Gaeltachta orm clár a dhéanamh dóibh. Bhí glaonna ag teacht chugam ó chuile cheard den tír ag lorg cóipeanna le ceannach, ach 'Ba dá clann, dá gaolta agus dá cairde a cuireadh an bailiúchán ar fáil.' B'in an cuspóir a bhí leis. Thugas breis agus 200 diosca dár gcairde agus tá a fhios agam gur cuireadh cóipeanna chomh fada leis an Astráil agus na Stáit Aontaithe. Maireann a guth agus cliotar a cos fós.

Nuair a d'éiríos as an obair sa choláiste, bhí mórán daoine ag comhairliú dom scríobh faoi na himeachtaí ar fad a rabhas páirteach iontu ar feadh na mblianta. Smaoiníos air cúpla uair, ach bhí rud éigin eile le déanamh agam i gcónaí. Theastaigh ó mo chlann ríomhaire a bhronnadh orm nuair a d'fhágas an coláiste ach ní ghlacfainn uathu é. Dúras nach mbainfinn úsáid as. Ní raibh ríomhaire san oifig agam go dtí cúpla bliain sarar fhágas. Bhí na scileanna ar fad ag Carrie agus cén fáth a mbeadh ceann uaim? Ach d'iarr Carrie orm ceann a fháil mar go sabhálfadh sé an-chuid ama uirthi muna mbeadh uirthi an ríomhphost a léamh agus a thabhairt isteach chugamsa. Fuaireas ceann agus bhuail m'iníon Úna aníos chugam chun na bunrudaí a thaispeáint dom. An tráthnóna sin bhí sí ag insint do Chon sa bhaile faoi agus i gceann tamaill bhuail an fón agamsa. Éanna, mac le hÚna agus Con, a bhí ann. Bhí sé thart ar cheithre bliana d'aois ag an am.

'Grandad, deir Mam go bhfuair tú ríomhaire.'

'Fuaireas, Éanna.'

'Deir Mam nach féidir leat é a úsáid.'

'Táim ag foghlaim.'

'Rachaidh mise trasna chugat le mo *laptop* agus taispeánfaidh mé duit!'

Bí ag caint ar na difríochtaí idir na glúnta! Ar aon chuma, Nollaig na bliana 2003, d'fhág na leaids ríomhaire ar an mbord im sheomra staidéir. Dúirt Declan nach bhfágfainn díomhaoin ansin é, agus b'in díreach mar a tharla. Agus táim ag scríobh liom ó shin agus ag cur glaoch orthu ó am go ham nuair a chliseann ar an ríomhaire nó nuair a bhuailim cnaipe éigin i ngan fhios dom féin!

Bonn Uí Bhroiméil

Nuair a bhíos ag imeacht ón gColáiste, chuireas ciste ar fáil ionas go bhféadfaí bonn airgid a bhronnadh gach bliain ar an duine a ghnóthaíonn an chéad áit sa Ghaeilge sna scrúduithe céime. Leonora de Staic, an Dubhráth, Contae Chiarraí, an chéad duine a bhuaigh an bonn i 1999. Bronnadh an BA uirthi an bhliain sin.

XVIII

Mar ná beidh ár leithéidí arís ann

Thaitnigh *An tOileánach* liom go mór nuair a chéad léas é agus gach uair eile ó shin. Is minic a luaitear an ceannteideal thuas agus, i ndáiríre, baineann sé le gach éinne. Is duine faoi leith gach éinne againn agus bainimid le tréimhse faoi leith agus le dream faoi leith, agus dá bhrí sin, nuair a imeoimid, is cinnte nach mbeidh ár leithéidí ann arís. Bímid ag súil, dar ndóigh, go bhfágfaimid ár rian chun na maitheasa ar an saol agus go mairfidh cuid éigin dínn i sliocht ár sleachta. Agus tá rud eile ríshuimiúil ráite ag Tomás Ó Criomhthain ag críoch scéal a bheatha. Deir sé:

> Níl ach cúigear níos sine ná mé ar an oileán. Táid ar an bpinsion. Níl uaimse ach cúpla mí, leis, chun an dáit chéanna, dát nach rogha liom. Is ag bagairt chun báis a bhíonn sé, dar liom, cé go bhfuil mór-chuid daoine gurbh fhearr leo a bheith críonna agus an pinsion acu ná a bheith óg á éagmais.

Táimse anois i dtús an dara leath den cheathrú fiche bliain, an tréimhse gur cuma ann nó as don duine, ach ní mhothaím sean agus ní ligim orm go bhfuilim ach an oiread! Tá na blianta ag sciorradh thart ach mothaím óg im aigne, agus tá suim agam im chlann agus i gclann mo chlainne agus ina bhfuil ar siúl in Éirinn agus ar fud an domhain. Agus tá cairde fiormhaithe agam de chuile aois, cuid acu a bhí ar scoil nó ar an ollscoil liom, daoine a raibh mé ag obair leo, daoine a raibh baint agam leo sna gluaiseachtaí éagsúla i rith mo shaoil agus daoine eile a bhí mar mhic léinn agam i rith na mblianta.

Bhí an t-ádh orm go raibh an tsláinte go maith agam i gcónaí. Ba bheag lá dom sa bhaile tinn, ach chaitheas ceithre thréimhse ar fad san ospidéal. Ceithre bliana a bhíos nuair a bhuail an fiabhras tíofóideach mé agus chaitheas sé seachtaine in Ospidéal na Cathrach.

An dara huair dom san ospidéal, i mBarrington's a bhíos. Bhí pian sa chluais agam le fada agus dúradh gur ghá mo chuid ceislíní a bhaint amach. Bhíos tuairim is naoi mbliana ag an am. An chuimhne is mó atá agam faoin am sin ná díreach roimh an obráid, nuair a bhíothas dom chur a chodladh. Is cuimhin liom an sceon a bhuail mé nuair a chuir an bhanaltra meall mór d'fhlocas cadáis, lán d'éatar, ar mo bhéal agus ar mo shrón agus mheasas go raibh sí chun mé a phlúcadh. Ach thángas slán.

I dtús na n-ochtóidí, mhothaíos amhail is dá mbeadh dhá chnámh ag bualadh in aghaidh a chéile im ghlúin chlé nuair a bhínn ag siúl. Bhí orm dul isteach san ospidéal i gCromadh le haghaidh obráide ar an loingeán. An máinlia a bhí agam ná duine darbh ainm Michael Moloney, duine cumasach, fíordheas. Aimsir scrúduithe a bhí ann agus dúras leis go mbeadh orm an obráid a bheith agam idir an lá seo agus an lá siúd, i ndáiríre idir bord scrúduithe amháin agus ceann eile.

D'fhéach sé orm agus ar seisean, 'Cé atá i gceannas ar an obráid seo?'

'Cé leis an ghlúin?' arsa mise! Bhain sin gáire as agus bhíomar an-chairdiúil ina dhiaidh sin. Rinne sé an gnó ar fheabhas. Tharla rud greannmhar dom ag an am. D'iarras seomra príobháideach ach dúradh liom nach raibh ceann ar fáil. D'insíos sin d'uachtarán an choláiste, an tSiúr Cabrini, agus chuaigh sise i gcomhairle le mátrún an ospidéil, Siúr d'Ord na Trócaire, agus tugadh seomra príobháideach dom. Níor thuigeas ag an am nach raibh seomraí príobháideacha ann ach do mhná. Mar sin, chaitheas cúig lá ann i roinn na mban – an t-aon fhear eile a scaoileadh isteach san áit bheannaithe sin ná an tEaspag Newman!

I mí Mheán Fómhair 2003, tháinig pian géar i mo chliathán

oíche Aoine amháin. Bhí a fhios agam go raibh mo mháilín domlais lochtach mar dúradh liom roimhe sin go raibh cairéal agam istigh ann! Ach nuair nach raibh sé ag cur isteach orm, dúradh liom nár ghá aon ní a dhéanamh. Maidin Shathairn, chuireas glaoch ar mo dhochtúir féin, Richard O'Flaherty, ach bhí sé thar sáile. Thiomáin m'iníon Fionnuala mé chuig an dochtúir a bhí ag feidhmiú dó, agus mhol seisean dom dul go dtí an tOspidéal Réigiúnach. Ní raibh sé ach timpeall leathuair tar éis a haon déag agus ní raibh ach tuairim is deichniúr ann, agus níorbh fhada gur tógadh isteach mé chun bualadh le dochtúir. D'fhanamar i seomra beag gur tháinig dochtúir ar a leathuair tar éis a dó! Go luath maidin Shathairn, gan ach dornán beag daoine ann, lucht leighis ag siúl timpeall ach, de réir cosúlachta, gan mórán á dhéanamh. Ghlaoigh Fionnuala ar dhochtúir cúpla uair ach níor tugadh aird ar bith uirthi. Ní haon ionadh go mbíonn daoine ag clamhsán faoi na seirbhísí sláinte. Bhíos ag smaoineamh ar an raic a thógfaí dá bhfágfainnse mac léinn ag feitheamh chomh fada sin sa choláiste. Ar aon chuma, thug an dochtúir instealladh dom agus mhaolaigh ar an bpian de réir a chéile. Ansin dúirt sé liom go bhféadfainn dul abhaile.

Bhíos gléasta le himeacht nuair a tháinig dochtúir eile chugam agus dúirt sise liom go rabhthas chun mé a thabhairt isteach san ospidéal chun teisteanna a dhéanamh orm. Scéal fada é faoi bharda a fháil, ach faoi dheireadh bhíos istigh agus gan cead agam aon ní a ithe. Bhíos stiúgtha leis an ocras mar ní raibh tada ite agam ó thart ar a sé a chlog ar an Aoine. Níor deineadh aon teisteanna orm ach bhíos ar shileán. Nuair a tháinig an máinlia, Paul Burke, isteach chugam thart ar a dó ar an Domhnach, cheadaigh sé tae agus tósta dom tar éis mórán achrainn. Fuaireas mo rogha ag am tae agus ag an mbricfeasta an mhaidin dár gcionn! Níor deineadh aon teisteanna agus scaoileadh amach mé ar an Luan. Bhí áthas ormsa go raibh an phian imithe.

Ach i gceann lae nó dhó bhíos ag mothú go dona, agus chuireas glaoch ar Richard O'Flaherty. Mheas seisean gurbh fhéidir gur phiocas suas víreas san ospidéal agus thug sé piollaí dom. Chun scéal gearr a dhéanamh de, bhíos ag éirí níos measa gach lá agus ar an Domhnach, coicíos tar éis dom a bheith san Ospidéal Réigiúnach, b'éigean dom glaoch ar Richard arís. Dúirt sé go mbeadh orm dul isteach san ospidéal arís agus fuair sé leaba dom in Ospidéal Naomh Eoin. An máinlia céanna a bhí agam, Paul Burke, agus tar éis mórán teisteanna a dhéanamh orm, dúradh go mbeadh orthu an máilín domlais a bhaint amach. Ní bheadh ann ach sceanairt pholl eochrach, a dúradh. Ach bhí an sceanairt iomlán agam, agus le linn na hobráide gearradh artaire agus chailleas ceithre phionta go leith fola – cúpla soicind eile agus ní bheinn ag gabháil don insint seo! Buíochas le Dia, thángas slán ach baineadh geit asam nuair a dhúisíos san aonad dianchúraim agus an-chuid fearais leighis timpeall orm. Baineadh geit níos mó as mo chlann. Glaodh orthu agus bhíodar istigh i seomra beag taobh leis an obrádlann ag feitheamh le scéala. Macasamhail 1988 agus bás Áine? Buíochas le Dia, d'éalaíos. Aisteach go leor, bhí sé deacair dom guí chun Dé nuair a bhíos san ospidéal, ach bhíos ag guí chuig Áine agus mo mháthair agus mo sheanmháthair. Agus ar bhealach éigin diamhrach, b'fhéidir, nach é sin príomhphrionsabal an chreidimh Chaitlicigh, prionsabal an aiséirí: go mbeimid uair éigin i bhfochair Dé ar neamh agus sinne mar chuid de Dhia. Ach ní ceisteanna fealsúnachta ná diagachta a bhí ag déanamh tinnis dom ach greadadh liom chomh tapaidh agus ab fhéidir as an ospidéal, dá fheabhas féin is a bhí an áit agus an fhoireann agus an cúram a cuireadh orm.

Ach cad mar gheall ar gan ár leithéidí ná mo leithéidí a bheith go deo arís ann? Saolaíodh mé deich mbliana tar éis Chogadh na Saoirse, síniú an Chonartha agus Cogadh na gCarad. An Saorstát a tugadh ar an taobh seo den teorainn, a ghnóthaigh a saoirse ó na Sasanaigh. Fágadh na Náisiúntóirí sna Sé Chontae faoi smacht na Sasanach agus, níos measa fós, faoi bhraighdeanas na nAondachtaithe. D'fhéachadar san chuige nach bhfaighidís riamh a gcearta agus go múinfí fios a mbéas dóibh ó am go ham trí lámh láidir na bpóilíní, na póilíní speisialta go háirithe. Is féidir díospóireacht a dhéanamh faoin gConradh ach scannal ceart ab ea an toradh a bhí ar Choimisiún na Teorann. Níl réiteach iomlán fós ar cheist an Tuaiscirt. Conas is féidir réiteach a fháil nuair a gearradh amach sé chontae as an tír ar fad agus é mar chuspóir go mbeadh an t-údarás agus an chumhacht ar fad i lámha na nAondachtaithe i gcónaí? Fiú Comhaontú Aoine an Chéasta, níl ann ach iarracht ar an bhfadhb a leasú seachas í a réiteach; go mbeadh síocháin sna Sé Chontae agus dá thoradh san san oileán ar fad, ach gan an cheist bhunúsach idir Náisiúntóirí agus Aondachtaithe a fhreagairt .i. ceist a ndílseachta. Agus tá an *veto* ag na hAondachtaithe fós. Dá vótálfadh an t-oileán seo ar fad ar son Éire Aontaithe – fiú dá ndéanfadh an Ríocht Aontaithe a leithéid – ní tharlódh sé muna nglacfaí leis sna Sé Chontae.

Ar an taobh seo den teorainn, tháinig Fianna Fáil i gcumhacht i 1932 agus glacadh leis an mbunreacht nua i 1937. Fuarthas ceannas ar na calafoirt díreach roimh an Dara Cogadh Domhanda. I 1948, d'fhógair an comhrialtas a bhí i gcumhacht ag an am Poblacht na hÉireann. Cé is moite de na Léinte Gorma agus corrchorraíl ón IRA, bhí síocháin pholaitíochta ó dheas. Chomh maith leis sin, bhí buanseasmhacht pholaitíochta ó dheas agus, dar liom, a bhuíochas sin, cuid mhaith, d'Fhianna Fáil – nach mbeifeá ag súil leis sin uaim? Séard ata i gceist agam ná gur fhan Fianna Fáil aontaithe agus láidir agus gur choinnigh sé toil agus meas an phobail. Dá thoradh san, níor éirigh leis an gcóras cionmhar vótála atá againn iliomad páirtithe beaga a bhunú ionas go mbeadh sé deacair rialtas a roghnú, mar a tharlaíonn i dtíortha áirithe san Eoraip. Fuaireamar blaiseadh de sin i 1989 nuair nach raibh aon rialtas againn ar feadh i bhfad i ndiaidh an olltoghcháin. Sna toghcháin go dtí 1989 bhí rogha ag an bpobal: Fianna Fáil nó bailiúchán de pháirtithe eágsúla, agus fiú dá mbuafaí ar Fhianna Fáil, ní bheadh aon mhórathrú bunúsach polasaí ann. Ó 1989 i leith, níl aon chinnteacht ann faoi na páirtithe a bheidh sa rialtas i ndiaidh an toghcháin, agus fágann sin nach mbíonn a fhios díreach ag na vótálaithe cén rialtas a bhfuil siad ag vótáil dó.

Ní raibh an scéal go maith ó thaobh na heacnamaíochta nuair a tháinig ann d'Fhianna Fáil. Bhí drochbhail ar an tír nuair a d'imigh na Sasanaigh. D'fhéadfaí a rá go raibh troid ar siúl ó 1916 go 1923. Bhí an bochtanas forleathan agus bhí cúlsráideanna Bhaile Átha Cliath níos measa ná áit ar bith eile san Eoraip. Nuair a dhiúltaigh De Valera na hanáidí a íoc le Sasana, thosaigh cogadh eacnamaíochta idir an dá thír, agus ar éigean é sin thart nuair a bhris an Dara Cogadh Domhanda amach. Níor chabhraigh a leithéid sin le tráchtáil ná dul chun cinn eacnamaíochta na tíre, agus b'éigean an seanpholasaí a bhí ag Sinn Féin – an tír a bheith féinchothabhálach – a chur i bhfeidhm go tréan. Cuireadh tús le hAer Lingus, Loingeas Éireann, Bord na Móna, agus tógadh monarchana ar fud na tíre chun earraí a chur ar fáil nach bhféadfaí a allmhuiriú. Chun na monarchana sin a chosaint, cuireadh cánacha ar earraí den chineál céanna ag teacht isteach sa tír agus leanadh leis an bpolasaí go dtí na seascaidí nuair a thosaigh cainteanna faoin saorthrádáil. Réitigh sé sin an bealach don tír chun páirt a ghlacadh i gComhphobal Eacnamaíochta na hEorpa, nuair a thug De Gaulle cead isteach d'Éirinn agus do Shasana.

I ndiaidh an Dara Cogadh Domhanda, bhí an Eoraip scriosta agus thosaigh atógáil i ngach áit. Bhunaigh na Meiriceánaigh an Marshall Plan chun cuidiú le hatógáil na hEorpa, ach de bhrí nach raibh Éire páirteach sa chogadh, ní bhfuair sí tada go dtí an deireadh, nuair a fuair sí beagáinín cabhrach. D'fhág san go raibh an dífhostaíocht agus an imirce ag déanamh an t-uafás dochair in Éirinn fad is a bhí an obair go flúirseach i Sasana agus san Eoraip. Is ceart a rá go raibh muintir na hÉireann fíorbhuíoch nár deineadh an scrios ar an tír seo amhail is a deineadh ar an Eoraip agus i Sasana, agus ainneoin a bhíonn á rá ag daoine áirithe anois, bhí an tír ar fad aontaithe faoi pholasaí neodrachta De Valera.

Sna seascaidí, faoi Sheán Lemass agus plean forbartha T.K. Whitaker, a thosaigh an tír ag gluaiseacht chun cinn i gceart, agus cuireadh go mór leis an dul chun cinn sin nuair a chuamar isteach sa Chomhphobal Eacnamaíochta Eorpach. Níor chuaigh gach rud ar aghaidh go réidh, agus sna seachtóidí agus sna hochtóidí bhí cúrsaí eacnamaíochta go dona. Sna nóchaidí a gheal ré rachmais an Tíogair Cheiltigh. Bíonn daoine ag gearán go rabhamar ag bailiú déirce ón gComhphobal Eorpach ach ní rabhamar ach ag éileamh ár gceart, agus ár mbuíochas do na Taoisigh agus do na hAirí a d'fhéach chuige go bhfuaireamar na cearta sin. I mblianta deiridh na haoise seo caite agus i mblianta tosaigh na haoise seo, tá feabhas tagtha ar an tír seo nach raibh ann ach brionglóid do-aimsithe do na glúnta a chuaigh romhainn: an eacnamaíocht go tréan; fostaíocht níos airde ná mar a bhí sí riamh; eisimirce gan fiú trácht air agus inimirce go láidir; an daonra ag méadú agus imithe thar an gceithre mhilliún den chéad uair ó 1870; oideachas tríú leibhéal forleathan; cánacha réasúnta íseal; tógáil tithíochta níos airde ná mar a bhí sí riamh agus tógáil bóithre agus infrastruchtúir nua go tréan. An mhiorúilt a raibh na glúnta ag súil léi, agus mo ghlúin féin chomh maith, táimid ag blaiseadh di agus ag baint tairbhe aisti. Tugann an rachmas deacrachtaí agus fadhbanna dúinn le réiteach ach níl aon chomparáid eatarthu sin agus na fadhbanna bochtanais a bhí againn ar feadh na gcianta.

Maidir liom féin, is mór an sásamh dom Fianna Fáil a bheith i gcumhacht agus Bertie Ahern mar Thaoiseach (an donas ná iad leis na PDs!). Ba iad Fianna Fáil a thosaigh agus a chuidigh leis an gclaochló eacnamaíochta ó 1987 ar aghaidh, le briseadh beag i lár na nóchaidí. Gura fada buan a leanfaidh sé.

Mar ná beidh ár leithéidí arís ann? Na daoine ar comhaois liom agus iad siúd atá níos sine ná sinn, is iontach na hathruithe ar ghabhamar tríothu. Táthar ann anois nach eol dóibh ach saol an Tíogair Cheiltigh agus atá dall ar fad ar an mbochtanas agus ar an gcruatan a bhíodh ann. Nach méanar dóibh, ach ná tógaimis orthu é. Tá an t-ádh orthu, ach beidh a bhfadhbanna féin le sárú acusan chomh maith. Nach iontach go bhfacamar an t-athrú.

Ach Éire saor agus Gaelach? Táim dóchasach go dtiocfaidh an lá nuair a bheidh Éire Aontaithe ann agus súil agam go bhfeicfead é. Faoi láthair, nach iontach go bhfuil bean as Ard Eoin i mBéal Feirste, Máire Mhic Ghiolla Íosa, ina hUachtarán ar Éirinn. Bhí beirt Phrotastúnach againn ina nUachtaráin, a léiríonn go bhfuil gach post sa taobh seo den teorainn, cuma beag nó mór, oscailte do chuile dhuine.

An bhfuil an tírghrá chomh láidir anois agus a bhíodh sé? Dúras cheana gur tosaíodh ar athinsint a dhéanamh ar an stair go gairid i ndiaidh cheiliúradh caoga bliain 1916. Ansin nuair a thosaigh 'na trioblóidí' sna Sé Chontae agus nuair a bhí cumhacht ag leithéidí Conor Cruise O'Brien, bhíothas ag áiteamh orainn gur dhrochrud é an tírghrá agus an náisiúnachas. Agus bhí sceon ar dhaoine a rá go rabhadar bródúil as an tír ar eagla go gcaithfí leo go rabhadar ag cuidiú leis an IRA. Bhíothas ag rá gur chomhartha deighilte é bratach na dtrí dhath – síocháin idir an glas agus an t-oráiste – agus go raibh sé in am amhrán náisiúnta eile a bheith againn seachas 'Amhrán na bhFiann'. Ach ar bhealach nach mbeifí ag súil leis, léiríodh nach raibh spiorad an náisiúnachais marbh ná in aon ghaobhar dó. Nuair a thosaigh foireann sacair na hÉireann ag imirt níos fearr sna nóchaidí, líonadh na páirceanna imeartha sa bhaile agus i gcéin agus ar fud na tíre le bratacha trídhathacha. Bhí deis ag na daoine a gcuid náisiúnachais a thaispeáint agus an mothú domhain tírghrá atá i gcroí an uile Éireannaigh a nochtú agus a chraobhscaoileadh don domhan uilig gan scáth gan eagla.

Ó thús na seachtóidí go dtí i mbliana, níor deineadh Aiséirí na Cásca 1916 a chomóradh. Eagla orainn go spreagfadh sé an tírghrá agus an náisiúnachas ionainn? Eagla orainn go gcuirfeadh sé isteach ar na hAondachtaithe? An bhféadfadh éinne a shamhailt go gcuirfeadh Rialtas na Fraince deireadh le ceiliúradh Lá an Bastille? Bíonn searmanas gan bhrí gan chiall i mí Iúil gach bliain mar chuimhneachán ar na hÉireannaigh uilig a fuair bás sna cogaí ar fad a troideadh. Is dócha go n-áirítear ina measc siúd na

Dúchrónaigh a raibh seanathair nó seanmháthair Éireannach acu agus na brathadóirí agus lucht tacaíochta na nGall a bhí i gcónaí inár measc. Ach bíonn a chomóradh féin ag Léigiún na Breataine gach bliain i mí na Samhna agus iad ag gearán muna mbíonn an tUachtarán nó an Taoiseach i láthair. Ní leor dóibhsean an searmanas i mí Iúil. A bhuí le Dia, bhí comóradh 1916 ann i mbliana; fáiltím roimh an gcinneadh, más mall féin é, agus féach a bhfuil de chlamhsán agus de cháineadh ann cheana féin, ainneoin na mílte ar shráideanna Bhaile Átha Cliath don ócáid.

Agus cén tionchar a bheidh ag na mílte imirceach atá tagtha isteach sa tír le cúpla bliain anuas, ó thaobh teanga, saoithiúlachta agus traidisiún de, gan trácht ar chúrsaí sóisialta agus cine? An traidisiún a bhí sa tír ná gur éirigh na heachtrannaigh níos Gaelaí ná na Gaeil féin, ach amháin sliocht phlandálaithe an tuaiscirt – agus féach mar atá an fhadhb sin againn i ndiaidh na gcéadta bliain. An dtarlóidh a leithéid arís? An mbeidh duthaí áirithe ann do na Polannaigh, do na Sínigh agus d'iliomad dreamanna eile? Nó an n-éireoidh siadsan go léir níos Gaelaí ná na Gaeil féin? Tá an scéal níos casta ná riamh mar nach dtuigtear do mhórán daoine anois cad is brí le bheith Gaelach, agus nílid róchinnte cad as is cóir dóibh a bheith bródúil. Beidh fadhbanna le réiteach ag ár sliochtna, díreach mar a bhí fadhbanna le sárú ag ár sinsir.

Ach cad faoin nGaeilge? Ag am nuair atá meas agus éileamh ar cheol agus rince na hÉireann ar fud an domhain, is ar gcúl atá an Ghaeilge ag dul, dar liom, ainneoin tuartha dóchais cosúil leis an meadú ar líon na nGaelscoileanna agus na nGaelcholáistí. Polasaí teanga, ar nós an pholasaí ba bhun leis an gclaochlú eacnamaíochta, atá ag teastáil chun an Ghaeilge a shábháil. An gcuirfear ar fáil é, agus má chuirtear, an bhfuil an díograis ann chun an beart de réir an bhriathair a chur i gcrích?

Agus sin é mo scéal go nuige seo. Gura fada buan a mhairfidh an té a scríobh agus éinne a léann é!